本书为教育部中外语言交流合作中心国际中文教育研究课题重点项目（21YH22B）与世界汉语教学学会国际中文教学研究课题项目（SH202Y33）的研究成果

Research on Chinese Language Teaching Design for Primary and Secondary Schools in New Zealand

新西兰中小学汉语教学设计研究

吴成年 ◎主编

吴成年 乔冠颖 石 玥 常好珂
施一清 苏 萍 陈盼盼 夏徐淑　　◎著

北京大学出版社

PEKING UNIVERSITY PRESS

图书在版编目(CIP)数据

新西兰中小学汉语教学设计研究 / 吴成年主编. -- 北京：北京大学出版社，2025.3. -- ISBN 978-7-301-36070-5

Ⅰ. H195.3

中国国家版本馆 CIP 数据核字第 20256D778L 号

书　　　名	新西兰中小学汉语教学设计研究 XINXILAN ZHONG-XIAOXUE HANYU JIAOXUE SHEJI YANJIU
著作责任者	吴成年　主编
责 任 编 辑	郭　冰　邓晓霞
标 准 书 号	ISBN 978-7-301-36070-5
出 版 发 行	北京大学出版社
地　　　址	北京市海淀区成府路 205 号　100871
网　　　址	http://www.pup.cn　新浪微博：@北京大学出版社
电 子 邮 箱	zpup@pup.cn
电　　　话	邮购部 010-62752015　发行部 010-62750672　编辑部 010-62752028
印 刷 者	河北文福旺印刷有限公司
经 销 者	新华书店
	787 毫米 ×1092 毫米　16 开本　24.75 印张　525 千字 2025 年 3 月第 1 版　2025 年 3 月第 1 次印刷
定　　　价	98.00 元

未经许可，不得以任何方式复制或抄袭本书之部分或全部内容。
版权所有，侵权必究
举报电话：010-62752024　电子邮箱：fd@pup.cn
图书如有印装质量问题，请与出版部联系，电话：010-62756370

目 录

导论：新时代海外中文教育的低龄化趋势与应对策略 ·················· 1

第一章　新西兰初中零起点汉语兴趣班教学设计研究 ················ 12
 第一节　绪论 ·· 12
 第二节　新西兰初中汉语零起点兴趣班教学设计前端分析 ·········· 18
 第三节　新西兰初中汉语零起点兴趣班教学设计主体部分分析 ······ 26
 第四节　新西兰初中汉语零起点兴趣班教学设计案例实施 ·········· 37
 第五节　新西兰初中汉语零起点兴趣班教学设计实施效果评估 ······ 42
 第六节　结语 ·· 51

第二章　新西兰罗伯森路小学汉语课堂游戏教学法与教学设计研究 ···· 55
 第一节　绪论 ·· 55
 第二节　游戏教学法的研究综述 ·································· 57
 第三节　罗伯森路小学游戏教学法设计与应用背景分析 ·············· 60
 第四节　游戏教学法在罗伯森路小学汉语课堂中的设计原则和设计思路 ·· 62
 第五节　罗伯森路小学汉语课堂教学游戏设计效果评估和反思 ········ 71
 第六节　结语 ·· 78

第三章　新西兰两所小学汉语课堂歌曲教学法与教学设计研究 ········ 80
 第一节　绪论 ·· 80
 第二节　歌曲教学在新西兰汉语教学中的适用性 ···················· 94
 第三节　歌曲教学的教学设计分析——以任教学校为例 ·············· 103
 第四节　歌曲教学实践记录及分析 ································ 116
 第五节　歌曲教学的反馈与反思 ·································· 127
 第六节　结语 ·· 137

第四章　新西兰 ACG 斯艾伦(Strathallan)小学汉语课堂手势教学法与教学设计研究 …… 145
  第一节　绪论 …… 145
  第二节　新西兰 ACG 斯艾伦学校及汉语教学基本情况简析 …… 156
  第三节　动感中文故事中手势语分析 …… 158
  第四节　手势教学法在小学汉语课堂中应用的教学设计分析 …… 161
  第五节　手势教学法的效果考察分析 …… 168
  第六节　手势教学法的评价和建议 …… 173
  第七节　结语 …… 178

第五章　新西兰剑桥小学汉语课堂管理机制与教学设计研究 …… 183
  第一节　绪论 …… 183
  第二节　新西兰剑桥小学汉语课堂管理基本情况简析 …… 190
  第三节　新西兰剑桥小学汉语课堂管理机制分析 …… 194
  第四节　汉语课堂管理机制教学设计实践案例分析 …… 209
  第五节　新西兰剑桥小学汉语课堂管理机制效果评估 …… 215
  第六节　结语 …… 223

第六章　多元文化背景下新西兰曼格雷高中九年级汉语课堂活动差异化与教学设计研究 …… 227
  第一节　绪论 …… 227
  第二节　多元文化背景下差异化汉语课堂活动的教学设计分析 …… 241
  第三节　新西兰差异化汉语课堂活动调查结果分析 …… 252
  第四节　新西兰多元文化背景下差异化课堂活动的设计原则及利弊分析 …… 271
  第五节　MC 九年级汉语班课堂活动案例展示 …… 277
  第六节　结语 …… 282

第七章　新西兰中小学汉语教学本土化、现代化与教学设计探析 …… 289
  第一节　新西兰中小学汉语课堂活动设计本土化探析 …… 289
  第二节　新西兰汉语教师志愿者处理课堂问题行为应对策略研究
     ——以 Mangere College 为例 …… 295
  第三节　新西兰奥克兰市网络汉语教学应用程序使用情况研究 …… 303

第八章　新西兰中小学汉语自编教材与教学设计研究 ………………………… 311
第一节　新西兰小学 1—2 年级汉语自编教材设计研究 …………………… 311
第二节　新西兰小学 3—4 年级汉语自编教材设计研究 …………………… 314
第三节　新西兰小学 5—6 年级汉语自编教材设计研究 …………………… 320
第四节　新西兰初中 7—8 年级汉语自编教材设计研究 …………………… 326
第五节　新西兰高中汉语自编教材设计研究 ………………………………… 329

第九章　新西兰中小学文化教学设计研究 ………………………………………… 338
第一节　国际汉语文化教学的现代性原则 …………………………………… 338
第二节　新西兰小学 1—2 年级文化教学设计的个案研究
　　　　——以 ACG 斯艾伦小学 1—2 年级的投壶游戏文化教学设计为例 …… 342
第三节　新西兰小学 3—4 年级文化教学设计的个案研究
　　　　——以罗伯森路小学 3—4 年级的元宵节文化教学设计为例 ………… 345
第四节　新西兰小学 5—6 年级文化教学设计的个案研究
　　　　——以传统节日春节为例 ……………………………………………… 350
第五节　新西兰初中文化教学设计的个案研究
　　　　——以新西兰圣马修女子学校为例 …………………………………… 354
第六节　新西兰高中文化教学设计的个案研究
　　　　——以节日文化为例 …………………………………………………… 359

第十章　新西兰中小学文化活动设计研究 ………………………………………… 373
第一节　新西兰小学文化活动设计的个案研究 ……………………………… 373
第二节　新西兰初中文化活动设计的个案研究
　　　　——以新西兰塔拉德尔初中功夫扇文化体验活动为例 ……………… 381
第三节　新西兰高中文化活动设计的个案研究
　　　　——以吹墨梅为例 ……………………………………………………… 385

后记 ……………………………………………………………………………………… 389

导论:新时代海外中文教育的低龄化趋势与应对策略

【摘要】随着新时代中国综合国力的快速提升,中文的国际地位正在大幅上升,国际中文教育正获得空前的发展机遇,海外中小学中文教学正成为国际中文教育的重心与重要的"增长极"。随之而来的巨大挑战是海外中小学需要大批量合格的中文教师。目前国内汉语国际教育专业硕士[①]的培养与海外中小学中文教师的需求存在不小的差距,其中一个重要的原因是国内各培养单位导师队伍普遍缺乏海外中小学一线中文教学实践经验。今后国内汉语国际教育专业硕士培养单位理想的导师队伍应注重吸纳一部分具有海外中小学中文教学经历的新型师资;优秀的汉语教师志愿者获得博士学位或海外教师资格证书,将大大拓宽在海内外高校或海外中小学的就业渠道,从而有效解决当前国际中文教育的"三教"难题。

近些年,有关新时代汉语国际传播的研究从不同的视角探讨了新时代汉语国际传播的形势、路径、规划、低龄化等问题[②],很有意义,但对今后国际中文教育的一些核心问题(如怎样应对国际中文教育重心下移及海外中小学中文教师紧缺等)仍涉及不多,值得进一步探讨。对于今后的国际中文教育,我们既要有全局观念,也要避免平均主义,在人力物力资源有限的情况下,应集中精力优先抓住国际中文教育的主要问题和主要矛盾。本文将根据新时代国际中文教育的大趋势来探讨当前国际中文教育的主要问题和主要矛盾,发挥现有国际中文教育实践积累的优势,"不忘本来,走向未来",对今后国际中文教育所面临的巨大挑战提出应对之策,希冀引起学界同行的共同关注与探讨,推动今后国际中文教育的发展。

一、新时代国际中文教育的大趋势

(一)中文正成为国际性语言

2017年10月18日,中共中央总书记习近平在中国共产党第十九次全国代表大会

---

① 在国务院学位委员会和教育部发布的《研究生教育学科专业目录(2022)》中,原"汉语国际教育"专业学位类别更名为"国际中文教育"专业学位类别。
② 崔希亮.汉语国际教育的若干问题[J].语言教学与研究,2018(1);胡范铸,陈佳璇,张虹倩.目标设定、路径选择、队伍建设:新时代汉语国际教育的重新认识[J].世界汉语教学,2018(1);贾益民.新时代世界华文教育发展理念探讨[J].世界汉语教学,2018(2);李宇明.海外汉语学习者低龄化的思考[J].世界汉语教学,2018(3).

上指出:"中国特色社会主义进入新时代,在中华人民共和国发展史上、中华民族发展史上具有重大意义,在世界社会主义发展史上、人类社会发展史上也具有重大意义。"①习近平在十九大报告中综合分析国际国内形势和中国发展条件,提出了中国未来发展的伟大蓝图:从现在到2020年,是全面建成小康社会决胜期。之后,中国的发展将分成两个阶段:第一个阶段,从2020年到2035年,在全面建成小康社会的基础上,再奋斗15年,基本实现社会主义现代化;第二个阶段,从2035年到本世纪中叶,在基本实现现代化的基础上,再奋斗15年,把我国建成富强民主文明和谐美丽的社会主义现代化强国。中国进入新时代,这对今后中文国际地位的提升和国际中文教育事业的发展必将产生深远的影响。

随着中国综合国力的不断提升,中文的国际地位也在快速上升。早在2007年,郭熙就指出,汉语在未来可能成为仅次于英语的强势语言②。法国著名汉学家白乐桑指出,汉语"正在成为国际性语言"③。白乐桑先生的判断,有现实的数字依据:"目前已经有60多个国家通过颁布法令政令等方式将汉语教学纳入国民教育体系。美国、日本、韩国、泰国、印尼、蒙古、澳大利亚、新西兰等国的汉语教学均由第三外语上升为第二外语。"④根据李宇明教授的分析,当下汉语传播的主要动因是经济⑤。如果李宇明教授的判断成立的话,那么中国今后经济发展仍将是继续提升汉语国际地位的重要推动力,中国经济未来阶段性的发展地位也有可能推动汉语国际地位实现标志性突破。

中外多位专家及智库预测中国GDP将在2030年左右超过美国,中国将成为全球最大经济体;到2050年,中国的经济规模很可能达到美国的1.5倍以上。⑥根据中国经济发展阶段,汉语的国际地位在将来的30多年可能发生前所未有的巨大变化,这种变化很可能类似于英语取代法语的过程。英语发展成为国际性语言的轨迹可以作为参考:第一次世界大战后,英语取得了与法语平起平坐的地位;第二次世界大战后,英语超过了法语,成为国际性通用语。⑦汉语成为有影响的国际性语言很有可能将经历三个阶段:第一阶段,汉语将逐渐成为仅次于英语的第二大国际性语言;第二阶段,汉语将有希望与英语并列成为第一大国际性语言;第三阶段,汉语或许有希望超越英语成为第一大国际性语言,英语将成为第二大国际性语言。这三个阶段的实现,以及实现的具体时间节

---

① 习近平.决胜全面建成小康社会 夺取新时代中国特色社会主义伟大胜利:在中国共产党第十九次全国代表大会上的报告[M].人民出版社,2017.
② 郭熙.汉语的国际地位与国际传播[J].渤海大学学报(哲学社会科学版),2007(1).
③ 赵晓霞.汉语加速成为"国际性语言"[N].人民日报海外版,2017-09-23(6).
④ 同上。
⑤ 李宇明.中国语言规划三论[M].商务印书馆,2015.
⑥ 黄剑辉.中国有望早于2030年成为第一大经济体[N].中国经济时报,2017-06-09(A5);冯迪凡.英智库预测中国将在2030年成全球最大经济体[J].社会科学文摘,2018(2);林毅夫.改革开放创40年经济增长奇迹[N].经济参考报,2018-05-02(A5).
⑦ 周有光.汉语的国际地位[J].语言教学与研究,1989(2).

点,要取决于中国与以美国为首的英语国家综合实力的对比,目前的大趋势对中国和汉语传播非常有利,国际中文教育工作者应敢于怀揣梦想,砥砺前行。

自 2004 年全球建立首家孔子学院以来,国际中文教育的规模已发生重大变化。2004 年中国的 GDP 居世界第 6 位,2010 年上升到第 2 位;中国有可能在 2030 年左右成为全球第一大经济体,2050 年中国领先于美国的差距将进一步拉大,汉语与英语的地位也有可能随之经历由跟跑到并跑到领跑的历程,这是汉语的国际地位不断提升的大趋势,国际中文教育的规模将会发生前所未有的巨变。国际中文教育界要提前判断,适应中文国际地位不断提升的大趋势,未雨绸缪,做好相应的准备。

(二)国际中文教育的重心正进一步下移

进入 21 世纪以来,许多国家中文学习需求呈现"井喷式"增长。来自国家汉办(现已更名为"语合中心")[①]的数据显示,截至 2017 年,除中国之外,全球学习使用汉语的人数已逾 1 亿人,全球多个国家和地区的汉语教学发展迅速。英国从政府到民间全方位推动汉语教学,包括颁布国家政令、教育部设立专职岗位、每年定期巡视汉语教学课程、培养本土汉语教师等。2016 年,英国已有 5200 多所中小学开设汉语课,12 万中小学生在学习汉语,占全部在学汉语人数的 60%。法国有 150 余所大学、700 多所中小学开设汉语课程,汉语学习者总数约 10 万。其中,约 5.2 万名中小学生在学汉语,人数是 2004 年的 500 多倍。汉语作为正规科目被纳入了法国国民教育体系。意大利注册汉语学员逾 3 万人,开设汉语课的中小学过百所。西班牙学习汉语人数已突破 4 万,参加汉语水平考试(HSK)的人数多年保持欧洲第一。2017 年,俄罗斯学习汉语的人数已达到 5.6 万。据美国中文教师协会统计,全美中小学在学汉语人数占全部在学人数的 2/3,达到 40 万人左右。澳大利亚学习汉语的小学生人数已达 17.3 万人,占入学总人数的 4.7%。新西兰 2010 年仅有 1 万名中小学生学习汉语,2015 年达到 4 万人,汉语成为学生人数增长最快的一门外语。据不完全统计,2017 年韩国全国 5000 万人口中,有 1060 多万人在学习汉语及汉字,数量居全球首位;每年参加汉语水平考试、中小学生汉语考试(YCT)等各类汉语考试的人数达 17 万人次。原国家汉办(语合中心)相关负责人马箭飞介绍,"汉语教学正在由过去少数人的兴趣变成学校、家庭广泛参与的事情,年轻一代学习汉语的人越来越多。调研显示,目前全球开设汉语课程的中小学校是高等教育机构的 8 倍。美、英、法、泰、韩等众多国家汉语教学从大学迅速向中小学延伸,K-12(从幼儿园到高中)成为汉语教学最重要的'增长极'。"[②]

---

① "国家汉办",全称为"国家汉语国际推广领导小组办公室",于 2020 年正式更名为"教育部中外语言交流合作中心",简称"语合中心"。为便于表述,本书均使用简称,后不再出注。

② 赵晓霞.汉语加速成为"国际性语言"[N].人民日报海外版,2017-09-23(6);柴如瑾,王忠耀.前所未有的"汉语热"[N].光明日报,2017-10-28(9);胡茜茹.Lingo Bus 推动全球中文学习热[N].环球时报,2018-03-05(B10).

在爱尔兰、法国、俄罗斯等欧洲国家,汉语正进入这些国家的中考、高考系统。白乐桑先生认为,汉语在欧洲的未来不是在大学,而是像西班牙语、意大利语一样,获得在欧洲基础教育体系中的地位。① 英国文化教育协会公布了一份对上千名英国家长的问卷调查结果:中文被英国家长选为"未来最有用"的语言,51%的家长表示希望自己的孩子能学习中文。英国前首相特雷莎·梅及卡梅伦都曾提倡中文学习。卡梅伦在任时甚至表示,孩子们就别啃法语和德语了,把注意力放在中文上吧。②

欧美国家不少政要与精英注重让自己的孩子从小就开始学习中文。2017年,特朗普外孙女阿拉贝拉凭借中文演唱《茉莉花》的视频走红网络,频繁登上中外各大媒体的头条,引发了一阵中文热潮。特朗普女儿伊万卡家学中文的孩子不只阿拉贝拉一个,阿拉贝拉和弟弟约瑟夫都在1岁左右开始学习中文。英国乔治小王子2017年4岁刚刚开始上学,中文已经被列入"必修课程"之列。西班牙国王费利佩六世有两个女儿——莱昂诺尔公主和索菲亚公主,两人都学习汉语。西班牙王位第一顺位继承人莱昂诺尔公主在学校除了学习英语和芭蕾舞等以外,她的课程还包括了汉语普通话。荷兰国王的长公主阿玛莉亚对中文学习充满热情,很喜欢中国话。作为比利时未来的王室接班人,伊丽莎白公主不仅要掌握法语与荷兰语,还从10岁开始就学习中文。除了上述的王室贵族、政界领袖家的孩子在积极学习中文,像亚马逊创始人杰夫·贝索斯的4个孩子以及脸书网创始人马克·扎克伯格的女儿也都在学说中文。美国金融大亨罗杰斯在女儿出生后,就聘请了中国的家庭教师,让女儿从小开始学中文;他为了让女儿更好地学习中文、了解亚洲,更是举家迁到新加坡,并认为"我这辈子最好的投资就是让女儿学中文"。③

国家汉办(语合中心)的数据调查,国际权威汉学家白乐桑先生的判断以及欧美多国政要与精英重视汉语学习从娃娃抓起,这些都显示K-12(从幼儿园到高中)成为中文教学最重要的"增长极",成为中文教学的大趋势,应成为国际中文教育的重中之重。

二、挑战1:海外中文教育师资新需求的难以满足

新时代国际中文教育的大趋势是海外中文教学的重心下移,即面向海外中小学的中文教学,国际中文教育将迎来空前大发展的良好机遇。随之而来的挑战是海外中小学需要大批量合格的中文教师。我们目前解决海外中小学中文教师紧缺的问题,主要采用两种途径:一是大量外派汉语教师志愿者,汉语教师志愿者主要从各高校在读的汉语国际教育专业硕士研究生中选拔;二是培养培训海外中小学本土汉语师资。尽管第

---

① 张金杰.纳入中考仍不够 汉学家呼欧洲人学汉语应从娃娃抓起[N/OL].中国侨网,2018-03-30[2018-03-31]. https://www.chinaqw.com/hwjy/2018/03-30/184155.shtml.
② 胡茜茹.Lingo Bus推动全球中文学习热[N].环球时报,2018-03-05(B10).
③ 高琳琳.外国名人集体拜年秀中文 其实这些人都在学说中国话![N/OL].中国日报网,2018-02-16[2018-03-31]. http://world.chinadaily.com.cn/2018-02/16/content_35707871.htm.

二种途径被视为解决海外中小学汉语教师紧缺问题的长远之策,但受制于海外很多国家和地区汉语人才紧缺及汉语师资培养周期长的状况,一时"远水解不了近渴"。目前两种途径并行,但当下解决海外不少国家和地区中小学中文师资紧缺的问题还主要靠第一种途径,即每年国家汉办(语合中心)要大批量派遣汉语教师志愿者。2015 年孔子学院总部向 118 个国家派出了汉语教师志愿者 5562 人①;2016 年向 130 个国家派出了汉语教师志愿者 6071 人②;自 2004 年到 2017 年,孔子学院总部累计派出汉语教师志愿者 43871 人次③。今后很长一段时间内,国家汉办(语合中心)还会继续大批量地派出汉语教师志愿者,以支持海外中小学中文教学。目前这种汉语教师志愿者的培养和派出模式与海外中小学中文教学的需求仍存在多方面的差距。

一是目前国内众多高校的汉语国际教育专业硕士的培养质量与海外中小学中文教师的需求存在不小的差距。国内各培养单位的质量参差不齐,课程设置缺乏针对性④;现有师资绝大部分缺乏海外中小学一线教学的经验。李东伟、吴应辉调查了全国 63 家已有四届毕业生的汉语国际教育专业硕士(以下简称"汉教硕士")培养单位,发现汉教硕士导师队伍呈现高学位、高职称现象,但具有两年及两年以上海外教学经验的导师数量较少。⑤ 而在现有汉教硕士导师队伍中,具有海外中小学教学实践经验的更是奇缺,以国内汉语国际教育专业硕士培养重镇北京师范大学国际中文教育学院为例,现有专职教师中绝大部分都有海外任教的经历,但全院具有海外中小学任教经历的教师不到 10%,绝大部分教师的海外教学经历是面向海外大学、成人的教学,而不是直接面向海外中小学的。由于国内众多高校的师资熟悉与拥有的主要是国内对外汉语教学的经验⑥,要培养出符合海外中小学中文教学需求的汉语国际教育专业硕士,自然比较困难。下面是国内一所顶尖高校培养的汉语国际教育专业硕士通过国家汉办(语合中心)的选拔与培训,公派到美国的小学教学实习半年后与笔者分享的工作感受:

> 在这一学期教学的收获中,我觉得最重要的就是观念的改变,或者说是思维模式的改变。之前我并没有丰富的对外汉语教学经验,我在国内所认识到的汉语教学法往往都是针对来华成人留学生的,而这些教学法往往都强调语法结构,而来美

---

① 孔子学院总部,国家汉办.孔子学院年度发展报告 2015[R/OL].[2018-03-31]. http://www.hanban.edu.cn/report/2015.pdf.
② 孔子学院总部,国家汉办.孔子学院年度发展报告 2016[R/OL].[2018-03-31]. http://www.hanban.edu.cn/report/2016.pdf.
③ 孔子学院总部,国家汉办.数读孔院:孔子学院介绍及全球孔子学院发展概况[EB/OL].[2018-03-31]. http://conference.hanban.org/news/detail8.html.
④ 施家炜.汉语国际教育专业人才培养的现状、问题和发展方向[J].国际汉语教育(中英文),2016(1);吴应辉.汉语国际教育学科建设亟待解决的主要问题[J].国际汉语教学研究,2014(1).
⑤ 李东伟,吴应辉.我国汉语国际教育硕士培养模式现状与优化策略[J].中国高教研究,2017(10).
⑥ 郭熙.汉语热该如何延续[N].光明日报,2017-06-18(12);李宇明.海外汉语学习者低龄化的思考[J].世界汉语教学,2018(3).

国之后，我意识到这些传统的教学模式并不适应美国本地的小学生，我需要做的是寻找一种适合我自己的学生的教学模式，让他们能够在轻松的状态下学到尽可能多的知识，我需要让学生觉得学汉语有用而且有趣。而要完成这些的第一步就是我要改变自己的思维模式，从以往的模式中跳出来，并且根据实际情况做出相应的调整和改变。

目前汉语国际教育专业硕士培养质量难以满足海外需求的一个重要原因是国内各培养单位绝大部分教师拥有国内面向成人留学生的对外汉语教学经验，缺乏海外中小学一线教学经验。汉语国际教育专业学位教育指导委员会对国内高校汉语国际教育专业硕士培养质量进行检查时，也发现不少培养单位还是按照对外汉语教学（语言学及应用语言学）专业的模式来培养汉语国际教育专业硕士，两类硕士培养的区别度不大，其中一些名校的汉语国际教育专业硕士培养单位受到警告。时至今日，还有些培养单位和教师对这两类硕士的培养区别不甚了了，自然培养出来的汉语国际教育专业硕士只是对外汉语教学（语言学及应用语言学）专业的翻版，无法切合海外中小学汉语教学的需求。在笔者看来，这两类硕士培养的一项重要区别在于两类硕士所要面对的教学目标人群不同，对外汉语教学（语言学及应用语言学）专业主要面对的是来华留学生，以成人为主；汉语国际教育专业硕士主要面对的是海外的汉语学习者，重点是海外中小学汉语学习者。两类硕士培养的是两类有区别的汉语师资，应该说，汉语国际教育专业学位教育指导委员会和国家汉办（语合中心）对这两类专业硕士的培养定位很清楚，否则就没有必要在对外汉语教学（语言学及应用语言学）专业硕士以外，新增汉语国际教育专业硕士。但各培养单位的师资主要熟悉对来华成人留学生的教学，要这些师资培养出面向海外中小学、满足海外中小学汉语教学需求的汉语国际教育专业硕士，目前的培养工作还有待完善。

二是国家汉办（语合中心）公派汉语教师志愿者的任期短影响着海外中小学汉语教学的质量。汉语教师志愿者一般只有一年的实习期，少数可以延续一年。也就是说，等志愿者刚刚度过了"磨合期"，对海外的教学环境逐渐适应、熟悉之后，正是教学能力可以进一步提升的关键期，志愿者却不得不因面临毕业、找工作、签证等情况而按期回国。而下一任接替工作的志愿者又差不多从头熟悉新的教学环境，尽管上一任志愿者会按要求留下一些教学资料与经验，但间接的经验提示无法代替新到任志愿者本人积累的实际教学经验。于是海外接收汉语教师志愿者的中小学如果没有本土中文教师的支撑，就不得不面临不断更换新手型中文教师、教学质量起伏不定的问题。

三是海外中小学越来越需要有经验的中文教师，但积累了宝贵教学经验的汉语教师志愿者回国后绝大部分不再从事国际中文教育事业，只有很少的一部分人继续从事对外汉语教学工作或作为储备师资继续派往海外，绝大部分人毕业后无法进入高校，只得从事其他工作。国内绝大多数高校对外汉语教学机构的招聘条件是必须具有博士学位,因此这些只有硕士学位的汉语教师志愿者就难以留在高校工作,绝大部分从事国内中小学语文教学等工作。这样,一批批汉语教师志愿者毕业后"流失",应该说是比较大的遗憾。一方面,我们培养单位和国家汉办(语合中心)在这些汉语国际教育专业硕士身上倾注了大量的心血与精力,特别是他们当中的佼佼者本应成为我们国际中文教育事业的理想人才梯队;另一方面,这些汉语国际教育专业硕士作为汉语教师志愿者积累了海外中小学中文教学的宝贵经验,毕业后从事其他行业,无法进一步回馈蒸蒸日上的国际中文教育事业。这些最熟悉海外中小学一线教学情况并有实践经验的汉语国际教育专业硕士,理应成为国际中文教育事业最理想的后备师资和人力资源,但他们毕业后不能从事国际中文教育事业,既是他们自身的遗憾,更是我们国际中文教育事业的重大损失。假如能让那些拥有丰富海外实习经验的优秀汉语国际教育专业硕士通过取得海外教师资格证、提升学历等方式充实到海外的中小学中文教学一线和国内的汉语国际教育专业硕士培养单位,海外的中小学将获得有经验、有能力的优秀师资,国内培养汉语国际教育专业硕士的导师队伍将会补上当前的师资短板。

三、挑战2:国内汉语国际教育专业硕士导师队伍结构的局限

通过上述分析,我们看到,目前国内众多高校的汉语国际教育专业硕士的培养质量与海外中小学中文教师的需求存在不小的差距,而汉语国际教育专业硕士培养质量堪忧的原因固然与生源质量等因素有关,但更是与国内培养汉语国际教育专业硕士导师队伍结构的局限密切相关。如果现有的汉语国际教育专业硕士导师队伍结构再不进行完善,补上缺乏海外中小学中文教学经历的短板,汉语国际教育专业硕士的培养质量将会继续滞后于国际中文教育发展的大趋势。

国内汉语国际教育专业硕士导师队伍结构完善的有效途径有两种。一是鼓励国内汉语国际教育专业硕士培养单位的年轻汉语教师作为国家汉办(语合中心)公派教师主动承担海外中小学的中文教学工作,而不只是承担面向海外大学与成人的中文教学工作,这样导师可以积累海外中小学教学经验,弥补现有国内汉语国际教育专业硕士导师队伍这一方面的短板。二是鼓励优秀的汉语教师志愿者取得海外国家的外语教师资格证书,攻读海内外的博士学位,将来进入国内高校成为专业汉语教师,培养更适合海外中小学需求的汉语国际教育专业硕士。

这两种途径应以后者为主,共同实现国内汉语国际教育专业硕士培养单位师资结构的完善。目前国内汉语国际教育专业硕士的招生规模已远远超过传统对外汉语教学(语言学及应用语言学)专业硕士的招生规模,今后国内对外汉语教学机构应该补充具有海外中小学中文教学经历的师资,而目前以只有面向成人对外汉语教学经历的师资为主的局面应逐渐得以调整。

目前国内开设汉语国际教育专业博士点的培养单位不多①,语言学及应用语言学专业博士点的数量远远超过汉语国际教育专业博士点的数量。这种格局在汉语国际教育发展的新形势下有待调整,国内培养单位招收汉语国际教育专业硕士的数量远远超过语言学及应用语言学专业硕士的数量,培养单位更迫切需要能培养汉语国际教育专业硕士的高水平导师队伍。有条件的培养单位增设汉语国际教育博士点、增加汉语国际教育博士的招生数量迫在眉睫。当全国培养单位汉语国际教育博士点达到合理的数量,就能招收足够多有海外中小学教学经验的优秀汉语国际教育专业硕士,这样既能解决优秀汉语国际教育专业硕士的出路问题与学历升级的问题,也能为国内众多汉语国际教育专业硕士培养单位输送更多的、急需的、能胜任汉语国际教育专业硕士培养任务的师资,有效改善现有汉语国际教育专业硕士的导师队伍质量。

当国内高校汉语国际教育专业硕士培养的师资队伍结构得以完善,汉语国际教育硕士的培养质量自然会得到进一步提升;各培养单位拥有了结构合理的师资,自然能开出针对性强、实践性强的专业课程,才能够对汉语国际教育专业硕士的海外实习与毕业论文写作提供及时到位的指导。"宰相必起于州部,猛将必发于卒伍",国内高校汉语国际教育专业部分硕士导师队伍也必将源于有海外中小学教学实践经验的优秀汉语国际教育硕士,汉语教师志愿者中的优秀者通过获得博士学位或海外教师资格证书,就可以在海内外的高校或海外的中小学获得广泛的就业渠道。这样,"汉语国际教育专业硕士针对性培养——汉语国际教育专业硕士海外实习——汉语国际教育专业硕士获得海外教师资格证书与学历提升——国际中文教育业内就业",形成了人才培养与就业的良性循环,打破了目前"汉语国际教育专业硕士培养针对性不足——汉语国际教育专业硕士海外实习——汉语国际教育专业硕士毕业后绝大部分在国际中文教育行业外就业"的怪圈。如果我们不能为优秀的汉语国际教育专业硕士提供顺畅的职业发展通道,让他们有机会继续从事汉语国际教育事业,那么长此以往,国际中文教育的后备人才无法适应国际中文教育的大趋势。

四、对策:合理的师资队伍结构有效破解当前国际中文教育的"三教"难题

崔希亮指出教师、教材、教学法这三个问题是汉语国际教育的基本问题,而在这"三教"问题中,最核心的问题是教师问题,"因为好的教材是好的教师编写出来的,教学法也要靠教师来实践。换言之,没有合格的教师,就不会有优秀的教材和教学法。即使有了好的教材和教学法,一个没有经过训练的教师也可能会把学生吓跑。"②诚哉斯言!但如何破解"三教"问题,特别是教师问题,学术界目前还没有意识到挖掘汉语教师志愿者这

---

① 崔希亮.我们需要什么样的汉语教师[J].国际汉语教育(中英文),2016(1).
② 崔希亮.汉语国际教育"三教"问题的核心与基础[J].世界汉语教学,2010(1).

一庞大的现有教师资源群优势的重要性。既然海外的中小学中文教学已成为国际中文教育的重心,国内高校汉语国际教育专业硕士导师队伍建设应该优先考虑有海外中小学中文教学宝贵经历的优秀汉语教师志愿者,引导他们实现学历升级,达到进入高校门槛的基本要求,成为高校培养汉语国际教育专业硕士的重要师资力量。

这些新型师资将是破解国际中文教育教师难题的希望所在。他们有海外中小学中文教学的一线宝贵经历,又有攻读博士期间的理论积累,是海外中小学中文教学实践与理论最佳结合的理想师资。当这些优秀的师资成为国内汉语国际教育专业硕士培养单位的重要师资力量时,汉语国际教育专业硕士的培养质量将会得到有效提升,因为培养汉语国际教育专业硕士的导师们有着海外中小学教学实践的切身体验,无论是针对汉语国际教育专业硕士培养的课程设置、课程教学还是对学生的实习指导、硕士论文指导等,这些教师都能够以自身的实践与理论优势,使汉语国际教育专业硕士的培养紧密契合海外中小学中文教学的需求。当国内众多高校的汉语国际教育专业硕士的培养质量切合海外中小学中文教学的需求时,国家汉办(语合中心)针对汉语教师志愿者的选拔与出国前培训的工作压力将会大大缓解;作为汉语教师志愿者派往海外中小学实习的汉语国际教育专业硕士更容易适应海外的教学环境与教学需求,海外中小学中文教学质量将得到稳定提升。由于高校培养汉语国际教育专业硕士的新型导师队伍拥有海外中小学中文教学经历,他们就可以根据海外工作的需要与变化,作为国家汉办(语合中心)公派教师直接承担中小学中文教学的任务,大大提高国内高校汉语教师对海外教学的适应性,突破现有国内高校汉语教师往往只适应海外大学或成人中文教学的局限。因此,破解国际中文教育中的教师难题,就是引导优秀的汉语教师志愿者在取得汉语国际教育专业硕士学位后,继续攻读博士学位,从而顺利进入高校,实现高校现有师资结构的合理优化。

由于新型师资有海外汉语教师志愿者的经历并取得良好的教学效果,他们对海外中小学汉语教学法有着自己独特的经历和感受,可以结合硕士、博士期间所学的理论,对海外中小学中文教学不断进行研究,探索出更多适合海外中小学中文教学的教学法、教学理论,这些带有他们切身工作体会的研究成果也更具有针对性与实用价值。当前对外汉语教学界的专家们普遍缺乏海外中小学中文教学经验,对海外中小学的中文教学法的研究难有大的突破。由于每年有数以千计(未来有可能扩大到数以万计)的汉语教师志愿者奔赴海外国家的中小学任教,这些丰富多样的教学实践本身就有孕育新的汉语教学法的无限可能,一旦汉语教师志愿者中的佼佼者最终提升为高校专职汉语教师并能进行理论探索时,适合海外的多种教学法将迎来重要的实践突破和理论创新,届时国际中文教育界不排除能研创出类似外语教学界的 TPRS(Teaching Proficiency through Reading and Storytelling)、文化体演法、任务型教学法等原创的中文教学法。国内高校大批对外汉语教学专家虽然有良好的研究能力与理论素养,但由于不熟悉海外中小学中文教学,缺乏中小学中文教学实践经验,自然难以研创出适合海外中小学中文教学的好方法。而数以万计的汉语教师志愿者有着丰富的海外中小学中文教学实践经验,但因受自身研究能力与理论素养的限制,对海外中小学丰富的中文教学实践难以深入发掘,难以形成理论化、体系化、实用化的教学法。要弥补这两类师资的缺陷,就要融合这两类师资的优势,让国内高校的对外汉语专家熟悉、体验海外中小学的中文教学,让汉语教师志愿者通过学历和理论研究能力的提升,成为国内高校汉语教学专家。如北京语言大学崔永华教授基于3个多月对美国3个州10余所实施汉语沉浸式教学学校的实地考察、课堂观察,对10多位教师和教学管理者的访谈,以及录制的20多个小时的课堂教学录像资料等,写出了关于近些年美国小学汉语沉浸式教学的很有分量的论文[①]。像崔永华教授这样注重到海外中小学一线进行深入调研的精神很值得学习。

  当前适合海外中小学的高质量中文教材还是较少,国际中文教育仍然存在教材问题。尽管国家汉办(语合中心)和全球众多孔子学院已大力研发了多套国别化的中小学中文教材,但现有教材仍然难以满足海外中小学的需求。国内研发的中小学中文教材的优势是科学、规范,缺陷是不够生动有趣、在地化;国外一些中小学中文教师编写的教材亮点是接地气、在地化,缺陷是不够规范、系统。这两类教材研发队伍各有优缺点,最优秀的教材研发专家应该是兼具这两类队伍的优点,而国内高校新型师资恰恰具有这两类教材编写队伍的优势,既有海外中小学中文教学的经验,比较了解海外的中文教学情况,经过硕士、博士阶段的深造又具有系统的专业理论素养,更容易编写出适合海外中小学需求的高质量中文教材。事实上,众多汉语教师志愿者在海外实习时常常面临无教材可用或无合适教材可用的现实,他们自己动手编写适合本班学生的教学材料,已经在实践中不知不觉地磨炼出一定的教材编写能力。假以时日,那些优秀的汉语教师志愿者通过提升学历成为高校汉语教学专家,即新型师资,自然比当前缺乏海外中小学中文教学经验的专家们更容易编写出适合海外中小学中文教学的教材。届时,国际中文教育的教材问题将得到更好的解决。

  总之,随着新时代中国综合国力的快速提升,中文的国际地位正在大幅上升,国际中文教育正获得空前的发展机遇,国际中文教育的重心进一步落在海外中小学中文教学上。目前国内培养的不少汉语国际教育专业硕士难以切合海外中小学中文教学的需求;而通过国家汉办(语合中心)选拔和培训,完成海外实习的汉语教师志愿者获得汉语国际教育专业硕士学位后绝大部分离开了国际中文教育事业,这种现状将越来越难以满足海外中小学中文教学迅猛发展的巨大需求。当前,我们应与时俱进,改变思路,突破惯性思维,引导国内最熟悉海外中小学中文教学的优秀汉语教师志愿者通过攻读博士

---

① 崔永华.美国小学汉语沉浸式教学的发展、特点和问题[J].世界汉语教学,2017(1).

学位、提升理论研究素养,顺利进入国内高校,成为国内培养汉语国际教育专业硕士的新型师资。当既有海外中小学中文教学实践经验,又有理论研究能力的新型师资成为国际中文教育界师资的重要组成部分时,汉语国际教育专业硕士的培养质量将会稳定地提升,国际中文教育的"三教"问题将得以解决,海外中小学中文教学的实际需求将会进一步得到满足,我们也能很好地应对汉语国际教育大发展所带来的巨大挑战。当务之急,国内更多有条件的高校应重视设立汉语国际教育专业博士点,吸引有海外中小学任教经验的优秀汉语教师志愿者在获得硕士学位后继续攻读汉语国际教育专业博士,从而顺利进入高校,发展成为培养汉语国际教育专业硕士的新型导师和中坚力量。

(吴成年)

第一章　新西兰初中零起点汉语兴趣班教学设计研究

【摘要】本章从新西兰教育背景、新西兰初中教育背景、初中汉语零起点兴趣班学习者及家长四个方面进行教学设计需求的前期分析。通过分析新西兰 15 个城市的 23 个初中开设的汉语兴趣班的教学情况归纳出该课程的特点。在此基础上分析了新西兰初中汉语学习者的学习风格、学习态度、学习动机、学习需求、年龄特征等。基于前期分析制定了教学原则和教学目标,确定教学内容、教学策略和教学评估方法,并提供一个周期约 20 个课时的教学总体设计。结合教学评估结果分析教学设计各方面存在的优势与不足。本次教学评估以形成性评价为主,通过课堂观察评估、期末口语视频和问卷调查的方式帮助教师了解课堂教学效果和学生学习情况,随后结合评估结果进一步完善教学设计。

第一节　绪论

1.1　选题缘起

新西兰境内共设立了三所孔子学院,分别是奥克兰大学孔子学院(启动运行于 2007 年)、坎特伯雷大学孔子学院(启动运行于 2009 年)以及惠灵顿维多利亚大学孔子学院(启动运行于 2010 年),这些孔子学院下设多所孔子课堂。随着新西兰国内中小学对汉语教师需求的上升,越来越多的汉语教师志愿者被派往新西兰。2009 年仅两人被派往新西兰,2019 年志愿者人数已上涨至 150 人左右,汉语助教(Mandarin Language Assistant, MLA)项目的快速发展离不开两国政府和人民的共同努力。

新西兰汉语教师志愿者多为国内在校硕士研究生,他们的教学经验极为有限,但在实际教学中,多数教师需要独立完成教学任务;此外,新西兰汉语教学体系尚未完善,教师也没有完全适用于当地情况的汉语教材作为教学参考。因此,初入新西兰进行汉语教学,面对全新的教学环境与教学对象,"教什么、怎么教"成为汉语教师亟待解决的问题,一份基于新西兰汉语教学特点的教学设计对于新手教师来说具有较大的参考价值。

1.2 研究意义

1.2.1 理论意义

第一,拓展了以新西兰初中汉语零起点兴趣班学生为教学对象的汉语教学设计研究。

国内外很多教师都面临开设新项目、新课程的问题,需要了解设计新的教学项目、开设新的课程应当从哪些方面入手,遵循什么样的设计过程才能提高教学项目和课程运行的成功率。本研究结合前人研究成果,以教学实践为研究材料,对新西兰初中兴趣班学生的汉语学习情况进行分析,为新手教师在教学中如何根据实际情况选择合适的教学内容、采取不同的教学策略、实施有效的教学活动,以激发学生学习兴趣、提高课堂教学效率提出参考意见。

第二,丰富了针对新西兰中学生的国别化汉语教学研究。

新西兰现有教学设计方面的论文大多集中在教学活动设计,例如文化活动、韵律活动、卡片游戏活动等,综合课的教学设计研究仍待拓展。本研究以现有教学设计的研究成果为基础,丰富了非汉语环境下汉语教学设计理论,特别是针对汉语兴趣班的教学设计理论,促进汉语教学设计向多元化、体系化方向发展。

1.2.2 实践意义

第一,帮助汉语教师志愿者尽快适应当地汉语教学。

汉语教师志愿者到达任教国后,适应时间有限,没有经验的教师经常感到不知所措,任教初期不知从何下手。本研究可为新西兰初中汉语兴趣班的任教教师提供教学思路和教学参考,帮助其尽快适应海外教学生活。

第二,有助于新手教师顺利开展教学活动,进一步提升课堂教学质量。

本研究对2018年在新西兰初中任教的汉语教师志愿者的教学基本情况进行调查,共回收26份有效问卷。其中23名志愿者的教学对象是不需要考试的汉语兴趣班。因此,对于新西兰的新手教师们,本研究具有参考价值。本研究通过分析新西兰初中汉语兴趣班学生汉语学习需求,结合国内外教学设计研究理论成果,制定出一份具有操作性和借鉴意义的教学设计。

1.3 研究综述

1.3.1 国内外教学设计基本理论研究综述

20世纪60年代,基于行为主义学习理论的早期教学设计概念在美国产生,并从军事、学术领域逐步发展到商业、工业等领域,教学设计的价值逐渐被人们发觉和重视,基于不同的教学目标和理论基础,20世纪70年代出现了各式各样的教学设计模式,比如

"迪克-凯瑞"模式(Dick and Carey Model)、"史密斯-雷根"模式(Smith and Regan Model)等。20世纪90年代,教学设计理论研究逐步成熟,在结合教育学、传播学、心理学等多学科知识的基础上自成体系,它的理论研究和实践总结自成形以来就引起学界广泛关注并不断完善。

国外学界对"教学设计"这一概念的定义尚未统一。笔者选择对国内教学设计理论发展影响最大的观点,即教学设计应坚持系统观,设计者要把教学的过程当作一个完整的系统并用系统的方法分析和解决问题(加涅等,1999)。

加涅被视为教学设计领域的巨匠,他的《教学设计原理》(*Principles of Instructional Design*)开辟了教学系统设计这一研究领域。加涅认为教学设计就是创建教学系统的过程。他重点介绍了 ADDIE 模型,即教学系统设计应当包括分析(Analysis)、设计(Design)、开发(Development)、实施(Implementation)与评价(Evaluation)这几个阶段。这一模型影响力极大,现在学界通用的多个模型皆是在 ADDIE 模型的基础上创新发展而成。

迪克等(2007)在 ADDIE 模型的基础上从设计过程入手定义教学设计。他们认为教学设计就是用系统方法描述教学,是一个分析、设计、开发、评价和修改的全过程。教学被其视为引发和促进学生学习的系统,他们提出的"迪克-凯瑞"模式影响深远,该模式包括"确认教学目标、进行教学分析"等 11 个步骤,作者详细解释了实施方法与技巧,并通过来自多个领域的案例证明了该模式的可操作性和多功能性。

史密斯、雷根(2008)受到加涅的学习论和教学论观点的影响,认为教学设计是把学习和教学的相关原理转化成对教学材料、活动、信息资源和评价进行规划的过程。他们提出了包括"分析、策略和评估"三个阶段的教学设计过程模型。该模型的创新之处在于将学习分为陈述性知识学习、程序性知识学习、概念学习等八个类型,并详细说明了每种学习类型在不同阶段的教学策略,相较于迪克、凯瑞等的教学策略,该模型更加详细和全面,对于教师的指导作用更加明显。

国内学者深受国外教学系统论这一观点的影响,对于教学设计的形成和发展历史、所属学科以及如何定义的观点并无太大分歧。20 世纪 80 年代中期,教学设计的概念被国内学者们熟知,并作为一门分支应用型学科被归于教育技术学领域,它的特点是综合了多个学科理论且实践性极强。比较有代表性的学者有张祖忻、乌美娜、盛群力、皮连生等。

张祖忻等(1992)认为教学设计在本质上是一种分析和解决问题的系统方法,他们提出的教学设计过程包括"前期分析、组织教学课题"等九个环节。

乌美娜(1994)在此基础上指出教学设计是运用系统方法分析教学问题、制定解决教学问题方案、试行解决方案、评价试行结果并对方案进行修改的过程。在分析了当时已存在的各个教学设计模式的共同要素后,她设计出教学设计过程的一般模式,影响深远。本章的教学设计基本遵循乌美娜的教学设计模式。

盛群力等（2005）在对前人定义进行梳理和总结后提出"教学设计实质上是对教师课堂教学行为的一种事先筹划，是对学生达成教学目标、表现出学业进步的条件和情境做的精心安排。它的根本特征是如何创设一个有效的教学系统"。该定义正是基于教学过程涉及的两个重要对象——教师和学生，同时继承了教学设计系统论的观点。

目前国内学界教学设计方面重要代表人物皮连生（2009）直接继承了乌美娜提出的定义，对教学设计过程进行修改和细化：将教学策略分为"内容组织策略、传输策略和管理策略"，这与乌美娜的划分标准略有不同。

综上所述，国内学者在教学设计的理论基础和基本定义方面意见较为统一，且经多次实践证明，教学设计系统论确实具有科学性和可行性。因此，本章亦遵循教学设计系统论的观点进行教学设计，它是以改善教学效果、提高教学效率为目标的动态化过程。

1.3.2 汉语教学设计研究综述

吕必松先生（1993）提出汉语作为第二语言教学的过程可分为总体设计、教材编写、课堂教学和语言测试四大环节，他提出的前三个教学环节与教学设计的环节不谋而合。这一理论为对外汉语教学设计的发展奠定了基础。

崔永华、杨寄洲（1997）指出对外汉语教学是一个系统。他们将当时已经较为完善的教学设计理论与方法应用到对外汉语教学领域，系统地说明了对外汉语教学设计七要素。

姜丽萍（2008）认为教学设计就是教师为完成教学任务，达成教学目标，对教学过程所进行的系统规划、安排和决策。在对对外汉语教学设计模式的分析中，她具体讲解了课堂活动过程的教学设计，例如怎么设计复习环节、导入环节、讲解新课环节、指导作业、启发质疑等，这是属于"课堂教学层次"的教学设计。

廖建玲（2013）首次在国内汉语教学设计著作中将教学设计理论与国际汉语教学相结合并提供真实的教学实例作为参考，对在海外任教的汉语教师提高教学设计能力有更直接的帮助和指导。

郭睿（2015）首次对课程设计进行专门和系统的研究，直接提出了"汉语课程设计"的一般程序和环节，即汉语课程设计模式。这是一次相当值得鼓励的尝试，我们需要在更高层面从不同的视角完善对外汉语课程设计的研究。

目前国内对外汉语教学设计的著述大多是从一般意义上讨论基本理论和方法，而针对某一国别或某一课型的较为详细的、具体的教学设计著述较为少见。

1.3.3 新西兰汉语教学现状研究综述

截至2020年3月，在中国知网以"新西兰汉语"为关键词搜索到的与新西兰汉语教学相关的论文共80篇。

2010年以前,研究论文数量偏少。若加上以"新西兰华文"为关键词的检索结果,2003年到2009年,共10篇研究论文,其中7篇研究主题是新西兰汉语教学现状,多为新西兰和澳大利亚华文教育现状对比,有关汉语教学内容、课堂教学方法、新西兰汉语教材使用的论文极少。主要原因是新西兰汉语教学起步较晚,直到1998年,新西兰教育部才将汉语作为全国大学入学考试的外语科目之一,当时的学生大多通过数量有限的中文华侨学校和华文义校学习汉语,这类学校带有业余补习的性质。这种情况在新西兰设立了三所孔子学院后得到有效改善,此后研究论文数量不断上升,研究范围也愈加广泛。

截至2020年3月,教学法的研究涉及任务型教学法、全身反应(Total Physical Response,TPR)教学法以及某些课堂活动教学法,例如儿歌、游戏、韵律活动在课堂中的应用等。笔者对现有的针对新西兰汉语综合课的教学设计进行了梳理,具体如下:

黄魏超(2013)对新西兰当地的教学理念进行详细了解和总结后,结合汉语教学的特点制定了针对小学零起点汉语课的教学方法,并在详细说明了教学五环节后,以"颜色"为例阐释教学实践过程和教学评估方法,证明了该教学设计的可行性。但是其使用的教学评估方式略显单一且问卷样本数量略少,无法确定该调查结果是否能全面地反映教学效果。相较而言,周莉(2013)以新西兰罗托鲁瓦小学中文课为研究对象,她的教学设计前期分析更为翔实,更具有可参考性。通过调查确定了小学中文课的定位,并以此确定教学目标进而设计了一份较为完整的教学方案,包括如何选择话题、设计活动、选择教学资源等,并进行了实践、分析和反思。但是问题同样集中在实践过后的教学评估上,该文主要通过课堂观察和课后反思两种方式,这些方式具有一定的主观性和片面性。

牟曼(2015)、吴思雨(2019)和常琛(2013)皆立足于主题式教学法分别以新西兰初中和高中为对象进行教学设计。牟曼(2015)以初中零基础汉语综合课为设计对象,详细说明了主题式教学应当遵循的原则、资源整合方式、教学效果评估方法等内容,以"家庭"为主题介绍了其所设计的教学过程五环节,并在教学评估后提出该教学设计的成果与不足,其教学评估方式相较于前两篇小学教学设计更为充分和全面;吴思雨(2019)以新西兰中小学生为研究对象进行主题式教学设计,结合实际教学情况提出的主题与牟曼(2015)的既有重合亦有拓展,包括自我介绍、家庭、自然、运动等,并在教学结束后通过问卷调查、试卷、学生访谈的方式评估主题式教学的可行性,除此之外,她还研究了汉语教学融入当地主题教学的可能性,具有极大的借鉴意义;常琛(2013)以新西兰哥伦巴高中为例提出话题选择应当遵循的原则、跨学科跨年龄实施主题式教学设计的设想,并进行了实践和评估。

郑丹丹(2015)针对新西兰中小学的混合课堂进行了研究,重点在于发挥母语者在混合课堂中的作用。最后以"家庭成员"为例进行了教学设计并实践。但是文章中对教学评估等方面的内容阐释过少,缺乏客观或主观数据支撑论文。

综上所述,新西兰在汉语教学方面的论文数量虽少,但对后来者的教学研究也有指导作用,例如对于新西兰基本教学情况的调查,针对新西兰学生如何选择合适的教学内容、恰当的教学方法等。除此之外,新西兰汉语教学的研究在很多方面仍值得教师们挖掘,目前针对不同年龄、不同课型的研究成果比较缺乏,基于此,本章结合教学实践经验针对新西兰初中零起点汉语兴趣班进行教学设计。

1.3.4 海外汉语兴趣班教学研究综述

对现有以汉语兴趣班为研究对象的论文进行分析,涉及的海外国家主要有美国、韩国、塞尔维亚、泰国等。以"兴趣班"命名汉语班级主要出于学生的学习动机以及教师的教学目标和教学原则,汉语兴趣班的主要特点有:教学对象的主要学习动机是对教学内容的兴趣;以提高学生学习汉语或中华文化的兴趣为教学目标;强调趣味性教学原则;没有成绩考核制或成绩不纳入学校的考试体系等。在现有的研究文献中,各个国家的汉语兴趣班既有共性亦有不同,例如在强制性(是否为必修课)、课内或课外教学、教学内容(文化教学或文化与语言教学皆有)等方面有所差异。

周晶(2014)从教师、教材和教学方式三个方面分别论述如何激发小学生的汉语学习兴趣,较为全面。韩娇娇(2015)和宋频末(2016)研究重点皆为课堂上调动兴趣的教学方法。郭辰梦(2017)对保加利亚索菲亚地区中学生兴趣班的小组活动做了较为详尽的研究说明,在分析了影响小组活动效果的因素后,为教师如何利用小组活动激发学生兴趣提出指导意见。

从上述几篇研究论文中,我们可以初步认为兴趣班应以提高学生学习兴趣为导向,教师可从教师、学生、教材、教学方式等多方面考虑激发学生学习主动性。除此之外,在教学过程中应当充分了解中小学生学习第二语言的规律和特点,做到有的放矢。

1.4 研究内容和方法

1.4.1 研究内容

首先,梳理相关理论基础。对现有文献进行综述,了解教学设计这一概念的产生、发展以及目前国内外有关教学设计的研究成果,在此基础上,梳理国内外有关"汉语兴趣班教学设计"的研究成果。

其次,针对新西兰汉语兴趣班进行教学设计。以所考察的学校为样本,通过问卷调查和个人访谈等方法调查并分析学生、学生家长、校方的需求,为新西兰初中(七、八年级)汉语零起点兴趣班设计一个周期约20个课时的教学内容;基于需求分析确定教学原则和教学目标;基于现有研究文献和笔者实际教学实践提出有关教学内容、教学方法、教学活动、教学媒介等方面的建议。

最后,评估与改进所实施的教学设计方案。结合课堂观察、教师教学日志、学生问卷调查以及学生期末口语视频,评估教学设计方案的优势和不足。

1.4.2 研究方法

1. 课堂观察法

本次研究样本是新西兰霍克湾区塔拉德尔初中(Taradale Intermediate School)。在上课期间,不断观察学生的学习需求、课堂表现、行为方式以获取反馈并记录在教学日志中,根据学生课堂反应做出相应调整,不断丰富教学内容和方式,为教学设计做准备。

2. 问卷调查法

教学过程中,在塔拉德尔初中发放问卷旨在了解学生的汉语学习背景、学习动机、学习风格、学习途径、学习目标、喜欢的课堂活动等信息。课程结束后,同样通过问卷调查获取课堂效果等反馈信息。

通过向2018年在新西兰初中任教的汉语教师志愿者发放问卷,了解新西兰不同区域中学汉语教学时长、班级类型、教学内容等信息。

第二节　新西兰初中汉语零起点兴趣班教学设计前端分析

2.1　新西兰教育背景

2.1.1　新西兰教育体系

新西兰教育体系坚持以学生为中心的思想,共包括三个阶段。第一阶段是5岁以前的早期儿童教育阶段,在这一时期,教师重点培养学生的自信心和对世界的好奇心,使学生在未来能够更加勇敢、快乐和成功。第二阶段是5—19岁的中小学教育,这一年龄阶段的孩子可以免费在公立学校接受教育,其中5—16岁(大约为1—10年级)必须接受义务教育。中小学教育共有13个年级,小学为1—6年级,7—8年级或并入小学内或单独成校,是小学到中学的过渡年级,中学为9—13年级,学生在11—13年级期间需要通过新西兰NCEA(National Certificate of Educational Achievement)考试,获得国家高中学历证书,NCEA考试成绩被多个国家认可和接受,因此该考试极为重要。学校同时会为学生提供具有职业性质的课程,为学生毕业后找工作或大学选择专业做准备。第三阶段是高等教育,高等教育提供的课程包括大学教育和职业教育两类,新西兰有8所公立大学,在国际上获得广泛认可,为商科、理科和人文学科的本科生、硕士生和博士生提供大量专业课程。

新西兰教育部于2007年修订了《新西兰国家课程》(*The New Zealand Curriculum*),这是说明新西兰教育政策的官方文件,适用于新西兰以英语为媒介语的学校,它的作用是为新西兰的学生设定方向,为新西兰学校教学设计提供指导。《新西兰国家课程》提出了新西兰学校在教学中需遵循的教学原则：高期待值（High Expectation）、包容性（Inclusion）、连贯性（Coherence）、文化多样性（Cultural Diversity）、学会学习（Learning to Learn）、积极参与社区活动（Community Engagement）以及关注未来（Future Focus）等。文件中明确提出在新西兰开设的所有课程都需遵守这些原则。新西兰教育致力于将青少年培养成自信、积极投身于新西兰事业、能够与世界产生广泛联系的终身学习者。新西兰教育者认为思考、表达、自我管理、与他人建立联系、积极参与和贡献是未来学习和生存的五大关键能力，一个成功的学习者必然具备这些能力，并能凭借这些能力立足于社会甚至令自己在所在领域脱颖而出。

2.1.2　新西兰外语学习政策

为了培养全面发展、高素质的人才，《新西兰国家课程》设置了八大学习领域，语言学习领域是 2007 年发布的文件中唯一新增的学习领域，可见语言学习在新西兰的必要性与迫切性。文件指出，学习者在早期学习一门外语将受益匪浅，外语学习能够拓展学生语言综合能力、加深学生对本国语言和文化的了解和关注、充实学识、为学生了解其他文化背景群体的思想和行为开辟道路；对国家而言，外语学习能够推进国际关系和贸易的发展。因此，《新西兰国家课程》语言学习领域要求学校必须为 7—10 年级学生提供学习其他语言（Additional Language）的机会，使学生在进入高中之前就拥有多种语言学习的经历。

在新西兰第二语言的"教"与"学"方面，《新西兰国家课程》采用了罗德·埃利斯教授提出的二语习得的 10 个原则，旨在提高教学有效性，具体如下：一、教学应确保学习者既能够掌握丰富的语言表达形式，又能够遵守语言规则；二、二语习得过程中，学习者需重点关注意义；三、二语习得过程中，学习者同样需关注形式；四、教学主要针对第二语言的内隐知识，但不可忽视外显知识；五、教学应当将学生的"内在教学大纲"列入考虑范畴；六、成功的语言教学需要大量的二语输入；七、成功的语言习得需要大量的输出机会；八、发展学习者第二语言能力的关键是使其在第二语言学习过程中产生联系；九、教学需考虑学习者的个体差异；十、评估学习者二语水平时，既要测试学生自由表达的能力，也要测试学生受控表达（Controlled Production）的能力。

新西兰语言学习同样强调对学生跨文化交际能力的培养，提倡将语言与文化融为一体，培养学生的语言技能和文化意识，学习者能够尊重每种语言与文化的独特性并将其与本国文化进行比较并建立联系，教育部将其称之为"跨文化交际语言教学（ICLT）"。跨文化交际语言教学要求教学过程中要始终坚持将语言与文化因素相结合、为学生创设真实的社交环境、培养学生探索与反思文化和语言文化的能力、培养学生将语言和文化进行对比与联系的能力、培养学生以恰当的方式回应不同学习背景学习者的能力、锻炼学生跨文化交流的能力。

《新西兰国家课程》将语言学习目标设定为三个板块,其核心目标是培养交际能力,除此之外还有在跨文化交流过程中所需的语言知识目标和文化知识目标。

2.1.3 新西兰汉语发展概况

在指导新西兰汉语教学方面,新西兰教育部于 1995 年发布了《新西兰汉语课程》(*Chinese in the New Zealand Curriculum*),这是新西兰汉语教育史上第一份官方的课程说明文件,该文件为在新西兰任教的汉语教师在课程规划和教学设计方面提供基础性的指导意见。《新西兰汉语课程》将学习者汉语学习的基本框架划分为八个级别,详细说明了每个级别汉语学习的目标(包括交际功能和语言水平)、语言发展情况并提供文化教学、语言教学、教学活动和教学评估等方面的建议。该课程说明体现了新西兰政府对新西兰汉语学习的态度和价值观,即汉语学习需帮助学生培养和明确自身的价值观和信仰,使学生学会尊重与他们持有不同态度和价值观的人的权利,在终身学习过程中培养积极的学习态度。

在新西兰汉语发展过程中,孔子学院的努力以及发挥的作用不容忽视,是新西兰发展汉语国际教育事业的中坚力量。从 2009 年开始,中国国家汉办(语合中心)向新西兰输送经过岗前培训的汉语教师志愿者。新西兰教育部网站公布了新西兰自 2000 年到 2017 年学校语言学习班级开设情况,该统计数据包含太平洋岛国语言、欧洲语言(法语、德语、西班牙语和俄语)、亚洲语言(日语、印尼语和汉语)等。数据显示,2000 年有 37 所新西兰中小学(1—8 年级)开设汉语课,排名第六,汉语学习者为 2335 名;2001—2006 年,开设汉语课的中小学学校数量有所起伏,但最多不超过 38 所;2007 年及以后,开设汉语课的学校数量大幅度上升,截至 2017 年,共有 354 所中小学开设汉语课,开设学校数量排名第一,汉语学习者已达 64874 名。这些数据直观地反映了汉语教育在新西兰的快速发展,汉语学习在新西兰人心中变得愈发重要。在这种形势下,对汉语教学和中华文化传播的研究至关重要。

2.1.4 新西兰初中汉语兴趣班教学特点分析

本章对 2018 年在新西兰初中任教的汉语教师志愿者的基本教学情况进行调查,共回收 26 份有效问卷,其中 5 份问卷来自新西兰南岛的学校,其余问卷来自新西兰北岛的学校,本次问卷调查共涵盖 15 个城市。提交问卷的 26 个汉语教师志愿者中有 23 个志愿者的教学对象是不需要考试的汉语兴趣班,这说明在新西兰初中开设的汉语课程大多数为兴趣班,汉语兴趣班具有普遍性。通过对 23 位在新西兰初中汉语兴趣班任教的教师发放问卷获取相关信息,最终分析总结出新西兰初中汉语兴趣班有以下几个特点:

第一,鼓励学生体验中国语言和文化、激发学生的学习兴趣、提高学生了解中国语言和文化的主动性和积极性,以及培养学生运用汉语进行交际的能力,是该课程活动设计的出发点,亦是课程的落脚点。该课程属于探索式课程,不把学生语言水平作为衡量教学效果的标准。

第二，汉语考试不纳入本校的考试体系，没有硬性考试要求。教师教学的自主性和灵活性较大，教学压力小，但这也导致学生不够重视课程、多数学生课后不会复习等问题。

第三，教材内容没有明确规定，多数班级由授课教师决定授课内容。对新西兰初中班级的调查中，3个学校使用新西兰汉语教材《好》，其余20个学校使用的汉语教材皆为教师自编教材。

第四，周课时量少，课时间隔时间长。23个学校的调查中，20个学校的汉语课一周一节，3个学校的汉语课一周两节。总课时量的统计中，16个学校的汉语课时量在20节及以下，7个学校的汉语课时量在20节以上。

第五，初中汉语班级多为大班授课。23个学校中，20个学校的班级平均人数在25—30人之间，其余3个学校班级平均人数分别为15人、20人和40人。

2.2 塔拉德尔初中教育背景

2.2.1 塔拉德尔初中学校概况及教育理念

塔拉德尔初中位于新西兰北岛霍克湾区纳皮尔市塔拉德尔镇。该校包括七、八两个年级，学生大多在11—13岁之间。在新西兰教育体系中，七、八年级是小学到中学的过渡阶段，学生需要逐步适应角色的转变，这一阶段同样是学生世界观、人生观、价值观构建的重要时期，学校教育对学生的影响力极为重大。

塔拉德尔初中是一所公立男女混合学校，有540个学生。该校的教学宗旨是"追求卓越"（Seek to Achieve），鼓励学生成为最好的自己。除此之外，塔拉德尔初中在全校推广和鼓励"积极的学习行为"：安全（Be Safe）、懂得尊重（Be Respectful）、做一个学习者（Be a Learner）。学校希望通过培养学生的激情、担当和关怀，引导学生走向成功与独立。该校在培养目标、课程设置、教学原则等方面主要遵循《新西兰国家课程》的要求。塔拉德尔初中为学生开设了社会科学、数学、艺术、科学、语言、体育、技术等学术课程，同时结合课外实践，致力于让学习者在学术、运动、文化、公民意识和社区服务这几个方面的能力达到优秀水平。为了鼓励所有的学习者积极参与，学校每个学期会专设表彰大会，并邀请家长参与，表彰在各方面达到优秀水平的学生。

2.2.2 塔拉德尔初中汉语课开设概况

塔拉德尔初中应教育部要求开设语言课程，除官方语言学习外，汉语课是该校唯一的全校必修外语课程，任课教师为维多利亚大学孔子学院指派的汉语教师志愿者，多为国内高校硕士研究生，在新西兰被称为汉语助教，该校2016年首次开设汉语课，笔者2018年申请成为该校第三任汉语助教。

新西兰学校每年共四个学期,每个学期十周。该校共18个班级,每个班级30人左右。该校汉语课以9个班级为一个单位,前9个班级在前两个学期上汉语课,后9个班级在后两个学期上汉语课。每个班级每周一节汉语课,由于学校活动冲突或放假等情况,每个班级总课时量不等,大约有16—20节汉语课。

虽然汉语课在该校为必修课,但正如前文所述,从学习动机、课程目标、教学方法、教学成果等多方面考虑,汉语课更趋向于兴趣课。笔者曾与校长Rex交谈,当问及开设汉语课的目的时,他回答开设汉语课是为了给学生提供体验不同语言和文化的机会。另外,该校学生在汉语课上没有考试压力,考核方式由任课教师做主。出于以上几点,该校师生对待汉语学习的态度较为轻松。

学校对汉语学习和文化活动较为支持。塔拉德尔初中每年有固定资金用于支持学校语言文化活动,2018年该校在新西兰中文周开设国画、书法等活动所需的材料皆由学校语言专项资金购买;每一节汉语课都会有新西兰教师在班内保证纪律并帮助汉语教师准备教学材料;学校领导也大力支持在校内开展各项中国文化体验活动,并于活动后主动在学校脸书主页进行宣传。

该校没有固定的汉语教室,汉语教师志愿者需到各个班级上课,但是每个班级都配有多媒体设备及基本的教学用具,学生允许自带电子设备,这为在汉语课堂上进行多媒体活动提供可能性。

2.3 塔拉德尔初中汉语学习者分析

语言学习者既具有普遍性也具有特殊性,准确把握学习者的个体情况是达到有效教学的重要基础。学习者的实际发展情况主要指学生的生理因素、语言基础、能力水平、学习状态等。在充分了解、分析学习者个体因素的基础上,结合第二语言习得过程与规律,教师才能更好地因材施教,提升教学效果。

2.3.1 年龄

新西兰初中生年龄在11—13岁之间,正处于学习者学习生涯的特殊时期,他们正经历着许多变化:社会意识的增强、身体的剧烈变化、价值观的塑造、独立性的增强以及认知能力的提升。因此,教师在对待学生的态度、管理学生的手段以及教学内容的选择上需要反复思索,结合学生的特点采取相应的措施。

在语言学习方面,伦尼伯格提出语言学习"关键期"假说,青春期(12岁左右)以前大脑语言功能的侧化还未完成,这一时期的学生大脑灵活,可塑性大,语言习得相对容易。相较于成人,青少年模仿能力和表现欲强、记忆力好、学习方式灵活,在学习语言的过程中能够更迅速、更容易地习得地道而准确的口语,但语法的分析和理解能力相对较弱。教师可以充分利用这些特点,加强语音训练,在语法教学设计时力求简洁易懂。

2.3.2 汉语水平(入门技能)

本章以新西兰塔拉德尔初中为样本,获得266份有效问卷,其中158个学生完全没有汉语基础,87个学生只知道简单的汉语词语,17个学生能够进行简单的对话,4个学生能够流利地使用汉语进行交流(3个中国人,1个新西兰人)。在108个有一定汉语基础的学生中,65个学生学习时间不超过6个月,24个学生学习时间为6个月到1年,11个学生学习时间超过1年,8个学生学习时间超过3年。

由此可以推断出新西兰初中生入学前汉语的大致水平,80%以上的新西兰中学生汉语基础薄弱,零基础学生占多数,因此教学时教师可从最基本的知识点入手。

2.3.3 学习动机

对新西兰塔拉德尔初中的学生学习汉语的动机进行问卷调查,结果表明:新西兰初中生汉语学习的动机多为近景的直接性动机,近80%的学生的学习动机来源于对中国语言及文化的兴趣。对新西兰初中生而言,这是一门较为新颖的课程。同时近18%的学生考虑到高中时期新西兰NCEA考试语言考试科目的选择和未来职业发展,希望提前体验一下汉语课程,了解自己对该课程的兴趣和学习能力。可以看出新西兰初中生汉语学习受到外部动机的影响较弱:父母的期望和督促、教师的教学风格和水平并不是他们学习汉语的主要动力。

事实上,在学习过程中,近景的直接性动机和内部动机作用虽然最为明显,效果最为显著,但是稳定性较差,容易受到其他因素的影响而产生波动,影响学生学习效果。因此,教师应当考虑在教学过程中,如何将学生短暂的、不稳定的学习动机发展成为稳定的、持久的动机,这也是新西兰汉语兴趣课的教学目标之一。

2.3.4 学习风格

初中学生受年龄限制,更倾向于轻松、活跃的课堂氛围,获得学习乐趣是学生的主要目的也是主要要求之一。对问卷中主观问题"对汉语课有什么想法?"的答案进行词频统计,表1-1为词频统计中前24个词语,除了无意义的主语、冠词、连词外,fun出现频次最高,共57次,由此可见,课堂的趣味性是学生关注的重点。基于此,教师课堂活动设计更需多样化,充分调动学生情绪,激发学生学习兴趣。

表1-1 "对汉语课有什么想法?"答案词频统计

词汇	频数	词汇	频数	词汇	频数	词汇	频数
it	95	fun	57	to	49	It	32
the	84	was	57	on	35	good	32
and	76	you	55	like	35	board	31

续表

词汇	频数	词汇	频数	词汇	频数	词汇	频数
really	31	more	22	learning	17	great	16
think	27	Mandarin	21	do	17	would	15
is	26	learn	18	words	16	writing	13

由于中小学生注意力容易分散,教师可以选择讲授式,但时间不宜过长。在对学生喜欢的课堂活动的答案统计中,Kahoot网络在线问答位居第一(109人),课堂游戏(82人)、唱歌(41人)、小组合作与竞争(25人)、全身反应法活动(9人)等位列其后。由此可看出学生的学习风格具有自主性、团队性、灵活性、趣味性等特征。

2.3.5 学习需求

学生的语言学习需求是影响教学内容选择的重要因素之一,吕必松(1993)将第二语言学习的目的分为四类,分别是:为了升学而产生的提高文化素养或思维能力的受教育的需求;为了从事某一领域的研究工作所引发的语言学习的学术需求;为了未来职业发展(例如担任汉语教师、翻译或从事汉语研究)而产生的职业工具需求;为了旅游、交友或仅仅是出于好奇心而产生的临时需求等。

对于新西兰初中汉语学习者而言,他们多为临时目的,比如与中国同龄人交朋友、对中国语言和文化感兴趣、旅游等,部分学生出于受教育目的,为将来新西兰NCEA考试做准备。对于学校和家长而言,他们希望学生能够体验一种新鲜的文化,同时发展多元文化视野,对于学术上的成就没有太高要求。

2.3.6 学习态度

针对266个学生学习动机的调查中,选择答案"如果我能够做主,我不会选择上汉语课"的有47个学生,对这47个学生的问卷进行进一步分析,其中8个学生表示不希望再学习一门语言或者不喜欢中文,其余学生在调查中表示是否选择汉语课取决于课程的趣味度和对教师的喜爱度。47个学生中,37个在问题"你接下来是否会继续学习汉语?"中选择不会,10个学生表示现在还不确定。综上所述,学生对待汉语的态度总体而言较为积极,愿意主动学习汉语和了解中国文化,小部分学生持否定态度。

学习态度还包括对教学内容、教学活动、教学方法等的态度。在问卷调查中"你最喜欢的课堂活动是什么?"中,选择以Kahoot为代表的游戏化网络教学平台的人数遥遥领先,之后分别是课堂游戏、唱歌、小组合作与竞争、全身反应法活动等。在"你认为学习拼音是否有必要?"中,63%的学生认为有必要学习拼音,25%的学生持无所谓的态度,其余学生认为拼音太难而且很无聊,不想学习汉语拼音。这些数据对教师教学策略的制定具有指导意义,例如针对学生学习拼音意愿的调查结果与前期设想有所不同,学生愿意主动学习拼音一定程度上反映了学生积极的学习态度。

2.4 家长情况分析

在任教学校校长的支持下随机选择了五位家长进行问卷调查,旨在了解新西兰家长对孩子学习汉语的态度。共四位母亲和一位父亲参与调查,有四位新西兰人和一位中国人。调查结果见表1-2:

表1-2 新西兰家长对学生学习汉语的支持度调查

序号	与学生关系	国籍	支持度	支持/不支持的原因
1	母亲	新西兰	5	My son is keen and enthusiastic about learning Mandarin. I think knowing about other cultures and languages is important for children.（我的孩子对于学习汉语非常热衷且充满热情,我认为了解其他文化和语言对孩子非常重要）
2	母亲	中国	1	It takes away resources from other subjects without consultation with parents beforehand what their preferences for elective subjects are.（学校没有事先向家长询问对于选修科目的偏好,这种做法剥夺了其他学科的资源）
3	母亲	新西兰	4	It is widely spoken worldwide.（汉语在世界范围内广泛使用）
4	母亲	新西兰	5	Because it's great to get our children to learn another language, it's really good for their brain.（让孩子去了解另一门语言非常好,对儿童大脑发育很有帮助）
5	父亲	新西兰	3	I don't know much about it.（我不太了解这门课程）

由表1-2可知,总体上新西兰家长对于学校开设汉语课程的态度较为支持,他们希望孩子通过了解一种不同的语言和文化提升能力。在当今世界范围内,中文的使用愈加广泛,对孩子的吸引力也在逐步增强,如果孩子对中国文化感兴趣,家长当然会更加支持。同时,调查显示,关于开设汉语课,部分中国籍家长持否定态度,主要原因是本课程的教学内容不太适合中国学生的需求,对于中国学生而言,汉语兴趣班课程是一种时间和课程资源的浪费。如果发生这种情况,教师可以与学校商讨,可以允许班级内的中国学生学习其他内容或参加学校开设的其他课程。

在对学生是否有其他汉语学习方式的调查中,第一位家长的孩子在过去四年每周上一次网络汉语课,其余家长没有为孩子提供其他学习方式。在问题"您希望您孩子的汉语水平达到什么程度？"时，第一位家长希望孩子能够运用汉语与中国人进行无障碍交流，第三位和第四位家长希望孩子了解基础的汉语词汇，第五位家长对汉语水平没有要求，认为学习的乐趣最重要。在对学校开设的汉语课程的了解程度上，第三位和第四位家长了解一点，其余家长一点也不了解。综上所述，教师在教学过程中可以考虑如何加强与家长的沟通，例如建立学生汉语学习档案，在固定的时间让孩子带回家中，布置一些可以由家长参与其中的任务，将在汉语课堂上完成的作品以及学会的语句向家长展示，使家长了解学生在校汉语学习情况，借此提高家长的积极性，这些行为能够在一定程度上影响家长和孩子对汉语学习的态度。

表1-3 家长在听、说、读、写四个技能方面对孩子的期待值[①]

	听	说	读	写
1	4	4	4	4
2	4	4	1	1
3	4	4	4	4
4	4	4	4	3
5	4	4	4	4
平均值	4	4	3.4	3.2

由表1-3可知，家长期望孩子听、说、读、写四个技能都有所发展，但相对而言，对听和说的期待值更高，家长们都选择了最高数值，读、写能力的期待值次之。因此，如果课时量充足，培养听、说、读、写全面均衡发展的语言水平更符合家长的期待。对于新西兰初中零起点汉语兴趣班，若课时较少，教师可优先考虑培养学生听、说的能力。

第三节　新西兰初中汉语零起点兴趣班教学设计主体部分分析

教学设计一般分为三个层次：以系统为中心、以产品为中心以及以课堂为中心（何克抗等，2006）。本章的教学设计隶属于以课堂为中心的教学设计，即教师为主导者，教师依据教学大纲以及所选择的教材，针对特定的教学对象，在特定的教学设施和教学资源条件下设计教学过程、教学活动和教学评价的方法，从而有效地达到教学目标。

3.1　教学原则

语言教学是一门科学（吕必松，1993），在语言教学过程中需要考虑语言规律、语言学

---

① 家长期待值共四级，最高等级为4分，最低等级为1分。

习规律和语言教学规律，同时教师可结合语言学、心理学和教育学等学科理论，总结归纳出符合教学情况的原则并在教学过程中应用，充分发挥教学原则的指导性作用。教学原则贯穿教学始终，包括教学内容的选择、教学方法的使用、课堂活动的设计、教学评价的应用等，在各个教学环节遵守教学原则能够使我们的教学前后具有一致性，有利于教学目标的达成。

3.1.1 以学生为中心

以学生为中心是本次教学设计的总原则，也是根本原则。新西兰教育十分重视学生的需求和发展，坚持以学生为中心是新西兰教育者们在教学中始终贯彻的宗旨。《新西兰国家课程》提到的愿景、价值观、关键能力等核心思想观念的主体皆为学生，新西兰教育者们致力于将学生培养成为自信、积极投身于新西兰事业、能够与世界产生广泛联系的终身学习者。除了教师和学校，在对家长的调查中，家长对孩子语言学习成果的关注皆建立在学生获得学习乐趣的基础上，如"你希望孩子的语言达到什么水平？"，很多家长表示没有太高要求，孩子享受学习过程最重要。坚持以学生为中心不仅仅是新西兰的教学原则之一，同样是世界教育工作者们始终坚持的信念之一，这是教师展开教学工作的基础。

3.1.2 语言教学与文化教学相结合

语言不仅是一种交际，它同样是信息和文化的载体，语言中所承载的文化因素和语言学习、理解与表达有着密切的关系，影响学生使用目的语进行交际。但是由于不同学习阶段的学生对汉语和中国文化的了解程度不同，教师选择的文化教学内容需有所不同。结合学生的汉语水平、年龄特点、学习需求以及课程的教学目标等内容，教师需要选择合适的文化知识进行教学（刘珣，2000）。

新西兰语言学习极为强调学生跨文化交际能力的培养，教育部提出"跨文化交际语言教学（ICLT）"的概念并明确要求教学过程中要始终坚持将语言与文化因素相结合、培养学生将语言和文化进行对比与联系的能力，使学生能够客观地思考和评价不同文化，树立跨文化交际意识。《新西兰国家课程》提出的教学目标包括交际能力、跨文化交际所需的语言知识和文化知识。可见新西兰对于文化教学的重视，新西兰教育者们不仅关注语言的学习，而且重视文化因素的融入，他们不仅希望培养一个会使用他国语言的学生，而且更希望培养一个了解目的语国家文化并能够与之产生联系的学生。

3.1.3 听、说先行，读、写稍后

本次教学设计针对的对象是新西兰初中汉语兴趣班的学生，学生汉语水平较低，结合对学生学习需求的调查、家长对学生汉语技能学习期待值的调查（见表1-3）以及教学课时量少的现实状况，选择以听、说能力训练为主；同时由于汉字在汉语和中国文化中的特殊地位和作用，我们同样主张学生学习部分汉字，培养书写汉字的基本能力，为后

期深入学习打下良好基础。

3.1.4 趣味性和实用性相结合

趣味性与实用性相结合的原则要求教师进行教学设计时应当结合学生的实际生活和交际情况，采取灵活多变的教学方式，设计独特有趣的教学活动，多方面多层次地展示目的语以及目的语文化。在教学后期，教师可设计一些能够体现教学内容的实用性且充满趣味的活动来展示学习成果，既减轻学生的畏难情绪，又提升学生学习成就感。

3.1.5 教学有效性

裴娣娜（2007）认为有效性教学就是教学行为有效果和有效率的结合。教学有效性要求教师在教学过程中有效率意识和时间观念，处理好教学环节之间的转换，明确教学目标并以此作为检测教学有效性的标准之一。教学有效性同样要求教师设计的活动要目标清晰、指令明确、操作环节紧凑并且各个活动主次分明、衔接迅速自然，充分发挥每一次活动的作用，避免无效活动。有效性教学是根据学生的特点和需求、遵循汉语作为第二语言的教学规律，用最少的投入使学生最大限度地提高听、说、读、写各个技能的教学实践活动。

3.2 教学目标

教学目标是指教学活动预期所要达到的学习结果。教学目标的设计就是将学习者通过学习所要达到的最终行为状态，用明确的语言（主要是可观察、可测量、可操作的语言）表述出来，以克服教学目标的模糊性和不确定性（姜丽萍，2008）。《国际汉语教学通用课程大纲》[①]从语言知识、语言技能、策略和文化意识四个方面对课程目标进行了分级分类描述；《新西兰国家课程》将语言学习目标设定为三个板块：交际技能、语言知识和文化知识；《新西兰汉语课程》将汉语水平设置为八个等级，提出的教学目标包括交际功能、语言能力并对文化教学内容提出建议；奥克兰大学孔子学院2018年发布的《新西兰小学汉语课程大纲》中设定的教学目标与《新西兰国家课程》一致。可以发现，国内外语言教学设定的教学目标分类较为相似。因此，笔者在课程总教学目标下同样设定三个子目标：汉语能力目标、汉语知识水平目标、汉外文化情感目标。

一、汉语能力是指学生运用汉语进行交际的能力，因此汉语能力目标皆以"能够……"的形式进行表达，学生通过完成不同的交际任务完成语言学习目标。参考《国际汉语教学通用课程大纲》、YCT（一级）口试考查范围以及国内外较为流行的教学对象是以英语为母语的中小学生的汉语教材，如《快乐汉语》（第一册）（李晓琪等，2003）、《跟我学汉语》（第一册）（陈绂、朱志平，2003）、《HSK标准教程》（第一册）（姜丽萍，2013）等，同

[①] 国家汉语国际推广领导小组办公室.国际汉语教学通用课程大纲[M].外语教学与研究出版社，2008.

时结合《新西兰国家课程》《新西兰汉语课程》《新西兰小学汉语课程大纲》的学习要求和教学建议,首先确定以汉语零起点为教学对象的汉语课程的教学主题。教材中教学初期设计的教学主题主要有打招呼、自我介绍(姓名、年龄、国籍)、礼貌用语(道歉、道别、道谢)、课堂用语、家庭、数字、动物、食物、颜色、爱好等;《新西兰汉语课程》中 Emergent Communication 等级 1 内提到的主题包括打招呼,介绍自己与他人(姓名、年龄、家庭成员),识别人、物体、动物的身份,数字,班级点到,课堂用语。调查问卷结果显示,学生在学习初期想要学习的前五个话题是:打招呼、自我介绍、数字、动物和食物。由于本次教学设计的课时总数为 20 个课时,其中包含 2—4 个复习课时或因学校活动而取消的课时,因此本次教学设计选择了学生选择的话题中的前四个,考虑到课堂上师生汉语的使用率,在教学话题中另外加上课堂用语教学。

在确定了教学主题的基础上,设定以下 8 个交际任务:

1. 能够用汉语根据不同情况打招呼、问好;
2. 能够用汉语告别、表达及回应感谢和歉意;
3. 能够理解并用汉语回应简单的课堂指令;
4. 能够用汉语问答姓名、年龄,介绍自己的国籍、生日、属相;
5. 能够用汉语介绍他人(关系、姓名、年龄、国籍)和动物;
6. 能够用汉语说明数量(1—100);
7. 能够使用汉语中的"有"字句说明某人有某物;
8. 能够用汉语与他人谈论喜好。

二、汉语知识水平目标从语音、词汇、语法、汉字四个方面描述学生需要掌握的语言知识。本次汉语课程的教学设计主要以培养学生的听、说能力为主,且由于教学时长有限,汉字内容相对较少,对学生的要求较低,但是倘若实际教学过程中学生对汉字的兴趣极为浓厚,教师可适当调整教学内容,增加汉字学习时间,增加会写字、会认字数量等。

三、汉外文化情感目标的设定是希望学生通过学习和了解中华文化并将其与本国文化进行对比、建立联系,形成更全面的世界文化观。在确定语言学习的主题之后,坚持"语言教学和文化教学相结合"的教学原则,除了语言交际中涉及的文化因素,在与中国国情和文化背景相关的文化教学专题方面,参考了《新西兰汉语课程》和《新西兰小学汉语课程大纲》提出的文化教学建议,对所在学校的学生进行调查,结果显示,在文化主题当中,较受学生欢迎的是中国艺术类主题,例如书法、国画、剪纸、舞蹈等,其次是传统节日、饮食、服饰等。同时,在有关新西兰汉语教学的研究文献中,多位作者提出手工活动在新西兰中小学极受欢迎且取得了良好的教学效果。因此,在文化教学方面,笔者结合文化教学前后的语言教学主题或当时新西兰的流行元素进行设计,且由于本次教学对象是汉语零起点班级,学生对中国文化的了解程度有限,文化活动以文化体验为主。为了避免文化课太多,教师无法完成语言教学任务,或语言课太多,学生认为课程无聊、过难而丧失兴趣的问题,在本次教学设计中,语言课和文化课采取"3+1"模式,即三节语言课和一节文化课。牟曼(2015)在针对新西兰中学的教学设计中同样使用了这种模式,可见这种模式在新西兰具有一定的适用性和可行性。

3.3 教学内容

教学内容指学习者需要系统学习的知识、技能和情感、态度、价值观,这是在教学需求分析后确定了教学总体目标的基础上进行的。教学内容的选择是由教学大纲项目选择到语言材料选择一个逐步具体化的过程(郭睿,2015),选择教学内容势必要遵循一定的原则,主要参考刘珣(2000)提出的编写教材遵循的原则,同时结合本次教学设计总教学原则与问卷调查结果设定以下四个教学内容选择原则:

第一,教学内容要有针对性。教师需根据学习者的特点、学习目的、汉语水平、学习时限以及课程的教学目标等选择合适的教学内容。中小学阶段教学内容需要体现出外语教育的人文性,主要目的是开拓学生视野,为学生提供了解一门外语和外国文化的机会,这恰好是所任教学校校长开设汉语课的目的之一。另外,问卷调查中学生反馈在汉语学习过程中最大的难点之一是记忆。学生缺乏语言输出环境,在课余时间无法对课堂学习内容加以练习巩固,在这种情况下,教师可选择一些简单的基本的词语和句型,同时加强课堂复现,帮助学生攻克记忆难题。

第二,教学内容具有实用性。从学习者的需求出发,鼓励学生在生活中使用,这能够一定程度上激发学生学习的积极性;此外,语言材料来源于生活与现实,具有真实性,尽可能创设真实的交际环境,这符合《新西兰国家课程》中提出的语言教学原则。

第三,教学内容具有趣味性。吸引学习者,使其产生学习动机和兴趣,是本次教学设计始终贯彻的原则之一,是本课程的重要教学目标之一。因此,教学需尽可能形式多样化,为学生提供丰富的练习方式和学习题材,增强教学内容的趣味性。

第四,教学内容具有科学性和系统性。教学的安排必然要符合语言学习和语言教学的规律,由浅到深,由日常生活交际开始,逐步引入社会生活、文化、经济等内容。听、说、读、写四个技能和语音、词汇、语法、汉字等语言要素的安排要互相配合,协调平衡,具有一定的体系。本次教学内容的编排采取循序渐进、不断重现、逐步深化的螺旋式上升的方式,以适应新西兰初中生兴趣班间隔时间长、课时量少、缺乏语言交际环境的特点。

除了语言教学,教师也需要考虑文化因素,但是由于本次课程类型和课时的限制,应当明确:本次教学设计中语言教学是首要任务,文化教学需要为语言教学服务,文化课程的主要目的是激发学生学习语言和文化的兴趣、帮助学生理解文化的多样性和差异性以提高学生跨文化交际能力。文化教学纷繁复杂,不能一蹴而就,应当分阶段、分形式进行安排。

综上所述,基于教学内容的选择原则并结合教学的总目标,本次教学设计所包含的具体教学内容从语言教学和文化教学两方面进行描述,详见第一章附录一、附录二。

3.4 教学策略

教学就是合理地安排可靠的外部条件,以支持和激发促进学习的内部条件,当外部的刺激与学生内部已有的认知结构发生联系时,就产生了有效学习,教学就是要对学习的外部条件内容进行精心的设计。(姜丽萍,2008)教学策略是教学设计的主体部分,它是为了实现教学目标而采取的各项策略,包括教学环节的组织安排、教学方法的选择、教学活动的设计与实施、教学媒体的运用等。

3.4.1 教学环节的组织安排

教学环节的组织安排是对教学实施过程的设计。由于文化课充满多样性和不确定性,难以用统一的教学模式进行设计,因此此处主要是针对语言课教学环节的设计。我国当代接受度较广的教育过程理论有王策三(1985)提出的五段论(感知、理解、巩固、应用、检查)以及李秉德(1991)主张的四段论(感知、理解、巩固、应用)。对课堂教学环节的设计以这两个教学阶段论为基础,刘珣(2000)提出一般语言课的教学主要包括五个主要环节:组织教学、复习检查、讲练新内容、巩固新内容和布置课外作业。此次教学设计以刘珣先生的教学过程理论为基础,结合教学实际进行了调整。第一,在教学环节中专门设置了语音训练环节,这是基于问卷调查学生对语音训练的需求所采取的措施。另外,所实施的语音教学目标之一是使学生在课程结束后能够独立正确拼读音节,因此这一环节必不可少。第二,由于新西兰学校不提倡过多的课后作业,而且在实践中发现由于汉语兴趣班的性质,学生对其重视程度有限,导致学生课后作业完成情况较差,因此在本次教学设计中取消布置课外作业环节,最大限度地利用课堂时间,当然与此同时鼓励有兴趣的学生在课后可以进行自主学习。第三,近些年教学评估,尤其是关注教学过程的形成性教学评估所起的作用已不容忽视,及时获取课堂教学反馈信息能够帮助教师快速改进教学方法,提高教学效果,因此本次教学设计将教学评估作为教学过程的第五个环节。所考察学校每节汉语课为45分钟,没有足够的时间进行教学评估与反馈,因此将其设置为课后完成。综上所述,此次教学设计可称为"4+1教学过程模式",即将课堂四个教学环节与课后教学评估环节相结合,具体如下:

第一,导入环节。形式包括歌曲和节奏说唱并配以动作辅助。该环节的目的:其一,营造良好的语言学习环境,将学生的注意力吸引到课堂;其二,该环节节奏轻松有趣,容易激发学生的学习兴趣;其三,这一部分既包含语言知识又蕴含文化因素。在实践中发现如果花费一节课来学习一首歌极易导致学生疲惫不堪从而丧失学习兴趣,相较而言,分散时间学习歌曲效果更佳。

第二,复习环节。受新西兰汉语兴趣班课时量限制,调查发现,遗忘是大部分学习者学习的重大难题之一。因此,每节课安排了固定的复习时间帮助学生加深印象、巩固学习内容,复习内容和形式随着教学内容的增多不断增加和创新。

第三,新课与操练环节。这是课程的主体环节,教师遵循以学生为中心的原则,尽可能为学生创设真实的交际环境,培养学生的交际能力,激发学生的学习兴趣。

第四,语音训练环节。这一环节为课堂教学最后一个环节,该环节具有一定的灵活性,教师可根据前几个环节所花费时间和学习效果灵活调整。教师借该环节缓解前几个环节紧张的学习节奏,例如采取打节奏、用不同情绪的声音带读、唱跳等轻松愉悦的方式进行语音训练,使学生在良好轻快的氛围内结束学习。

在语音训练环节,教师每节课选取一组一般是三到四个字母以及包含该字母的拼音进行发音训练。在整体感知声母表、韵母表的基础上采取先韵母、后声母的顺序。韵母以单元音韵母为主,在教学的起始阶段向学生介绍六个元音,继而通过元音训练声调。在实践中该方法教学效率较高且能够减少后期出现的部分语音问题,例如 e、ü 的错误率就有所下降。声母采取先难后易的原则,先教汉语教学中新西兰学习者普遍认为较难的 j、q、x、z、c、s、zh、ch、sh,通过对比训练,不断重复以巩固发音,先难后易,为学生留出足够的时间攻克语音难题。

第五,课后评估环节。由于课堂时间有限,笔者将评估环节设置在课后完成。对于教师而言,需根据课堂观察完成教师日志,该环节主要目的是帮助师生进行总结和反思,并为后期的"教"与"学"提供借鉴材料,建立教师和学生的成长档案。教学日志格式如表 1-4 所示。

表 1-4 教学日志格式

教学日志		
日期:	班级:	
教学情况	教学环节	完成情况及改进意见
	导入:	
	复习:	
	新课与操练:	
	语音训练:	
学生情况	学生1:	
	学生2:	
	学生3:	
备注	小组竞赛分数、班级纪律等	

3.4.2 教学方法的选择

基于对新西兰汉语教学研究论文的调查与分析,在新西兰中小学汉语教学中,较为流行的教学法有游戏教学法、儿歌教学法、全身反应教学法等,并且已有专门的论文进行研究,例如胡茜(2017)关于儿歌在新西兰小学教学中的应用、朱怡(2014)所提的韵律活动的设计、吕卓阳(2018)针对 TPR 教学法在新西兰课堂教学中的研究等。

本研究选择较常使用并且取得较好教学效果的三个教学方法进行简单论述,结合新西兰现有论文以及其他学者的研究成果,提出实施建议。

1. 游戏教学法。游戏教学法是指教师将游戏带入课堂,通过设计简单有趣并且具有启发性的游戏活动进行操练,达到寓教于乐的目的。在教学过程中采取了课堂游戏与线上游戏相结合的方式,课堂游戏多用于新课后的语言操练,网络游戏例如 Kahoot 等主要用于复习回顾。

彭峥(2017)提出在新西兰实施游戏教学法要遵循目的明确、操作性强、富有趣味性、有针对性且类型多样的原则。设计游戏时也要注意游戏的可操作性,设计指令简单、操作简便、学生易理解的游戏规则,每轮游戏全程花费时间不宜过长。柯顿、达尔伯格(2011)同样提出在一节课内能够重复完成多轮的游戏比长时间只可进行一轮游戏效果更好。同时要考虑班级人数,尽可能多地使学习者加入游戏。创造既有新西兰特色又有中国特色的游戏,教师可以通过同事或学生了解新西兰传统的或者世界范围内通用的、较受欢迎的游戏并进行改编,例如 Bingo、Simon Says 等,将其运用到自己的汉语课堂中,能够极大地激发学生的学习热情并拉近师生关系。

2. 儿歌教学法。首先,新西兰人能歌善舞,热衷于表现自己,对于学习歌曲的热情历来较高;其次,歌曲的记忆周期更长,儿歌教学是一种帮助学生记忆词语与句子的好办法;最后,教师可以通过组织中文歌曲竞赛或歌曲表演等活动向学校和家长展示学习成果,此类活动能够提高学生的成就感和学校与家长的参与感与支持度。因此,在本次教学设计中选择了儿歌教学法作为教学方法之一。

3. 全身反应法。全身反应法是一种通过语言与动作的协调来教授语言的方法(姜丽萍,2008)。全身反应法提倡听力理解优先,重视句子的意义而不是形式,以词语和句子为教学基本单位以及通过身体动作反应提高理解力。教师运用手势、表情等进行教学,避免学生长期枯坐,该方法极为适合新西兰学生热情、活泼、好动的特点并能够有效提高学生参与课堂活动的热情,营造轻松、愉悦的课堂氛围。

该方法同样被应用到了歌曲教学中。在学习歌曲的同时,结合手语或者师生共同创作的动作,既提高了学生的学习热情,又帮助学生加强对歌词意义的理解,有助于语言学习。

3.4.3 教学活动的设计与实施

这里的教学活动是指狭义的帮助学生巩固课堂知识而精心设计的课堂活动,包括文化活动、围绕句型展开的交际活动、巩固语音和字词的活动等。根据组织形式的不同,教学活动包括全班活动、小组活动和个人活动等。

在针对新西兰的教学设计中,吴思雨(2019)提出主题式教学法指导下的教学活动需遵循主题性原则、趣味性原则、实用性原则、可操作性原则、主体性原则等。结合本课程的性质以及教学目标,本次教学活动的设计所遵循的原则与其既有重合亦有不同。一、活动具有多样性。课堂活动在课堂中所占比例较大,教师在设计课堂活动时需结合活动目的、学习者的反馈选择合适的课堂活动,要有丰富的形式和内容,例如形式在个人活动、双人活动、小组活动、全班活动之间转换,不断激发学生学习兴趣。二、活动具有趣味性。在教学实践中发现,对于效果良好、规则设计完善、学生喜爱的活动在学生眼中更似游戏,该类活动能够极大地吸引学生注意力,激发学习热情。三、以交际活动为主。培养学生交际能力是本课程的主要目标之一,因此在设计教学活动时,多围绕句型展开,以培养学生使用汉语与人沟通的能力。四、注重合作与竞争。由于教学班级人数较多,为了便于活动实施并使学生尽可能参与活动,在均衡学生实力的基础上将学生分成5—6个小组,在课堂上完成教师组织的活动。这种形式能够培养学生的合作能力和团队意识,除此之外,由于未成年人好胜心强,增加竞争元素能够有效激发学生的热情,从而提高学生的参与度。

3.4.4 教学媒体的运用

随着现代科学技术的发展和应用,教学中引入的教学媒体愈加丰富。基于教学目标、教学内容、教学方法和教学活动的选择,教师需考虑如何选择恰当的教学媒体传递教学信息。教学媒体的日益多样化发展与运用有效加深了学生对语言知识和文化内容的认识和理解,促进了教学活动的多样化,激发了学生的兴趣和热情,提高了学生的学习效率。徐英俊(2001)将教学媒体分为传统和现代两类。

在选择教学媒体方面,郭睿(2015)提出需依据教学目标、教学内容、教学对象、教学条件等因素。结合现有新西兰教学研究以及教学实践,在新西兰汉语课堂上较常使用的教学媒体有教具(实物或教师自制教具)、PPT以及音频、视频。

在教学媒体的使用上,结合调查结果提出以下几点建议:第一,使用现代多媒体或制作课件PPT时,应尽可能画面清晰、色彩搭配得当、字体大小适合、内容丰富有趣、难易程度适中,简洁明了;第二,教师应当尽量避免过于依赖现代教学媒体,最好准备备用方案以防教学媒体出现意外;第三,新西兰的汉语教师多为国内研究生,PPT的使用频率较高,但根据学生的问卷调查,学生希望教师能够进行一定的板书,给学生留小段时间思考和誊抄,因此教师可以适量板书,避免课堂节奏过快、学生跟不上的情况;第四,应当注意现代多媒体的使用应服务于教学内容,避免有过多华而不实的特效,容易分散学生注意力,得不偿失。

3.5 教学评估

国内较为通用的评估方式包括形成性评估和终结性评估。姜丽萍(2008)提出了设计教学评价应当遵循有利于学习者汉语水平的提高和所设课程的改进和完善的原则,评价过程包括确定教学评价目标、确定评价的课程项目、收集相关数据信息、在分析信息的基础上依据准则进行评价、应用评价结果、评估评价方式六个步骤。相较于终结性评价,新西兰汉语教师更多地使用形成性评价进行效果评估,该评价方式同样是《新西兰汉语课程》中提倡的评估方式,例如吴思雨(2019)使用了课堂观察、成果展示、教学评估表、教学测验等方式对教师和学生进行评估。本次教学评价的目的是评估课程是否实现了激发学生对汉语与中国文化的兴趣并培养学生交际能力的目标。为了避免给学生增加应试压力,本次教学评估同样以形成性评价为主,最终选择使用课堂观察评估、期末口语视频和问卷调查的方式来帮助教师了解课堂教学效果和学生学习情况,结合评估结果进一步完善教学设计,提高本次教学设计的有效性和可行性,促进教学目标的达成。

3.6 教学总体设计(两学期)

本研究提供一个教学周期即两个学期的教学总体设计,完整的教学设计有17课时(详见第一章附录三,此处因受篇幅限制,仅列举两课时的教学设计),另外预设三个课时为复习课以及由于学校活动、国家假期等意外事件取消的汉语课。建议每周期最后两个课时为复习课,教师带领学生回顾本学年的学习内容并为学生预留足够的课堂时间准备期末口试,提高学生期末视频的完成率和呈现效果。

课时 1 教学设计

课程主题:文化课1——师生初次见面
课程目标:
总目标:学生初步了解中国和春节的基本情况,师生互相了解,构建班级规则,激发学生的学习兴趣。

子目标1:学生初步了解中国的地理位置、首都、语言、国旗、国宝、代表性名胜古迹及食物等基本情况。

子目标2:学生初步了解中国春节的基本情况,完成立体"春"字剪纸活动。

子目标3:学生了解班级课堂规则,会说课堂常用语"棒,棒,你真棒"。

教学内容:
文化要素
A. 中国的地理位置、名胜古迹、美食、国宝等。

B. 中国春节的历史、活动、祝词(春节快乐),剪纸活动——制作三维立体"春"字。

汉语课堂规则

A. 介绍汉语课堂要求(安静、尊重、参与等),并征求学生意见,完成定稿。

B. 介绍常用的表达"棒,棒,你真棒"并进行训练。

教学活动:

1. 图片展示。展示中国在世界的地理位置、北京的名胜古迹和美食、大熊猫、中国国旗等内容的图片,帮助学生形成对中国的初步印象。

2. 剪纸——三维立体"春"。教师指导学生折纸、写"春"字、剪纸,最后展示成果。

设计理念:

这一课是每年新西兰学生开学的第一课,对汉语教师来说,首要的任务是快速拉近师生关系,使双方快速熟悉起来,因此以文化活动——剪纸为切入点,激发学生学习和探索的兴趣。而且新西兰的第一学期前几周一般正值国内春节,向学生介绍中国春节的时机恰到好处。

课时 2 教学设计

课程主题: 新授课 1——打招呼

课程目标:

总目标:学生初步了解汉语,会说简单的汉语句子,激发学生的学习兴趣。

子目标 1:学生学会用汉语与初次见面的人打招呼。

子目标 2:学生学会用汉语与不同对象打招呼。

子目标 3:学生通过"你好"的学习了解汉语的两个语言系统——拼音和汉字,了解基本的声韵调知识。

话题: 人际交往

子话题: 见面(情景:新学期开学,两个学生初次认识,在课堂上看到新老师……)

交际任务: 打招呼

教学内容:

语言要素

A. 语音

1.声母、韵母和声调的概念,声韵拼合(你好 nǐ hǎo),声调在汉语中的别义作用;简单提及汉语变调(两个三声连读,第一个改为第二声:你好 ní hǎo)。

2.通过元音字母介绍四声并训练四声的发音。

B. 语法

句型 1"你好"

句型 2"您好""你们好""老师好""同学们好"

C. 词汇

你好、您好、老师（基本词汇）

同学们（扩展词汇）

D. 汉字

你、您、我、好（会认字）

我、好（会写字）

文化要素

中国人打招呼的方式

教学活动：

1. 介绍"你好"句型并与学生互动。与学生握手或挥手领读"你好"，学生跟读模仿。

2. 全身反应法。将几个打招呼的内容通过不同动作表达出来，教师示范后，带领学生练习巩固。

3. 角色扮演。分小组，学生在小组内扮演不同的角色，例如，教师和一个学生、学生和学生、教师和多个学生，反复练习本课内容。

4. 学唱歌曲《你好歌》。

设计理念：

"你好"是在国外传播度最广的汉语语句之一，通过"你好"介绍汉语的两个系统非常必要，有利于学生在学习开始前就在脑海中形成汉语包括拼音和汉字两个体系的观念，方便后期的学习。

大部分新西兰学生了解毛利语的基本知识，毛利语中的元音与拼音里的元音有所重合，但部分元音字母发音又有所不同，例如"e"，因此，在汉语学习初期借四声的训练就引入 6 个拼音元音字母，不断纠正学生的发音，减少后期偏误的出现。教学重难点放在汉语和毛利语发音不同的"e"以及毛利语中没有的"ü"上。

第四节　新西兰初中汉语零起点兴趣班教学设计案例实施

本节基于第三节 3.6 部分教学总体设计，分别在语言课和文化课中选取一个典型教学案例进行详细阐释与反思。

本节选择两节极具代表性的课程，汉语课以"数字"一课为例，文化课以"母亲节贺卡"制作为例，它们有如下特点：一、完成度较高，较好地完成了课前设计的教学内容与教学目标，能够清晰明确地体现出所选择的教学策略；二、课后反馈效果较好，表现为教师课堂满意度高、成就感较强，学生完成学习目标、课堂活动参与度较高、课后评价态度积极等。

4.1 "数字"教学设计实施与反思

"数字"一课为本轮教学第 10 课时,学生此前学习内容已涉及自我介绍话题中姓名、家庭成员等信息,由于年龄、家庭人口数量、生日、时间等内容皆离不开数字知识,数字在日常交际中同样属于基本话题,因此,将数字学习安排在家庭成员称谓之后。

由于本节课的教学内容相对简单,交际性较弱,因此课堂活动以游戏为主,旨在减少学习一个一个数字带来的枯燥感。数字这一话题在世界范围内通用,但在不同的文化背景中存在一定的差异性,因此,在本节课引入数字文化中"中国人眼中的吉祥数字与不吉祥数字"以及数字手势等内容,激发学生的好奇心与兴趣并注意引导学生理解不同国家的文化差异,培养学生的跨文化交际意识与能力。

一、教学对象

新西兰初中汉语兴趣班学生(11—13 岁,30 人,已学习 9 个课时)

二、课程类型

汉语课(培养听、说能力为主)

三、教学内容

语言要素

A. 语音:zh、ch、sh

B. 词汇:一、二、三、四、五、六、七、八、九、十、害怕

C. 汉字:一、二、三、四、五、六、七、八、九、十(会认字)

文化要素

1. 中国文化中的吉祥数字和不吉祥数字

2. 中国人使用的数字手势

四、教学目标

1. 学生能够用汉语较准确、熟练地数数(0—10)。

2. 学生能够理解中国人眼中的吉祥数字与不吉祥数字。

五、教学重点

学生能够用汉语正确发音(数字 0—10)。

六、教学难点

数字四、七、九的发音

七、教学过程

上课前做好准备工作:按照教师要求,学生以小组为单位坐在一起,准备好笔记本和笔,教师播放中文歌曲,到上课铃声响停止,期间可与学生进行交谈或引导学生一起唱中文歌。

1. 导入环节(5 分钟)

教师播放歌曲《谢谢你》,邀请学生跟着唱并做出相应动作,将学生的注意力引入课堂,使学生进入上课状态,到第四句时停止。先请学生根据听到的歌词说一说,再在 PPT 上展示第四句(包括拼音、汉字和英语翻译),重点解释"害怕、抱"两词。教师教唱歌词与动作,学生跟唱、跟做动作,师生齐唱,再和乐唱前四句。根据学生状态决定唱歌次数与形式,若已进入学习状态,直接进入下一环节;若学生比较浮躁或萎靡,可加入竞赛、奖励等办法激发学生参与的积极性。

2. 复习环节(7 分钟)

本节课通过师生问答的方式进行复习,学生以个人为单位,教师为回答正确的学生加分,最后积分最高者获胜。通过这个方式了解学生掌握情况,尤其是平时在小组活动中较为害羞的学生。这种形式同样是教师记忆学生名字的机会,虽然班级人数较多且中国人常常不易区分新西兰人,但是记忆学生名字是提高学生参与感和加深师生情感的重要途径,因此教师可以充分利用这种时机进行记忆。

3. 新课与操练环节(25 分钟)

(1)引入数字话题。请学生说一说生活中和数字有关的事情,数字用途甚广,激发学生学习动机。(1.5 分钟)

(2)用 PPT 展示数字(拼音、阿拉伯数字、汉字)。首先教师用汉语带读两遍,加入手势继续带读 2—3 遍(此时学生非常感兴趣地跟着比画手势),同时简单用英语说明数字手势的由来以及在中国的应用(注意中西文化中手势的差异,数字 6 的手势在新西兰文化中为消极意义,提前向新西兰本土教师了解并及时向学生解释)。(3.5 分钟)

(3)通过短视频(来自网络,时长<3 分钟)介绍中国人眼中的吉祥数字与不吉祥数字,提前告诉学生结束观看后需完成的任务:说一说视频中所说的中国人眼中的吉祥数字与不吉祥数字。随后可以请学生说说自己的幸运数字。(4 分钟)

(4)数字炸弹游戏。为了避免学生感到枯燥,通过数字炸弹游戏巩固发音,教师在游戏开始前规定好炸弹数字,学生不能跟读提前定好的炸弹数字。如果跟读数字炸弹则被淘汰,其余学生一起对他们发出"呲——嘭"的声音营造爆炸效果。教师带领学生读数字,几轮后根据学生掌握情况可指定发音较好的学生或请学生自愿带读(带读时重点关注学生发音困难的数字)。(6 分钟)

(5)Hunt the Panda 游戏。一个学生将熊猫玩偶藏在教室某处,另一个学生寻找,其余所有学生不断地从一数到十,当寻找玩偶的学生方向正确时,其余学生数数声音变大,方向错误时,数数声音变小,以此指挥学生寻找熊猫玩偶,直到找到。藏熊猫和找熊猫的学生通过奖励那些正确回答教师所提问题的人来挑选,教师的问题可以是已学过的知识,借此复习旧知。该方法通过机械训练与游戏相结合的方式刺激学生进行数字记忆。(10 分钟)

4. 语音训练环节(8分钟)

(1)复习声母歌并在PPT上展示三组声母zh、ch、sh,z、c、s,j、q、x。(3分钟)

(2)训练zh、ch、sh。教师首先用英语加手势展示发音方法,带读训练,大部分学生掌握发音方法后用PPT继续展示声母为zh、ch、sh的拼音,继续训练发音(为了增加趣味性,可选择用长短音,或者用能体现不同心情的声音交替带读)。(5分钟)

八、教学反思

1. 教师提前做好准备很重要。

教师课前需提前3—5分钟进入班级处理好多媒体设备、白板笔、学生座位安排等问题,避免占用课堂时间;课堂上需要用到的教具和教学视频应当提前确认,例如视频链接提前打开,不要在课堂上打开,否则既占用课堂时间又会因为播放片前广告而尴尬。

2. 充分重视复习环节,帮助学生解决记忆难题。

由于汉语兴趣班周课时极少,学生学习过程中遗忘是最大的问题,因此复习环节尤为重要。根据艾宾浩斯遗忘曲线,通过不断复现帮助学生进行记忆。在复习环节,教师根据学生的掌握情况决定不同内容的复习速度,比较熟悉的内容快速带过,重要的、容易错的内容重点复习。在已学习的内容中,打招呼学生已经较为熟练,姓名问答句式中"叫"、家庭成员称谓"哥哥、姐姐"的发音仍是难点。

3. 课堂活动多样化,明确活动目的,避免无意义操练。

设计课堂活动前要明确该活动的目标,例如解决发音难题、训练听说能力、帮助记忆、进行交际训练等。本课选择数字炸弹游戏的方式带读数字比教师直接一个一个带读效果更好,学生既感到有趣,又因为担心犯错跟读数字炸弹而要仔细听教师的发音,这一方式能够帮助学生潜移默化地锻炼听说能力。

游戏"Hunt the Panda"取得了很好的教学效果,学生非常喜欢并且积极参与,这一游戏的目标是通过游戏减少机械操练的枯燥感,训练发音,形成发音记忆。在其他课堂上也可以用这个方式帮助学生记忆发音困难的词语,但是要注意避免学生过于投入游戏而忘记学习任务,这需要教师在游戏过程中不断引导。

4. 教学环节环环相扣,目标明确,注意把握课堂节奏。

各个教学环节自然衔接能够避免浪费课堂时间以及分散学生注意力。初中生的注意力时间有限,长时间花费在一个教学活动上很容易使学生感到疲惫或无聊,因此在语言教学过程中教师要时刻关注学生的反应,及时调整教学节奏,关注各个环节所用时间,做到心中有数。除此之外,逐渐形成固定的教学模式能够帮助学生构建学习信心,有利于教学任务的完成,从而达到高效教学的目的。

4.2 "母亲节贺卡"教学设计实施与反思

在学习完"家庭成员"之后笔者发现两周后是新西兰的母亲节。在新西兰文化中,贺卡发挥着巨大的作用,小到表示感谢、去朋友家做客,大到各种重大节日或亲人朋友生日,新西兰人非常喜欢用贺卡来表达自己的感情与心意,是礼物中不可缺少的一部分。因此在教学中设计了制作母亲节贺卡的活动,有以下三个目的:其一,复习前一星期学习的家庭称谓;其二,了解汉字文化,初次体验书写汉字;其三,通过制作贺卡表达对母亲的感谢,学生可以向家长展示在校学习成果,提高学习成就感。

一、教学对象

新西兰初中汉语兴趣班学生(11—13岁,30人,已学习8个课时)

二、课程类型

文化体验课

三、教学内容

文化要素

汉字的演变历史

语言要素

A.语法:句型"妈妈,我爱你"

B.汉字:妈、爱、谢、我、你

四、教学目标

1.了解汉字基本知识,制作母亲节贺卡,激发学生学习汉字的兴趣。

2.学会写"我、爱、你、妈、谢"等汉字。

五、教学过程

1.欣赏视频(5分钟)

介绍中国汉字的历史演变轨迹,可通过象形字的演变激发学生了解汉字的兴趣,并鼓励学生课后查询其他的象形字向父母介绍。

2.汉字教学(10分钟)

用PPT展示汉字的书写动画,带读句子"妈妈,我爱你,谢谢"。

教师使用英语向学生介绍汉字的结构与书写注意事项,带领学生在笔记本上一笔一画书写汉字。

3.母亲节贺卡制作(30分钟)

教师首先向学生展示母亲节贺卡成品,由于时间原因,贺卡制作不宜过于复杂。接下来,教师带领学生制作贺卡(10分钟左右),贺卡制作完成后请学生在贺卡上写上刚刚学习的汉字(10分钟左右),鼓励学生制作具有个人风格的贺卡,画上不同风格的图画。最后班级合照或请学生进行贺卡展(10分钟左右)。

六、教学反思

1.选择兼具趣味性和实用性的教学内容,教学形式符合新西兰初中生学习特点,激发学生学习动机。

此次将汉字学习和母亲节贺卡制作结合在一起,获得了比较好的课堂效果。由于该贺卡是送给妈妈的礼物,学生的学习积极性异常高涨,听课和书写汉字都非常认真。汉字是学生比较感兴趣的内容,但是教学的形式和内容需要契合当地中小学生的学习特点和需求,避免学生产生畏难情绪。当学生的兴趣与实际生活需求联系在一起时能够最大程度激发学生的兴趣和学习动机。同时注意不要低估学生的学习能力,初中生的学习能力相较于小学生已经有了很大的提升,在前几个班级的教学过程中教写汉字时速度略慢,实际上学生已经写完了。

2. 不断反思与改进,提高课堂效率与效果。

由于教学班级众多,在本节课教学过程中不断反思,使得每一节课的课堂利用率都高于前一个班级。例如:提前制作一个贺卡作为样本;发卡纸时就下折纸、剪纸、分纸的指令;减少制作卡片的时间和教汉字的时间,增加学生书写汉字的时间;课上让学生直接用铅笔写在贺卡上便于修改,课后再将正确规范的汉字写在笔记本上;根据前几个班级的学习情况,提前预测书写问题并重点强调等。教师提前制作一个母亲节贺卡为学生提供参考,同时鼓励学生制作多样化的贺卡,这是为了帮助学生清楚地意识到任务结果,在后续的贺卡制作中提高效率,避免课堂上在贺卡制作上花费过多时间。

3. 文化活动展成果,激发信心享收获。

在文化课的教学设计中,将最后一个环节设定为展示或分享成果,可以有效提高学生的成就感和自信心。例如:具有装饰作用的成果在与 Room Teacher(主班教师)商议后用来装饰教室,营造中国风的班级氛围;保存学习成果可以便于与其他本土教师或家长分享,展示中国元素,增加家长对汉语课的了解。在此次文化体验课后的学校开放日,有几位家长告诉教师,她们收到了孩子亲手制作的母亲节贺卡,非常开心。

第五节　新西兰初中汉语零起点兴趣班教学设计实施效果评估

5.1　教学设计实施效果评估方式之一:期末口语视频分析

基于课程的教学目标以及教学对象新西兰初中生的学习特点,在卷面考试可行性不高的情况下,鼓励学生以录制视频的方式展示学习成果。该口语视频学生可以独自完成或者与同伴合作完成,内容与形式不限,例如个人陈述(Presentation)、双人采访等,主要目的是展示学习成果,为教师了解教学效果提供途径。

测试对象:在所教 18 个教学班中,有两个班级为特殊班级,也可称之为天才班级,该班级学生对知识接受度普遍较高,因此教学进度快于其他普通班级。由于教学班级数量较多,每轮有 9 个班级,因此本次测试抽取一个特殊班,两个普通班,每个班级随机抽取十名非中国籍学生进行分析。

测试目的:本次测试主要考查学习者听、说、读、写技能中"说"的技能,即运用汉语进行口语交际的能力。本次测试不是为了给学生的汉语口语能力进行成绩判定,而是为了了解本轮教学效果,并为后期教学设计的完善提供数据,例如,教师可通过了解视频中出现的高频偏误反思教学方法,考虑选取更合适的方法和活动进行教学,减少偏误率。

测试标准:为了更直观地展示学生的语言水平和学习成果,制定了整体评分表(表1-5),包括四个等级。

表1-5 整体评分表

Level 1:0 分(无法评分)	• 不能连贯使用汉语,只能使用单个词语 • 未完成任务,包含3句及以下要求的信息,听众无法理解表达内容
Level 2:1 分(仍需努力)	• 能够使用汉语表达,语句不连贯,大多是单个词语或短语 • 包含3到5句所要求的信息,但是组织方式较差 • 全程无眼神交流,照着笔记本念读,且多次卡壳停顿 • 发音不够准确,5个以上语音或语法错误,语速过快或过慢,听众只能勉强理解表达内容
Level 3:2 分(达到预期水平)	• 能够使用汉语表达,语句较连贯,句子较为完整 • 包含6到8句所要求的信息,组织方式较为令人满意 • 大部分时间照着笔记本念读,偶尔有眼神交流 • 表达和发音较为准确,语速适当,听众能够理解表达内容
Level 4:3 分(超出预期水平)	• 能够流畅地使用汉语表达,语句连贯,句意完整,句式多变 • 包含所要求的所有信息甚至进行自主拓展,能够以自己的思路进行组织 • 基本脱稿完成,语句衔接自然流畅,能够与镜头进行交流 • 发音准确,语速适当,听众能够完全理解表达内容

根据以上测试标准,笔者分别在三个班级内随机选择10个学生的口语视频进行分析,结果如表1-6所示。

表1-6 测试结果

	Level 1 (0分)	Level 2 (1分)	Level 3 (2分)	Level 4 (3分)	平均分
班级1(特殊班)	0	0	7	3	2.3
班级2(普通班)	0	1	8	1	2.0
班级3(普通班)	0	2	7	1	1.9

由表 1-6 可以看出,大部分学生处于达到预期水平阶段,学生能够看着课堂笔记完成表达任务,且句子连贯、语意表达清楚;10%左右的学生只能说简单的汉语词语或短语,无法连词成句或语音问题较大。由于抽样调查的随机性,现实数据会存在一定误差,在未提交视频的学生中,必然存在某些水平极低导致无法完成任务的情况,但根据课堂上对学生的观察以及复习环节时获取的反馈,该类学生在 30 人班级中不超过 3 人。分析 4 个超出预期水平的学生的调查问卷发现,这 4 个学生中的 3 个学生在进入初中前有一定的汉语学习经历,1 个学生在课后通过网络教学视频学习汉语,这几个学生的汉语学习时间平均超过 1.5 年,学习时间最长者达 3 年。由此可见,汉语学习时长以及学习积极性和主动性对于汉语水平有较大的影响。除此之外,特殊班级学生汉语水平整体高于普通班,且高于教师预期;普通班学生水平差别较小,整体水平接近教师预期,也有部分学生在学校课程外接受其他汉语培训,汉语水平较高。

通过对视频分析,发现错误率较高的语音问题有十(shí)、是(shì)、岁(suì)、家(jiā)、运动(yùndòng)、有(yǒu)等。由于将所有的句子在期末复习时向学生进行了展示,因此出现的语法错误较少,相对错误数量较多的句子是介绍家人姓名的句子"我爸爸叫……",学生在该句中经常遗漏"叫"。通过分析与反思,发现语音问题多为后期教学的内容,错误率高除了因为语音本身发音较难外,还因为学生的训练时间相对较少,复现率低,学生掌握不够扎实,所以在录制视频时一紧张就极容易犯错。学生错误频率较高句型"我爸爸叫……"中,5 个学生遗漏了"叫",经过反思,这是由于在教介绍家人姓名句型时使用的教学方法有一定问题。使用演绎法进行教学,由介绍自己姓名的句型推导出介绍家人姓名的句型,通过替换主语将"我"改为"我爸爸",但由于教学时未将介绍亲属姓名的句子用拼音完整展示出来,有少量学生没有完全理解,误认为介绍家人姓名的句式是"我爸爸……"。

通过以上分析可以发现,教师在课堂上对重点、难点的把握非常重要,了解学生的学习难点,在课堂上多次强调并反复操练,可以有效减少偏误。另外,教师应多注意课堂反馈,最好在课堂上发现问题并及时纠正。

5.2　教学设计实施效果评估方式之二:学生问卷调查结果分析

学生问卷调查评估被看作评判一个教学项目是否成功的重要指标之一,它为教师提供了重要的反馈信息:教师通过问卷调查了解教学效果和教学有效性,同时能够看到不同个体在学习需求、学习风格上的多样性。因此,在学期结束后,对教学目标、教学内容、教学活动、教学方法的设计以及学生满意度、学生继续学习意愿等方面进行调查。向任教学校发放问卷,共回收 266 份有效问卷,其中包括 154 个七年级学生和 112 个八年级学生;就学生的国籍而言,共 237 个新西兰学生,29 个其他国籍的学生。

5.2.1 教学整体评价

在收到的 266 份问卷中,87.2%的学生评分在 3 及 3 以上,平均得分 3.62,整体达到预期水平。分析了 34 份不喜欢汉语课的学生问卷,14 个学生认为课程很无聊,12 个学生不喜欢学习汉语或已掌握其他语言不想学习新的语言,6 个学生认为汉语太难,无法记住所有内容,2 个学生认为学习汉语在将来用不到。这说明学生的学习动机对语言学习效果的影响,当语言学习动机不强时,学习热情往往不高,在课堂上的参与度也较低,影响教学效果和学生满意度。同时,在增强课堂活动趣味性上也仍有较大上升空间,增强课堂的趣味性是提高学生参与度的重要手段之一,应当是教师关注的重点。

5.2.2 教学内容

由于本次教学对象大多是汉语零基础水平,因此本次教学内容主要针对汉语零基础学生进行设计。对于新西兰初中生汉语兴趣班的学生而言,对学习内容没有明确的要求,学生将课程视为一种体验,32%的学生不在意学习内容,超过半数的学生认可教师所教内容。12 个不满意教师所选教学内容的学生中,3 个学生希望学习更有难度的内容,3 个学生希望学习更简单易懂的内容,3 个学生想要学习更多关于中国历史、神话、做饭、游戏等方面的内容,1 个学生不喜欢学习汉语,2 个学生想要学习实用性更强的内容。众口难调,学生的汉语水平不同,学习需求也各不相同,教师在课堂上只能尽量满足大部分学生的需求,但是教师可以与校方商议在其他时间开设主题更丰富的专项课程以满足不同水平学生的需求。

5.2.3 课堂活动

在问题"你最喜欢的课堂活动是什么?"中,喜爱程度由高到低分别为 Kahoot、游戏、唱歌、小组合作与竞赛、全身反应法。Kahoot 是新西兰其他本土课程也经常使用的课堂活动,该活动有别于传统的课堂活动,学生通过电子设备参与其中,方式新奇,并且该活动包含竞赛元素,要求学生在规定的时间内完成题目,参与者之间自动生成排名,营造一种紧张、刺激、有趣的氛围,因此该活动颇受学生喜爱。在复习环节引入 Kahoot,目的之一是避免复习环节的枯燥感并减轻学生压力。在教学活动中,全身反应法受学生欢迎的程度较低,这引起笔者的反思,是否在运用该方法时有不当之处,没有令学生感受到该方法的趣味。

在问题"你认为哪一个活动对学习汉语帮助最大?"中,各活动排名产生变化,由高到低分别为 Kahoot、唱歌、全身反应法、小组合作与竞赛、游戏。全身反应法虽然受欢迎程度较低,但是在帮助学生学习汉语方面得到学生的认可,这证明该方法在汉语课堂上有存在的必要,但是在实施方式等方面教师需加以创新完善,增强趣味性,提高学生参与的热情度和满意度。同样引起注意的是,虽然学生喜欢课堂游戏,但是很多学生并不认为游戏对汉语学习有较多帮助,这说明课堂游戏趣味性有余,实用性不足,应当在今后的教学中考虑得更加全面，在保持游戏趣味性的同时增强游戏的实用性，使学生能够在游戏当中获益，通过游戏操练口语，提高汉语水平。

5.2.4 继续学习意愿

针对学生继续学习意愿的调查中，55%的学生表示会继续学习，24.8%的学生表示不会继续，其余学生目前不确定。表示不会继续学习的学生主要有三种情况：一是不喜欢汉语，不想继续学习；二是接下来就读的学校未开设汉语课程；三是已经决定选择法语、日语、西班牙语等其他第二语言，不需要再学习其他语言。

在主观题"你有什么意见与老师分享？"中，主要有以下几种意见：1.希望老师可以把教学内容写在黑板上，给学生留更多时间整理笔记，或者将教学内容打印在纸上发给学生以便保存；2.希望汉语课可以更有趣；3.非常喜欢汉语课和汉语老师，课程很有趣，我很享受；4.我想要上更多的文化体验课，比如做饭课；5.想要学习写更多的汉字，它非常神奇。这些意见都将是设计下一轮教学时可改进的方向。

5.3 教学设计实施效果评估方式之三：课堂观察分析

课堂观察主要指教师教学日志。这种评估方式的主要目的是搜集课堂信息，以便教师及时更改教学方式、完善教学设计，而非判定教师或学生的表现。教师通过课堂观察了解学生的学习状态，分析需要改进的教学环节和教学方法。

教学日志是一种持续性地对学生的观察和对自我反思的记录。教师可根据教学日志对本节课的内容进行反思并加以改进，这是不断提高教师技能的有效方法之一。由于教学班级较多，因此将每节课的教学进度加以记录可以防止教师将不同班级的教学情况混淆。教学日志中还包括每个班级内对个别学生的观察记录，每4周在各个班级内选择3—5个学生，记录他们的听课情况，例如是否积极参与课堂活动，是否正确理解教师所讲内容，是否完成课堂任务等。有针对性的观察和记录能够使教师比较有效地了解学生情况，拉近师生之间的关系。实际教学中，需要将每一课时的教学内容在九个班级中完成，因此通常采取的方式是在教学过程中不断观察反思并在后续班级中进行完善，这种方式对增强教师教学技能、提高教学效果有极大的帮助。通过观察教学日志，笔者发现每一课时后几个教学班级的教学效率更高、教学环节的衔接更加自然迅速、教师对细节的处理更好、学生对课堂的反馈更好。

每节课后记录的通过观察得到的反馈信息，主要包括教学和纪律两个方面，参考本节教学设计的教师也可以通过这部分内容提前预测教学中可能会出现的问题并进行规避。当然受当时教学水平和教学条件的影响，处理方法一定存在不足，但教学设计本身是一个循环，它在实践过程中随着教学理念的更新和教师教学水平的提高而不断变化。通过对所记录的教学日志进行分析和整理，可归纳为三个方面：教学内容、教学策略和班级管理。

5.3.1 教学内容

教学内容方面重点关注教学内容的选择以及教学内容的重难点。教师在课堂上关注学生对学习内容的反馈并及时调整,在教学主题的范围内,尽量减少使用频率较低、学生课堂反馈消极的教学内容,加大对学生学习难点的训练力度。

教学日志中教学内容方面反馈的问题主要集中在学生的语音问题上,这是教师在课堂上能够获得的最直观结果。语音学习难点主要是声调以及部分声母、韵母的发音:四声发音中,学生一声发音不够高,二声和三声分不清,二声升不上去,此时,运用手势帮助学生理解发音技巧是非常有效的教学方法之一;声母中的发音难点集中在 z、c、s、zh、ch、sh、j、q、x 等,学生无法理解[i]在不同位置的发音,在这一方面笔者将这几个声母放在教学前期进行对比学习和训练,增加训练时间,帮助学生理解和记忆;韵母中,由于汉语拼音中的部分字母与毛利语和英语相同,发音相似或一致的字母掌握得更快更好,与毛利语或英语字母发音不同或者这两种语言中不曾出现的字母成为学习难点,主要是 e、ü 等。

教学内容的选择方面,汉字教学是新手教师们非常关注的问题。在本次汉字教学的实施过程中,将汉字学习和母亲节贺卡制作结合在一起,获得了比较好的课堂效果。教学日志中也提到由于该贺卡是送给妈妈的礼物,学生的学习积极性异常高涨,听课和书写汉字都非常认真。在学生书写过程中教师同样了解了学生书写汉字的问题,例如:汉字部件分离,像两个字;结构难以把握,书写得歪七扭八;遗漏笔画等。从本次汉字教学的实施中获取成功经验并汲取教训:汉字是学生比较感兴趣的内容,但是教学的形式和内容需要契合当地中小学生的学习特点和需求,避免学生产生畏难情绪,但同时注意不要低估学生的学习能力,初中生的学习能力相较于小学生已经有了很大的提升,除此之外,当学生的兴趣与实际生活需求联系在一起时能够最大程度地激发学生的兴趣和学习动机。

5.3.2 教学策略

第一,对教学环节的课堂观察与反思。对于新手教师来说,把控课堂节奏是一大难题,时间把握能力会随着教学水平和课堂管理水平的提高而不断提升。在早期的教学中,由于教学经验不足,往往会准备比实际教学需求更多的教学内容,因此常常会完不成教学任务。通过对教学日志的分析有以下建议:课前做好一定规划,课中时刻关注时间,根据实际情况随机应变,适时调整,避免拖堂;导入环节的歌曲热场和复习环节的时间不宜过长,教学重点应当是第三环节——新课的讲解和操练,语音训练环节的时长和形式也应当考虑时间问题,灵活调整。

第二,持续的课堂观察能够帮助教师及时发现教学方法上的问题。例如,在教学中发现由于教学手势的设计问题导致人称代词的错误频率很高,通过反思,建议教学时教师最好以学生的视角设计动作,避免由于师生朝向不同而导致的误解。

第三,通过课堂观察了解实施教学活动的反馈并积累经验,教学活动主要关注是否有效以及是否能够激发学生的学习热情。表 1-7 是从教学日志中摘录的部分与课堂活动相关的反思与建议,供新手教师们借鉴和参考。

表 1-7　教学日志——对教学活动的反思

《拍拍操》效果很好,学生很喜欢该活动,教师可随机将《拍拍操》内的词语替换为学过的任何词语,通过机械训练提高学生的口语能力。
师生一起制作姓名牌并要求学生将其放在桌前,这样可以帮助教师记住学生,防止由于学生人数太多教师叫不上名字的尴尬情况。教师最好提前制作好自己的名牌为学生提供成品范例,这样可以节约时间。
唱《声母歌》时加上一些动作效果更好,可以减少一些枯燥感,教师和学生一起设计动作。最后一分钟征询 Room Teacher 意见是否可以录制一个视频,录制视频时学生的参与度和热情很高。
通过竞赛的方式进行复习比单纯的师生问答效果更好,学生的积极性更高。
使用 Kahoot 进行复习时,学生参与热情很高,但是存取电子设备时存在班级纪律混乱、浪费课堂教学时间的问题。可以提前与 Room Teacher 沟通,教师提前到班级内要求学生取出自己的电子设备。该环节结束后,要求学生将电子设备直接放在桌面上,基本所有的学生能够做到自觉不看电子设备。
游戏"Hunt the Panda"效果很好,学生极为喜欢。除了数字外,用该活动训练学生发音较困难的词语,效果也很好,通过机械训练加深学生对词语发音的记忆。

第四,通过课堂观察了解教学媒体的选择和 PPT 制作方面的反馈。例如:可以适当将 PPT 中的句子写在黑板上,能够激发学生的书写热情;PPT 中词语的汉字、拼音、英文都要有,这样方便学生理解等。

5.3.3　班级管理

有效的班级管理方法可以使教学各个环节完成得更加顺畅,取得更好的教学效果。新手教师们可通过向有经验的老教师学习、观察当地教师有效的班级管理手段、从网络资源或书籍汲取经验、自己观察摸索等方法不断提高班级管理能力。教学日志中班级管理方面的观察和反思必不可少,但由于班级学生情况和教师能力的不同,实际情况千差万别,需要教师们根据实际情况采取不同方式进行解决,在此列出两个典型案例(表1-8)仅供参考。

表 1-8 班级管理案例

案例一
情况描述：一个十二岁的小男孩，行为表现与普通学生略有不同，在笔者教学时不停插话、拆台，制止后仍旧如此，但是本人没有恶意。
解决方案：课前需要提前与 Room Teacher 沟通了解班级学生情况，有部分特殊儿童需要交给当地教师处理，新手教师尽量避开，防止出现尴尬情况。针对该小男孩，不需占用过多课堂时间，偶尔严重时制止，多数情况下不要理会，等他自己停止。
反馈结果：课堂结束后 Room Teacher 认为这样处理很好。新手教师遇到措手不及的情况时不要惊慌，沉着应对最重要。

案例二
情况描述：某班级的班级管理是教学中最大的问题，学生性格过于活泼且学习热情没有其他班级高，整个班级的学习态度较为消极，课堂上会出现随意更换座位、说话、做与课堂活动无关的事情等问题，严重影响教学节奏，急需采取一定的措施进行解决。
解决方案：首先，积极与该班级的 Room Teacher 进行沟通，商量解决办法，了解该班级在其他课堂上的学习情况，学习其他教师的管理方法。其次，调整教学策略，这种类型的班级更适合书写或安静一些的课堂活动，不要给学生出现骚乱的机会。最后，夸奖表现突出的学生比生气地严厉制止对于纪律改善更有作用。
反馈结果：班级课堂氛围略有改善，但与其他班级相比仍存在较大问题，仍需要教师不断探索班级管理方法。

5.4 对新西兰初中汉语零起点兴趣班教学设计的反思

5.4.1 本次汉语教学设计的优点

1. 本次针对新西兰汉语零起点兴趣班，设计出 5 课时文化课和 12 课时语言课的教学内容，教学设计基于教学实践完成。通过分析学生期末口试的视频可知，在本次教学设计指导下的课程达到了教师预期的教学目标，大部分学生能够完成口语交际任务。课程结束后，通过问卷调查学生对课程的满意度以及继续学习汉语的意愿，本次教学设计选择的教学内容满足超过 90% 学生的学习需求并基本达到本课程激发学生学习兴趣的教学目标。

2. 由问卷调查结果以及教师教学日志可知，本次教学设计提到的课堂教学过程五环节取得较好的教学效果，学生尤其对导入环节的歌曲和节奏说唱充满热情并在课后积极练习。课堂教学五环节的设置针对新西兰初中生活泼好动、注意力集中时间不长的特点，能够在学生对一个环节感到疲惫时迅速转换到下一环节，减少学生注意力分散、丧失学习兴趣的情况。

3.本次教学设计在教学原则的指导下融合多种教学方法、涉及多项教学活动、兼顾多类教学媒体,满足了不同学生的学习需求。教师根据教学内容选择合适的教学方法、活动和媒体,受到学生的喜欢。通过教学评估特别是问卷调查发现,本次教学设计选择的教学活动具有趣味性和实用性。

4.本次教学设计选择多种教学评估方式,教学评估样本数量较大,具有一定可信度和说服力,教学评估主体以教师和学生为主,主观评估与客观评估相结合,教学评估方式关注过程,有利于提高教学效率和效果,增强教学有效性。

5.4.2 本次汉语教学设计的不足以及待研究之处

1.与新西兰现有教学设计研究论文相比,本次教学设计涉及的教学主题相对较少,教学进度相对缓慢,针对这一问题的研究尚有不足之处。虽然本次教学设计强调对知识的复现,但是是否仍存在教学进度过慢、教学内容选择不合理的问题仍需要在教学设计的再次实践中进行探讨。

2.在部分教学活动的设计和实施上仍有可改进之处。例如通过课堂观察和学生问卷调查,发现在使用全身反应教学法时,学生的活跃度和参与积极性较低;问卷调查也反映学生虽认可它发挥的作用,但是对其喜爱度并不是很高。因此,教师应当思索是否活动设计缺乏趣味性或实施过程出现了问题,这有待进一步研究。

3.通过问卷调查得知,本次教学中对传统教学媒体(例如黑板)的使用率,可以适当提高,这样可以避免教师教学速度过快,学生无法消化教学内容的问题。汉字教学关注度略显不够,可以考虑给学生更多机会书写汉字。

4.本次教学评估方式存在不完善之处,调查项目有限,这导致本次调查结果不够全面细致。第一,问卷调查所调查项目不够细致,在具体教学方法的使用效果、课堂的组织管理、教学环节的设置等方面调查不足。第二,问题形式和评分方式略显单一。第三,实际教学过程中由于预先准备不充分以及未重视学生课后自我评估表的采集和统计,本次课后评估主要以教师课堂观察和教学日志为主,在下一轮的教学实践中可以提前考虑以合适的方法设计与收集学生的自我评估表,例如借助网络或学校系统进行收集和统计。学生的课后自我评估表如表 1-9 所示。

表 1-9 学生自我评估表

1.这节课你学会了什么?请试着写出你记住的词语。(What did you learn in this class? Please write down the phrases you have remembered today)	

续表

2. 我能行。（I can do it）	你能够询问同学的姓名吗？ (Can you ask for your classmates' name in Mandarin?) 你能够用汉语说出自己的名字吗？ (Can you say your name in Mandarin?)
3. 自我评估，给自己打个分吧！ (Self-evaluation)	我今天表现得很好。（I did a good job today） A　B　C　D 我积极地参与课堂活动。（I took an active part in the activities）A　B　C　D

第六节　结语

6.1　本章教学设计的可供参考之处

第一，本章教学设计前端分析较为充分。从新西兰教育背景、新西兰初中教育背景、新西兰初中学习者情况以及学习者的家长情况四个方面进行前期调查分析，涵盖多个与教学相关的主体，因此所获结果对教学设计而言更具有可参考性。与已有的教学设计文献相比，本章前期分析既有重合亦有拓展，吴思雨（2019）、牟曼（2015）和常琛（2013）的前端分析主要包括新西兰教育体制、教育理念、课程标准，新西兰中学教育理念和汉语教学情况等。本研究在此基础上详细分析了新西兰初中汉语学习者的学习风格、学习态度、学习动机、学习需求、年龄特征等以及新西兰家长对汉语学习的态度。本章调查对象更加丰富，涉及范围更加广泛。

第二，现有与新西兰教学设计相关的论文重点在于某一种教学法或教学模式指导下的教学设计研究，例如主题式教学模式、任务型教学法、全身反应教学法、游戏教学法等，本次研究着眼于某一种性质的汉语课程即汉语兴趣班的教学设计，且汉语兴趣班在新西兰课程中具有普遍性，因此通过对新西兰的南岛和北岛15个城市的23个初中汉语兴趣班进行调查，分别从教学目标、评估体系、班级规模、教材使用、课时量等方面归纳总结出新西兰初中零起点汉语兴趣班的特点，任课教师可有针对性地进行教学设计。

第三，在前期需求分析的基础上确定教学目标并制定了新西兰初中零基础汉语兴趣班的总教学原则。现有的新西兰中学汉语教学设计研究论文中，吴思雨（2019）、牟曼（2015）、常琛（2013）皆未明确提出贯穿教学始终的教学原则，文中所述的原则主要针对主题选择、内容确定、活动设计等单项环节；周莉（2013）提出针对小学的教学设计原则，即强调听说能力，教学内容难易得当、容量适当，重视活动的趣味性。本章除了以学生为中心,语言教学与文化教学相结合,听说先行、读写稍后,趣味性与实用性相结合等普遍应用的原则外,还提出教学有效性原则,希望任课教师能够高度重视实践中的教学效率和效果,这在汉语兴趣班教学过程中十分必要。

第四,在语言课教学环节的组织安排上,提出了"4+1教学过程模式",即课堂上进行导入环节、复习环节、新课与操练环节、语音训练环节,课下完成评估环节。除了一般性的教学环节,基于调查结果专门设计了语音训练环节以满足当地学生的需求。在此基础上,综合运用多种教学方法并设计多样化的教学活动与教学环节相融合,这一做法能够有效加快课堂教学节奏、吸引学生注意力,提高教学效果。而现有的与新西兰教学设计相关的研究论文中,由于研究主题的限制,所使用的教学方法、教学活动往往较为单一。例如在探讨主题式教学模式的论文中,作者的重点在于主题内容的选择、主题活动的设计与实施以及主题式教学模式的评估,在如何综合运用教学策略等方面内容较少。

6.2　本章教学设计的不足

第一,本章教学设计以语言教学为主,因此文化教学陈述内容有限,对于文化教学的研究不够深入。所设计的文化课以文化体验课为主,主要结合前后语言教学主题和现实文化因素设计了五节文化示例课,但是否存在更好的方案仍待商榷。

第二,教学设计不应当仅仅针对第一年进行设计,而是各级汉语教师协同合作,形成持续的、系统的、科学的体系。通过对语言教学全过程的精心设计,帮助学生顺利过渡。但是由于笔者任期有限,只有一年时间进行调查、设计、实践、评估,获取的研究材料受限,导致教学设计不够完善。因此,本章教学设计对于新西兰其他地区的初中兴趣班汉语教学是否具有可行性和参考价值,还有待时间和实践的考验。

6.3　有待进一步研究的问题

正如上文所述,由于能力和任期的限制,教学设计存在不尽如人意之处,仍待进一步思考和完善:

首先,教学设计实施效果的评估在受测人数、评估方式、评估内容等方面存在一定的局限性。由于实施时间和难度的限制,主要利用期末口语视频获取学生高频错误信息以及大体的学习成果,是否需要试卷测试学生汉语水平仍待考虑。

其次,在教学内容的选择上,设计略显单一。基于本课程的性质以及教学目标,教师应当考虑如何更好地体现出课程的探索性,激发学生对汉语和中华文化的长期兴趣,例如在设计教学内容时适当减少教师输出,在考虑学生的学习能力和认知水平的基础上,鼓励学生自主探索和讨论涉及的语言和文化因素。

最后,正如前文所说,教学设计应当是一个系统的、长期的、持续的、不断循环的过程,并非一蹴而就。教学设计需要在一次次实践与评估中不断完善。因此,第二学年的教学如何设计,前后教学如何顺利衔接仍是值得一线教育者们不断深思和探讨的问题。

　　针对以上所述问题,将吸取本次研究的经验和教训,不断完善教学设计内容,提高教学设计能力,在今后的研究中继续努力。

(陈盼盼　吴成年)

参考文献

著作

陈绂,朱志平.跟我学汉语:学生用书 第1册[M].人民教育出版社,2003.

崔永华,杨寄洲.对外汉语课堂教学技巧[M].北京语言文化大学出版社,1997.

迪克,凯瑞 L,凯瑞 J.系统化教学设计[M].庞维国,等,译.6版.华东师范大学出版社,2007.

郭睿.汉语课程设计导论[M].北京语言大学出版社,2015.

何克抗,林君芬,张文兰.教学系统设计[M].高等教育出版社,2006.

加涅,布里格斯,韦杰.教学设计原理[M].皮连生,庞维国,等,译.华东师范大学出版社,1999.

姜丽萍.对外汉语教学论[M].北京语言大学出版社,2008.

姜丽萍.HSK标准教程:第1册[M].北京语言大学出版社,2013.

柯顿,达尔伯格.语言与儿童:美国中小学外语课堂教学指南[M].唐睿,等,译.4版.外语教学与研究出版社,2011.

李秉德.教学论[M].人民教育出版社,1991.

李晓琪,罗青松,刘晓雨,等.快乐汉语:第1册[M].人民教育出版社,2003.

廖建玲.国际汉语教学设计[M].高等教育出版社,2013.

刘珣.对外汉语教育学引论[M].北京语言文化大学出版社,2000.

吕必松.对外汉语教学研究[M].北京语言学院出版社,1993.

裴娣娜.教学论[M].教育科学出版社,2007.

皮连生.教学设计[M].2版.高等教育出版社,2009.

盛群力,等.教学设计[M].高等教育出版社,2005.

史密斯,雷根.教学设计[M].庞维国,屈程,韩贵宁,等,译.3版.华东师范大学出版社,2008.

王策三.教学论稿[M].人民教育出版社,1985.

乌美娜.教学设计[M].高等教育出版社,1994.

徐英俊.教学设计[M].教育科学出版社,2001.

张祖忻,朱纯,胡颂华.教学设计:基本原理与方法[M].上海外语教育出版社,1992.

学位论文

常琛.海外高中汉语主题式教学研究:以新西兰哥伦巴中学为例[D].复旦大学,2013.

郭辰梦.小组活动在保加利亚索非亚孔子学院课堂教学中的应用研究[D].北京外国语大学,2017.

韩娇娇.意大利蒂沃利初中汉语兴趣班教学设计研究[D].北京外国语大学,2015.

胡茜.儿歌在新西兰小学汉语教学中的应用[D].华东师范大学,2017.

黄魏超.新西兰小学汉语教学设计与实践:以纽林小学为例[D].上海外国语大学,2013.

吕卓阳.TPR教学法在新西兰中小学汉语教学中的应用研究:以新西兰卡哈鲁阿学校为例[D].吉林大学,2018.

牟曼.初级汉语综合课主题式教学设计:以新西兰Somerville中学汉语课为例[D].上海交通大学,2015.

彭峥.游戏教学法在新西兰中小学汉语教学中的应用研究:以但尼丁四所中小学为例[D].华中科技大学,2017.

宋频未.保加利亚高尔基中学少儿初级汉语兴趣课教学设计:以《快乐汉语》为例[D].北京外国语大学,2016.

吴思雨.主题式教学模式在初级汉语教学中的应用研究:以新西兰北岸三所学校为例[D].上海外国语大学,2019.

郑丹丹.新西兰混合课堂的汉语教学分析及教学设计研究[D].上海交通大学,2015.

周晶.论国外小学生汉语学习兴趣的激发:以韩国大德小学学生为例[D].兰州大学,2014.

周莉.新西兰小学中文课教学总体设计:基于Rotorua市两所小学的教学实践[D].上海外国语大学,2013.

朱怡.韵律活动运用于新西兰儿童汉语课堂的教学设计[D].上海交通大学,2014.

（以下附录内容请扫描封底二维码获取）
附录一 语言课教学内容表
附录二 文化课教学内容表
附录三 新西兰初中汉语课程17课时的教学设计（两学期）

第二章 新西兰罗伯森路小学汉语课堂游戏教学法与教学设计研究

【摘要】本章以游戏教学法在新西兰罗伯森路小学的应用为研究主题,结合新西兰的教育风格和罗伯森路小学学生的特点设计了 16 种适用于汉语课堂的游戏活动。不同于前人多按照语言知识类型划分游戏活动,本章依据课程环节设计将游戏活动分为:复习旧课/导入新课游戏、操练新知识游戏、巩固知识游戏、课堂管理游戏。通过研究发现,将游戏运用到新西兰罗伯森路小学的汉语课堂教学的各个环节中能取得不错的效果。但在游戏活动设计和实践的过程中,教师们不仅要把握好知识点,更要注重游戏教学设计的合理性,结合当地教学的特点,充分发挥游戏教学法的优越性,让汉语教学因地制宜。

第一节 绪论

1.1 选题缘起

笔者作为汉语教师志愿者于 2019 年 2 月赴新西兰奥克兰大学孔子学院进行为期一年的教学实习,并在奥克兰南部的罗伯森路小学(Robertson Road School)担任汉语助教,主要负责 3—6 年级小学生的汉语教学工作。罗伯森路小学是新西兰较有民族特色的一所学校,其中 76% 的学生都是太平洋岛裔。该校是第一年开设汉语课,缺乏相关的教学资源和教学经验。针对当地学生的特点,采用哪种教学方法开展汉语学习是亟待解决的问题之一。

在课堂观摩时期,笔者观察与对比了多种教学方法,发现游戏教学法在罗伯森路小学汉语课堂上效果显著。本章以新西兰罗伯森路小学 7—11 岁的零基础儿童汉语学习者为研究对象,结合汉语教学实践,探讨游戏教学法在罗伯森路小学汉语课堂中的运用。

1.2 研究目标和研究意义

1.2.1 丰富海外汉语教学领域中的游戏教学设计

游戏教学法来源已久,在理论方面也可谓丰富且全面,已应用于汉语国际教育领域,但以新西兰为国别分类的有关游戏教学法的研究文献不太多见。本研究通过搜集整理国内外游戏教学法的相关研究,归纳总结适用于新西兰汉语课堂的游戏教学设计原则和思路。

1.2.2 为赴新西兰的汉语教师志愿者提供借鉴

新西兰汉语教学师资以孔子学院外派汉语教师志愿者为主力军,该队伍年轻化、经验不足、流动性强。2019年,新西兰三所孔子学院共选派了157名汉语教师,其中高达80%的志愿者是没有海外汉语教学经验的在读硕士研究生。本章记录了罗伯森路小学课堂游戏活动开展的情况,还记录了当地学习环境、教学对象、教学特点等,探索出了一套有针对性、本土化的游戏教学设计模式,可供以后在该地区开展教学工作的汉语教师参考。

1.2.3 推动新西兰汉语教学设计的本土化发展

奥克兰南部区罗伯森路小学的学生多是来自太平洋群岛移民的后裔,除了新西兰文化背景,他们还有着独特的民族文化。针对这样的学生,结合其性格特点、兴趣爱好、文化背景等,设计适合他们的课堂游戏才能有效培养其汉语学习兴趣,促进其汉语学习。

1.3 研究方法

本研究主要采用课堂观察法、问卷调查法和访谈法。

1.3.1 课堂观察法

在教学实践中对所教授的学生进行细致的课堂观察,将观察结果、现象分析和教学反思及时录入教学日志,并对部分课堂游戏活动进行了录制,以便更加全面地分析游戏教学法在实际汉语教学中的运用效果。

1.3.2 问卷调查法

调查问卷分为两部分:

第一部分是针对罗伯森路小学3—6年级、共12个班的小学生设计的调查问卷,用于获取学习者对于本教学法的直观反馈。一共发放200份调查问卷,回收有效问卷187份。同时,采用李克特五度量表(Likert Scale)调查学生对不同游戏活动的满意度。

第二部分是针对新西兰汉语教师的调查问卷,共发放48份调查问卷,回收有效问卷48份。问卷内容的设计紧密围绕本教学方法的各个方面,多角度收集其他汉语教师对于本教学方法的了解与使用情况,且调查结果将作为对本教学方法实践效果评估的重要参考。

1.3.3 访谈法

本研究选择罗伯森路小学6位Room Teacher及部分学生作为调查对象分别设计访谈大纲,从多个角度收集教师和学生对本教学方法的直接反馈,并分析和归纳访谈结果,从而为本教学方法的评估提供真实可靠的参考依据。

第二节　游戏教学法的研究综述

2.1　游戏教学法的起源与定义

在西方国家,柏拉图最早提出"寓学习于游戏",主张采用游戏的方式进行教育,让孩子在快乐中学习知识。德国教育家福禄贝尔真正将游戏和教学结合起来,他认为游戏可以培养与指导儿童,帮助他们在幼儿期以至成人期都获得良好的发展(周燕,2000)。我国将游戏运用于教育的理念也由来已久。崔学古在《幼训》中明确指出游戏对儿童发展的作用:"优而游之,使自得之,自然慧性日开,生机日活。"孔子在《论语》中也强调了寓教于乐对于学习者的重要性:"知之者不如好之者,好之者不如乐之者。"陈鹤琴是中国最早明确提出游戏教学法在教育中有重要作用的教育家,陈鹤琴教育理论的核心部分就是将教育游戏化,并倡导教育活动应注重综合性、趣味性,寓教育于生活、游戏之中(史晓倩,2020)。

游戏教学法是将游戏融入教学的一种方法。王贺玲(2007)认为游戏是一种有规则、有目标和有趣味的活动。张越(2014)将学生视为教学活动主体,认为游戏教学法是一种能调动学生参与课堂活动的热情与积极性,巧妙地融入知识点,让学生形成生动、形象和积极的印象的行之有效的教学方法。龚怡萍(2015)将游戏教学法定义为由语言教师引导,以学生为参与主体的交互性教学法,这种教学法旨在调动学生的主观能动性和积极性以达到提升学生语言技能和交际技能的目的。

总而言之,游戏作为教育的手段与方法,始于儿童,却适用于所有学习者。汉语课堂中的游戏教学法,要求汉语教师通过游戏的方式,引导学生学习汉语语言知识和中国文化内涵,训练学生的汉语技能,旨在创造一个轻松愉快的氛围,从而减轻学生情感上的焦虑、激发汉语学习兴趣,让学生能够以一种积极主动的态度学习汉语、对待汉语文化,完成既定的教学目标。

2.2　游戏教学法的理论基础

游戏教学法作为海外汉语教学中常用到的教学法之一,它由哪些理论指导呢?下面从心理学、教育学和二语习得理论三个方面来探讨游戏教学法产生和运用的理论依据。

2.2.1　心理学理论基础

建构主义(Constructivism)为游戏教学法的心理学理论打下了坚实的基础。建构主义学习理论是认知学习理论的一个重要分支,兴起于 20 世纪 80 年代。该理论提出知识不是由教师教授得到的,而是学习者在一定的情境或社会文化背景下,依靠他人包括教师和学习伙伴的帮助,利用必要的学习资料,通过自我意义建构的方式获得的(李柏令,2003)。这种获得的过程是学习者自己体验、发现及创造的过程,教师的作用是帮助学生利用已有的知识体系,通过情景、协作、会话、意义建构四个学习环境要素对新的知识进行加工与重组,最终构建成学习者自己的知识体系。

这给游戏教学设计带来了有益启发。第一,特定的情景是游戏教学法运用的基础。海外汉语课堂中的游戏活动必须在一个设定好的情景中进行,学生根据所处的环境合理组织语言,进而完成教学活动。第二,协作是游戏教学过程中的重要环节之一,包括师生协作和生生协作。协作需要参与者具备一定的团队合作精神,通过分工合作在游戏中高效地完成语言任务。第三,会话是游戏教学不可或缺的步骤。它需要学生根据游戏规则,在游戏过程中与其他参与者进行沟通交流,进而达到操练口语的目的。第四,意义建构是汉语游戏活动的教学目的。学生为了完成游戏中的交际任务,对新学到的知识进行内化,或对以往的知识结构重组,这是使教学任务顺利进行的一个思维整合过程。

2.2.2 教育学理论基础

沉浸理论(Flow Theory)是由米哈里·契克森米哈赖在1975年提出的,是指个体注意力高度集中于某件事,从而丧失对周围一切不相关事物的知觉,完全沉浸其中,达到一种忘我的境界(王锐俊,2005)。沉浸研究者们发现当沉浸体验产生时会出现以下情况:感觉技能与挑战平衡、对任务专注一致、有清楚的任务目标、对任务成功地反馈、对任务有主控感、自我意识丧失、感觉时间过得太快(Egbert,2003)。在海外汉语教学中,游戏教学法之所以有明显的成效,也是因为有沉浸理论的有力支撑。林秀琴(2012)在明尼苏达相关学校汉语沉浸式教学特点中提到"没有讲解,只有游戏"。

沉浸式学习理论对游戏教学设计有以下启示。第一,游戏难度和学习者技能高低的平衡。要想充分发挥沉浸式学习的作用,游戏的难度必须和学习者的学习水平达到一个平衡的状态,要针对不同层次的学习者设计不同难度的游戏,使游戏的难易度和学习者的技能水平在最大限度上达到平衡。第二,游戏教学应重视学生的体验。汉语教师首先应保证学生充分参与到游戏活动中,参与是沉浸体验的基础。其次,在活动过程中尽可能维持游戏的氛围,减少不必要的干扰。最后,当学习者真正沉浸在游戏情境中,再引导他们高效地整合思维,并运用目的语完成游戏任务,从而实现汉语知识的学习与应用。第三,在游戏活动中设计真实的语言环境。汉语教师可以在游戏教学中创建汉语交际环境,比如使用汉语指令语、设计角色扮演、使用真实道具等。真实的语言环境可以帮助学生沉浸在游戏教学之中,从而不知不觉地掌握目的语交际的能力。

2.2.3 二语习得理论基础

情感过滤假说来源于20世纪80年代初克拉申提出的第二语言习得监控模式理论。

情感过滤假说认为第二语言学习的过程是一个信息内化的过程:外部世界的语料到达大脑语言中枢接受情感过滤,转化为可理解输入知识,并经过语言组织环节和监察环节输出信息。情感过滤是一种心理障碍,它阻止学习者充分利用所接受的可理解输入来习得语言(王建勤,2009)。汉语教师可以通过灵活多变的游戏教学,营造轻松愉悦的氛围,降低学习者因担心失误或遗忘而产生的焦虑情绪;增强学习者自信心,降低情感过滤程度,提升学习效果。

情感过滤假说可以为教学游戏设计和运用带来几点启示。第一,培养学生学习汉语的自信心。汉语教师可以通过灵活多变的教学游戏减少学生的畏难情绪,增强其自信心。第二,减少学生的焦虑情绪。游戏是儿童的天性,其形式本身就让学习者感到熟悉和放松,以游戏的形式教学可以有效减轻学习者因担心遗忘或失误而产生的焦虑情绪,提升学习效果。第三,根据教学内容适度激发学生的汉语学习动机。新西兰学生需要教师通过鼓励、奖励、激励等方式来帮助他们建立学习动机。

2.3 游戏教学法在新西兰汉语课堂中的研究概况

游戏教学法在新西兰汉语课堂的应用研究多为历届赴新西兰任教的汉语教师志愿者的硕士学位论文研究,主要分为以下三类:

一是游戏在课堂活动设计中的应用研究。宋娇(2014)结合在新西兰奥克兰市三所小学的教学实践经历,探索适合新西兰小学的汉语课堂活动,其中提到了游戏活动的重要性。章晓琪(2015)调查得出新西兰南岛汉语课堂中的活动主要分为儿歌教学、观看视频、手工制作、游戏竞赛等四类。其中游戏竞赛是最为常用也最为灵活的一项活动,广泛适用于旧课复习、新课导入、新课巩固、总结作业及文化讲授等各个环节。

二是游戏在不同言语技能教学中的应用研究。其中以词汇和口语技能训练为主。刘晶(2016)、刘倩(2018)、周倩兰(2016)以游戏教学法为指导,在实践中探索针对新西兰儿童的有效的词汇教学方法,设计了丰富的卡片类课堂游戏。彭小卉(2010)设计了零起点汉语口语的游戏,包括口语听力游戏、拼音游戏、句型游戏、作文游戏等。倪钰淇(2014)以新西兰 Farm Cove Intermediate School 为例,设计了面向汉语零基础中学生的语言游戏和基于任务型教学法的课堂实践活动,主要侧重词汇和简单对话的教学。

三是以游戏教学法相关理论为基础展开的课堂游戏设计的研究。肖弦(2018)以新西兰帕帕罗阿小学为例,运用多元智能理论对 12 个汉语课堂游戏进行了实验与测评。王慧清(2011)结合建构主义学习理论和多元智能理论,以《汉语乐园》为教材,从汉字、语音、词汇、语法、听力、口语、阅读等方面探讨适合少儿对外汉语课堂教学的游戏活动。刘扬(2016)从多元智能理论的八个方面出发,设计了 31 个课堂游戏。牟曼(2015)以主题式教学理论为基础重点介绍了四个游戏:你比画我猜/你做我猜、他们哪里不一样、多米诺卡牌知识问答、谁不在家。

目前,国内学者对新西兰汉语游戏理论的研究还处在初步阶段,相关论著只是有经验的教师的教学实例总结,缺乏理论方面的研究。新西兰汉语课堂游戏的研究多为课堂活动设计和言语技能训练的补充,缺乏专门性的汉语课堂游戏教学法的研究。因此,很有必要根据国别,专门针对游戏教学法,对海外汉语游戏教学的实践经验进行收集与归纳,并上升到理论层面,为日后赴海外进行汉语教学活动的教师提供一些有益的帮助。

第三节　罗伯森路小学游戏教学法设计与应用背景分析

3.1　罗伯森路小学基本情况

3.1.1　学校概况

罗伯森路小学位于奥克兰的曼格雷(Mangere)地区。曼格雷是奥克兰西南部的一个郊区,其低廉的房价吸引了大量的移民,这也导致该地区人种分布较为多样,包括太平洋岛裔、新西兰土著居民、欧裔、亚裔、非裔等。所以多民族融合也是罗伯森路小学最显著的特点。

该校还是一所公立的全程小学(Full Primary School),包括小学和初中两个阶段的教育,为5—12岁儿童提供1—8年级的教育。每个班级不是由单纯一个年级的学生组成,而是由相邻的两个年级学生混合组成,如1—2年级、2—3年级、3—4年级等的混合班。每学年结束,教师根据学生的学业水平重新组建班级。每个班由15—30个学生和1位Room Teacher构成,Room Teacher负责班级学生的全科教学和管理工作。低年级和个别有需要的班级还配有一名助教,主要负责特殊学生的辅导教学。

3.1.2　课堂设施

新西兰学校的教室面积较大,教室内课桌椅轻便可移动,便于开展课堂活动。教室地上都铺有地毯,方便学生席地而坐,有时学生甚至趴在地毯上听课。新西兰的房屋大多是木板房,学生可以在教师的指导下装饰教室,通常会将绘画作品、手工作品和照片等钉在墙上展示。但是木板房隔音效果不好,所以教师在做声音较大的活动时往往选择室外或者与相邻班级一起活动。有些班级的教室是连在一起的,中间没有阻隔,方便集体活动,但也容易互相干扰。新西兰现代化教学技术较为发达,每个教室都配有笔记本电脑、平板电脑、音响、投影仪等多媒体设备供师生使用。

3.1.3　汉语课概况

罗伯森路小学是第一年开设汉语课,没有相关的汉语指导教师和教学经验,学生的汉语水平都是零基础。笔者主要负责3—6年级学生的汉语教学工作,总共12个班级,每个班级1周1节汉语课,1节课45分钟。汉语教师采用"走班"授课的形式,在固定时间到相应的班级进行汉语教学。除此之外,还有1个兴趣班,1周1个小时,在图书馆的多媒体放映室上课。由于汉语教师志愿者不具备新西兰教学委员会颁发的教师资格证书,所以独立授课时需要一位本地教师在旁协助。这位教师通常就是每个班级的Room Teacher。所以,新西兰中小学的汉语课普遍采用协作教学的模式:汉语教师主讲,Room Teacher维持班级秩序,处理突发事件。两位教师相互配合,协作教学。

3.2 罗伯森路小学的教学特点和风格

新西兰教育致力于培养有自信、易沟通、积极参与的终身学习者。罗伯森路小学较好地践行着这一教学目标,坚持以学生为中心,培养学生的技能;将快乐教学的原则贯穿于教学活动之中,激发学生的内在学习动力;培养学生尊重不同文化的意识,促进不同民族间的交流与融合。

3.2.1 以学生为中心

新西兰教育主张以学生为中心进行教学,罗伯森路小学没有指定的教材,本土教师通常根据教学大纲和班级学生特点设计教学活动。每学年结束,教师们还会对学生进行一对一的水平测试。在课堂上,学生才是主角,教师只起引导和帮助的作用。在课堂上我们经常可以见到学生积极参与小组活动并踊跃发表自己见解的场景,课堂参与度非常高,并且不管观点成熟与否,都会得到教师的肯定和鼓励,学生是当之无愧的课堂主人公。本土教师鼓励学生个性发展,通过学习活动发掘学生的兴趣和特长,学生做得好的方面会加以鼓励,做得不好或者不愿意做的方面不会勉强学生。

3.2.2 快乐教学原则

罗伯森路小学的课堂氛围轻松愉悦,教学活动形式多样。在教学实践中,笔者发现每周五下午相邻班级学生通常聚集在一起通过线上游戏Kahoot来对本周学习内容进行巩固;教师会带领学生学习不同民族的歌舞进行展示;天气好的时候教师甚至组织学生到室外上课等。当地教师顺应学生的天性,力争让学生会学、好学、乐学,实现教与学的和谐统一。而游戏教学法是实现快乐教学不可或缺的教学方法,也是当地教师常用的教学方法之一。在游戏过程中,教师可逐渐培养学生的学习兴趣和学习习惯,消除学生语言学习的情感焦虑及障碍,增强学生学习的信心,从而形成强大的内在学习动力。

3.2.3 尊重不同文化

新西兰政府鼓励境内不同文化的相互交融,并专门设立不同的文化周,如萨摩亚周、汤加周、印度周、中文周等。文化周活动在罗伯森路小学备受重视。教师会提前组织学生排练不同民族的歌舞表演,于相应的文化周在礼堂演出。校领导、教师、学生、家长都会参加。另外,由于萨摩亚学生人数最多,学校成立了5个双语班(Bilingual Classroom),全部由萨摩亚学生和教师组成,采用萨摩亚语和英语双语教学。一来是为母语为萨摩亚语的学生减少语言上的障碍,二来是为了保护多元文化。罗伯森路小学开设汉语课的初衷就是为了丰富学校的语言课程,帮助学生了解更多不同的文化。

3.3 罗伯森路小学汉语学习者的特点

3.3.1 年龄较小

笔者主要负责3—6年级学生的汉语教学工作。教学对象是汉语零基础的7—11岁的新西兰儿童。这个年龄段的学生掌握语言的速度很快,但是注意力集中时间短,很容易分心。新西兰的学生尤为明显,课堂活动只要稍显无聊,就会有学生聊天、走神、不配合教师的指令。所以,新西兰的教师们通常会以游戏的方式辅助教学,以吸引学生的注意力,提高学生学习的效率。

3.3.2 民族多元

来自不同文化背景的学生的文化心理和行为表现各异。对罗伯森路小学3—6年级的734名学生的民族/种族情况进行了统计,其中,太平洋岛裔占总人数的76%,新西兰本地学生占20%,剩下4%是来自中东地区和其他亚洲国家的学生。人数所占比例最大的太平洋岛裔学生性格热情淳朴、活泼好动,擅长歌舞与绘画,对于外来文化接受程度较高,但是相对懒散,也更为淘气。新西兰本地的欧裔和毛利学生通常思维活跃、表现力强,然而有时过于张扬。小部分的亚裔学生踏实努力,但也害羞内敛,不爱表现。在这种情况下,汉语教师设计课堂内容要考虑到每一个学生的文化背景。

3.3.3 个性突出

多元化的社会背景使得新西兰的中小学生本身就具备较强的个性。新西兰的教育体制也注重学生的个性发展,鼓励学生在学习中发现并培养自己的特长。发扬个性是值得鼓励的,但是过于强调个性却为汉语教学带来困扰。在新西兰课堂上经常遇到这样的情况,无论做什么活动总会有个别学生不配合。这些学生会以自己不擅长该项活动为由而拒绝参与。甚至有学生会说自己不擅长学习语言,于是拒绝参与汉语课堂活动。在这种情况下,教师也难以强制学生学习汉语。

第四节 游戏教学法在罗伯森路小学汉语课堂中的设计原则和设计思路

4.1 罗伯森路小学汉语课堂游戏的设计原则

课堂游戏的设计原则是游戏教学法非常重要的一部分,它一定程度上决定了游戏实施的效果。笔者参考前人的研究成果,同时结合自身的教学情况,从针对性、可控性、趣味性、文化性、参与性五个汉语课堂游戏设计原则展开论述。

4.1.1 针对性

设计课堂游戏要有一定的针对性，既要符合教学内容的需要，又能满足不同学生的学习兴趣。一方面，教学游戏的设计要针对相应的教学内容，充分考虑教学的重点、难点和教学目的，结合汉语的特点，将汉语字、音、词、句等要素有机地融入游戏当中。另一方面，游戏的设计也要针对不同的教学对象。游戏教学法是为辅助学生达到学习目标，所以教师要针对学生的特点来设计课堂游戏。罗伯森路小学的学习者年纪较小，又是初次接触汉语课，游戏教学法可以较好地吸引他们的注意力。

4.1.2 可控性

可控性原则在游戏教学法的实施中尤为重要。课堂游戏本身的趣味性特点符合小学生好奇、好动的心理特征。在游戏进行的过程中，难免会出现学生沉浸其中、情绪激动而无视课堂纪律的局面。因此，教师在设计游戏时要做到灵活适度，控制好游戏的时间和数量，面对突发情况要有灵活的应对措施。在游戏过程中，教师应起到操控全局的作用，事先在课堂上规定好游戏规则，对违反规则的学生或者小组给予相应的警告，以保证游戏在规定的时间内顺利完成，达到相应的教学效果。

4.1.3 趣味性

趣味性是游戏教学法最基本的原则。在汉语课堂上面对活泼好动、注意力容易分散的小学生，教师首先要做到的就是吸引学生的注意力。有趣的教学游戏能够快速抓住学生的眼球，使学生能够积极主动地参与到学习汉语知识和掌握汉语技能的各项训练活动中去。学生在轻松愉快的氛围中掌握了"最难的语言"，随之而来的快乐感和成就感会激发学生的学习兴趣。罗伯森路小学汉语课是学校安排的特殊课程，不计成绩也没有硬性要求，所以学生没有学习的外在动力。课堂游戏的趣味性可以激发学生的学习兴趣，从而帮助学生产生学习汉语的内在动力。

4.1.4 文化性

语言和文化密不可分，要学好一门外语就必须了解使用这门语言的民族文化。课堂游戏可以帮助学习者探索汉语文化，如学生在进行下五子棋、投壶、踢毽子等游戏时能够更深刻地感受中华文化的意蕴。同时，文化的交流是双向的。汉语课堂游戏活动的设计不仅要融入中华文化元素，还要尊重与吸取当地文化特色。汉语教师应注重观察学习者的日常生活，以他们感兴趣的体验性知识为设计背景，以他们熟悉的游戏形式学习汉语，会让学生产生亲切感，减少语言学习所带来的畏难情绪，拉近师生间的距离。

4.1.5 参与性

学生在课堂活动中的参与度决定了学习的效果。参与性原则强调让全体学生参与游戏的全过程。游戏教学的主导思想就是以学生为主体,每一个学生都要投入游戏当中来,参与游戏的每一个环节,才能达到教学的目的。教师的职责就是根据学生不同的层次水平、不同的性格特点,把合适的角色合理地分配给学生。尽量避免性格活泼的学生参与度过高,而性格内敛的学生袖手旁观;避免高水平的学生包揽一切,低水平的学生无所事事;避免赢得游戏的学生过度沉浸,输掉游戏的学生失去兴趣。

4.2 罗伯森路小学汉语课堂游戏的设计思路与教学案例分析

参考 Bao et al.(2010)的汉语课堂游戏设计思路,并结合本土实践设计了汉语课堂游戏设计思路导图(图2-1)。首先是"游戏原型",教学游戏通常来自汉语教材、相关文献、新西兰课堂内外常见的游戏活动、中国传统游戏活动、教师培训时的教学游戏分享等。汉语教师主要根据教学目标和教学内容对搜集到的游戏进行"选择",同时融合当地学生的特点和两国文化两要素加以"判断"。然后"设计课堂游戏",做好教案与预判。接下来是"游戏准备"和"游戏实践",需要教师提前准备好材料、讲解清楚规则,在具体实践中,合理搭配游戏活动,做到整堂课张弛有度。最后,根据"课堂反馈"判断游戏效果,从而进行改进,形成可以辅助学生实现学习目标的"个性化游戏"。在这里,结合具体的游戏案例对"游戏准备"和"游戏实践"两个部分展开讨论。

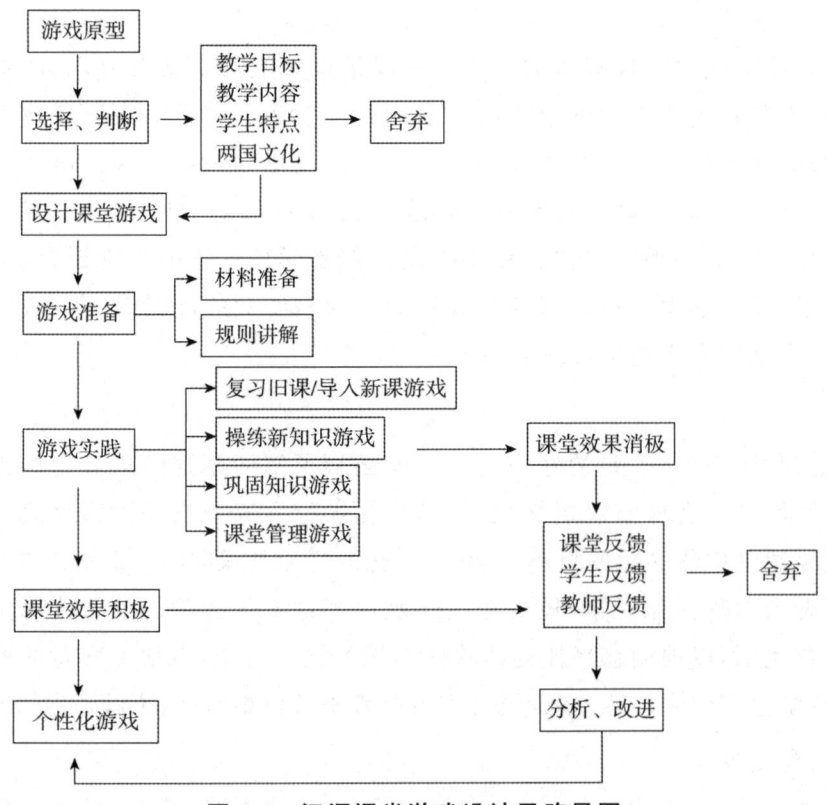

图 2-1 汉语课堂游戏设计思路导图

4.2.1　教学游戏的准备

在游戏开始之前,教师应根据本节课的具体教学内容和游戏程序,准备好游戏道具、奖品、常备材料等。然后教师要向学生讲清楚游戏的规则及任务,以保证游戏的顺利进行。

4.2.1.1　游戏材料准备

1.游戏道具。在4个学期的教学实践过程中,共设计了16个课堂游戏,其中有13个游戏都需要提前准备道具,详见表2-1。所需道具以卡纸类居多,包括图片、词卡、卡牌等,需要教师提前打印好,然后进行塑封和裁剪,保证教具不会轻易损坏且可重复使用。还有一些道具如骰子、毽子、彩色木块等,教师需要与学校沟通,看看学校有没有相应的资源可以借用,如果没有则要提前向学校申请资金,自行采购。道具的数量通常取决于分工的方式,但无论是按小组分配、个人分配还是教师展示使用,都要留有备份,需要的数量越多备份数量也越多。因为学习者年纪较小,做游戏时容易破坏或者丢失道具,而且教师采用走班的形式上课也容易将道具遗落在不同的班级,这时候备份的道具便十分重要,不至于影响课堂游戏的效果。

表 2-1　汉语课堂游戏材料准备(以28人班级为准)

游戏名称	材料准备		
	道具	数量	方式
Board Game	Board、Answer Card、SOS Card、Rules Paper	6份	打印、塑封、裁剪
	骰子	6个	采购
组词成句、你比画我猜	词卡	6份	打印、塑封、裁剪
传统运动会	毽子	10个	从孔子学院或者附近孔子课堂借用
	箭	12支	
	壶	2个	
	空竹	5个	
听声音找水果	词卡	1份	打印、塑封、裁剪
	水果	1份	采购
筷子竞赛	筷子	30双	采购
	彩色木块	两包	从学校借用

续表

游戏名称	材料准备		
	道具	数量	方式
拍苍蝇	苍蝇拍	2支	采购
	词卡	1份	打印、塑封、裁剪
Kahoot猜字谜、Quizlet词语对对碰	Chromebook、iPad	取决于授课班级的设备数量	从学校借用
听歌传球	乒乓球	1个	采购
	音响	1套	从学校借用
兔子舞、彩色记忆	幻灯片	1套	从学校借用
	音响	1套	
猜数字	纸	2张	从学校借用
	笔	1支	

2. 奖品。罗伯森路小学每个班级都有自己的奖励方式，大部分班级是积分制，根据学生每日的表现增加和扣除相应的分数并公示于班级显眼处。这也是学生的一项考核标准，每个学期结束后分数高的学生可以获得学校颁发的证书。汉语课还设立了专门的奖励制度：赢得游戏的个人或小组可以获得贴纸，集满十个贴纸即可兑换一个熊猫印章，每个学期结束后获得印章数量排在前三位的学生会得到相应的礼物和证书。所以，贴纸和印章是教师每节课要带的。

3. 常备材料。在新西兰的小学汉语课堂，大部分汉语教师没有自己专属的教室，往往按照课表到相应的班级授课。所以每个班级的设施和教具是不可控的。汉语教师需常备Blu-tack（蓝丁胶）、塑料密封袋和马克笔。Blu-tack是新西兰教学必不可少的材料之一，用于将词卡、图片等道具粘贴在白板上，可多次使用，不会留下痕迹。塑料密封袋用于教具的归纳和分类，尤其适用于游戏道具的收纳。

4.2.1.2 讲解游戏规则

学生理解游戏规则是顺利进行游戏活动的基础。如果学生不能真正理解游戏的规则和程序，做游戏时难免会感到困惑和紧张，更容易犯错误，反而降低了学生的学习兴趣和信心，无法起到游戏教学的效果。汉语教师可通过口头讲解、示范表演、文字展示相结合的方式进行说明，并严格执行相关游戏规则，力争达到收放自如的效果。

1. 口头讲解。在进行游戏前，一定要向学生讲解清楚这个游戏的目的、规则、奖惩以及时长等内容。只有学生清楚地明白了这些内容，才有可能顺利进行游戏。由于罗伯森路小学的汉语学习者都是零基础,最开始教师需要用英语进行解释,随着学生汉语水平的提高逐步加入汉语,但是讲清楚是最重要的,不必在规则讲解中增加太多语言上的阻碍。在游戏进行的过程中,汉语教师也要一直提醒学生游戏的规则和目的,避免学生沉浸在游戏中而忽略规则,甚至忘记自己为什么而做游戏。

2. 示范表演。游戏示范是必不可少的,其中师生配合示范表演的方式十分有效。例如,在进行游戏"你比画我猜"时,教师在口头讲解后可选择一名学生协助教师进行示范,师生间一人比画、一人猜,进行一轮的展示。学生的模仿能力是很强的,他们有所参照便可快速领会,不至于在游戏时浪费时间。

3. 文字展示。教师在口头讲解和示范后,还需要文字辅助介绍游戏规则,避免学生遗忘和误解。罗伯森路小学的汉语学习者平均年龄在7—11岁,注意力难以长时间集中,无法保证每一个学生在教师介绍规则时全神贯注,完全理解游戏规则。所以,就需要文字版的规则在旁辅助,特别是当开展规则较为复杂的游戏时。教师可以使用幻灯片、白板、规则单等展示文字版游戏规则,学生在游戏过程中遇到困惑可随时查看。

4.2.2 教学游戏的实施

根据不同教学环节的需要设计了16个汉语课堂游戏(详见第二章附录),分为复习旧课/导入新课游戏(2个)、操练新知识游戏(9个)、巩固知识游戏(3个)和课堂管理游戏(2个)。每个教学环节的游戏又按照学生的认知能力分为记忆游戏、反应游戏、表达游戏、合作游戏、肢体协调游戏、竞赛游戏几种游戏形式。① 详见表2-2。

表2-2 不同教学环节下的游戏分类

复习旧课/导入新课游戏	操练新知识游戏					巩固知识游戏	课堂管理游戏	
反应游戏	记忆游戏	表达游戏	合作游戏	竞赛游戏	肢体协调游戏	竞赛游戏	反应游戏	表达游戏
Follow My Instructions	彩色记忆	组词成句	你比画我猜	筷子竞赛	兔子舞	Board Game	好、很好、非常好	猜数字
老师说	拍苍蝇	听歌传球	听声音找水果	传统运动会		Kahoot猜字谜		
						Quizlet词语对对碰		

---

① 这里的游戏分类是依据教学的需要和游戏的主要特点进行的分类,分类不绝对,可能存在交叉。

在实施过程中不同环节有相应的侧重。1.复习旧课/导入新课游戏用作汉语课开头的复习和导入,同时也起到热身的作用。每节课选用一个复习旧课游戏或者导入新课游戏即可,如果两个相邻的环节都使用游戏,很容易成为游戏课。这类游戏以反应游戏为主,时间控制在5分钟以内,时间过长可能导致学生情绪亢奋,之后无法静心听讲。2.操练新知识游戏用于辅助学生练习新知识,通常进行10—15分钟。这类游戏在形式上相对丰富,但较少涉及反应游戏,是为了保证学生在初次学习的过程中有足够的时间进行思考和记忆,避免为追求速度而忽略内容。3.巩固知识游戏可用于阶段性的知识梳理或者课后的知识总结,前者时间可以长达20分钟,后者时间控制在10分钟以内且不需要每节课都以游戏活动结尾。这个环节学生可能出现对已学过的知识失去兴趣的现象,教师可以利用竞赛游戏激发学生的学习动机,引导学生在游戏中不知不觉地进行复习巩固。4.课堂管理游戏时间不宜过长,教师利用2—3分钟来达到集中学生注意力、稳定课堂秩序的效果即可。游戏形式不固定,以学生熟悉且教师方便操作的游戏为宜。

4.2.2.1 复习旧课/导入新课游戏

在新内容开始前,通过游戏的方式复习上节课学过的词语或者句子,或者导入本节课要学习的词语,可以快速吸引学生的注意力,带领学生进入状态。此类游戏时间控制在5分钟左右,达到热身、复习、导入的作用即可。在教学中设计和改编了"Follow My Instructions"和"老师说"两个游戏作为每节课的复习/导入形式。

案例一:老师说

教学目标:复习/导入汉语词语,帮助学生记忆并掌握词语的读音。

教学内容:上节课学习的词语/本节课涉及的词语。

游戏时间:5分钟。

游戏说明:

1.当教师说"老师说",学生要重复"老师说"后面的词语;如果教师没有说"老师说",不管教师说什么,学生都不能重复。

例如,教师说"老师说,妈妈",学生要说"妈妈";如果教师只说"妈妈",学生就要保持安静。

2.不同的赛制。a.学生之间竞赛。所有学生起立,出错的学生坐下并帮助教师抓其他出错的学生。站到最后的学生获胜。b.学生和教师竞赛。有一个学生出错,教师加一分;学生全部正确,学生加一分。

注意事项:长时间进行个人竞赛,小学生之间容易出现矛盾。建议将个人竞赛与团体竞赛相结合,既保证了良好的课堂秩序,也为这个游戏增添了一些新鲜感。

"老师说"改编自新西兰课堂常见游戏"Simon Says"。游戏规则没有改动,只是将指令语"Simon Says"改为汉语的"老师说"。所以,只需要告诉学生"老师说"的含义,不用向学生过多地解释游戏规则,他们就能明白。该游戏适用于词语的复习或者导入。该游戏的教学效果很好。基本上所有学生都会跟着教师反复地说汉语词语,同时也不会影响课堂秩序。虽然每一轮结束后学生都会很激动,但是为了听清下一轮的指令,他们很快就会安静下来。

4.2.2.2 操练新知识游戏

操练新知识游戏是数量最多的,通常用于教师讲解后辅助学生进行言语操练,时间控制在10—15分钟为宜。游戏时间不是固定的,教师需要根据学生人数、操练的教学内容、学生的掌握程度等因素灵活控制。

案例二:拍苍蝇
教学目标: 熟记家庭成员的汉语名称。
教学内容: 爸爸、妈妈、爷爷、奶奶、哥哥、姐姐、弟弟、妹妹、叔叔、阿姨、小猫、小狗。
游戏时间: 15分钟。
游戏说明:

1. 教师将班级学生分为两个队伍,并且让学生给各自队伍命名,如"熊猫队"和"功夫队"。
2. 教师将词卡均匀地贴在黑板上,两队各派一人。教师读词语,学生用苍蝇拍轻轻击打相应词卡。正确且快的学生得分。
3. 游戏共进行6个回合。每一回合教师通过"举手发言"的方式选出参赛选手。前两个回合,教师说汉语,学生击打相应的汉语词卡;第3、4回合,教师说英语,学生击打相应的汉语词卡;第5、6回合,教师说汉语,学生击打相应的英语词卡。最后累计得分最高的队伍获胜。

游戏道具: 苍蝇拍2支、词卡1份。
注意事项: 本游戏较为适合高年级学生。

"拍苍蝇"在中国是一个很常见的游戏。该游戏用于新西兰汉语课堂,教学效果也很好,适用于汉语生词的操练。学生为了赢得比赛,会努力记忆生词。但是该游戏在低年级学生的课堂上会带来较大的课堂管理问题。低年级学生相对情绪化,大部分学生参与该游戏会表现得过于亢奋,难以管理;还有部分很想参与的学生如果没有得到参与的机会,就会发脾气甚至哭闹。

4.2.2.3 巩固知识游戏

巩固环节笔者设计了3款游戏。其中Kahoot和Quizlet是新西兰课堂常用的多屏幕互动教学工具,使用便捷、互动性强。这两个游戏工具如用于课后巩固,10分钟以内为宜;如用于期末复习,可预留20分钟。用于复习和巩固的游戏还有Board Game,该游戏制作难、耗时长,更适合期末的复习与巩固。

案例三:Kahoot 猜字谜

教学目标:帮助学生复习汉字及文化知识。

教学内容:

1.复习汉字:日、月、山、水、王、火、木、林、森、晶、人、从、家、安、休、明、旦。

2.穿插汉字文化内涵的巩固练习。

游戏时间:10/20 分钟。

游戏说明:

1.观看教学视频,了解常见汉字的拆分组合规律和汉字文化内涵。

2.指导学生进入 Kahoot 游戏房间并按照题目要求进行抢答。

3.个人游戏,不允许讨论。每题回答正确且快速的学生可以获得较高的分数,最后累积得分最高的人获胜并获得游戏奖励。

游戏道具: Chromebook、iPad。

注意事项:教师需要在每一回合结束后帮助学生梳理总结出错的问题。

Kahoot 是新西兰师生常用的本土教学游戏,通过游戏化的问答方式让学生抢答来巩固知识。Kahoot 属于移动端的多屏幕互动教学工具,操作简便、高效有趣,深受新西兰师生的喜爱。教学中主要将其运用于汉字的复习,在学习了汉字拆分组合的知识点后,利用 Kahoot 设置相关问题和答案选项,并辅之以图片帮助学生理解。

4.2.2.4 课堂管理游戏

当地教师除了在课堂教学中使用游戏教学法,在管理课堂纪律时也会运用到游戏。由于罗伯森路小学的学生们活泼好动、散漫自由的特点,课堂秩序经常会出现混乱的局面。这时候教师要停下来,可以通过游戏的形式进行课堂管理,稳定学生的情绪,激发学生的学习兴趣。

案例四:好、很好、非常好

教学目标:帮助学生理解"好(good)、很好(very good)、非常好(great)"的含义以及程度上的递进关系,保证学生可以听懂、会说,为之后学习句子"我很好/非常好"做铺垫。

教学内容:好、很好、非常好。

游戏时间:2 分钟。

游戏说明:

1.所有学生起立。听到教师的指令"好",双手竖起大拇指;听到教师的指令"很好",拍一下手,然后双手竖起大拇指;听到教师的指令"非常好",拍两下手,然后双手竖起大拇指。教师给指令的速度由慢到快。

2.出错的学生坐下,帮助教师抓出其他出错的学生。站到最后的学生获胜。

3.学生熟悉这个游戏后,可以让学生给指令,教师根据指令做动作。学生按座位顺序一人给出一个指令,要说得准确且快,谁可以让教师出错谁就赢。

注意事项:自编游戏要根据学生的特点而调整。及时与学生沟通,接受反馈。

此游戏依据澳大利亚 AIM Language Learning 教学法,同时结合新西兰小学生的学习特点设计。AIM Language Learning 提倡通过讲故事、手势、积极协作和重复来还原情景,从而快速学习汉语。该教学法为每一个汉语词语设计了相应的手势,来帮助学生记忆与理解。其中,"好"的辅助手势是双手竖大拇指;"很好"的辅助手势是双手捏空气一次,然后竖大拇指;"非常好"的辅助手势是双手捏空气两次,然后竖大拇指。将其设计成竞赛游戏。要先教给学生"好、很好、非常好"的读音、含义和手势,然后让学生根据指令做动作。最开始,游戏效果不是特别好。因为很难抓到每一个出错的学生,有的学生做错了也不会主动坐下,导致游戏无法进行。当地学生喜欢有声音、有节奏的游戏,于是将双手捏空气的动作改为拍手。这样做错了会非常明显,大家都能听到,大大增强了游戏的竞赛性和趣味性。所教授的学生大多是来自太平洋岛(斐济、汤加、库克岛等)的岛民,他们对音乐、节奏十分敏感。设计带有声音的游戏会提高学生的参与度。

4.2.3 教学游戏的反馈

所有课堂活动的最终目标是让学生学到知识。因此,游戏活动实施完成之后,教师应该对学生掌握知识点的情况进行反馈,强调游戏中的知识点。教学反馈的形式有很多种,包括课堂测试、课堂提问、学生讨论总结、课后与学生交谈等。例如,如果想采用学生讨论总结的形式来反馈,可以在游戏活动结束后,让孩子们围成一个圈,轮流总结自己通过游戏学到的汉语知识,一人只需说出一个点即可,教师进行点评。学生在快速思考的过程中会对知识进行梳理和总结,同时聆听其他学生的观点也是一个对自己知识体系补充和完善的过程。

课堂反馈是学生对知识的反馈,也是教师对课堂效果的检测。通过教学反馈,学习者能认识到自己哪里还存在问题,并进行复习和巩固。通过学生对知识掌握情况和游戏过程中的反馈,教师就能够知道学生的薄弱点在哪里,然后有意识地帮助学生突破难点。另外,教师还能发现自己设计的游戏活动有哪些不足,从中吸取经验教训,不断改进课程设计,使课堂教学更加完善。

第五节 罗伯森路小学汉语课堂教学游戏设计效果评估和反思

对罗伯森路小学汉语课堂的部分教学活动采取了游戏教学法,通过课堂观察,学生对于游戏教学的方式总体上有着很大的兴趣,在课上课下的交流中也表现得更加积极主动,基本达到了预期的教学效果。同时,在课后,通过问卷调查和访谈的形式整理了学生、本土教师、其他新西兰汉语教师对这一新的教学方法的反馈意见,分析总结了具体实践中的不足,并提出了与之相对应的改进策略。

5.1 设计效果评估

5.1.1 调查问卷分析

调查问卷分为两部分,第一部分是针对新西兰汉语教师的调查问卷,调查他们对游戏教学法的了解与使用情况,共发放 48 份调查问卷,回收有效问卷 48 份。第二部分是针对罗伯森路 3—6 年级小学生发放的调查问卷,调查学习者对于汉语课堂游戏活动的看法,一共发放 200 份调查问卷,回收有效问卷 187 份。

在针对教师的调查问卷中我们发现,教师在汉语课堂上经常组织的活动频率由高到低依次是(表2-3):课堂游戏,手工、涂色,唱歌、跳舞,文化活动等。游戏在汉语课堂活动中使用的频率最高,为 4.56(程度由低到高 0—5)。但这不意味着游戏活动越多越好,新西兰汉语教师每节汉语课的课堂游戏数量的平均值为 2.15,也就是说一节课采用 2 个教学游戏来辅助汉语教学是比较适宜的。此外,大多汉语教师认为游戏教学法在汉语课上有较好的效果,可以有效帮助学生学习汉语。但是他们对于游戏教学法在汉语国际教育领域的相关理论的了解程度相对低一些。根据新西兰汉语教师的反馈,游戏活动是汉语课堂活动的重要组成部分且教学效果显著。但是很多汉语教师在课堂游戏的设计中缺乏相关理论的支撑,多依靠观察与实践,这对新手教师而言往往需要较长的时间去尝试与调整。如果汉语教师有意识地去了解相关的理论知识和教学案例,在一定程度上可以提高教学活动的质量,减少失败案例的数量,也帮助教师在短暂的任期中尽可能多地传授汉语知识,提高学生的学习效率。

表 2-3 针对汉语教师的问卷调查"您经常组织的课堂活动是什么?(排序)"数据统计

选项	平均综合得分
课堂游戏	4.56
手工、涂色	3.06
唱歌、跳舞	2.25
文化活动	1.92
其他	0.15

在针对学生的调查问卷中,采用李克特五度量表调查学生对各游戏活动的感受,包括对活动的喜爱程度和活动是否有助于他们学习汉语和中国文化,要求学生根据自己的实际情况就"喜欢这个游戏""这个游戏对学习汉语有帮助"和"这个游戏对学习中国文化有帮助"三个情况做出判断,调查结果见表2-4。数字1—5分别代表五种不同的情况,

其中"5"表示"完全符合","4"表示"比较符合","3"表示"不确定","2"表示"不太符合","1"表示"完全不符合"。

表 2-4　针对学生的问卷调查数据统计

游戏名称	喜欢这个游戏		这个游戏对学习汉语有帮助		这个游戏对学习中国文化有帮助	
	平均分	3分以上人数比	平均分	3分以上人数比	平均分	3分以上人数比
1. Follow My Instructions	4.07	91.00%	3.75	85.13%	3.30	86.56%
2. 好、很好、非常好	4.34	93.50%	3.85	89.78%	3.02	84.67%
3. 老师说	4.03	91.02%	3.98	90.34%	3.43	86.70%
4. 猜数字	3.96	90.17%	3.90	89.37%	3.33	87.01%
5. 彩色记忆	3.60	85.32%	3.78	85.09%	3.23	85.09%
6. 拍苍蝇	3.99	90.11%	3.91	90.56%	3.76	87.45%
7. 组词成句	3.88	88.57%	3.90	90.19%	3.34	84.56%
8. 听歌传球	3.71	86.02%	3.78	85.89%	3.98	88.45%
9. 你比画我猜	3.93	88.99%	3.93	89.00%	3.46	85.46%
10. 听声音找水果	3.91	89.04%	3.98	89.67%	3.34	84.56%
11. 筷子竞赛	4.12	92.27%	3.90	93.21%	4.07	91.34%
12. 兔子舞	3.53	85.46%	3.46	85.09%	3.32	83.98%
13. 传统运动会	3.95	90.78%	3.78	88.98%	4.21	93.04%
14. Kahoot 猜字谜	4.57	94.16%	4.43	93.58%	4.13	91.09%
15. Board Game	3.89	87.10%	3.87	86.88%	3.77	88.10%
16. Quizlet 词语对对碰	4.01	90.89%	4.21	91.89%	4.03	90.22%

根据表2-4,我们可以总结出学生对汉语课堂游戏的喜爱程度和学生对汉语课堂游戏作用的看法。

首先,课堂游戏都受到了大多数学生的喜爱,学生最喜欢的游戏排在前三名的分别是"Kahoot 猜字谜""好、很好、非常好""筷子竞赛",排名在最后的三个游戏分别是"兔子舞""彩色记忆""听歌传球"。排名前三的教学游戏有一个共同特点:它们都是竞赛性质的游戏,以个人或者小组为单位展开,考查汉语知识的同时还考查学生的反应能力或者协调能力。由于新西兰的小学生普遍活泼好动,太平洋群岛后裔更是注重力量与动作的配合,所以这类游戏活动较受欢迎。反观排在后三名的游戏,"兔子舞"和"听歌传球"都是以班级为单位的合作性游戏,对于集体意识相对模糊的新西兰学生而言驱动力不足,从而教学效果也不突出。"彩色记忆"要求通过数字和颜色的搭配记忆来学习颜色词,同时巩固数字,这个游戏对小学生而言互动性较低、记忆难度略高,大部分孩子通常因为害怕出错而采取旁观的态度,不适用于年级较低的班级。

其次,在这 16 个游戏中,学生认为对学习语言最有帮助的是"Kahoot 猜字谜",对学习文化最有帮助的是"传统运动会"。Kahoot 是深受新西兰师生喜爱的在线教育平台。罗伯森路小学的教师基本每周都会利用该平台组织一次课堂活动,教师在平台上设置问题后,学生通过学习设备进入相应的虚拟教学空间进行个人或小组游戏。汉字学习对于新西兰学生来讲有一定的难度,将其与 Kahoot 结合可以有效激发学生的学习兴趣、降低学习难度,从而辅助学生快速掌握汉字知识。"传统运动会"是一个文化类的教学游戏,要求教师先介绍中国传统运动项目,然后让学生进行分区(踢毽子体验区、投壶体验区、抖空竹体验区)体验,在活动中感受中国传统体育项目的魅力。新西兰教育理念强调"做中学""乐中学",真实的中国游戏可以快速抓住学生的兴趣,而切身的体验又可以帮助学生更好地理解游戏背后的文化。学生对该游戏的喜爱程度与该游戏对学生学习汉语的帮助是成正比的。学生感兴趣,游戏的参与度便高,从而更容易帮助学生学到语言知识和文化知识。但是,相较于对语言的帮助,教学游戏对学生学习中国文化的帮助值偏低,笔者在游戏的文化性设计上还有待完善。

最后,设计相关问题尝试探究学生对汉语课堂游戏态度背后的原因(表 2-5、表 2-6)。学生喜欢汉语游戏活动的原因主要是觉得有趣、轻松,其次是学到了知识和激发了兴趣。所教授的学生年龄在 7—11 岁之间,相较于知识与能力他们更关注的是学习的趣味,教师应顺应孩子爱玩的天性,在轻松愉快的氛围中教学,注重培养学生的学习兴趣。而学生不喜欢汉语游戏活动的原因以害怕犯错居多,还有对游戏规则的困惑和没有参与的机会等。在教学实践过程中也发现大部分新西兰学生可能没有我们想象的那么主动,他们其实也爱面子,害怕犯错误。所以汉语教师需要给予学生正确的引导,特别是当学生在游戏过程中犯了错误或者输掉了比赛时,教师应适当纠错并及时给予鼓励,减少学生的恐惧心理。另外,教师应保证每个学生都清楚游戏规则并有机会参与游戏,这是游戏顺利进行的前提。

表 2-5　针对学生的问卷调查"你为什么喜欢汉语课堂游戏?"数据统计

选项	填写人数	比例
I feel fun and relaxed. （我感到快乐、放松）	156	83.42%
I learn a lot from Mandarin games. （我从汉语游戏中学到了很多）	88	47.06%
I feel easier to learn by games. （通过游戏学习我觉得更容易）	21	11.23%
I am interested in Mandarin by games. （通过游戏我对汉语更感兴趣）	56	29.95%
Others. （其他）	2	1.07%

注：本题有效填写人数总计 187 人。

表 2-6　针对学生的问卷调查"你为什么不喜欢汉语课堂游戏?"数据统计

选项	填写人数	比例
I do not have the chance to take part in. （我没有机会参与）	28	14.97%
I am afraid of making mistakes. （我害怕犯错误）	56	29.95%
The game rules are confusing. （游戏规则使我困惑）	31	16.58%
The game is boring. （游戏很无聊）	0	0%
The game is hard for me. （游戏对我来说太难了）	5	2.67%
The language we are asked to use is too hard. （我们被要求使用的语言太难了）	26	13.90%
The game is unfair. （游戏不公平）	0	0%
Others. （其他）	54	28.88%

注：本题有效填写人数总计 187 人。

5.1.2 教师访谈

罗伯森路小学的 6 位 Room teacher 接受了访谈。所有受访者都表示喜欢汉语课，并且认为为学生开设汉语课是有意义的："They realize that there is a different world out there and also how easy it is to learn a new language（通过学习汉语，他们意识到还有一个不同于新西兰的地方，同时也发现学习一门新语言并没有那么难）""It gives them the opportunity to learn about another culture and teaches them to be accepting of others（汉语课的开设使他们有机会学习另一种文化，并学会接纳其他文化）""We have a growing population of Asians in NZ. This will help them to understand the Chinese population（新西兰有大量的亚裔居民。开设汉语课会帮助孩子们更好地理解中国居民）"。罗伯森路小学是一所地处郊区的公立学校，这里的孩子很少有机会可以走到更远的地方，而汉语课的开设给了他们一个机会去认识中国、了解中国，所以当地的教师和学生都十分珍惜。几位 Room Teacher 也对游戏教学法在汉语课堂上的应用表示了肯定，如"enjoyable, fun, engaging, interesting"等。他们同意游戏教学可以帮助学生减少学习汉语的压力，激发学生继续学习汉语的热情。

从教师的评价中可以看出游戏活动确实对汉语学习起到了积极的作用，它不但能帮助学生更好地学习语言，而且促使学生探索和了解中国。值得一提的是，部分教师还表示希望可以有长期的、固定的汉语课，而不是仅仅一学期或者一年，这也从侧面反映出汉语教学受到了校方的肯定，有利于汉语课堂在罗伯森路小学的继续发展。

5.2 设计效果反思

5.2.1 考虑学生的认知水平

学生是教学的主体，教学游戏设计的接受者是学生，作为教师在教学中可以采用的游戏方式有很多种，在选择时一定要注重使其符合学生的思维能力和认知水平，学生的接受程度是最后检验游戏效果的关键（马梦莹，2014）。以所教授的四个年级为例，不同年级的学生适合的游戏活动是不完全相同的。易操作、互动性强的游戏在低年级（3—4 年级）的汉语教学中效果更好，特别是竞赛类游戏和肢体协调类游戏，例如在教授方位词"前、后、左、右"后用于操练的游戏"兔子舞"，需要全体同学配合着节拍说汉语、做动作，这种规则简单的互动类游戏适合低年级的小学生，在互动中理解汉语词汇，同时锻炼肢体协调能力。而高年级的学生（5—6 年级）基本有自己的判断能力，过于简单的内容不但达不到知识的输入量，反而会让他们感到不受尊重。这时最好加入一些富有挑战性的游戏，例如记忆类游戏和反应类游戏，引导他们通过游戏快速掌握知识。像"彩色记忆"这种通过对颜色和词语的关联记忆进行竞赛的游戏更适合高年级的学生学习汉语，有一定的难度，有利于他们智力水平的发展。所以，每个年龄段的儿童有自己的发展需求,顺应学生的发展需求调整教学形式,输入适量的汉语知识,才能最大限度提升教学效果。除此之外,每个班级学生的性格特点、民族特点、出勤人数以及不同教室的教学设备等,都是教师选择游戏方式时要考虑的。

5.2.2 围绕教学内容设计游戏活动

游戏教学法适用于罗伯森路小学不代表这是唯一的教学方法,在汉语课堂上应该是多种课堂活动相结合,多种教学方式相结合的。游戏教学只是一种教学方法,目的是辅助汉语教学,所以游戏活动是始终围绕着教学内容展开的,不能本末倒置、喧宾夺主。有时候新手教师为了快速融入学生,容易一味迎合孩童爱玩的天性,在游戏过程中疏于掌控节奏,最后导致学生有玩无学。接受访谈的汉语教师也表示"不要为了游戏而游戏,应为了教学而游戏""注意适度,不要喧宾夺主,游戏是为教学服务的""有时候感觉只是为了游戏而游戏,而不是为了学习,教师在设计游戏的时候也许可以多思考一下出发点"。在游戏教学法的设计和实践的过程中,教师的把控至关重要。游戏活动的设计首先要适度,一节课2个游戏为宜,每个游戏的活动时间不要过长。在游戏开始前,教师要做好引导者的角色,负责将学生引入预先设定的情境之中,激发他们的兴趣和好奇心;在学生顺利进入游戏状态之后,教师则是游戏过程中的定海神针,时刻把握好本堂课的教学重点,在学生过于沉浸游戏之时,教师要能够及时引导学生回归教学内容。学生虽是课堂的主体,并不意味着要将课堂完全交给学生,尤其对于小学生而言,他们的自制能力和自学能力都有限,很容易就会偏离原本的教学内容,需要教师做好监督者和引导者的角色,既要充分调动学生的热情,又要保证教学有序进行。

5.2.3 教学游戏融合两国文化

教学游戏的设计要结合中新两国文化。通过调查问卷我们发现,汉语教师设计课堂游戏的灵感主要来自新西兰课堂常见的游戏活动和中国传统游戏活动,其次才是新西兰当地的游戏活动、教师培训时的课堂游戏分享、教材或者文献资料中的游戏推荐。

很多学者都提出课堂活动设计要有意识地结合中国文化,可以在游戏中融入中华元素,如筷子、五子棋、熊猫,也可以改编中国传统游戏活动,如击鼓传花、踢毽子、投壶等。新西兰是一个多民族多文化融合的国家,学校鼓励学生尊重并学习不同的文化,学生也乐于了解新的文化,他们大多对于中国文化是十分感兴趣的。因此,课堂游戏的设计要充分体现汉语和中国文化的魅力,注重游戏的文化性内涵。但是同时,我们也不能忽略当地文化。文化的交流是双向的,教师希望学生接受中国文化,自己首先要表现出对当地文化的尊重,积极学习本土的生活习惯和思维方式。在教学游戏的设计上也要参考当地的游戏活动、教学模式、活动形式等。例如,较受欢迎的几个游戏原型Kahoot、Simon Says、Quizlet,轻松愉快的学习模式,竞争和合作相结合的游戏形式等。熟悉的活动和形式会让学生感到亲切和被尊重,从而快速拉近师生间的距离,减少情绪上的阻碍,增强文化的包容性。

第六节 结语

本研究的重点在于游戏教学法在新西兰罗伯森路小学汉语课堂中的设计与实施分析。罗伯森路小学是新西兰一所较有民族特色的学校,初次开设汉语课,缺乏相关的教学经验和资源。学生又大多来自太平洋群岛,个性突出,汉语水平零基础。在这种情况下,游戏教学可以有效激发学习者的学习兴趣,帮助学生理解与巩固所学知识,并快速建立师生间的良好沟通方式,有助于汉语教学在罗伯森路小学的长期健康发展。

但并不是所有教学游戏都能达到预期的效果,教师需要考虑多种要素,设计适合当地学生的游戏活动。本章依据心理学、教育学和二语习得相关理论,从教学环节入手,分析适合该校学习者的教学游戏,并提出相应的设计原则和设计思路。然后从学习者、当地教师和其他汉语教师的角度对游戏教学法实施的效果进行全面的评估,并结合课堂观察,在分析中找出存在的问题并制定应对策略。游戏活动对学生学习汉语的确起到了积极的作用,但是低年级的学生很容易被游戏过分吸引而忽视了教学内容,这样就失去了游戏辅助教学的意义。所以,汉语教师在游戏活动的设计和实施中的作用至关重要,尽量做到以学生为中心、围绕教学内容展开,控制好活动的时间和节奏,保证学生在探索学习的过程中有方向可寻。

有效使用游戏教学法可以拓宽传统教学的学习方式和教学方式,是新形势下海外汉语教学的有效补充,也符合当今本土化汉语教学的新趋势。由于理论基础有限且教学经验不够丰富,一些设想在具体应用的过程中也可能并不完善,也会在日后的实践过程中进一步补充修订,希望本章能为新西兰汉语教学提供有益的帮助。

(乔冠颖 吴成年)

参考文献

著作

Bao V S, Bao S, Tian J. 中文游戏大本营:课堂游戏100例 下册[M]. 北京大学出版社,2010.

孔子. 论语[M]. 景菲,编译. 三秦出版社,2018.

王建勤. 第二语言习得研究[M]. 商务印书馆,2009.

期刊与论文集论文

李柏令. 建构主义学习理论与对外汉语教学[J]. 云南师范大学学报,2003(4).

林秀琴. 美国"沉浸式"中文教学的特点及面临的问题:以美国明尼苏达大学孔子课堂为例[J]. 世界汉语教学学会通讯,2012(1).

史晓倩. 陈鹤琴儿童游戏思想的演进与启示[J]. 陕西学前师范学院学报,2020(11).

王贺玲.浅谈游戏教学法在大学英语听说训练中的应用[J].职业教育研究,2007(12).
王锐俊.试论沉浸理论对外语教学的启示[J].中国科技信息,2005(19).
周燕.试论福禄培尔《幼儿园教育学》中的教育观[J].教育史研究,2000(3).
Egbert J. A study of flow theory in the foreign language classroom[J]. The modern language journal,2003,87(4).

硕士学位论文

龚怡萍.游戏教学法在汉语国际教育综合课课堂教学中的应用研究[D].重庆师范大学,2015.
刘晶.新西兰小学汉语词汇教学研究:以基督城的两所小学为例[D].华中科技大学,2016.
刘倩.新西兰儿童汉语词汇教学行动研究[D].上海外国语大学,2018.
刘扬.基于多元智能理论的少儿对外汉语课堂活动设计:以新西兰Queenstown Primary School 汉语教学为例[D].华中科技大学,2016.
马梦莹.游戏教学法在泰国汉语教学中的应用研究:以泰国乌通中学中文班综合课为例[D].广西大学,2014.
马智.对外汉语课堂游戏教学法研究综述[D].东北师范大学,2011.
牟曼.初级汉语综合课主题式教学设计:以新西兰Somerville中学汉语课为例[D].上海交通大学,2015.
倪钰淇.面向海外汉语零基础中学生的课堂活动设计:以新西兰Farm Cove Intermediate School为例[D].上海交通大学,2014.
彭小卉.游戏教学法在零起点汉语口语课堂的运用[D].复旦大学,2010.
宋娇.针对新西兰小学的汉语课堂活动设计及其实践研究[D].上海交通大学,2014.
王慧清.游戏在对外汉语少儿教学中的应用[D].山东大学,2011.
肖弦.游戏教学法在新西兰帕帕罗阿小学汉语课堂中的探索与运用[D].华中科技大学,2018.
张越.游戏教学法在对外汉语课堂中的应用:以韩国小学汉语教学为例[D].渤海大学,2014.
章晓琪.新西兰小学汉语课堂活动与管理设计:以新西兰南岛小学为例[D].华中科技大学,2015.
周倩兰.论新西兰小学汉语词汇教学中卡片类游戏设计[D].华中科技大学,2016.

(以下附录内容请扫描封底二维码获取)
附录 16个汉语课堂游戏案例

第三章 新西兰两所小学汉语课堂歌曲教学法与教学设计研究

【摘要】中文歌曲在海外中小学汉语教学中应用广泛,但目前关于歌曲教学的研究相对匮乏,普遍将其定位为教学辅助手段,针对新西兰的本土化歌曲教学研究就更为少见,且缺乏实践印证。本研究旨在以新西兰 Torbay School、Long Bay Primary School 两所小学为例,探究歌曲教学在新西兰小学汉语教学中的应用与实践。通过相对独立、完整的歌曲教学带动语言、文化的教学,发挥歌曲教学在文化、情感方面的积极作用,对新西兰小学歌曲教学应用进行教学设计,并在实践后对本次歌曲教学的应用进行了评估与反思,进而完善歌曲教学在汉语教学中的应用模式。在课堂教学中,也应注意歌曲展示方式的选择以及课堂活动的设计,处理好知识点及跨文化交际问题,及时对学生表现做出反馈等,从而更好地发挥歌曲教学的作用。

第一节 绪论

1.1 选题缘起

笔者于 2019 年 1 月底来到新西兰奥克兰孔子学院赴任,担任奥克兰 Torbay School、Long Bay Primary Shool、Long Bay College 的中文助教。新西兰整体学习环境轻松,学生活力十足,课堂最突出特点是气氛活跃。新西兰的汉语教学对象呈现低龄化的趋势,不少学校从小学一年级起便开设了汉语课,如何持续吸引学生的关注度、激发他们对汉语的学习兴趣,成为教学中最棘手的挑战。在负责教学的 Torbay Schoool、Long Bay Primary 两所小学中,学生主要集中在 3—6 年级,年龄在 6—11 岁之间。在教学观察期间,关注到在新西兰的课堂中歌曲教学占据了重要地位,当地教师不仅在英语课、毛利语课等语言课堂,甚至在数学课、科学课等课堂都经常利用歌曲来反复操练,这样的教学方法能够营造愉快的课堂氛围,获得良好的学习效果。另外,在调整自身教学方法的过程中,也受到了指导教师以及各位志愿者教师的启发,新西兰学生活泼好动,乐于表现,因此配合多媒体教学资源,结合手势、动作表演,具有丰富表现力的歌曲教学是他们非常容易接受的形式。新西兰各学校汉语教学普遍具有课时少的特点,歌曲教学能够克服这一特点带来的教学上的不利影响,保证学生有兴趣、有时间在课后巩固所学知识。另外,部分学生已有1—2年的汉语学习经验,因此在课堂中运用歌曲操练知识点也能够激发学生深入学习的兴趣,强化记忆。

但是将歌曲教学应用到实际教学的过程中存在难点。教师在备课时首先面临教学曲目以及教学资源选择的问题。新西兰学校没有统一的教材,中文教学也没有统一的教学大纲以及教辅材料,教师有很强的自主选择权,但这同时也意味着教师备课的难度增大。可运用于教学的歌曲资源众多,但如何综合语言点难度、资源完整度、语音规范度等因素选择适合教学对象的曲目却不容易。另外,歌曲教学在实际课堂中的实施方式也是一大难题,如何有效地安排教学环节,如何通过歌曲引入语言点、渗透文化内容等问题都还存在着广阔的研究空间。

综上所述,歌曲教学在新西兰小学汉语课堂中发挥着重要作用,是高效且符合当地教学环境的教学方法,但在将歌曲教学应用于汉语教学的过程中依然存在着曲目选择、教学方式选取等问题,因此结合在新西兰的教学经验,发挥当地调研优势,展开对这个论题的研究。

1.2 国内外研究现状

音乐与语言的关系源远流长,汉语也体现出了显著的音乐性。许多学者根据学习者生理、心理层面等科学基础,开启了对歌曲教学在语言教学领域的研究。在英语作为第二语言教学的领域中,目前已有相对成熟的运用歌曲教学辅助语言教学的理论研究,但在汉语作为第二语言教学的领域中,歌曲教学目前主要是作为教学辅助手段广泛应用于教学实践中,定义较为模糊,尚未形成完善的理论体系,关于歌曲教学以及歌曲教学应用的相关理论研究相对较少。尽管如此,仍然有许多研究者已经关注到歌曲教学在国际汉语教学中的作用,从语言学、音乐学等角度入手将歌曲教学引入汉语教学的理论体系。与此同时,许多汉语教师也根据自身教学经验,通过各种研究方式对歌曲教学的应用进行过研究,具有参考价值。本章将把歌曲教学视为实际汉语课堂中的应用方法进行研究,主要解决适合新西兰小学汉语教学的中文歌曲曲目以及歌曲教学教法这两个核心问题,前人的研究为本研究提供了坚实的理论支持,以下将对歌曲教学与语言教学的关系、歌曲教学在语言教学中的应用以及新西兰汉语教学研究等论题涉及领域的研究现状进行综述。

1.2.1 歌曲教学与语言教学的关系研究

1.2.1.1 音乐与语言的关系

海外关于音乐与语言关系的研究最早可以追溯到18世纪,卢梭在《论语言的起源》一书中提出语言起源于人的歌唱能力,这一观点为后世学者研究语言的起源提供了参考,同时也建立起了语言与音乐之间的联系。英国语言学者 Palmer & Kelly(1992)就探讨了歌曲中语言韵律与音乐符号之间的关系;另外 Adorno & Gillespie(1993)也提出音乐类似于语言的观点,同时也指出音乐不等于语言,它的声音缺乏逻辑,没有形成完整的符号系统;而 Chen-Hafteck(1996)则认为音乐和语言是人类利用声音沟通的两种渠道。

中国历史上音乐与语言的联系源远流长,早在春秋时期便有文献阐释了音乐的价值,但真正用科学理论对音乐与语言的关系进行研究的先驱是赵元任先生,他在许多著述中都论及了音乐与语言的关系,尤其在汉语语音音乐性方面研究颇深。后世也有很多学者对音乐与语言的相关理论进行了探讨,如王钰(1995),路文明、秦婉丽(2003),王沛、张蓝心(2013)。

对于音乐与语言的关系,赵守辉、罗青松(1994)做出了总结,认为语言与音乐都起源于劳动,而且人类语言和音乐的生成及习得过程是一致的,语言与音乐的表达方式以及传播手段也是相同的。这一观点准确地总结了语言与音乐的关系,也代表了大部分学者的观点。杜亚雄(1990)认为构成音乐和语言的基础都是声音,两者在音高、音长、音强和音色上关系紧密,语言当中的声母、韵母、词素、短语、句子也深刻影响了音乐。王誉声(1991)认为音乐是从语言的表情音调中诞生的,即音乐产生于语言之后,从源流上探讨了音乐与语言两者之间存在的关联。段瑞玲(1997)认为,人们所听到的歌曲是旋律化之后的语言,学习者音乐素养和能力的提高,对于语言的学习,特别是在声调发音方面的学习过程中会产生潜移默化的积极影响。蒋小棣(2006)从定义、功能、社会性、发源、载体材料、要素、阅读符号等方面将语言与音乐做出了对比,并总结了音乐语言与口头语言的相似之处。目前阐释音乐与语言之间的关系较为全面的是郑通涛、臧胜楠(2016),两位学者分别从物理学角度、生物学角度以及社会历史角度入手,从音乐和语言的发展历史、声音形式、表达意义、组织规则、社会功能、活动脑区、习得过程等方面剖析,认为二者具有类似于生物学中的共生关系,能够相互补充、彼此促进,共同构建了人类有声的交际体系。

目前国内外关于语言和音乐关系的理论十分丰富,这些研究为歌曲教学在语言教学中的应用奠定了扎实的理论基础,为具体的语言研究、教学研究提供了方向性的指导,是本研究开展的根本前提。

1.2.1.2　音乐与汉语的关系

从音乐与汉语两者之间关系的角度出发,最初具有标志性的研究成果是赵元任先生借助音乐学理论开创的掌控汉语自身声调高低的"五度制调值标记法"。赵元任先生的著作中不仅论述了音乐与语言的关系,对汉语语音音乐性方面的研究尤其深入,他在音乐音高和汉语的语音高低的关系、歌词与曲调的配合、歌词中语言的读音等方面的研究为后来学者的探索奠定了基础。李西安(1982)认为汉语的音乐美在戏曲、说唱、念白中能够得到完美的体现,旋律在音乐与语言的关系中具有特殊意义。杨荫浏(1983)对"语言音乐学"的研究非常早,他从汉语音韵的声、韵、调三要素及句逗等方面论述了汉语与音乐的对应关系,重点阐释了声调对音乐旋律的影响、中外歌曲在节奏上的对比特点。马琳(2004)针对汉语特有的音节结构,提出了汉语的音乐美主要体现在音节上。张尚信(2007)针对汉语的声调,提出汉语的声调中有平声、仄声,通过将平声和仄声交替排列,能够形成起伏跌宕的音流,达到一种和谐而有韵律的音乐美感,展现抑扬顿挫的节奏美。刘现强(2007)提出了语言"节奏支点"的概念,并分析了汉语诗歌中"平仄""顿""逗""节"及"半逗律"等概念,认为语言和音乐一样是有节奏的音乐,诗歌当中的常用节奏也可以在汉语中使用。钱茸(2009)把语言学的研究方法融入中国音乐元素的研究过程中,认为汉语包括显性符号,即语言音色(直接音乐成分),以及隐性符号,即各种对音乐产生影响的语言因素(间接音乐成分)。

以上研究充分证实了汉语的强音乐性,而音乐与汉语二者之间的密切联系也为音乐融入语言教学,歌曲走进汉语课堂的教学方法提供了理论基础,在汉语教学领域肯定了歌曲教学能够有效地促进语言学习的观点,支撑着本研究。

1.2.1.3 歌曲教学与语言教学的关系研究

近代人脑科学、心理学等学科研究为语言教学引进歌曲提供了强有力的科学依据。大量研究证明与语言等相关的内容偏于左半脑,而与音乐、美术等有关的内容则偏于右半脑,这种偏重在一定程度上可以互相弥补,因此左右半脑功能既相对独立又互相依赖,大脑科学对于语言教学的直接意义就是开发大脑左右半球的功能对人的语言发展都是有帮助的。加德纳(1999)提出了"多元智能理论",其中之一便是音乐智能。他还提出了音乐是人类的一种普遍的本能,认为"音乐智能"是最早受到开发的智能,并且也是维持时间最长的智能,音乐智能如果与语言智能搭配使用,对教育能够产生启迪作用,阐述了歌曲教学在语言教学中发挥的积极作用。

结构主义语言学家索绪尔(2001)提出外语教学的目的是对语言的听、说、读、写能力的培养,音乐能够很好地帮助我们达到这个目的。陈琦、刘儒德(1997)提出在第二语言的学习过程中,如果能够充分发挥右脑的作用,将有助于学生更好地学习,证明了充分利用歌曲也将有助于语言学习。裴正薇(2005)也根据音乐智能理论进行了大量的实验分析,证明音乐智能提升后,听说能力也将同步提升,发展学习者的音乐智能对语言学习非常有益。除此之外,也有不少研究从帮助记忆的角度研究音乐对于二语习得的作用,李俊卿(2010)便根据大量教学实验,从心理学、医学角度得出了音乐具有延长记忆的作用这一结论。

歌曲教学也对学习者的情绪、学习态度起到了积极作用。1924 年奥尔夫最早提出了奥尔夫音乐教学法,之后被广泛应用于语言、音乐教学实践中。其理论的最大特点是学生学习各种音乐技巧能够达到愉悦身心、享受艺术的最佳状态,教师在这样的教学过程中,必然成了学生学习的引导者、诱导者和参与者,师生相得益彰。之后不少研究从Krashen(1982)的情感过滤假说出发,展开对歌曲教学的探索。Griffee(1992)提出歌曲和音乐可以让学生感到放松,使他们获得安全感,同时也提供内部支持,让他们可以继续完成任务。美妙动听的音乐旋律以及富含哲理和情感的歌词都能刺激人的中枢神经,使大脑皮层处于兴奋状态,相应减少学习者在学习外语时因为新语言的不确定性带来的焦虑感。Failoni(1993)认为在二语习得中加入音乐可以使学生更专心,能够更积极地进行学习。通过论证学习者的情绪和态度对语言习得的重要性,而音乐能够成为学习者缓解情绪、改善学习态度的关键要素,从而证明歌曲教学有助于语言习得。李以明(2001)提出单一形式的刺激容易使人感到疲劳和麻木,歌曲教学可以提供另一种形式的刺激,刺激大脑中新的兴奋区,而优美的旋律还可以消除疲劳,使大脑更加活跃、敏捷,进而帮助人们提高效率,增强记忆力。

另外,也有不少研究从文化传播、课堂模式等方面肯定歌曲在语言教学中的价值。Graham(1992)认为,在歌曲教学时,教师只要适当地加入歌曲的背景知识、文化特色等相关内容,就可以加深学生对于歌曲的认知和理解,从而激发学生学习背景文化的愿望。傅由(2002)认为歌曲教学对教师的时间调配有益,减缓学生疲劳,并进一步说明了歌曲可以带来认知作用,可以训练学生对语音的辨别和猜测能力。陈金莲、陈建平(2005)认为歌曲教学可以培养学生的学习兴趣,丰富学生的文化知识背景,提高学生的整体语言能力。吴雪花(2003)认为歌曲教学能够改变传统语言教学教师占主导地位的模式,使师生关系融洽。

也有研究者从教学实践入手对歌曲教学的作用进行了实验。Lowe(1995)将加拿大法语学校的53名学生分为两组,两组所教授的法语内容都是一样的,只是在实验一组中加入了15分钟的音乐课程。在实验8周后的测试中,加入音乐的一组阅读、口语的语言能力都明显优于另一组。实验证实了音乐对二语教学是有增益的。

关于歌曲教学在语言教学中的应用方法,罗海娟(1997)提出在找到音乐和语言的共通点后,将两者结合起来便可设计出很多不同系列的教学活动。

前人丰富的研究成果不仅为歌曲教学融入汉语教学提供依据与借鉴,同时也证实了歌曲教学在汉语教学中的应用是必要和可行的。

1.2.2 歌曲教学在语言教学中的应用研究

1.2.2.1 歌曲教学在其他语言教学中的应用

国内外都有将音乐融入各门学科的先例,将音乐应用于教学的理念最早源于20世纪60年代由保加利亚的格奥尔基·洛扎诺夫提出的"暗示法",之后被广泛引入到语言教学领域。暗示法强调开发人的身心潜力,是一种学习者在心情放松、注意力却能高度集中的心理状态下,可以有效率地学习的教学方法。与传统学习方法相比,暗示法能使学习者的总记忆量提高25倍。在当时,暗示法就利用了背景音乐与外语教学相结合的方式,充分地利用了音乐教学的特点。

克莱门特拉罗伊、刘精香(1994)结合长期在非英语国家从事英语教学的经验,介绍了有歌曲和音乐加入的语言教学方法,这对我国把歌曲引入汉语教学有着借鉴意义。

美国语言教育家柯顿、达尔伯格(2011)明确指出,学习目的语歌曲有体验目的语文化和对目的语知识进行内化的双重功效。

我国的英语教学也很重视歌曲教学,将歌曲教学应用到英语教学中的研究贯穿各个年级,关于小学阶段英文歌曲教学模式的研究,主要有黄晨辉(2009),刘明东、杜晓文(2014)等,他们主张歌曲可以提升学生学习英语的兴趣;研究英文歌曲在初中英语课堂教学中的运用,则以刘能(2012)、钟珂(2014)等为代表,他们主要着眼于英文歌曲对介绍英语国家文化的作用;至于英文歌曲在高中、大学英语课上的运用,张丽欣(2017)、孙秀君(2008)指出了歌曲教学有助于学生听、说、读这三方面语言能力的提升。

关于英语歌曲教学的具体实践研究较为丰富,对于英语歌曲教学方法及作用做出了较为详尽的归纳。早期最具代表性的研究是温小兵(1995)提出的歌曲教学活动方法,具体为填空、歌词排序、改错、判断正误、复述改写等。中文歌曲在汉语课堂上的操练方式也可以模仿这几种教学活动。王电建、赖红玲(2007)提出了"事先欣赏—解释歌词—示范说、唱—教说、唱"的具体步骤。乔艳(2011)从歌曲的作用、教学方法以及教学注意事项等方面入手,讨论如何在英语课堂中有效运用英语歌曲提高学生的英语学习能力。李鲜(2017)提出英语歌曲深受年轻学生的喜爱,充分利用歌曲的特点激发学生的兴趣,运用歌曲辅助教学,为歌曲在语言课堂中运用提供了可能性。但他们对语言教学上引入歌曲的作用阐述得不够系统,同时也缺乏实际案例支撑。

也有部分学者关注到学习者对歌曲教学的接受程度,同时将视野转向与其他语言歌曲教学模式的对照研究。魏贵娟(2007)将英语歌曲作为一种有待开发的课程资源,做了一次高校学生英语歌曲情况的调查,调查的对象是衡水学院的500名学生。研究结果显示,喜爱英文歌曲的学生占90%,希望学校开设歌曲鉴赏课的学生有80%,还有44%的学生希望通过学习唱英语歌曲提高英语水平。从魏贵娟(2007)的研究可以看出,学生大都是认可歌曲对语言学习的促进作用的,这种教学方式能够得到学习者的支持。吴学忠(2011)则在研究中分析了美国纽约州宾汉顿大学在汉语教学中运用中国民歌促进汉语学习的成功教学案例,以这一经验为指导,探讨我国如何在外语教学中充分运用外语歌曲这一有效的教育手段。可见,歌曲教学在语言教学中普遍存在。

以上研究证实了歌曲教学能够有效帮助语言习得,同时也启发了歌曲教学在汉语教学中的应用研究。这些研究在研究方向、具体实践方面对本研究都具有借鉴意义,而其中的不足之处及其与汉语教学研究之间的不同之处则成为笔者研究过程中需要关注的重点。

1.2.2.2 歌曲教学在汉语教学中的应用

赵守辉、罗青松(1994)论述了语言的音乐性,尤其是汉语具有极强的音乐性,首次提出将歌曲教学引进汉语课堂,将音乐文化知识作为汉语教学的项目。赵越(2010)也提出了在汉语教学中教唱中文歌曲,可以激发学生学习汉语的兴趣与热情,有助于他们理解和巩固汉语知识,提高汉语能力等。

在肯定了歌曲教学的价值与意义之后,许多学者分别从不同的角度对中文歌曲应用于汉语教学进行了研究,其中不乏从汉语不同语言要素教学的角度展开的研究。蒋以亮(1999)从语音角度探讨了中文歌曲对学生发音的纠正作用,提出了用音乐练习声调,提高学生韵腹的发音能力。韩瑜(2007)提出了将中文歌曲应用到汉语语音、词汇、语法等不同方面的教学时,要用不同的教学方法去教授,并指出听中文歌曲的不同教授方式:泛听与精听。邱珊珊(2015)探讨了流行歌曲在汉语词汇教学中的作用。这些研究具有针对性,对歌曲教学的实践起到了很大的指导作用,具有参考价值。

另外,也有不少学者提出了对歌曲教学方法的见解。胡琴(2007)提出了"汉语练唱朗读法",认为练唱歌曲应与朗读紧密结合,将读四声改为唱四声,取得了良好的教学效果。李蜜蜜、夏宇(2008)认为歌词排序、英汉词语配对、完形填空、写歌评等歌曲教学活动能够有效促进学生在发音、词汇、语法、修辞、文化等多方面的发展。陈熹(2009)针对美国中小学汉语课堂提出了"合乐教学法",并将其分为"单式合乐教学""复式合乐教学""背景合乐教学"三种方式。赵越(2010)提出了歌曲教唱与知识讲解结合、增强教师与学生课堂互动、充分运用多媒体技术等教学原则。罗树林(2011)认为应在教学实践中将儿歌教学的优点融入汉语教学中,提出了汉语课堂教学要寓教于乐,重视游戏的广泛运用,要简化语法,重视语法递归,反复强化记忆。

周晓康(2009)结合在澳大利亚的教学实践提出针对儿童汉语教学的歌谣教学法,通过撰写歌谣、给歌谣配上曲调和动画,将歌谣穿插在课文中进行教学,达到了良好的学习和记忆效果。

1.2.2.3 歌曲曲目的选择与编写

在歌曲教学的实践应用中,教师首先面临歌曲选材问题。随着歌曲教学在汉语课堂的广泛应用,相应的教材逐渐出现,但总体数量不多,大致可分为两大类。

一类为收录了中文歌曲的通用汉语教材,在这类教材中,中文歌曲或被作为文化拓展材料,或被作为课堂巩固和练习的素材,其中较为典型的是《跟我学汉语》(第一册)。这本教材精选了八首儿歌作为课后的补充材料,每首歌的主题都与课文内容相关,歌词附有汉语拼音和英文注释,但是没有语言点讲解和对应的练习。

另一类是专门学习中文歌曲的教材。这类教材的编写结构比较相似,基本都是以歌词为课文,课文后配以歌曲或歌手简介、生词注解、语言点讲解、课堂活动及课后练习等。在歌曲的选择上,主要以民歌、儿歌和流行歌曲为主,也有一部分歌曲属于依据教学内容量身定制的原创歌曲。市面上常见的这类歌曲教材见表 3-1。

表 3-1　中文歌曲教材

书名	作者	出版社	首版时间
《边学边唱:汉语民歌 28 首》	赵守辉、罗青松	北京语言文化大学出版社	1997 年
《唱民歌 学汉语》	王晓音、刘琨	陕西师范大学出版社	2005 年
《嘻哈说唱学汉语》	卢毓文	北京语言大学出版社	2006 年
《唱新歌 学汉语》	王晓音	北京语言大学出版社	2007 年
《听歌学汉语》	刘德联、杨金余、Wenli Bartholomew	世界图书出版公司	2007 年
《唱歌学英语学汉语》	刘树兰	山西人民出版社	2008 年
《说说唱唱学汉语》	龙嘉	北京语言大学出版社	2009 年
《晓康歌谣学汉语》	周晓康	北京大学出版社	2009 年
《快乐儿歌:边唱边玩学汉语》	马洁莹、谢秋慧	世界图书出版公司	2009 年
《学唱中国歌》	于鹏、焦毓梅	北京大学出版社	2009 年
《晓康歌谣学文化》	周晓康	北京大学出版社	2010 年
《听歌学汉语》(儿童篇)	陈莉	世界图书出版公司	2010 年
《动感中文》(*Rhythms and Tones*)	Huang Pauline、Harvey Robin	ChinaSprout	2010 年
《唱唱跳跳学汉语》	张保利	北京大学出版社	2011 年
《唱歌学汉语》(第一季)	许琳	湖南科学技术出版社	2011 年
《跟我唱汉语》	张亚军	华语教学出版社	2012 年
《嘻哈乐园 儿歌精华》	卢毓文	商务印书馆	2012 年
《嘻哈乐园 拼音说唱》	卢毓文	商务印书馆	2012 年
《中国歌曲选》	黄允炤	人民音乐出版社	2014 年
《唱歌学汉语》	谢惠迎	暨南大学出版社	2016 年

最为典型的教材是周晓康结合自己在澳大利亚教育一线工作多年的教学经验,以本土汉语教材《你好》为纲,编写的《晓康歌谣学汉语》。《晓康歌谣学汉语》一经出版便引起了巨大反响,其内容几乎覆盖了所有的常用话题,适用于多种形式的汉语和中国文化教学。教材同时配备了动画 DVD 光盘和 MP3 光盘,并配有英文注释和翻译,学生可以

通过观看动画或者听歌谣进行课堂学习或者自学,跟着动画边唱边跳、边看边学,真正做到了寓教于乐,学有所得。《晓康歌谣学汉语》作为将歌曲教学应用于汉语教学的一次重要实践,极具参考价值。

无独有偶,美国中文教师 Huang & Harvey(2010)创作的以唱歌方式学中文的系列教材——《动感中文》,自 2010 年底出版后广受各中文学校教师和学生的好评。该书中收录近 40 首原创歌曲及韵律诗,歌词编写贴近日常生活所用的语言,简单易学,内容循序渐进,歌曲旋律优美,节奏轻快。

纵观目前歌曲类汉语教材的开发情况,大致可以总结出几个特点:一是歌曲类教材总体数量较少;二是教材语种较为单一,主要以汉英对照为主;三是教材适用人群以儿童和汉语初学者为主。从第一本专门化的歌曲类汉语教材问世至今,不过十余年的时间,教材开发仍处于探索期,相信相关理论研究和教学实践的进一步发展也会推动教材的开发。

另外,除了纸质教材的开发,如今随着网络信息技术的发展,人们也可以在网上搜寻合适的利用中文歌曲学汉语的数字资源。有些网站还开设了听歌学汉语的频道,使用起来十分方便。但针对网络中文歌曲资源的整理较少,目前只有李承恩(2011)、彭思聪(2014)选取了部分资源作为语料进行研究。这些资源虽然数量不多,但在歌曲选择以及教学法方面为本研究的实践环节提供了较多的参考和选择。

而针对教学中如何选择中文歌曲的问题,学术界也进行了一些研究。从歌曲类型来看,民歌受到了许多研究者的关注。赵守辉、罗青松(1994)最早提出了用民歌进行歌曲教学;赵方禹(1998)认为将中国民歌引入汉语教学,浅则可以提高学生听力的敏感性,增加词汇量,深则可以在语句、修辞、方言土语等方面扩大学生的学习领域,更能在文化方面给学生提供一个新的窗口;胡琴(2007)挑选了 100 首民歌(其中包括中外经典民歌各 50 首)进行教学。这些研究关注到了中国民歌的特点、优势与其运用于汉语教学的条件,但却忽略了民歌的内容与学生的日常生活、兴趣的契合度低的缺点。

也有不少研究者提出在教学中使用其他类型的歌曲。邱珊珊(2015)认为流行歌曲是一种更具普适性的歌曲教学材料;王燕晶(2011)、孙轲(2013)选择了中国风歌曲进行研究,孙轲认为汉语教学最可靠的载体和支撑是中国风音乐;林晓清(2012)阐述了以诗词吟唱方式辅助汉语教学的方式;项正(2015)则研究的是自编中文歌曲。

针对选歌的原则,傅由(2002)提出中文歌曲的选择应符合"曲好听,词好懂,音乐旋律优美,歌词吐字清楚,规范普通话演唱"和"反映中国文化特色和不同时期时代特色"两大条件;韩瑜(2007)指出选择歌曲最重要的一点是内容一定要积极向上,同时也应视学习者的汉语水平而定,建议把汉语教学分为初级、中级和高级三个阶段;李蜜蜜、夏宇(2008)认为选歌应当遵循歌词复现率高且符合学生的水平、发音咬字清楚、主题积极向上等原则;陈熹(2009)提出了根据学习者的汉语水平选歌的原则,教师可以根据教学需要适当地更改歌词,唱歌的时候加上动作,让学习者动起来,也要配上生动的画面吸引学生的注意力;李俊卿(2010)认为歌曲的演唱必须清晰,词句不可过于深奥,生词数量与语法难度必须符合学生的语言水平,有足够广泛的社会覆盖,所反映的文化因素应当是积极的,避免争议;周彦含(2012)总结了中文歌曲选取的原则——符合学生的年龄特点、汉语水平,避免涉及宗教政治因素;周小萌(2015)提出了注意中文歌曲中的语音、语调变化,还要避免中文歌曲反宾为主。总结以上研究,大多数学者都认为教学歌曲的选择要满足语法正确、内容积极、符合学生水平的原则,另外也提出了教师可适当改编歌曲,同时也应注意歌曲的语音、语调变化等。这些选歌原则的提出为具体实践、调研提供了参照。

现有的歌曲中能够直接运用于初级汉语教学的歌曲不多,针对初学者的歌曲教材也较少,这就意味着编写歌曲成为亟须解决的问题。在歌曲编写的原则上,大部分学者在语法规范性、趣味性、控制难易度等方面基本达成了共识,如钟文婷(2012)、项正(2015)等。

总体来说,针对小学生中文歌曲教学的教材较少,歌曲数量不多,针对新西兰汉语教学的教材更少,因此选择上存在难度。另外,关于歌曲编写的原则目前也尚未形成理论体系,还需要进一步的研究。寻找、编写适合学习对象的歌曲教材,成为研究歌曲教学应用于汉语教学不可避免的难题,同时也是重中之重的问题。

1.2.2.4　歌曲教学具体案例研究

近年来,学者们将研究的重点放在了中文歌曲在汉语课堂实际操作方面,韩瑜(2007)、胡琴(2007)、魏芳(2012)、胡心月(2013)、徐琴(2013)、荆宇(2013)、邱荣(2014)、毛兰(2014)、项正(2015)、詹妮(2015)、邱珊珊(2015)、毕辰阳(2016)、梅惠荣(2018)、李梦哲(2019)都进行了课堂教案设计,对教学环节进行了探索,共同点在于对练习环节的重视,根据歌曲特征以及课型特点设计出了许多操作性强的练习方式,都很有借鉴意义。

针对中文歌曲应用于不同课型进行的研究,如傅由(2002),龙叶、雷英杰(2007)提出根据听力课的难点及出现的问题,将歌曲引入听力课中。

另外也有针对不同教学阶段、教学主题、教材的研究。王莎(2012)和奚志敏(2014)主要研究了中文歌曲在初级阶段的应用;陶冶(2016)立足于文化角度,结合在印尼的教学实践,对"孝悌忠信礼义廉耻"八个主题进行了歌曲的分类和列举;郑蓉(2017)主要研究了中文歌曲教材资源;闵星(2016)、李玉婷(2017)和张凌菡(2018)分别结合《博雅汉语》《发展汉语》和《中级汉语听和说》这三套教材,用分析具体案例的方式进行研究,探讨了中文歌曲和汉语教材搭配使用的可能性。

以国别作区分,具体分析中文歌曲在不同国家汉语教学中的应用情况的研究,主要以韩国和泰国居多。郭娇(2013)、王莎(2012)和丽华(2017)将中文歌曲引入了泰国课堂,麻印(2016)将中文歌曲应用于菲律宾的汉语教学中,周俊利(2016)、王玉(2017)、李承恩(2011)将中文歌曲应用于韩国的汉语教学中。

在包含具体教学案例的实践研究中,李俊卿(2010)根据汉语夏令营的特点在实践的基础上围绕歌曲教学确立了一种独特有效的教学模式,启发我们如何深入挖掘教学对象、教学环境的特点。

1.2.3 新西兰汉语教学研究

1.2.3.1 歌曲教学研究

新西兰的汉语教学起步比较晚,相关的研究成果不多。针对新西兰汉语歌曲教学展开的研究成果,目前仅搜集到胡茜(2017)这篇文章。胡茜(2017)根据在新西兰圣迈克小学、爱普森圣心小学的教学实践,选择了儿歌辅助教学这一切入点,针对学生对汉语儿歌的接受程度、呈现形式以及作用展开调查访谈,同时还对新西兰奥克兰孔子学院的志愿者进行调查,统计出教学效果最佳的儿歌种类,总结了儿歌所发挥的作用、儿歌的来源、儿歌教学需考虑的因素以及成功经验。最后结合调查数据与教学实践,归纳出儿歌编写、选择的原则以及儿歌的作用。

然而,关于歌曲教学在汉语教学中的应用,仅仅聚焦于儿歌或歌曲选择方面的研究是远远不够的,对于教学实施环节也应当进一步深入探究。

此外,该论文在调研问题设置等具体细节上也存在改进的空间,这都为本章的调研提供借鉴。

1.2.3.2 其他方面研究

近年来,新西兰汉语教学发展势头强劲,不少在一线教学的研究者展开了对新西兰汉语教学的现状、教材、教学法以及课堂活动等方面的调研。

针对教学现状,韩曦(2008)分析了新西兰整体汉语教学现状并提出了对策;黄艳婷等(2015)通过实地调查、与当地教师进行访谈和发放问卷等方法对新西兰奥克兰地区中小学的汉语教学现状进行了分析,对教学环境、教学资源以及其他相关方面的不足进行分析并提出相应的对策。

在教材方面,韩曦(2009)指出新西兰现有的教材缺乏系统性,针对性也不强,因此提出教材编写者应该换位思考,在编写过程中应参考新西兰的教学大纲,使教材满足来自各层次、各背景的教师的需求;权艺仙(2009)选取了新西兰主流教学机构使用的四套针对欧美学生编写的汉语教材进行多方面的分析,为新西兰和欧美国家的汉语教材的研究、编写提供了借鉴。

关于教学法的研究,张洁泠、辛婷(2016)从任务型教学法的定义、特点和设计思路出发,结合教学实际,探讨了任务型教学法在新西兰中小学汉语教学中的应用。吕卓阳

(2018)以新西兰卡哈鲁阿学校为例,指出 TPR 教学法应用在新西兰中小学汉语教学中的优势,并提出了相应的教学建议。

针对课堂活动的研究成果较为丰富,黄魏超(2013)把汉语课内教学与课外文化活动紧密结合起来,综合运用"寓教于乐"的教学方法,借助多媒体展示 PPT,进行儿歌、游戏教学等,增加课堂的实践性、趣味性。刘扬(2016)基于多元智能理论,结合自身教学实践,列举了 39 个多元智能风格的课堂活动设计方案,分享设计多元智能风格课堂活动的经验。朱怡(2014)以教学设计、韵律教学、全身反应法等相关理论为基础,设计出不同的韵律活动来活跃课堂,辅助语言教学。陈童童(2017)结合自身在新西兰奥克兰市四所小学的教学实践,对新西兰小学开展中华文化活动的设计和实践进行分析和探讨,并提出了在新西兰小学阶段举办文化活动的局限以及应该遵循的原则。

这些论文为深入了解新西兰教育、新西兰汉语教学发展提供了帮助,虽然在研究内容上各有侧重,但都是建立在自身教学实践的基础上提出的教学方案与建议,且由于教学对象、教学环境相似,因此在教学实践、研究方式上都为本研究带来了很大的启发。

综上所述,目前关于音乐与语言、歌曲与其他语言教学方面的研究已有充足的参考文献,但关于歌曲教学在汉语教学中的应用,无论在理论还是实践方面都还不够完备。学界目前尚未对歌曲教学做出准确定义,相关的理论研究较少,难以形成规范的体系,同时研究深度不足;指导实践的研究也不够全面、系统,尤其缺乏对课堂设计、教学方法等实践教学过程的深入探讨以及系统化的总结。在实际教学中,歌曲教学也并未得到足够的重视,多作为教学辅助手段存在,因此面临着诸多问题。此外,目前国内市面上中文歌曲类教材也比较少。但歌曲教学并非新生事物,众多一线的汉语教师与志愿者都曾采用歌曲教学,尤其在中小学生的课堂上,歌曲教学的应用频率更高,教学效果也备受肯定,实践证明了歌曲教学在汉语教学领域能够发挥积极作用。

从总体研究趋势来看,国内关于中文歌曲的探讨越来越广泛,尤其是 2010 年以后,越来越多的学者、海外汉语教师关注到歌曲教学在汉语课堂中发挥的作用,因此也涌现出了许多以教学实践为基础的研究。目前,歌曲教学在汉语课堂中的应用类型主要有三类:一是将中文歌曲教学作为汉语课堂的常规形式;二是将中文歌曲作为汉语辅修课程,课时固定,课程独立;三是将中文歌曲作为汉语课堂的辅助手段和补充材料。其中第三类为最常见的方式,大部分汉语教师选择将中文歌曲作为一种辅助教学手段,用以活跃气氛,或者作为语言点、文化、练习的补充内容。笔者在最初的实验阶段也尝试过将歌曲教学作为辅助手段,搭配课程内容在课堂某一环节中引入,进行操练和拓展。歌曲教学的确发挥了巨大作用,学生对此兴趣浓厚,课后也热衷于演唱歌曲,并且记忆深刻,这一点在其他新西兰汉语教师的课堂中也能够得到证实。但歌曲教学若仅作为辅助手段在课堂上应用,实际上也存在着很大的局限性,例如,在有限的歌曲教学环节内,很难要求学生迅速掌握超出其积累范围的语言点,这种情况下,学生对歌曲的演绎会侧重于肢体动作,如此一来,歌曲教学便容易沦为对语言教学意义不大的环节。而完全独立于语言课程之外的中文歌曲教学,虽教学资源丰富,能够取得突出的教学成果,但显然不适合零基础或是水平较低的学生,且较难实现从歌曲到交际会话的迁移应用。在综合考量歌曲教学的优势及不足后,我们进行了调整,依然保持汉语课程的交际性目标,以主题教学为纲,根据课程主题选择歌曲,以歌曲为主要教学内容,并加以拓展,教授语言知识,传播文化并传递情感,取得了良好的教学效果,同时也为本章提供了扎实的实践基础。因此,相较于教学常规形式、教学辅助手段,本章所讨论的歌曲教学更为独立,是根据多种基础理论以及新西兰小学汉语教学的实际情况所设计的一套新西兰本土化的教学模式,强调歌曲的语言、文化教学功能以及情感影响。明确其定位后,新西兰小学汉语课堂中歌曲教学的具体应用将成为本章的研究重点。

1.3 研究内容和研究目标

1.3.1 研究内容

1. 结合理论基础以及实际教学环境,研究歌曲教学在新西兰小学汉语教学中的适用性。

2. 在分析数据、具体案例的基础上,探究歌曲教学在新西兰小学汉语教学中的应用方案。

3. 收集、分析关于歌曲教学的反馈,总结面向新西兰小学汉语教学的歌曲教学经验。

1.3.2 研究目标

1. 通过问卷调查、课堂观察、个案分析等方式探究适合新西兰小学汉语教学的中文歌曲以及歌曲教法,并通过课堂实践进行检验。

2. 通过问卷调查、访谈、测试等方式探究歌曲教学的有效性与科学性,反思歌曲教学的不足,为新西兰小学中文歌曲教学提供借鉴经验。

1.4 研究意义和研究方法

1.4.1 研究意义

1. 理论意义

多方面拓展国际汉语教学中的歌曲教学研究。本研究根据视听法教学理论、多元智能理论、克拉申输入假说、情感过滤假说等理论,并结合新西兰汉语教学实际情况,收集目前教学中广泛应用的歌曲资源,分析这些资源的优点、缺点,并结合自身的教学经验,对歌曲教学在新西兰小学这一教学环境中的应用进行分析,并对歌曲选择、歌曲教学实践提出自己的意见。

2. 实践意义

为丰富新西兰小学汉语教学方法提供参照。从实践角度看,本研究将在教学实践中进行,以新西兰两所小学的教学经验为基础,通过课堂观察、访谈、问卷调查和测试等方式,记录学生、教师对歌曲教学的反馈以及歌曲教学的效果,同时也通过对教材和其他歌曲资源的分析为选择歌曲、编写歌曲提出意见,并整理、对比不同的歌曲教学方案。本研究的特别之处在于,注重歌曲教学与教学对象、教学环境的适配度,因此除了为以后的歌曲教学研究提供参考之外,本研究也将直接为新西兰的汉语教学提供全面客观的歌曲教学实施方案。

1.4.2 研究方法

1. 课堂观察法

在教学实践中观察学生对于所教歌曲的反馈并撰写教学日志,可以帮助确立有效的歌曲教学应用模式,能够进行充分的前期分析,实践不同的方案,并对各实施方案的教学效果予以反思。

2. 问卷调查法

对学生进行问卷调查,收集学生的基本信息、语言学习经历以及他们对本年度所学中文歌曲的喜爱程度等情况。

3. 个案分析法

以新西兰小学课堂为研究环境,在课堂上运用歌曲教学法,分析受欢迎程度较高以及教学效果较差的歌曲的特点,并分析歌曲教学过程中采用的实际案例,以便得出更切合实际、更符合学生需求的歌曲选用策略和歌曲教学方法。

4. 访谈法

对学生、当地教师、志愿者教师进行访谈,深入探究歌曲教学的影响力以及最适合新西兰教学环境、新西兰学生的歌曲及教法。同时,在分析、整合材料时,也会根据学生的实际学习情况、当地教师的任教经验以及志愿者教师的教学环境、教学对象进行判断,以保证数据的客观真实。

5. 测试法

对学生进行学业测试,把测试所反映的学生学习情况作为判断歌曲教学成功与否的依据之一。适合教学对象的歌曲及教学方法会激发学生的学习兴趣,有助于学生增强记忆,从而提高学生的学业水平,因此本研究将用到测试这一方法。

第二节　歌曲教学在新西兰汉语教学中的适用性

2.1　教学背景

2.1.1　新西兰教育概况

从教育管理制度来看，新西兰由国家教育部制定教学方向、教学框架等，对学校进行统一的教学指导。学校则根据大纲灵活安排教学事务、评估教学成果，自主权较大，在校园地理环境、教学资源等因素影响下，学校往往会安排特色教学，充分展现学校教学个性。在班级管理方面，新西兰小学普遍采用教师带班的形式，班级由 Room Teacher 主要负责，学校允许教师根据班级学生的个性需求进行独立的课程设计。

从教育理念来看，新西兰现行的《新西兰国家课程》列出了高期待值、包容性、连贯性、文化多样性、学会学习、积极参与社区活动以及关注未来等基本教育原则，为学校、班级课程设置提供依据。同时，在价值观、核心能力以及学习领域这三个方面予以明确指引。具体而言，在价值观方面，着重引导学生树立诸如卓越、探索、参与、尊重等价值观；于核心能力层面，注重培养学生的思维能力、语言运用能力、自我管理能力、人际交往能力以及参与奉献精神；针对学习领域，把英语、艺术、健康与体育、语言、数学与统计、科学、社会、技术这 8 个学科领域划分为 8 个级别，分布在 13 个年级之中，旨在培养自信的、个性的、与世界产生广泛联系的、积极参与新西兰事业的终身学习者。这一教学理念同样体现在新西兰教学评估中，包括学生评估（Students Assessment）、教师评价（Teacher Appraisal）、学校评审（School Evaluation）在内的新西兰教育评估体系一直秉承"以学生为中心"的教育评估原则，强调形成性评估，从多方面促进学生的个人发展。

在教学资源方面，新西兰教育最为典型的特点在于只发布指导教学的大纲文件，而不规定具体教材，所有科目都由任课教师根据教学主题搜集教学资源。这一规定打破了统一教材的局限性，充分给予学校、教师发挥空间，落实了强调个性的教育理念。同时，新西兰多数学校在教学硬件设施上较为完善，能够普及现代化设备，满足教学需要，如开设特色课程，学校也能够配合课程所需采购器材等，保障资源充足。除校园硬件设施完备以外，新西兰学校对教学资源的开发及利用效率也值得肯定，学校在师资队伍、校园文化建设之余，也充分利用了校园周边如海洋、农场、商圈等生态、社会环境，拓展了教学资源，带领学生走出校园，深入生活环境，更加直观地培养学生对国家地理、文化的热爱之情及社会实践能力，充分发挥了社会资源的教育功能。

2.1.2　新西兰汉语教学概况

新西兰的人口构成多元，欧洲移民后裔占 74%，毛利人占 15%，亚裔占 12%，太平洋岛国裔占 7%（张泽东、刘梦圆，2018），英语、毛利语及新西兰手语作为官方语言无法完全满足大量移民的文化需求，因此新西兰从基础教育阶段开始便十分重视外语教学。教育部对中小学的外语学习做出了相关规定：学校必须为七年级至十年级学生提供学习外语的机会，使学生在进入高中之前就拥有多种语言学习经历；可视实际情况决定是否为一年级至六年级学生提供外语课程。《新西兰国家课程》中明确指出，希望学生能够通过语言学习收获知识、技能并树立积极态度，更好地适应民族、语言及文化多样化的世界，强调语言的交际功能及对学生价值观、世界观的塑造功能。新西兰这一语言教育方针，培养了大批具有国际视野的人才，对于其国家自身发展及国际地位的提升都大有帮助。

汉语作为新西兰中小学常设外语之一，受到当地学校、教师及学生的欢迎。根据新西兰教育部网站数据，截至 2017 年，新西兰已有 354 所中小学开设汉语课程，学习者达 64874 名，学习者人数在新西兰所有外语课程中排名第一，可见汉语在新西兰具有巨大的发展潜力。为适应不断发展的汉语教学，新西兰教育部于 1995 年首次发布了《新西兰汉语课程》用于指导教学工作，该文件提出了汉语课程的教学目标，为课程规划及教学设计提供了方向，并对汉语学习进行等级划分，各个级别的学习目标、语言水平，以及对应的具体语法结构、教学活动、评估活动都可在此文件中得到建议。由此可见，汉语已经作为一门常规课程进入新西兰的教育系统，另一方面也可看出新西兰官方对于汉语教学的支持与认同。

对比其他国家，目前新西兰的汉语教学仍是新起之秀，由于开展时间相对较晚，汉语教学体系还未得到规范，尚不成熟，虽然有统一的汉语教学文件指导教学，但每个地区、每个学校开展汉语课程的时间不同，学生水平、课程情况也有所区别，需针对教学对象特点及时调整教学安排，因此对教师的教学判断能力、适应能力及应用能力要求较高。目前新西兰汉语教学工作多数是由我国高校在读专业硕士研究生承担的，存在着汉语教师对新西兰教育了解较少，流动性强，课程连续性差的问题，因此未来在提高汉语课程师资专业性及教学规范性方面仍需做出努力。如何在教学大纲外的课堂实践中真正实现汉语在新西兰的本土化教学，也是值得我们研究的问题。

2.1.3　任教学校教学情况简介

以任教的两所小学为例，Torbay School 和 Long Bay Primary School 都是位于奥克兰北岸的公立学校，校园环境、教学资源、学生素质等综合实力较强，都是在当地评价体系中取得 10 分的优质学校。两所学校距离较近，但各自负责接收学区内的学生。Torbay School 全校共有教职工 40 余人，在 2019 年共开设 25 个班级，学生近 600 名。校园课程丰富，除本校教师负责日常班级教学外，外语、体育、音乐等课程还外聘专科教师及助教等开展教学。Long Bay Primary School 全校共有教职工 40 余人，在 2019 年共开设 25 个班级,学生 500 余名,校园气氛活跃,组织了手语俱乐部等多个特色社团。两所学校在课程设置上较为统一,重视语言教学,毛利语与汉语为两所学校主要的语言课程,毛利语由学校教师负责教学,汉语则由奥克兰孔子学院派出的汉语教师志愿者负责。另外,各班的 Room teacher 也会在日常教学中进行简单的外语教学或帮助学生复习毛利语及汉语课所学知识,语言学习氛围好。

两所小学对于汉语课程及汉语教师的需求明确,由于华裔学生较多,文化需求强,尤其在 Long Bay Primary School,因其所处社区华人多,华裔学生几乎遍布所有班级,而学校却无专门负责汉语模块的教师,无论是语言学习、文化需求还是日常家校联系都难以应付,因此学校亟须展开汉语教学。两所学校都在 2017 年成功申请了孔子学院的汉语教师志愿者项目,并于 2017 年起连续开展汉语课程,笔者作为两所学校第三任汉语志愿者教师,独立承担两所学校的汉语及文化教学工作,课程类型多样,各有侧重。Torbay School 在二年级至五年级开展汉语课程,Long Bay Primary School 则在三年级至六年级开展汉语及文化课教学。

虽然学校对于汉语教学的支持度很高,但由于开展时间较短,基础较差,汉语课程体系尚未完善,仍处于探索、发展阶段。目前两所学校的教学成果尚不显著,除部分华裔学生外,大部分学生的汉语水平都为零基础及初级水平,但就培养学生汉语学习兴趣及奠定其学习基础方面,汉语课程的开设具有重要发展意义。大部分毕业学生去的初中、高中也开设汉语课程,据同一学区的高中汉语教师反映,为了取得优异的外语成绩,学生往往在中学阶段也会选择自己曾经学习过的语言,不少选修汉语课的学生就表示自己在小学阶段接触过汉语。如此一来,学生在学习汉语的过程中便保持着良好的连续性,也为日后高等教育阶段的深入学习打下了坚实的基础。同时,开设汉语课程也满足了校内华裔学生继续学习汉语及文化的情感需求,建立学习自信。

2.2　歌曲教学在新西兰小学汉语教学中的可行性分析

2.2.1　符合新西兰的教学要求

根据《新西兰国家课程》对英语、艺术、健康与体育、语言、数学与统计、科学、社会、技术 8 个学习领域的划分与教学要求,在新西兰小学汉语课堂中应用歌曲教学的可行性很高。结合多样化的教学活动,选择符合交际话题、具有交际意义的中文歌曲进行教学,这是将语言与艺术相结合的应用模式,能够实现在学习语言的过程中,既能使用外语进行交流,发展语言能力,探索多元世界观,又能达到在艺术中探索、提炼和交流思想,将思维、想象、感官和情感联系起来,创作作品并对他人作品做出回应的学习效果。在教学过程中教师如能注意引导学生关注汉语与其母语的联系,在歌曲教学中设计多样化的教学活动与课堂任务鼓励学生"动中学""做中学",引导学生感受歌曲中的社会文化背景,歌曲教学便不仅局限于语言与艺术领域,而是连接起英语领域、健康与体育领域以及社会领域,实现覆盖多学科的教学效果。同时,歌曲教学也能与多元智能理论的发展要求相契合,《新西兰国家课程》对于学习领域的划分本身就与多元智能理论密切联系,不同领域对应多个智能,要求学生全面发展,而歌曲教学的强综合性满足了大纲中覆盖多个领域的要求,发展了学生的语言智能、人际交往智能、音乐智能、身体运动智能等,实现了学生全面成长的教学目标。

此外,歌曲教学与新西兰汉语教学的目标更是具有很高的适配度。从课堂活动的角度出发,根据社会文化理论中的活动理论,国际汉语课堂可以看成是"一种系统性的并且可以使学生思维与心智得以发展的社会实践性活动"(赵星星,2018),语言在其中既是目标也是工具。歌曲教学的综合性能够带动课堂主、客体更好地进行循环互动,学生在掌握语言的同时,也通过学习歌曲达到接触新文化的目的,与合作者形成良好互动的效果,这与《新西兰汉语课程》中所强调的教学目标——拓展学生的综合语言能力,丰富学生的语言、社会和文化知识,培养学生对他人思维和行为方式的理解相一致。在歌曲教学中,文化教学功能是十分突出的,这与《新西兰汉语课程》中针对汉语教学提出的"语言与文化的关系"相契合,学生通过解读歌词的内涵,自然会接触其所包含的文化背景,因此歌曲教学能够真正实现在语言课堂上紧密联系文化的目标。

2.2.2 适应新西兰教学模式

新西兰教学最突出的特点是追求趣味性,强调寓教于乐,通过激发学生兴趣,引导学生在实践、探索过程中获取知识。从学校的课程设置便可以看出新西兰对于学生活动的重视程度,除了常规课程,新西兰的中小学都为学生提供了丰富的课外实践环节及体验活动,包括海上帆船、冲浪、野营等各种活动,让学生在与自然环境的接触过程中形成对国土环境的热爱及积极的生活态度。而在校内课程中,无论是语言课还是其他课程,课堂活动无处不在,呈现出积极、活跃的学习氛围,汉语课堂同样也强调学生的参与度,学习内容应吸引学生兴趣,鼓励学生在挑战学习任务的过程中完成知识的获取与积累。

同时,新西兰教育也格外重视对学生个性的培养,鼓励学生在各种活动中发挥行动力与创造力,展现自己独特的想法。这一模式贯彻于教学过程,同样反映在新西兰学校的考核形式上,尤其在小学阶段,新西兰教师在对学生进行考核时,并非通过传统的期末笔试等形式,而是采取观察学生课堂表现、一对一面谈的形式进行评价。面谈也会根据学生特点进行个性化的内容与形式设置,对学生个人素质的要求较高。表现力极强的歌曲教学能够通过多元的课堂活动形式调动学生发挥个性化创作,符合学生对于汉语学习的期待。

在任教的两所小学中,教学模式同样也呈现出了浓厚的"Kiwi"特色(新西兰教师多以 Kiwi 自称,Kiwi 同时也代表新西兰本土文化),汉语课作为学校常规课程之一,自然也不例外。比起教师一味进行语言知识的教授,学校更加注重培养学生学习他国语言及文化的兴趣,对于汉语课的发展要求也更加强调这门课程对于学生全面成长的积极影响,而非掌握语言本身。另外,学校在汉语教学方面还具有课时少、无教材、教学资源少的突出特点,这对于教师组织教学活动是相当不利的,任课教师需根据学生情况自行制定教学方案,搜集素材资源,以保证课程顺利开展,加上学生基本无课后自主学习的习惯,也就意味着学生对于知识内容的复习与巩固存在问题。在此现状下,亟须形成活动形式丰富,能够持续性地吸引学生兴趣,同时教学内容便于学生记忆的课堂模式。歌曲教学的优势正好适应这一要求,为教师们开拓新的教学思路,这一点在实践中也得到了充分的证明。

2.2.3　适应教学对象特点

"(教学)观察有两个目的或功能,第一是情景分析,为教学决策提供依据;第二是了解幼儿的个体特点,为因人施教找到方向。"[①] 在开展教学前,通过在任教学校进行教学观摩以及对典型教学场景进行分析,了解教学对象的特点及学习情况,并对学校的汉语教学情况及学生的汉语水平进行考察,从而对在任教学校汉语课堂中进行歌曲教学的可行性有了初步判断,这也成为了后续确定教学方向的重要依据。

首先,任教的两所小学开设汉语课的范围较广,班级较多,Torbay School 在二年级至四年级八个班级及五年级的两个学习小组开展汉语课程,Long Bay Primary School 在三年级至六年级九个班级以及两个中国小组开展汉语及文化教学,学生人数较多,班级教学人数在 25 人左右,小组教学则控制在 6 人左右,部分班级有 2—3 名华裔学生。

相对于中学生,小学生最为突出的特点便是年龄小,活泼好动,容易受外界影响,注意力较差。这一特点在任教的低年级学生身上表现得更加明显,面对不感兴趣的知识内容,学生容易出现注意力分散的情况,导致课堂秩序松散,甚至一度发生教师难以控制的喧闹场面。但与之相对的,学生在感兴趣的课堂活动中表现得十分活跃,动手能力与创造能力强,且具有团队合作的意识,在多元化课程锻炼中形成的综合能力使得他们能够很好地完成课堂任务。因此设计贴近学生年龄特点、兴趣爱好的课程内容,激发学生的积极性极其重要,歌曲教学中音乐音频和视频能够引起学生关注,根据歌曲进行舞蹈表演、课堂竞赛等都是学生所喜爱的课堂活动,因此能够受到学生的欢迎。

另外,学生普遍学习汉语的时间较短,除华裔学生,多数本地及欧洲裔学生都为零

---

① 刘焱.观察:发现完整独特的儿童[N].中国教师报,2015-07-22(8).

基础及初级水平。虽然部分学生在过去两年也学习了汉语,但知识并未得到很好的巩固,仍处在只能使用简单日常问候语的初级水平。大部分学生对于汉语学习的态度虽然较为积极,但基本是以学校课程安排为主导,并无自主学习的意识。在课程连续性较差、学习时间短的情况下,对于汉语学习动机不明确、水平较低的学生,以兴趣为主导的歌曲教学能够很好地缓解他们对于陌生知识的畏难情绪,同时也更方便学生记忆,教学成果显著,学生收获的成就感更大。而对于已有过汉语学习经历的学生,运用歌曲教学这一全新形式复习巩固过去所学内容,也更具趣味性。因此歌曲教学比起以语言教学为主的传统教学更适应新西兰教学对象的特点。

与其他同年龄、同水平的学生相比,新西兰学生最为突出的特点在于受毛利文化影响,十分热爱音乐和舞蹈,这也是歌曲教学在新西兰能够顺利开展的关键因素。任教的两所学校都具有浓厚的毛利文化氛围,战歌表演在校园中随处可见,甚至在数学课上都有教师利用毛利歌曲曲调教授公式。毛利文化作为新西兰国家文化的象征,在饮食喜好、生活习惯、艺术传统等方面都对新西兰人民产生了深远影响,如今也受到新西兰政府及人民的高度重视,在基础教育阶段大力支持毛利文化教学,学生也因此得到了很好的传统教育,在潜移默化中形成了对歌唱、舞蹈的兴趣,同时也形成了热爱表演的外向性格。从情感过滤假说的角度看,从学习者的唱跳兴趣出发的歌曲教学,避免了汉语课堂中容易出现的单一语言的输入、输出,更好地激发学生学习语言的积极性,同时也能为学生提供更多展现个性的机会,十分贴合新西兰教学对象的学习特点。

2.3 新西兰小学汉语教学中的歌曲教学应用评估

2.3.1 歌曲教学在新西兰汉语教学中的应用概况

歌曲教学以汉语教学的常规形式、辅助手段或辅修课程等多种形式常见于海内外教学实践中,以其独特的教学优势受到了全球范围内汉语教师及学生的欢迎,在以兴趣为主导的新西兰中小学汉语课堂中更是有着高频的应用。为了解歌曲教学在新西兰汉语教学中的应用情况,特向近年来赴新西兰教学的汉语教师志愿者及当地学校的中文教师发放问卷,内容涵盖歌曲教学的具体应用问题,得到了来自新西兰不同地区学校的汉语教师志愿者及中文教师的支持。

参与问卷调查的教师教学经验在0—4年不等,在华裔学生比例不高(10%以下)、课时量少的情况下,几乎所有教师都表示曾在课堂上应用过歌曲教学,近一半的教师在自己50%以上的课程中会应用歌曲教学,还有15.38%的教师表示每节课都会进行歌曲教学。这一数据表明歌曲教学在新西兰汉语教学中的应用频率是相当高的。此外,数据表明,歌曲教学适用的教学对象普遍汉语水平较低,以零基础或是学习汉语1—2年的学生为主,包括小学生、初中生、高中生,甚至大学生及成人也有所应用,其中以小学生为最主要的教学对象,教师反馈学生对于歌曲教学的喜爱程度很高。

在新西兰汉语教学中,歌曲教学主要作为课堂辅助手段、教学的常规形式或是汉语辅修课程,多数教师会在课堂中结合音乐、视频、舞蹈、游戏进行歌曲教学,以达到活跃课堂气氛,激发学生学习兴趣,帮助学生学习汉语的目的,也有部分教师以介绍文化或补充学习内容为目的进行歌曲教学。歌曲教学常见于语音、词汇、汉字及文化课中,其中以词汇课为主,如问候、数字、颜色、身体部位、家庭成员等话题词汇的教学。也有部分教师将歌曲作为主要教学内容进行独立或相对独立的歌曲教学,且比例不低。就教师对歌曲教学的教学效果而言,歌曲教学(包括独立的歌曲教学)在课堂上的作用较大。可见歌曲教学在新西兰的汉语课堂中拥有一定的实践基础,且在实践中发挥着积极作用。

2.3.2 歌曲教学具体实践评估

在正式展开歌曲教学之前,在任教学校的部分年级进行了小范围的教学实验。此外,通过采访其他志愿者教师,考察了新西兰不同地区、不同学校歌曲教学的开展情况。并且,结合授课教师、学校 Lead Teacher 的反馈意见,从课堂反应、教学效果等方面对典型教学案例进行记录与对比分析,对歌曲教学实践部分进行了考察。

案例一:Goodwood School 二年级和六年级使用《你好歌》教学

Goodwood School 是一所位于新西兰北岛中部怀卡托地区的公立小学,在进行"日常问候"话题的教学时,该校志愿者教师根据教学内容选择了《你好歌》(具体歌词为"你好,你好,你好吗,早上好,早上好,你好,你好,你好吗,晚上好,晚上好")对所学知识进行复习巩固,在课前导入及复习操练环节播放视频,学生跟唱并做动作。教师在教授词汇时,运用全身反应法,已与学生约定不同词汇对应的动作,例如"你好"为招手等,学生能够根据教师的口令做出反应动作,在此基础上,学生在演唱《你好歌》时也会随着歌词变化做出不同动作,趣味性较强。

此教学案例发生在学年开始,面对的都是零基础的学生,教师反映不同年级的学生课堂氛围差别较大,二年级的学生反应积极,动作到位,课堂气氛热烈,六年级的学生虽然跟唱得更好,但更多学生不愿意或羞于做出教师指定的动作,课堂气氛较沉闷。由此可以判断这首简单的问候歌曲结合唱跳表演,能够在低年级课堂上达到活跃气氛、复习词汇的作用,而在高年级课堂中则效果不显著,更大程度上只发挥了复习作用,若想取得高年级学生积极的课堂反馈,则需在歌曲表现形式上做出调整,例如在传统唱跳之外选择情景剧、游戏等新颖形式,或是交由学生主导设计等,这样才能够更好地激发学生的兴趣。这一案例对于相对简单的歌曲如何教学,尤其是如何面对不同年级学生教学这一问题具有较为典型的参考意义。

案例二：Long Bay Primary School 三年级和 Meadowbank School 三年级使用《动物歌》教学

Long Bay Primary School 是笔者任教小学之一，在该校三年级进行"动物"话题的教学时，选择了《动物歌》（具体歌词为"喵喵喵，你是谁？喵喵喵，我是猫，猫猫猫，喵喵喵，猫猫猫，喵喵喵……"）作为主要教学内容，在模仿动物特征及叫声的趣味学习过程中，学生掌握了猫、狗、牛、鸭等动物名称，同时了解了汉语中不同动物叫声的拟声词，课堂气氛活跃。因受到学生喜爱，课后曾在与其他志愿者教师交流时推荐过该歌曲，Meadowbank School（位于奥克兰市区，以下简称"M 校"）的志愿者教师也在二年级班级教学中采用了该教学方案。但在跟踪采访后发现，该歌曲在 M 校并没取得很好的教学效果，学生在学习过程中对该歌曲的接受程度不高，面对歌词也表现得比较迷茫。

针对同一首歌截然不同的教学效果，我们与 M 校的志愿者教师进行了较为深入的对比讨论，总结出以下原因：笔者的学生在过去的汉语学习中曾学习过动物话题，对于歌曲中出现的部分动物名称比较熟悉，学习难度相对较低，而对于 M 校学生而言，动物话题是完全陌生的新课内容，对于歌曲中集中出现的九个动物名称及叫声拟声词一时难以接受也属正常反应；另一方面，笔者在教学时注意引导学生关注歌词中出现的中国特有的动物叫声拟声词，并对比新西兰本土动物叫声拟声词，较为顺利地完成了两国文化的对比，而 M 校教师在教学过程中错过了这一教学点，因此学生在面对不同的拟声词时会感到困惑。这一对比案例可以说明在交际话题教学中以歌曲为主要学习内容，不仅能够达到语言教学的目标，同时也能实现文化教学，但关键在于课程的语言难度是否合适、文化导入等教学设计是否合理，同时，综合性较强的歌曲教学也对教师的教学能力及教学敏感度要求较高。

案例三：Cambridge East Primary School 的《宝贝》等歌曲教学和 Torbay School 的《送别》歌曲教学

类似于新西兰校园中常见的集会时间，Cambridge East Primary School（位于怀卡托地区）每周在 CRT 课程（包括体育、音乐、汉语、科学等课程）开始前有半小时的 Group singing time。在这段时间里，Room Teacher 会组织学生到学校礼堂集合，练习唱新西兰国歌、英文歌、毛利歌及中文歌。在学校教师的支持和帮助下，该校志愿者教师与另一位中文教师在 Group singing time 中争取到了较为固定的中文歌曲教学时间，结合自制的歌词视频以及歌词翻译讲解，两位教师利用每周短暂的 Group singing time 成功教会了学生《宝贝》《歌声与微笑》等难度较高的中文歌曲，教学效率高，且带动了全校师生学习汉语的热潮，学校也因此在午餐时间安排了中文歌曲专门的练习时间。这一教学案例在 2019 年志愿者教师群体中得到很大的回响，也为开展歌曲教学应用研究提供了新的实践思路。在此启发下,笔者任教学校之一——Torbay School 的汉语学习小组也进行了歌曲《送别》的教学,同时也为学校参加新西兰中文歌曲大赛做准备。歌词翻译讲解、背景文化知识介绍、诗歌意境创作及演唱视频录制等教学活动共花费了三个课时,即 135 分钟,学生不仅完成了《送别》的脱稿演唱,而且熟练程度高,对歌曲内涵有着较为深刻的理解。歌曲视频录制完成后,学校的中文指导教师及其他教师都表示"孩子们取得了出乎意料的进步",学生家长对此也十分满意,学生在获得认可后学习热情高涨,综合多方面反馈来看,这是一次完成度较高的教学实践。

独立的歌曲教学相较于常规汉语课堂中插入的歌曲教学片段或其他教学活动,有着明显的优势。在课时有限、训练量不大的教学条件下,独立的歌曲教学能收获显著成果,既能让师生获得教学成就感,又有助于营造校园内的汉语学习氛围。此外,那些难度较大的歌曲往往蕴含着中华文化的深层内容,展现出广阔的社会生活图景。借助歌曲这一媒介,学生在学唱过程中自然而然地接受了文化知识。这不仅避免了一般文化介绍课程容易出现的流于表面的问题,还减轻了教师的备课负担,其在文化教学方面的作用同样不可忽视。

2.3.3 歌曲教学在小学汉语教学中的优劣分析

以教育学理论、二语习得理论、心理学理论为指导,结合新西兰汉语教师对歌曲教学应用的反馈意见并根据典型教学案例的评估结果,对歌曲教学在新西兰小学汉语教学中的优势及存在问题做出分析。

歌曲教学在二语教学中的优势是值得肯定的,在二语习得领域,Krashen(1982)就曾指出学习者在音乐中会不自觉地练习字词、声音与段落的现象。随后,学界提出的非自主性复述现象(involuntary rehearsal)表明,听唱歌曲可以使学生建立起无意识的心理倾向,有利于将学生的机械记忆转化为有意义的情景操练,肯定了歌曲在二语习得领域的作用(Parr & Krashen,1986)。这一结论也得到了心理学的支持,心理学所说的"低回作用"是指人在接受音乐之后,通常会出现音乐仍在耳边心头萦绕,并且人会不自觉地跟唱的现象,这也能够证明歌曲对巩固记忆有积极作用。另外,歌曲钉牢现象(song stuck in my head phenomenon)进一步对记忆持续的时间做出解释,部分学习记忆甚至可以长达数年(Murphey,1990)。就课堂应用来看,以多元智能理论为基础,在语言教学中应用歌曲教学即是音乐智能与语言智能的良好结合。以上理论很好地解释了为何歌曲教学能够在实践中脱颖而出,在课时少、学生基础差的情况下取得良好的教学成果,而教学实践也再次论证歌曲教学在汉语习得中的优势作用。

歌曲教学也包含了丰富的文化知识,因此在实现语言目标的同时也能够产生良好的文化影响。从教学内容来看,歌曲的歌词普遍来说会比同话题下的常规语言教材内容更具文化深度,但从教学难度来看,却又比常规的文化课程更加容易为学生所接受,这主要得益于音乐的功能。通过学习中文歌曲，学生能够在语言课堂上自然地接触歌曲背后所反映的社会文化，理解更为抽象、深层的中国文化意蕴，因此无论是《送别》歌曲教学或是其他教师的歌曲教学，都能够较为轻松地达到传播中国文化的效果，而这正是传统语言教学课堂不易实现的教学难点。这一优势在过去的研究中也能够得到验证，Jolly(1975)认为歌曲能够为学生提供一个熟悉目的语文化的机会，因为他们可以通过歌曲体会到隐含于其中的文化内容，强调了歌曲教学的文化功能。结合新西兰对于汉语课程的文化目标要求，这一优势使得歌曲教学在新西兰的应用价值得到很大程度的提升。

在语言及文化知识的学习过程中，歌曲教学发挥着独特的作用。它有力地鼓舞了学习者与授课者的情绪，积极地影响着师生的态度和情感。参照奥尔夫音乐教学法，学生在学习各类音乐技能时，能够进入身心愉悦、享受艺术的最佳状态。而教师在这样的教学情境里，自然而然地成为学生学习的引导者、启发者和参与者，师生相互配合，彼此成就。借助音乐的魅力，歌曲教学有效化解了语言学习的枯燥乏味，营造出欢快愉悦的课堂气氛，促成了师生间积极有益的互动交流。

歌曲教学在教学应用中也存在问题，歌曲教学虽适用于汉语水平较低的学生，但却对授课教师的综合素养、教学经验及教学技巧提出了较高的要求，这也是众多汉语教师不愿选择或过多使用歌曲教学的最根本原因。歌曲教学首先面临着歌曲选择的问题，多数教师反映难以选择适合教学内容的歌曲，尤其对于新手教师而言，整理教学曲目就足以构成巨大的挑战。也有部分教师反映歌曲教学形式过于单一，常见的唱跳形式难以应付学生的多元兴趣。另外，不少教师也表示在教学中较难处理歌曲教学产生的不良影响，例如混乱的课堂秩序、歌曲曲调对学生声调学习的影响等。这些问题并非难以解决，但需教师在教学过程中加以引导，逐一化解，因此教师是否能够很好地掌握课堂也决定了歌曲教学的效果。

歌曲教学在新西兰小学汉语教学中的应用具有扎实的理论基础，也能够充分适应新西兰的教学环境，为教学对象所接受，实现良好的教学效果，在实践中突显出其在语言、文化及情感方面的教学优势，因此我们可以认为歌曲教学在新西兰小学汉语教学实践中是可行的。但在具体实践过程中，歌曲教学也存在一定问题，如何最大化地发挥其优势，避免产生消极影响，实现在新西兰的本土化应用是目前需要思考的问题，因此关于实践过程的研究就显得尤为重要。

第三节　歌曲教学的教学设计分析——以任教学校为例

基于前期对歌曲教学在新西兰小学汉语教学中的适用性所展开的分析，选择了在任教学校的汉语课堂开展歌曲教学实践，有别于仅作为辅助手段的歌曲教学及独立的中文歌曲课程,本实践是以交际主题为纲,根据主题选择中文歌曲作为主要教学内容,在歌词的基础上加以拓展,教授语言知识、传播文化,属于相对独立的歌曲教学。本实践强调结合各种课堂活动及教学方法,将歌曲教学贯彻于课堂始终,实现在新西兰的本土化应用。

3.1 教学设计原则

3.1.1 坚持以学生为中心

通过前期对新西兰教育体制及教育文件的分析,可以发现新西兰相关教育政策都是以学生为中心进行设计的,着力于开发学生在价值观、核心能力等方面的潜能。从学校的课程设置情况也可看出学生发展同样被摆在了首要位置。具体到汉语教学,同样要遵循"以学生为中心"这一原则。

在教学中应关注学生的学习动机发展,运用激励手段激发学生的学习兴趣。在小学阶段,多数学生对于学习汉语并无稳定明确的内部动机,更多的是服从外部(如学校课程)的安排,根据马斯洛需求层次理论,学生的学习动机能够在相应需求产生的基础上被激发出来。学生缺乏学习动机,可能是部分需求没有得到满足,因此教师在教学过程中应尽可能满足学生缺少的学习需求,遵循人本主义教学观所倡导的,引导学生在潜能的开发中完成自我实现。通过观察可以发现新西兰学生在初期课程中对中文歌曲的关心程度较高,具有一定的学习需求,这说明存在较大的教学发展空间。在行为主义学习理论中,学习被视为刺激与反应之间的联结。斯金纳的强化理论也强调了教学中应设置可能发生强化的事件,遵循正强化原则以促进学生学习。因此在后续课程中便可强化并巩固歌曲教学,不断刺激学生的学习偏好,满足他们的学习需求,从而引导学生明确学习汉语的动机,建立起学生对汉语课程的学习兴趣。

在培养全体学生汉语学习兴趣的同时,也要关注并尊重学生的个体差异。不同知识水平、等级的学生应达成不同的目标,因此在教学设计中要有所区分。在歌曲教学中,针对低水平的学生,强调让他们通过练习、模仿获取语言文化知识,而对于高水平的学生则应在此基础上鼓励其有所应用,例如创作与歌曲相关的作品并对他人作品予以回应。即使同一班级内,学生的学习能力、兴趣也不尽相同,在尊重、包容的前提下,也应根据具体学情有所调整,例如布置梯级性任务,或进行分组学习等,尽可能合理安排学习内容,以不同形式实现歌曲教学的目标,使每个学生都乐于接受安排并从中有所收获。

3.1.2 考虑歌曲教学的有效性与应用性

在《教学设计原理》中"教学"被定义为"经过有意识安排的,旨在支持内部学习过程的一套外部事件"(加涅等,2007),因此在进行实践之前,教师端正自身的教学意识是十分必要的,一切教学行为都应以有效性为基本准则。在可参考经验较少的情况下,创新性地进行相对独立的歌曲教学实践固然具有一定风险,但因教师个人失误而导致的低效甚至无效教学都是不应出现的。教师应充分考虑如何通过教学活动将语言、文化知识准确无误、完整高效地传授给学生,避免歌曲教学流于表面的歌唱形式。同时,应尽力保证教学的连续性,参考连接主义八大原则之一:为方便持续学习需要培养和维持连接。只有个体之间的信息流得到长期妥善的维护,个体才能更顺畅无阻、更全面高效地获取相应知识,有效教学的基础在于持续教学。就歌曲教学而言,只有在持续较长时间的教学实践中,才有可能达到师生间顺畅的信息交流,达到一定教学效果,同时也才有评价教学效率、调整教学方向的依据,因此教师要坚定信念,不可半途而废。

在实现有效性的基础之上,还要着重发挥歌曲教学的应用性。在教学过程中,教师应积极创造机会并引导学生将所学知识应用于日常交际,实现语言学习的交际目标,或是对所收获的教学成果进行一定的展示,例如向家长展示所学歌曲或在校园文化节表演中文歌曲等,有效的输出能够进一步拓展歌曲教学的附加价值,学生在得到同学、老师、家长的认可后,成就感提升,在后续学习中会更加投入,形成良性循环。同时在应用、输出的过程中,也能够实现中华文化与精神的自然传播,建立周边社区与中国文化的联系。

3.1.3 突出歌曲教学的文化、情感功能

歌曲教学能够形成较大的文化影响,同时也能够带动学生建立与汉语及中国文化之间的情感联系,与传统语言教学模式相比,歌曲教学具有一定的优势。在教学实践中,也要尽力发挥歌曲教学的优势,以歌曲带动语言教学,着重强调其文化、情感功能。根据《新西兰汉语课程》中对"文化知识"部分的要求,学生通过汉语课程的学习应能够意识到中国文化有其特别的形式,能够将中国文化与自己国家的文化进行联系和比较。以此为指导,歌曲教学在完成语言教学目标的同时,还应在不同教学主题下呈现中国文化内容,形成更加立体、完整的知识体系。通过教学过程中的交流、互动,引导学生培养对汉语课程的学习热情,并进一步将这种热情转变为对语言、文化本身的兴趣,从而建立起学生所代表的新西兰本土文化或其母语文化与中国文化的联系。

3.1.4 保证歌曲教学的交际功能

突出歌曲教学的文化、情感功能,并不代表可以忽略或简单处理语言知识。语言是发挥歌曲教学文化、情感功能的基础,学生只有在充分理解歌词的前提下,才有可能进一步建立起与歌曲的文化、情感联系,因此在教学中仍应重视语言部分的教学。《新西兰国家课程》指出,外语教学的目标主要是发展学生交流(Communication)、认知(Identity)、知识(Literacy)三方面的能力,"交流"被放在首位;同样地,在《新西兰小学汉语课程大纲》中也突出了"交流"板块,提出了"接收和产出信息(receive and produce information)""对问题或要求做出回应(produce and respond to questions and requests)""在交际过程中体现社交意识(show social awareness when interacting with others)"等要求。由此可以看出新西兰的汉语教学十分重视学生交际能力的培养。歌曲教学作为应用于新西兰小学汉语教学的实践方案,同样要保证交际性原则。教师应围绕日常交际及生活话题制定教学主题、选择教学曲目,并在教学中以掌握语言点为基础目标讲解歌词,使学生能够通过课堂中的歌曲学习,掌握具有交际意义的知识。歌曲教学与传统语言教学最为显著的差异在于,突破了传统课堂中以对话为主的操练模式,借助具有韵律的歌曲演唱练习,增强了训练的趣味性,更有利于吸引学生关注,便于学生对知识的巩固记忆。

3.1.5 实现多元化教学

多元发展应作为应用歌曲教学的原则之一,贯彻在教学设计、教学过程以及成果检测等各个环节。在不少汉语课堂上,歌曲都作为辅助手段或课堂活动被运用,不少教师反映歌曲教学效果虽好,但课时紧凑,难以分配更多时间练习歌曲,以至于歌曲教学难以真正展开,也有部分教师反映歌曲教学的形式过于单一,难以组织。为克服时间短、难以展开教学的问题,在本次实践中歌曲教学不再作为辅助手段,而是作为相对独立的教学模式得以应用。为解决教学形式单一的问题,需明确歌曲教学的目的并非只是让学生会唱中文歌曲,在学会唱中文歌的基础之上,更重要的是对歌曲中包含的语言、文化知识的掌握,因此歌曲教学绝不能仅停留在教唱歌曲的层面上,而应以完整的语言课堂教学标准进行设计、教学与检验。多元智能理论在歌曲教学中同样适用,以歌曲为出发点,结合视听教学法、全身反应法、情景法等多种教学方法,在多元化的教学活动中拓展学生的多方面智能,在各个教学环节中也更加重视培养学生的知识迁移能力及实践动手能力。

论及歌曲教学,除参考语言教学方法之外,因其与音乐、艺术紧密相连,教师也可从艺术教学领域汲取经验。根据《新西兰国家课程》,艺术学习领域分为舞蹈、戏剧、声乐以及视觉艺术四个板块。其中,舞蹈学习要求学生融合思维、运动与感受,借助舞蹈元素表达身份、传递思想,在学习理论的同时掌握表演与编舞等技能;戏剧学习需运用口语和书面语言,并有效利用肢体语言及空间进行交流,通过创作与表演来反映并丰富文化生活;声乐学习包括聆听和回应、演唱、演奏、创作以及音乐的分析和欣赏等内容,借助文化实践深化对音乐的理解;视觉艺术教育着重培育视觉素养与审美意识,学生可独立或协作完成探索经验、故事、抽象概念、社会问题与需求等任务。这些要求对歌曲教学的应用也具有指导意义。歌曲教学可融合舞蹈、戏剧、声乐及视觉艺术,如引导学生在声乐、舞蹈表演中记忆歌曲内容,借助戏剧、绘画等形式表达对歌曲主题的理解。总之,坚持多元艺术元素相结合的教学方式,打造多元化的课堂,才能让学生在趣味学习中保持积极的态度,持续关注学习内容。

3.2 教学目标

《国际汉语教学通用课程大纲》[①]为不同级别的汉语学习者列出了学习目标,其中包括总目标及五个级别的分目标,本次教学实践对象为零基础及初级水平学生,因此重点参考一级目标。一级目标的策略包括情感策略、学习策略、交际策略、资源策略、跨学科策略,文化意识包括文化知识、文化理解、跨文化意识、国际视野的内容,这对于强调文化、情感功能的歌曲教学具有重要的参考价值。

在此基础上,参考《新西兰汉语课程》列出的教学建议,针对初级水平学生提出的教学目标是以发展基本交际能力为主,通过本阶段的学习,能够理解和使用熟悉的词汇与句型,能够在特定场合进行互动,能够完成基础的阅读和手写任务,能够理解与接受在人际交往中发挥作用的典型文化习俗。《新西兰汉语课程》也在语言水平指标中对听、说、读、写四方面做出了要求,详见表3-2。

表 3-2 《新西兰汉语课程》听、说、读、写目标要求

听	能够识别、理解简单的词汇和短语、句子大意并回应恰当的语言或动作
说	能够通过模仿,以正确音调、发音说出简单的字、词汇及短语,能进行简单对话,并能够对问题做出适当的回应
读	能够识别拼音字母、声调、部首及35个以内的汉字,在熟悉语境中识别简单词汇及短语
写	能够书写拼音字母、声调、部首及20个以内的简单汉字

结合《国际汉语教学通用课程大纲》及《新西兰汉语课程》,同时结合歌曲教学的特点及教学对象的水平,制定了如下教学目标。

音乐与歌曲:作为歌曲教学的基础目标,学生在经过一段时间的学习后,能够熟悉教学歌曲曲调与歌词,熟练演唱或背唱歌曲,对歌曲及表现形式有一定的创作发挥。在课堂环境下积极参与歌曲学习,敢于在课外特定场合进行歌曲表演或展示。

语言知识与技能:熟练掌握各教学主题中的重点生词和短语,能运用基本句型表达想法;能够识别汉语拼音、声调、简单部首及要求掌握的汉字,理解基础问题与对话并做出恰当回应,具备基本的交际能力,对汉字的基本笔画、书写顺序有一定了解。

文化素养:掌握各教学主题涉及的文化知识,通过歌曲及拓展内容的学习,了解不

---

① 国家汉语国际推广领导小组办公室.国际汉语教学通用课程大纲[M].外语教学与研究出版社,2008.

同时代的中国概况,认识中国人的行为方式、生活习惯、思想观念,感受中国传统艺术、民俗文化,并对此有自己的见解,对中国文化有较深的理解;通过对不同国家文化的对比研究,形成多元文化意识及审美情趣。

情感态度与价值观:通过课堂教学及教学成果展示,增强学习自信,不断提升对汉语学习的兴趣,形成进一步了解汉语及中国文化的学习动机,对华人、中国及中国文化有认同感,愿意展示所学知识,愿意融入校内外社区,并与汉语教师、华人学生及家长交流;建立中国文化与学生母语文化的联系,培养学生主动探索、发现世界的热情。

3.3 教学主题与教学曲目

在相关应用研究中,围绕交际话题展开的歌曲教学多作为课堂的辅助教学手段,用时较短,作用不突出。而独立的歌曲教学则多集中于歌曲本身的教学,不考虑歌曲的交际功能,与语言课堂有所脱节,在实用性上有所欠缺。笔者在教学原则与教学目标的指导下,结合了两种歌曲教学模式的教学优势,在制定教学方案时借鉴了交际教学理论框架下的主题式教学模式,同时在任教学校指导教师的建议下参照新西兰本土的整合式教学模式,最终确定了本次歌曲教学将以连续性较强的交际话题为主线。在每一教学主题中选择适合的教学曲目,整合多样化的教学资源,在课堂上以歌曲内容为载体,围绕主题开展多样化的教学活动,传递语言及文化知识。强调发挥学生的主体作用,在多数教学活动中交由学生自主发挥,适应新西兰学生活泼好动、创造性强的特点,有利于培养学生的实践能力与知识整合能力。这一方案与任教学校的教学模式相近,对于学生而言,在相对熟悉的课堂模式中学习能够减轻畏难心理,迅速适应汉语课堂。另一方面,当地教师在长期整合式课堂教学实践中也积累了丰富经验,能够针对该方案提出有效的建议与指导,并在实际教学中提供协助,这对歌曲教学的开展十分有利。

3.3.1 教学主题

制定教学主题作为后期开展教学实践的基础,应充分考虑教学对象的汉语水平和学习需求。以任教学校为例,大部分学生为零基础,虽有一部分学生(Torbay School 五年级汉语学习小组,Long Bay Primary School 五、六年级学生)在过去已有1—2年的汉语学习经历,但根据学校的测试结果来看,学习效果不佳,大部分学生除了能够表达简单的日常问候之外,其他知识基本无记忆或无法实现交际应用,因此校方希望这部分学生能够与零基础学生统一教学进度,再次学习初级主题,完成知识复现。总体来说,所教学生的汉语水平仍处在初级阶段。

以学生水平为基础,参考了《新西兰汉语课程》针对初级水平(Level 1—2)学生提出的教学建议,详见表3-3。

表 3-3 《新西兰汉语课程》Level 1—2 教学建议

	Communication Functions	Suggested Socio-Cultural Aspects
Level 1	Greet, farewell, and thank people; Introduce themselves and others; Ask for and respond to simple personal information; Identify people, things, and some animals; Recognise and respond to simple classroom instructions; Use numbers 1—10.	Where Chinese is spoken; Birthday and festival customs; Endangered species in China, such as pandas; Greeting people formally and informally; Geographical variations in the language; Symbolic animals in Chinese culture; Descriptions of traditional Chinese festivals; Comparing classrooms in New Zealand with those in China.
Level 2	Ask about and respond to personal information about themselves and others; Use numbers 0—100; Recognise, express, and enquire about the relationships between people and the ownership of things; Identify places and things; State the location of people and things; Use time, days of the week, months, and the years; Give simple descriptions of the weather.	The Chinese system of names and titles; Using polite forms for elders; Gestures-differences in body language; The one-child family in China; Perception of time, seasons, and weather; The art of Chinese calligraphy; Ownership of property.

本着交际性、趣味性、语言与文化并行的制定原则,以《新西兰汉语课程》Level 1—2 的话题为基础,同时参照美国明德大学外语教学课程设计中提出的全球竞争、科学技术、当代生活、社会价值、家庭社区、美学文化六大主题,并参考《快乐汉语》《跟我学汉语》《晓康歌谣学汉语》等教材的主题设置,综合新西兰汉语教师及前任志愿者教师的相关教学经验,初步制定了学年教学主题,并在开始教学实践之前,与任教学校指导教师共同商议,最终确定了与当代生活、家庭社区主题息息相关的"日常问候""询问姓名""数字""日期""家庭""颜色""身体部位""动物""饮食""水果""方位"等分主题,并设立独立的文化主题,如中国传统节庆、诗歌、友谊等,根据节日时间、主题关联性等穿插在教学

中，突出歌曲教学的文化、情感功能。

多数主题与学校其他课程的教学主题相呼应，能够帮助学生在不同学科之间建立全面、立体的知识框架。对于部分学生而言，教学主题虽存在一定复现，但相较于过去所学有所拓展，更重要的是，歌曲教学形式新颖，趣味性强，能够充分激发学生兴趣，克服复习时常见的学习疲态。

3.3.2 教学曲目

歌曲资源主要包括线下、线上两种获取形式，线下以教材歌曲、汉语作为第一语言的人传唱的歌曲、教师自编歌曲为主，线上则以网络上能够搜索到的汉语作为第一语言、第二语言的人编写的歌曲为主。歌曲类型包括教学歌曲、儿歌、民歌、流行歌曲等。

在选择教学歌曲时，主要借鉴前期调研中整理的前人研究经验，以歌曲难度是否符合学生水平、歌曲曲调是否动听、歌曲内容是否符合教学主题、歌曲是否具备实用性以及歌曲是否具有表演性等为选择依据，同时参考新西兰汉语教师对于歌曲选择的反馈意见。新西兰教师普遍以现成的教学资源为最优先选择，线上如 YouTube 等视频网站是最为重要的歌曲来源，其中以汉语为第一语言的人编写的教学歌曲以及汉语作为第一语言的人传唱的儿歌最受欢迎，也有部分教师在教学中引入民歌及流行歌曲。在此基础上，初步划定了歌曲的选择范围，以网络资源为主，以儿歌、教学歌曲为主，加入流行歌曲、学唱古诗词、民谣等。另外，尝试在部分主题教学中选择教材歌曲，考虑到澳大利亚与新西兰教学背景相近，因此选用了周晓康老师编写的"晓康歌谣"系列教材曲目。

在确定具体主题下的歌曲教学曲目时，再次参考海内外教师反馈的歌曲教学经验，并结合任教学校的具体学情以及学生的能力水平进行分析。在"日常问候""询问姓名""家庭""身体部位"等主题中选择了新西兰教师普遍认可的《你好歌》《蒂姆的歌》《这是谁》《头肩膀膝盖脚》等教学歌曲；在"颜色""饮食""水果""方位"等主题中，则在几首备选曲目之中选择了曲调更为活泼、音乐视频更为生动、内容更加贴近教学目标的歌曲；同时也在一些主题教学中有所创新，例如在"动物""友谊""诗歌""运动与游戏"等主题中配合教学形式选择了关联组曲，以及在"数字""日期"主题中尝试了自编歌曲等。另外，考虑到教学对象水平不一的情况，在确定歌曲时始终关注难易分层，尽量在同一主题中设置难度不同的歌曲，以供不同班级的学生学习。最终，确定了各主题下对应的教学歌曲曲目，具体如表 3-4 所示。

表 3-4　新西兰小学歌曲教学曲目

主题	歌曲	歌曲来源
日常问候	"Hello Song"(《你好歌》)	网络上汉语作为第二语言的人编写的教学歌曲
	"Goodbye Song"(《再见歌》)	网络上汉语作为第二语言的人编写的教学歌曲
询问姓名	"Greeting Song"(《问候歌》)/ "Tim Song"(《蒂姆的歌》)	网络上汉语作为第二语言的人编写的教学歌曲
春节	"Happy New Year"(《新年好》)	汉语作为第一语言的人传唱的儿歌
数字	"Number Song"(《数字歌》)	笔者自编歌曲
日期	"Month Song"(《月份歌》)	笔者自编歌曲
	"Birthday Song"(《生日快乐歌》)	汉语作为第一语言的人传唱的儿歌
家庭	"Family Song"(《家庭歌》)/ "Who Is This"(《这是谁》)	网络上汉语作为第一语言的人编写的教学歌曲
颜色	"Color Song"(《颜色歌》)	网络上汉语作为第一语言的人编写的教学歌曲
身体部位	"Body Song"(《头肩膀膝盖脚》)	汉语作为第一语言的人传唱的儿歌
	《幸福拍手歌》	汉语作为第一语言的人传唱的儿歌
动物	"Animal Song"(《动物歌》)	网络上汉语作为第二语言的人编写的教学歌曲
	《两只老虎》	汉语作为第一语言的人传唱的儿歌
	《大象》	汉语作为第一语言的人传唱的儿歌
	《小兔子乖乖把门开开》	汉语作为第一语言的人传唱的儿歌
中秋节	"Mid-Autumn Song"(《中秋节》)	《晓康歌谣学文化》教学歌曲
饮食	"Food Song"(《食物歌》)	网络上汉语作为第一语言的人编写的教学歌曲
	"Drink Song"(《饮料歌》)	网络上汉语作为第一语言的人编写的教学歌曲
水果	"Fruit Song"(《水果歌》)	网络上汉语作为第一语言的人编写的教学歌曲
方位	"Direction Song"(《方位歌》)	《晓康歌谣学汉语》教学歌曲
运动与游戏	《拉个圆圈走走》	汉语作为第一语言的人传唱的儿歌
	《丢手绢》	汉语作为第一语言的人传唱的儿歌
友谊	《我的朋友在哪里》	汉语作为第一语言的人传唱的儿歌
	《宝贝》	汉语作为第一语言的人传唱的流行歌曲
	《送别》	汉语作为第一语言的人传唱的民谣

续表

主题	歌曲	歌曲来源
诗歌	《春晓》	汉语作为第一语言的人传唱的学唱古诗词
	《忆江南》	汉语作为第一语言的人传唱的学唱古诗词

3.4 教学内容

汉语课程在新西兰小学开设范围较广,往往覆盖了不同的年级。近年来随着汉语学习者低龄化的趋势,学校开设汉语课的年级跨度更大了,不少学校从一年级起就开设了汉语课。以笔者学校为例,Long Bay Primary School 从三年级至六年级都开设了汉语课,Torbay School 更有少数二年级的学生也参与了汉语课程。教师独自承担不同年级的教学任务,在这一过程中,教学对象的汉语水平便成为了重要的教学设计依据。

在主题安排上,基于学生的学习情况及校方意见,不论学习经历,统一安排教学主题。面向高年级学生增设难度较高的主题,例如"友谊""诗歌"等涉及深层文化的主题只面向汉语水平较高的汉语小组及六年级部分班级展开教学。同时,根据学生接受能力的差异,在教学曲目中设置了难易梯度,尽管教授同一主题,也根据教学对象的水平采取差异化教学,选择不同难度的歌曲作为教学内容。例如"身体部位"主题,零基础班级学习《头肩膀膝盖脚》,而具备一定汉语水平的学习小组及班级则在掌握《头肩膀膝盖脚》的基础上,增加难度较高的《幸福拍手歌》的内容。

在设计好教学主题及曲目之后,仍需根据学生水平设置教学内容。结合"i+1"输入理论,适当进行拓展,使学生在合理的范围内接受语言、文化知识点。歌曲教学具有显著的文化教学优势,以歌曲为载体,能够在教学过程中自然地向学生展现相关文化,因此在设计文化内容时,以主题与歌曲为核心拓展文化知识。而在设置语言知识的过程中,更加重视各项指导文件中所建议的语言目标,以确保歌曲教学融入常规语言教学体系。其中,重点参考了《新西兰汉语课程》Level 1—2 建议的词汇、句型(详见第三章附录一)。

笔者任教学校虽不组织中小学生中文考试(Youth Chinese Test,YCT),但借鉴新西兰其他汉语教师的教学经验,安排教学内容时也参考了部分 YCT 一级的语言项目要求,保证学生能够通过本学年的课程学习,顺利过渡至未来可能参与的汉语课程及等级考试。

本次歌曲教学实践的教学内容,详见第三章附录二、附录三。

教学内容的课时安排根据任教学校时间制定,完整教学周期为一学年,四个学期,共计 35—40 周,教学频率为每周一节课,每课时为 30/45 分钟。根据教学对象的接受能力,每一教学主题占时、内容长度等都有所区别。针对零基础学生,每一主题教学曲目为一首,时长为2课时,要求掌握的词汇、句型较少。针对具有一定汉语学习基础的初级水平学生要求较高,部分主题重点在于知识复现及拓展,教学节奏较快,时长为1课时;部分主题的教学曲目在掌握简单歌曲的基础上,增加一首难度较大的歌曲,涉及的语言、文化知识较丰富,时长为2—3课时。另外,针对初级水平学生,还另外开设了几个难度较大的主题,教学内容及形式比较新颖,基本用时较长。

3.5 课堂设计

与以语言教学为主的课堂有所区别,歌曲教学的重点在于引导学生自然投入学习状态,理解歌曲中所包含的语言知识、文化知识,从而对学习内容产生认同感,并主动投入拓展练习活动,因此格外强调学生的投入程度。借鉴沉浸理论的核心概念"沉浸体验"的发生条件——挑战与技巧平衡、参与者高度集中、明确的任务目标、对任务及时的反馈、参与者对任务有控制感、自我意识丧失、时间感扭曲、参与者感兴趣(以上条件并非需要同时具备)(Egbert,2003),在设计歌曲教学课堂活动时,也应充分考虑学生的接受能力与学习目标,保证活动在学生掌握的技巧范围内,且具有一定挑战难度,尽可能引起学生兴趣,并在教学过程中及时给予反馈,才能达到预期的教学效果。

综合参考教育过程理论及歌曲教学应用研究,本次实践大部分课程主要按照导入、歌曲展示、语言点讲解、操练活动、歌曲练习、拓展活动、总结与反思等环节顺序进行。

导入环节时间短,主要是使学生初步了解将要学习的歌曲及主题,具体方式有配合图片、视频等进行讲解,师生简单问答等。

歌曲展示环节使学生熟悉旋律,感受歌曲内容。展示方式以播放音频、视频为主,如教师音乐素养高,也可进行歌曲演唱,更具亲近感。为保证展示效果,教师在选择教学视频时也应注意画面内容是否积极、是否有清晰字幕等问题。

语言点讲解是对歌词中涉及的词汇、句型进行讲解。歌词文本不可能完全贴合主题语言点,因此在这里强调教师对语言点的处理与补充。大部分教学歌曲语言点较为全面,难度适宜,处理起来较为容易,但流行歌曲、民谣等歌词文本就会出现超出学生接受范围的情况,此时教师应有所取舍,重点突出歌曲的文化教学功能,在讲解环节之后,学生应对歌词含义及其中涉及的语言点有较为清晰的认识。

在操练活动环节中,强调词汇、句型等语言点的巩固及听、说、读、写等方面的技能训练,结合游戏教学法、全身反应法、任务型教学法等多种教学方法,让学生在"玩中学""动中学""做中学"。游戏活动强调寓教于乐,重在趣味性,但也应设置明确的游戏规则等,同时简单的小游戏比起复杂、占时久的游戏更具实用性,不仅操作轻松,且多轮游戏后覆盖范围更广。例如在《颜色歌》一课中,设计了颜色转盘,由学生控制指针转动,学生根据指针指向的区域回答对应的颜色,回答正确者为胜利者,成为下一轮的"转盘人",在5—10分钟的游戏时间里,学生们在规则刺激下热情极高,乐此不疲,且多数学生都能够参与其中。全身反应法则是契合新西兰学生活泼好动性格的最佳操练形式,通过语言与动作的协调配合掌握语言的意义,着重训练学生的听力技能及反应能力。例如经典的"Simon Says"游戏在《头肩膀膝盖脚》一课练习中所起的巩固作用就十分突出,在教师指令词与学生反应动作的相互配合下,学生将词汇意义与自身身体部位联系起来,对知识的掌握程度高,且不易遗忘。这一点对于歌曲练习也有借鉴作用,肢体语言的协同表达对学生记忆歌曲同样十分有效。但教师需注意在设计此类活动时要考虑场地大小等因素,且动作幅度不可过大,保证学生安全。任务型教学法则与新西兰本土课堂常用的"Inquiry"相近,教师布置任务,学生通过个人任务、小组协作、班级合作等方式,搜集资源、查找信息完成实质性学习成果,学生在这一过程中需调动多方面技能,训练量极大。例如在《食物歌》一课的学习中,布置了小组合作设计中西餐厅菜单的任务,学生需结合美术、经济方面的知识,并进行大量的拼音、汉字书写。这一类活动突出学生的主体作用,因此在设计时需根据学生的个体情况进行梯度设置;另一方面,由于活动难度较大,持续时间较长,教师需及时进行指导与反馈。

歌曲练习环节应针对不同难度的歌曲,依据学生水平有所区别,在练唱歌曲时以教师领唱,学生跟唱为主,也有学生齐唱、教师不唱,多位学生共同演唱,个别学生单独演唱等方式。强调朗读歌词的环节,避免学生在练唱歌曲的过程中受歌曲曲调影响对声调的掌握产生偏误。在歌曲练习中,学生会唱歌曲只是基础要求,重点在于引发学生对歌曲的兴趣,带领学生在体验音乐的过程中有更高层次的回应或更深入的探索,甚至培养学生的即兴创作能力。这里引入奥尔夫音乐教学法中的律动、歌唱(包括说白)、乐器合奏及即兴创作等教学手段,并以歌曲教学的教学目标为基础进行一定调整,在歌曲练习中加入舞蹈、律动。具有运动性及美感的动作或简单舞蹈能够激发学生的兴趣,同时有利于加深歌曲印象,巩固记忆。针对学生特点加入歌唱的不同形式,例如说白、说唱等,既丰富了练习形式,又保证所有学生的参与,例如音感较差的学生可能不精通歌唱而不愿开口,但也可以通过说唱等方式加入练习,培养自信。乐器的加入能够活跃课堂气氛,以任教学校为例,不少学生也参与了吉他兴趣班的学习,能够弹唱简单的曲调,在练习歌曲时加入吉他合奏,也是学生们乐器学习的展示机会,能够调动学生的积极性。而在即兴创作中,更加倾向于引导学生在理解歌曲内涵的基础上进行内容上的二次创作,例如编演情景剧等,使学生在真实对话情境中掌握语言,同时对文化知识形成自己的理解与表达,强调语言、文化功能。

拓展活动环节则视主题内容、课时长短及学生水平而定,对歌曲涉及的文化知识进行拓展。例如在"友谊""诗歌"等文化主题教学中,就可结合书法、国画等文化元素,让学生在探索文化背景的同时,感受中华传统艺术。在交际性较强的主题中也可拓展生活习惯、传统民俗等文化内容,例如在《食物歌》一课,就可结合筷子的用法等让学生直观地感受中国饮食文化。

作为完整课堂的最后一个环节,总结是十分必要的。进行课堂总结是知识复现的重要基础,在总结环节中师生合唱歌曲,总结知识点也是较为常见的方式;同时,总结也是师生交流的重要机会,不少班级教师会在总结阶段加入教学,对于开拓学生思路有着重要作用。教学反思则是教师完成课堂教学任务的最终步骤,在每次课后及时回忆课堂情况并进行反思,既是调整教学方向的重要参考,也是进行实践研究的重要依据,教师应将其视为必须完成的"作业",及时进行记录。

3.6 教学评估

歌曲教学的评估作为本应用方案的最后一个环节,同样秉持多元化的原则。在传统的卷面测试等总结性评估方式的基础上,借鉴新西兰当地教学考核形式及新西兰汉语教师常用考核形式,增设课堂测试、课堂表现、成果展示、师生访谈、问卷调查等多种形成性评估方式,旨在全面了解学生对歌曲、语言及文化知识的掌握情况,对教学效果进行分析与评估,同时对教师自身教学行为做出评价与反思,是调整教学方向、改善实践方案的重要依据。

除了在学期末、学年末以卷面形式对学生知识掌握情况进行教学测试以外,课堂表现同样也是进行教学评估的重要依据。课堂测试及记录着重考查学生平时的表现,包括是否能够熟练演唱主题歌曲,是否能够积极参与教学活动,是否能够运用语言知识进行简单交际,是否能够表达自身对于文化知识的理解等。同时也以视频记录、教学日志、班级教师反馈为主要参考依据对教师的教学行为做出评价。成果展示包括课堂成果及课外活动成果展示。课堂上主要考查学生是否能够按照要求完成教学任务,例如主题绘画、情景剧的创作及展示等,重在考查学生的知识应用能力、资源搜集能力及协作、交往能力。课外活动包括校内外集会表演、参加校外文化活动或比赛等,新西兰校园活动丰富,集会上常有各种学生的节目演出,元素多元,毛利文化、中国文化等在其中都能够得到很好的展示。校外由各孔子学院及社区组织的中文活动、赛事也比较丰富,例如中文歌曲大赛、汉语桥比赛等,为学生展示所学成果提供了机会。重视记录学生参与校外活动的表现,是对学生综合语言运用能力及表演能力的评估,同时也是对歌曲教学的文化、情感影响的考察。访谈及问卷调查则是从教学对象角度出发,重点了解学生的学习情况及对歌曲教学的接受度。

第四节　歌曲教学实践记录及分析

4.1　教学对象水平

根据教学对象不同的汉语水平及学习能力，教师应在教学目标、教学曲目、教学活动的设计上有所区别，同时在课堂上采取不同的教学方法以提高学生的接受度。以"身体部位"主题为例，面向低年级班级，选择了根据本土教学歌曲改编而成的中文歌曲《头肩膀膝盖脚》作为教学曲目；面向高年级班级，则在掌握《头肩膀膝盖脚》的基础上，增加了国际上流传较广的儿歌《幸福拍手歌》作为教学曲目。同时，也组织了不同的课堂活动以适应教学对象特点，以下为具体的教学记录。

4.1.1　针对零基础学生展开的教学

"身体部位"主题《头肩膀膝盖脚》教学记录及反思

教学主题：身体部位

课时：1课时（35分钟）

教学对象：三年级零基础学生

教学曲目：《头肩膀膝盖脚》

歌词内容：详见第三章附录四。

教学目标：

1. 知识与技能：能够熟练演唱《头肩膀膝盖脚》；能够在交际中运用"身体部位"词汇。
2. 文化素养：能够了解中医对人体与健康的看法。
3. 情感态度与价值观：能够乐于向同学、朋友及家人或社区华人展示所学歌曲，并用中文与人交流"身体与健康"话题；能够在歌曲学习中获得汉语学习成就感，增强学习自信。

教学内容：

1. 歌曲：《头肩膀膝盖脚》。
2. 语言：词汇"头"（tóu）、"肩膀"（jiānbǎng）、"膝盖"（xīgài）、"脚"（jiǎo）、"眼睛"（yǎnjing）、"耳朵"（ěrduo）、"鼻子"（bízi）、"嘴巴"（zuǐba），拓展词汇"手"（shǒu）、"腿"（tuǐ）。
3. 文化：中医对于人体整体循环的看法、中国人的保健方法。

教学活动：

1. 导入活动：播放英文版"Head, Shoulders, Knees and Toes"及中文版《头肩膀膝盖脚》歌曲视频。

2. 操练活动:词汇转盘。屏幕中的彩色转盘上每一格分别为本课词汇对应的英语单词,前三轮转盘旁有拼音提示,之后提示消失。第一轮由教师控制转盘,转盘停止转动时,学生用汉语回答出指针所指词语,回答正确的学生能够转动下一轮转盘,学生说出"开始""停",教师控制按键,再由下一名学生进行回答。

3. 操练游戏:"老师说"。与"Simon Says"规则相同,由教师发出如"摸眼睛""摸鼻子"等指令,学生根据指令将手放在相应的身体部位。实行淘汰制,位置错误或反应过慢的学生淘汰,并与教师一起成为裁判,坚持到最后的学生胜利,获得奖励。

4. 歌曲练习:结合学生熟悉的"Head, Shoulders, Knees and Toes"舞蹈动作,进行《头肩膀膝盖脚》歌曲练习。

5. 拓展活动:播放视频,介绍中医。

教学步骤:

1. 导入:播放英文版"Head, Shoulders, Knees and Toes"及中文版《头肩膀膝盖脚》视频导入主题。

2. 讲解、练习:教师按照屏幕上的人体图像依次讲解、领读词语,学生跟读。点名让学生读,教师及时正音。

3. 操练:利用"词汇转盘"巩固、复习词汇。

4. 操练:以游戏"老师说"的形式运用词汇。

5. 歌曲练习:结合舞蹈动作练习歌曲。

6. 拓展介绍:播放视频介绍中医文化。

7. 复习总结:全班表演歌曲,师生交流、总结。

教学反思与备注:

1. 歌曲在英语、毛利语中有原曲,意义相似,学生接受度高。

2. 歌曲节奏活泼、动作幅度大,适合学生个性,课堂气氛好。

3. 该曲在其他语言课堂广泛应用,学生可能会唱出自己熟悉的英语、毛利语歌词。

4. 原歌曲视频速度过快,初学时学生容易跟不上。建议调整至 0.75 倍速学习,原倍速练习。

4.1.2 针对初级水平学生展开的教学

"身体部位"主题《幸福拍手歌》教学记录及反思

教学主题:身体部位

课时:1 课时(45 分钟)

教学对象:五、六年级初级水平学生

教学曲目:《幸福拍手歌》

歌词内容:详见第三章附录四。

教学目标：

1. 知识与技能：能够熟练演唱《幸福拍手歌》；能够在交际中熟练运用"身体部位"词汇，运用情绪词汇表达自己的感受。

2. 文化素养：能够了解中医对人体与健康的看法。

3. 情感态度与价值观：能够乐于向同学、朋友及家人或社区华人展示所学歌曲，并用中文与人交流"身体与健康"话题，表达情绪；能够在歌曲学习中获得汉语学习成就感，增强学习自信。

教学内容：

1. 歌曲：《幸福拍手歌》。

2. 语言：词汇"如果"（rúguǒ）、"就"（jiù）、"感到"（gǎndào）、"幸福"（xìngfú）、"拍手"（pāi shǒu）、"跺脚"（duò jiǎo）、"拍肩"（pāi jiān），句型"如果……就……"。

3. 文化：中医对于人体整体循环的看法、中国人的保健方法。

教学活动：

1. 导入活动：播放《头肩膀膝盖脚》视频，复习歌曲《头肩膀膝盖脚》。

2. 操练游戏："小丑摸一摸"。准备一幅较大的小丑海报，确保班级学生都能看清。游戏分小组进行，小组中的其中一名学生站到海报前，闭眼，教师用英语说出一个部位，如"eyes"，海报前的学生闭眼伸手摸海报寻找该部位，其余小组成员则需不停地说"眼睛"一词，在摸海报学生的手接近该部位时，其余成员加大音量提示，远离时则降低音量，摸海报学生根据音量大小判断位置远近。最快找到相应部位的小组获胜，并获得奖励。

3. 操练游戏："××说"。与"Simon Says"规则相同，由发指令的人发出"拍拍手""跺跺脚""拍拍肩"等指令，其他人根据指令做出相应动作。第一遍可以由教师示范，之后交由学生发指令。实行淘汰制，位置错误或反应过慢的学生淘汰，并与教师一起成为裁判，坚持到最后的学生胜利，并获得奖励。

4. Worksheet：教师准备各个身体部位对应的图片及词汇卡片。词汇卡片有部分内容空缺，需要两名学生合作补充空缺的拼音/汉字。补全词汇卡片后，将其与对应的身体部位图片粘贴在一起，形成正反面。完成任务的小组举手示意，教师检查后可根据卡片内容随机提问。

5. 歌曲练习：根据歌词内容设计舞蹈动作，结合视频歌词提示，练习演唱《幸福拍手歌》。

6. 拓展活动：播放视频，介绍中医。

教学步骤：

1. 导入：学生结合舞蹈演唱《头肩膀膝盖脚》。

2. 讲解、练习：教师结合肢体动作依次讲解"拍手""跺脚""拍肩"，讲解表达情绪的短语"感到幸福"，以及句型"如果……就……"。领读词语及例句，学生跟读。点选并要求学生运用句型"如果……就……"把表达动作与情绪的短语自由组成句子,教师注意及时正音。

3. 操练:以游戏"小丑摸一摸"巩固、复习词汇,锻炼学生的听、说技能。
4. 操练:以游戏"××说"进行词汇运用练习,为歌曲练习做准备。
5. Worksheet:学生两人一组,组队完成课堂任务。
6. 歌曲练习:结合舞蹈动作练习歌曲。
7. 拓展介绍:播放视频,介绍中医文化。
8. 复习总结:全班表演歌曲,师生交流、总结。

教学反思与备注:

1.《幸福拍手歌》英语版在新西兰流传较广,且意思相似,学生掌握快,接受度较高。
2. 歌曲动作与词汇匹配度高,课堂气氛好。
3. 歌词难度稍大,部分学生无法完整演唱。针对水平较低的学生,可在初学时部分使用英语歌词,重点掌握"拍拍手""跺跺脚""拍拍肩"。
4. 网络上可搜索下载的视频多为国内儿歌视频,仅有中文字幕,建议教师提前编辑加入拼音字幕。

4.2 教学形式

针对不同年龄段学生的特点,在进行歌曲教学时可以对歌曲进行不同程度的改编、组合。除了简单跟唱以外,还可以采取说唱、舞蹈、游戏、情景剧等多元化的教学形式完成歌曲练习,尽可能地锻炼学生的综合运用能力。以"数字"主题为例,在面向低年级班级教学时,加入说唱元素,编写了《数字歌》作为教学曲目;为增加歌曲教学的趣味性,在"运动与游戏"主题中组织了课堂游戏,让学生在游戏中学习《拉个圆圈走走》《丢手绢》两首经典游戏歌谣;而在"动物"主题中,则选择了情景剧编演的形式教授《两只老虎》《小兔子乖乖把门开开》及《大象》组曲,培养学生的综合运用能力。以下为具体的教学记录。

4.2.1 加入说唱形式

"数字"主题《数字歌》教学记录及反思

教学主题: 数字

课时: 1课时(30分钟)

教学对象: 三年级零基础学生

教学曲目:《数字歌》

歌词内容: 详见第三章附录四。

教学目标:

1. 知识与技能:能够熟练演唱《数字歌》,能够在交际中熟练运用"数字"词汇,能够识别部分汉字。

2.文化素养:能够了解中国文化中的数字含义及常用手势。

3.情感态度与价值观:能够乐于向同学、朋友及家人或社区华人展示所学歌曲,并用中文数出 1—10 的数字;能够在歌曲学习中获得汉语学习成就感,增强学习自信。

教学内容:

1.歌曲:《数字歌》。

2.语言:词汇"一"(yī)、"二"(èr)、"三"(sān)、"四"(sì)、"五"(wǔ)、"六"(liù)、"七"(qī)、"八"(bā)、"九"(jiǔ)、十(shí),汉字"一"至"十"。

3.文化:中国吉祥数字"8",不吉数字"4",网络流行语"666",0—10 的手势表达。

教学活动:

1.导入活动:播放前几节课中学习的歌曲视频《你好歌》《再见歌》《问候歌》《新年好》,学生演唱,复习歌曲。

2.操练活动:"翻一翻"。在屏幕上显示数张扑克牌的背面,学生指定扑克牌后,教师按下按键将扑克牌翻面,扑克牌上显示阿拉伯数字,学生说出相应的汉语词汇。

3.操练游戏:"拍拍手"。教师拍手,拍手的节奏、响度可自由变化,学生需保持安静且集中注意力听次数,并举手用数词回答。回答正确的学生可以成为下一轮拍手的人。

4.歌曲练习:分组分部分多次练习歌曲,句末加入说唱歌词"六"及"六六六",男生、女生轮流负责说唱部分。

5.Worksheet:屏幕上展示数字汉字的笔画动图,教师做出一定解释,学生在任务纸田字格中书写汉字。

6.拓展介绍:结合具体图片讲述案例,介绍中国的吉祥数字与不吉数字,结合表情包解释网络用语"666"。

教学步骤:

1.导入:复习所学歌曲。

2.讲解、练习:教师结合手势讲解数字。领读,点名让学生读,教师及时正音。可用手势提问学生反复练习。

3.操练:利用"翻一翻"活动巩固复习词汇。

4.操练:以游戏"拍拍手"的形式锻炼学生的口语与专注力。

5.拓展介绍:介绍数字"8""4"的寓意,解释网络用语"666"。

6.歌曲练习:结合简单说唱歌词练习歌曲。

7.Worksheet:讲解数字汉字的笔画,学生练习书写。

8.复习总结:全班表演歌曲,师生交流、总结。

教学反思与备注:

1.《数字歌》是自编歌曲,但严格意义上来说,该曲并非笔者原创,而是借鉴了其他教师的经验。除了两所小学的教学任务以外,笔者还担任附近一所高中的汉语助教,高中汉语教师在课上经常在知名童谣"London Bridge Is Falling Down"的曲调上填词,让学生们演唱。笔者受其影响,在无合适教学曲目的情况下,也借用了该曲调填入了数字词汇,并加入简单的说唱元素,让学生在句末喊出"六",丰富歌曲表现形式。

2. 歌曲内容相对简单,无课外词汇,十分切合教学目标,体现了教师自编歌曲的优势。

3. 加入说唱歌词,形式巧妙。在《数字歌》中仅是插入了最简单的歌词便达到了很好的教学效果,学生接受度高,课后传唱度也高,即使是面向高年级教学仍能引起学生的兴趣。简单歌曲对学生记忆词汇的帮助也十分明显,学生在教学测试中,数字主题得分率最高。建议对此形式多加应用。

4.2.2 融入游戏活动

"运动与游戏"主题《拉个圆圈走走》《丢手绢》教学记录及反思

教学主题:运动与游戏

课时:1课时(45分钟)

教学对象:五年级汉语学习小组

教学曲目:《拉个圆圈走走》《丢手绢》

歌词内容:详见第三章附录四。

教学目标:

1. 知识与技能:能够熟练演唱《拉个圆圈走走》《丢手绢》两首歌,能够熟练运用歌曲中的动词进行交际。

2. 文化素养:感受中国经典儿童游戏。

3. 情感态度与价值观:能够乐于向同学、朋友及家人或社区华人介绍并一起玩游戏,有用中文与人交流"运动与游戏"话题的兴趣;通过接触中国儿童游戏拉近与中国同年龄段儿童的心理距离。

教学内容:

1. 歌曲:《拉个圆圈走走》《丢手绢》。

2. 语言:词汇"拉"(lā)、"圆圈"(yuánquān)、"走"(zǒu)、"跑"(pǎo)、"跳"(tiào)、"蹲下"(dūnxià)、"站好"(zhànhǎo)、"坐下"(zuòxià),拓展词汇"三角形"(sānjiǎoxíng)、"正方形"(zhèngfāngxíng)、"长方形"(chángfāngxíng)。

3. 文化:中国经典儿童游戏。

教学活动:

1. 导入活动:播放游戏示范视频,给学生留下初步印象。

2. 操练活动:"××说"。与"Simon Says"规则相同,由教师或学生发出如"拉个圆圈""走""跑""丢手绢"等指令,学生根据指令做出相应动作,部分动作由小组合作完成。

实行淘汰制,位置错误或反应过慢的学生被淘汰,与教师一起成为裁判,坚持到最后的学生胜利,获得奖励。

3. 歌曲练习:根据视频歌词提示,学生结合动作在座位上练习《拉个圆圈走走》《丢手绢》。

4. 操练游戏:"拉个圆圈走走"。在空地上,学生手拉手围成一圈沿同一方向转动,教师可参与其中。根据歌词绕圈走、跑、跳,到了歌词"蹲下""站好""坐下"迅速反应,动作错误或速度太慢的学生被淘汰,出列为游戏大声伴唱。游戏过程中持续歌唱《拉个圆圈走走》,第一遍由教师领唱,之后师生合唱。

5. 操练游戏:"丢手绢"。游戏开始前,准备手绢,推选一个丢手绢的人,其余的人围成一个大圆圈蹲下。游戏开始,师生齐唱《丢手绢》,丢手绢的人沿着外圈走,偷偷地将手绢丢在某个人的身后,此时歌声暂停。被丢手绢的人若发现自己身后有手绢便迅速起身追逐丢手绢的人,丢手绢的人沿着圆圈奔跑,如果跑到被丢手绢人的位置处蹲下都未被抓住则胜利,如追逐过程中丢手绢的人被抓住,则要表演一首学过的中文歌曲。

教学步骤:

1. 导入:播放游戏示范视频。

2. 讲解、练习:教师依次讲解、领读歌词,学生跟读。点名让学生读,教师及时正音;拓展"三角形""正方形""长方形"等图形词汇。

3. 操练:通过玩游戏"××说"熟悉游戏词汇。

4. 歌曲练习:结合动作练习歌曲。

5. 操练:通过玩游戏"拉个圆圈走走"熟练掌握歌曲。

6. 操练:通过玩游戏"丢手绢"熟练掌握歌曲。

7. 复习总结:演唱歌曲,师生交流、总结。

教学反思与备注:

1. 本节课在游戏中进行歌曲教学,是气氛最热烈的一次课。学生沉浸其中、不知疲倦,多次要求继续玩游戏,甚至在课间时间也要求笔者继续带领他们玩。如教师能够始终坚持引导学生在游戏过程中保持歌唱状态,便能够在游戏中反复练习歌曲,这样一来,即使歌词相对复杂,学生也能流利唱出歌曲。

2. 游戏课堂教学效果虽好,但学生也容易在游戏中过度兴奋,大声尖叫等,教师应注意及时纠正,调整课堂气氛,不影响正常的课堂秩序;同时提醒学生注意安全,避免碰撞、推搡等。

3. 此类运动型游戏更适用于人数较少的小组教学,班级教学难度较大,需 Room Teacher 协助配合。

4.2.3 编演主题情景短剧

"动物"主题《大象》《两只老虎》《小兔子乖乖把门开开》组曲教学记录及反思

教学主题:动物

课时:3课时(135分钟)

教学对象:五年级汉语学习小组

教学曲目:《大象》《两只老虎》《小兔子乖乖把门开开》

歌词内容:详见第三章附录四。

教学目标:

1.知识与技能:能够熟练演唱《大象》《两只老虎》《小兔子乖乖把门开开》,能够围绕主题展开简单交际,能够在交际中熟练运用"动物"词汇。

2.文化素养:能够尝试编写、表演与主题相关的情景短剧。

3.情感态度与价值观:能够乐于向同学、朋友及家人或社区华人展示所学歌曲,并与朋友进行所学主题对话;能够在歌曲学习中获得汉语学习成就感,增强学习自信。

教学内容:

1.歌曲:《大象》《两只老虎》《小兔子乖乖把门开开》。

2.语言:词汇"大象"(dàxiàng)、"长"(cháng)、"漂亮"(piàoliang)、"老虎"(lǎohǔ)、"跑"(pǎo)、"快"(kuài)、"没有"(méiyǒu)、"乖"(guāi)、"把"(bǎ)、"开门"(kāi mén)、"快点儿"(kuài diǎnr)、"就"(jiù)、"进来"(jìnlái)、"回来"(huílái),句子"跑得快"(pǎo de kuài)(动词+得+形容词)、"大象的鼻子长"(dàxiàng de bízi cháng)、"把"字句。

3.文化:含简单中文对话台词的动物主题情景短剧。

教学活动:

1.导入活动:播放歌曲视频《动物歌》,复习上一次课所学歌曲。

2.操练游戏:"你比画我猜"。学生两人组队,一名学生负责模仿动物,另一名学生说出汉语词汇。游戏限时三分钟,各队伍轮流猜词,规定时间内准确猜出动物数量最多的队伍胜出,并获得奖励。

3.歌曲练习:展示PPT(包括拼音、汉字、英语翻译),教师有节奏地教唱,学生跟唱,并结合简单舞蹈动作练习歌曲。

4.操练活动:情景剧剧本编写。学生自由组队组成表演小组,在三首歌曲中任选一首作为主题,在教师指导下,围绕歌曲内容编写情景短剧。剧中必须包含歌曲演唱及一定的对话台词,要求充分运用已学的交际对话,也可根据剧情需要拓展对话内容。编写时如遇困难可求助于教师,或是参考书籍、运用翻译软件等。完成剧本后交给教师检查,进行修改完善。

5.操练活动:剧本排练,准备道具。在教师指导下,学生进行剧本排练,分配角色,熟悉台词,排练动作等。搜集表演所需配乐,制作各个角色所需的动物头饰等道具。

6. 操练活动:情景剧演出。在最后一课时,各表演组进行汇报演出,其他小组作为观众可给出评分,最终得分最高的小组可获得奖励。教师对各组表现进行点评。

教学步骤:

1. 导入:播放《动物歌》歌曲视频复习。
2. 讲解、练习:教师讲解、领读歌词,学生跟读。多次齐读后,点名让学生读,教师及时正音。
3. 操练:通过玩游戏"你比画我猜"巩固词汇。
4. 歌曲练习:教师有节奏地教唱,学生跟唱,多次练习。
5. 操练:学生围绕歌曲主题进行情景剧编写。
6. 操练:剧本排练,准备道具。
7. 操练:情景剧演出,教师点评。
8. 复习总结:复习歌曲,师生交流、总结。

教学反思与备注:

1. 三首歌曲虽然内容复杂,但已学词汇在其中的复现率高,学生掌握程度较好。
2. 围绕歌词尝试进行情景剧编写、表演,趣味性强,学生积极参与,课堂气氛好。
3. 学生任务较为繁重,教师要从中协助,引导学生合理分工,发挥各自的特长完成任务。
4. 通过情景剧编演的形式学习歌曲,学生能够在口语、写作等各方面提升能力。但这一形式对于课时量以及学生水平要求较高,更适合面向具有一定基础的学生教学。

4.3 教学重点

一般来说,在语言课堂上加入文化知识的介绍或展示,教学效果并不突出,容易流于表面形式。相比之下,歌曲教学带动语言、文化教学的优势便十分突出。通过学习歌曲学生能够记忆大量词汇,同时在沉浸体验中深度感受文化。选择不同类型的歌曲,能够实现不同的教学重点。例如以掌握词汇为教学重点的"颜色"主题,选择教学歌曲《颜色歌》,既涵盖了大量颜色词汇,同时还包括了可用作课堂用语的动作词汇,学生在记忆歌曲的同时也掌握了大量词汇;而以介绍文化为重点的"友谊"主题,选择中国经典民谣《送别》作为教学曲目,学生在了解歌曲内容的同时,能够感受其中蕴含的文化寓意,在反复的练习过程中不断加深对文化的理解,从而完成一次较为完整的思维活动。以下为具体记录。

4.3.1 以语言教学为重点

"颜色"主题《颜色歌》教学记录及反思

教学主题:颜色
课时:1课时(45分钟)

教学对象:三年级零基础学生

教学曲目:《颜色歌》

歌词内容:详见第三章附录四。

教学目标:

1.知识与技能:能够熟练演唱《颜色歌》;能够在交际中熟练运用"颜色"词汇,并在课堂中运用指令词。

2.文化素养:能够了解不同颜色在中国的寓意及京剧文化。

3.情感态度与价值观:能够乐于向同学、朋友及家人或社区华人展示所学歌曲,并用中文与人交流"颜色"话题;能够在歌曲学习中获得汉语学习成就感,增强学习自信。

教学内容:

1.歌曲:《颜色歌》。

2.语言:词汇"红色"(hóngsè)、"黄色"(huángsè)、"蓝色"(lánsè)、"紫色"(zǐsè)、"绿色"(lǜsè)、"黑色"(hēisè)、"白色"(báisè)、"粉色"(fěnsè)、"银色"(yínsè)、"金色"(jīnsè)、"棕色"(zōngsè)、"高"(gāo),句子"站起来"(zhàn qǐlái)、"转个圈"(zhuàn gè quān)、"举起手"(jǔqǐ shǒu)、"坐下来"(zuò xiàlái)。

3.文化:不同颜色在中国的寓意及京剧文化。

教学活动:

1.导入活动:播放歌曲视频《颜色歌》,调动课堂气氛,导入主题。

2.操练活动:"颜色抽抽乐"。暗箱中有不同颜色的小球,由教师或学生抽出一个小球,学生举手回答相应的颜色词,回答正确的学生能够上台抽下一个小球。屏幕上有拼音提示。

3.操练游戏:"找不同"。全班分为两组,每次屏幕上会出现两幅相似的图片,区别在于细节处的颜色不同,学生合作找出不同点,两组轮流回答。游戏限时三分钟,在规定时间内找出更多处不同的小组胜出,获得奖励。

4.歌曲练习:模仿歌曲视频中的动作,结合动作进行《颜色歌》歌曲练习。

5.拓展活动:讲解不同颜色在中国的寓意;播放视频,介绍京剧及不同颜色的脸谱象征的具体含义。

6.Worksheet:分发勾线脸谱,由学生自由设计、上色,并在脸谱色块周围空白处写出颜色词汇(拼音或汉字)。

教学步骤:

1.导入:播放《颜色歌》歌曲视频,导入主题。

2.讲解、练习:搭配颜色词卡,教师逐一进行范读,学生跟读;结合词卡反复练习。

3.操练:通过活动"颜色抽抽乐"进行词汇巩固。

4.操练:通过玩游戏"找不同"进行词汇运用练习。

5. 歌曲练习:结合视频舞蹈动作练习歌曲。

6. 拓展介绍:讲解颜色内涵,播放视频介绍京剧文化及脸谱颜色的含义。

7. Worksheet:学生完成脸谱上色并练习书写。

8. 复习总结:全班表演歌曲,师生交流、总结。

教学反思与备注:

1. 歌曲节奏活泼、动作幅度大,符合学生活泼好动的个性,深受学生喜爱。

2. 歌词涉及词汇较多,初学时部分歌词含糊不清,学生掌握全曲歌词需要花费较长时间,建议课后多次反复练习。

3. 歌曲视频十分生动,但也容易使学生沉迷于视频画面,忽略歌词;另外,原视频无字幕且速度过快,建议进行剪辑,增加字幕,调整视频速度。

4.3.2 以文化教学为重点

"友谊"主题《送别》教学记录及反思

教学主题: 友谊

课时: 3课时(135分钟)

教学对象: 五年级汉语学习小组

教学曲目: 《送别》

歌词内容: 详见第三章附录四。

教学目标:

1. 知识与技能:能够熟练演唱《送别》,能够掌握重点词汇。

2. 文化素养:能够了解中国古典文学音韵美。

3. 情感态度与价值观:能够乐于向同学、朋友及家人或社区华人展示所学歌曲;能够在歌曲学习中获得汉语学习成就感,增强学习自信,对"友谊"主题形成独立的思考。

教学内容:

1. 歌曲:《送别》。

2. 语言:重点词汇"长亭"(chángtíng)、"古道"(gǔdào)、"柳"(liǔ)、"笛声"(díshēng)、"夕阳"(xīyáng)、"天之涯"(tiān zhī yá)、"地之角"(dì zhī jiǎo)、"知交"(zhījiāo)、"浊酒"(zhuójiǔ),拓展内容为全曲歌词。

3. 文化:中国传统文化中对友情的理解,中国古代文学音韵美。

教学活动:

1. 导入活动:播放《送别》视频,视频有与歌词同步的画面,给学生留下整体印象。

2. 歌曲练习:

①展示PPT(包括拼音、汉字、英语翻译),教师教唱,学生跟唱。

②发挥学生特长,加入吉他伴奏,进行完整的歌曲练习。

③组曲练习:在学生熟练掌握《送别》后,加入由《这是谁》改编的几句简单歌词"这是谁?这是我的朋友",完成"友谊"主题组曲练习。

3. Worksheet:教师重点讲解"长亭""古道""夕阳""柳""笛声""天之涯""地之角""浊酒"等意象包含的文化寓意,学生根据对歌词的理解画出歌词意境。

4. 拓展活动:教师准备毛毡、毛笔、宣纸及墨汁,教学生使用毛笔写"朋友"等汉字。

5. 演唱视频录制:录制完整的表演视频,作为本课教学成果展示。

教学步骤:

1. 导入:播放《送别》视频。

2. 讲解、练习:分发歌词,教师逐句解释歌词,引导学生关注句尾押韵;教师领读,学生跟读、齐读,教师注意正音。

3. 歌曲练习:教师教唱,学生跟唱;熟练后,播放音频,配合歌词提示,学生反复练习。

4. Worksheet:学生根据对歌词的理解作画。

5. 歌曲练习:结合吉他伴奏,完整演唱歌曲。

6. 拓展活动:学习书法,练习写"朋友"等词。

7. 歌曲练习:组曲练习,《送别》及简单儿歌。

8. 录制演唱视频。

9. 复习总结:师生交流心得感悟。

教学反思与备注:

1.《送别》难度大,需严格控制教学对象,在零基础班级难以实践,本次实践本着务实的态度,只在两个6人学习小组中展开,全程花费3课时。学生对全部歌词的记忆很好,能够理解每一句的歌词大意,但无法要求学生掌握每一个词语。

2. 课后需反复练习,歌曲较长,容易遗忘。

3. 课堂之外,在指导教师的建议下,决定录制该曲演唱视频参加新西兰中文歌曲大赛,因此增加了选拔参赛者、录制视频等竞争、展示环节,充分调动了学生的学习积极性。视频也意外收获了众多好评。

4.《送别》的教学是在实践与研究歌曲教学的过程中以文化作为教学重点的一次大胆尝试,因为歌曲难度较大,一度担心学生难以接受,但最终课程不仅顺利进行且收获了意外肯定,激发了参与其中的小组成员的学习热情,也为教师增加了教学自信与成就感。

第五节 歌曲教学的反馈与反思

为全面了解歌曲教学实践的教学情况及学生对歌曲教学的态度与感知,主要在任教期间进行了面向学生的问卷调查、访谈及测试,同时还对教学视频、课堂日志、班级教师反馈意见、教学成果等教学记录进行了整理与分析。

在人数较多的班级展开了关于歌曲教学情况的问卷调查,以 Torbay School 二年级至四年级及 Long Bay Primary School 三年级至六年级部分班级学生为主要调查对象,每一年级参与人数大致相同。问卷包括了学生对歌曲教学及歌曲的接受程度、对课堂教学的意见及建议两方面内容。调查时间为学年末,学生对歌曲教学较为熟悉,考虑到学生年龄较小,理解能力不强,问卷设置的题量不大,以选择、填空为主,同时题目及选项表达简洁、直接,确保学生的回答有效。本次调查样本丰富,共收回 270 份有效问卷,其中 Torbay School 149 份,Long Bay Primary School 121 份。针对人数较少的 Torbay School 汉语学习小组及 Long Bay Primary School 部分华裔学生则是选择了访谈的方式,了解其对歌曲教学的具体看法。

为进一步了解教学效果,学年末对任教学校学生进行了卷面测试,卷面测试以选择题、翻译题、连线题为主,主要考查学生听、读、识三方面技能,通过正确率判断学生对具体教学主题下的知识内容的掌握情况。课堂测试分为师生面谈及练习考核两种方式,师生面谈主要考查学生对于文化知识的理解,练习考核则伴随着复习课进行,在学年歌曲总结及对话练习中重点考查学生对于教学曲目的掌握情况及语言运用能力。

另外,通过整理教学视频及课堂日志,对教学行为进行评估,发现教学过程中存在的问题,进行反思及经验总结。班级教师的反馈意见则反映了学生在汉语课后的表现情况,对于歌曲教学的受欢迎程度及教学效果评估进行了有效补充。

5.1 对歌曲教学的情感态度

5.1.1 学生的喜爱程度

调查数据(表 3-5)反映两所学校的学生对于歌曲教学的喜爱程度较高,在"你喜欢学习中文歌曲吗"一项中,好感度平均达 77%。

表 3-5　学生对歌曲教学的喜爱程度

Do you like learning Chinese songs?				
	Torbay School		Long Bay Primary School	
选项	选择人数	比例	选择人数	比例
Enjoy it very much	36	24.16%	31	25.62%
Like	75	50.33%	65	53.72%
Just so-so	23	15.44%	14	11.57%
Do not like	15	10.07%	11	9.09%

在访谈中,学生们同样表达了对中文歌曲学习的喜爱,包括华裔学生也表示对汉语

课上的词汇、句子比较熟悉，容易觉得枯燥，更喜欢在汉语课上学唱中文歌。这一点通过学生平时的课堂表现也可以看出，学生对于课堂展示的歌曲内容有着较大的兴趣，也乐于参与课堂歌曲练习环节，复习时更愿意以唱歌替代语言操练，学习中文歌曲的积极性普遍较高。

除了课堂学习，学生在课外时间也延续着对中文歌曲的热爱，对于调查问题"你会在汉语课结束后尝试唱中文歌或是使用歌曲中的词汇、句子吗"（表3-6），不少学生选择了"经常"或"有时"，应用频率较高。

表3-6　学生课后应用歌曲频率

Have you tried singing Chinese songs or using words and sentences from the songs after Mandarin class?				
	Torbay School		Long Bay Primary School	
选项	选择人数	比例	选择人数	比例
Frequently	14	9.40%	20	16.53%
Sometimes	80	53.69%	55	45.45%
Seldom	34	22.82%	17	14.05%
Never	21	14.09%	29	23.97%

不少班级教师也反馈，在自己的课上经常能够听到学生兴致勃勃地哼唱中文歌曲，还有不少学生愿意在班级分享时主动展示中文歌曲，学生们对于中文歌曲的喜爱程度令他们感到惊喜。

5.1.2　对歌曲的作用评价

对于歌曲教学的作用评价（表3-7），平均有85%的学生认为歌曲教学对于汉语学习发挥着积极作用，主要体现为歌曲对语音、词汇、句型等语言知识及文化知识学习的帮助。

表3-7　学生对歌曲教学作用的评价

Do you think Chinese songs can help you learn Mandarin?				
	Torbay School		Long Bay Primary School	
选项	选择人数	比例	选择人数	比例
Very useful	30	20.13%	38	31.40%
Useful	97	65.10%	64	52.89%
Just so-so	17	11.41%	12	9.92%
Not useful	5	3.36%	7	5.79%

续表

	What do you think Chinese songs can help you? (Multiple-choice)			
选项	Torbay School		Long Bay Primary School	
	选择人数	比例	选择人数	比例
Help you stay focused	18	12.08%	38	31.40%
Increase interest in learning Mandarin	27	18.12%	34	28.10%
Help you pronounce	68	45.64%	46	38.02%
Help you remember the words	71	47.65%	53	43.80%
Remind you to say the sentences	43	28.86%	71	58.68%
Learn more about Chinese culture	35	23.29%	34	28.10%
Others	3	2.01%	3	2.48%

针对歌曲教学的情感态度调查数据显示,任教学校的学生答案较为统一,歌曲教学在小学各年龄段中普遍受到欢迎,同时在发挥积极作用方面也得到了较高程度的认可,再一次验证了歌曲教学在新西兰小学汉语教学中的适用性。

5.2 对歌曲教学实践的反馈

5.2.1 教学内容

在本次实践中,选择了《你好歌》《再见歌》《蒂姆的歌》《新年好》《数字歌》《家庭歌》《丢手绢》《送别》《宝贝》等歌曲作为主要教学内容。在具体教学实践过程中,根据学生的水平与教学重点,将这些歌曲结合不同的教学活动并以各种形式出现在相关的主题教学中,各具特色,受到了学生不同程度的欢迎。针对学生的调查问卷将"歌曲的受欢迎程度"设为排序题(后期统计时将选项的排序情况转换成得分,得分越高表示综合排序越靠前)。学生根据自身情况对本学年学习的所有歌曲进行排序,结果如下(见表3-8)。

表 3-8　歌曲喜爱程度排名

	喜爱歌曲					
	Torbay School			Long Bay Primary School		
	二年级、三年级	四年级	学习小组	三年级	四年级	五年级、六年级
第一名	《颜色歌》	《水果歌》	《宝贝》	《颜色歌》	《颜色歌》	《颜色歌》
第二名	《头肩膀膝盖脚》	《饮料歌》	《送别》	《水果歌》	《水果歌》	《饮料歌》
第三名	《动物歌》	《颜色歌》	《两只老虎》《丢手绢》	《动物歌》	《动物歌》	《问候歌》
	不喜爱歌曲					
	Torbay School			Long Bay Primary School		
	二年级、三年级	四年级	学习小组	三年级	四年级	五年级、六年级
第一名	《饮料歌》	《再见歌》	《你好歌》	《新年好》	《新年好》	《头肩膀膝盖脚》
第二名	《食物歌》	《你好歌》	《新年好》	《头肩膀膝盖脚》	《头肩膀膝盖脚》	《家庭歌》
第三名	《你好歌》	《新年好》	《再见歌》	《问候歌》	《问候歌》	《新年好》

　　分析可知，学生喜爱的歌曲集中于《颜色歌》《水果歌》《头肩膀膝盖脚》《饮料歌》《动物歌》《问候歌》，其中《颜色歌》《水果歌》《动物歌》为最受欢迎曲目。不喜欢的歌曲则比较分散，其中《新年好》最不受学生欢迎。这一结果与学生在另一组填空题"你最喜爱/最不喜爱的歌曲"中给出的答案接近。

　　总体来说，学生们更看重趣味性，具体在于歌曲内容是否有趣、歌曲曲调是否活泼、歌曲视频是否具有吸引力、歌曲的练习形式是否丰富，这在课堂记录中也有所反映。《新年好》的节奏偏慢，对于歌曲内容学生也不感兴趣，对于歌曲的接受度就不高。但《颜色歌》《水果歌》等歌曲节奏感极强，且包含了大量内容，加上在上课时播放的视频生动有趣，学生们能够跟着视频大量蹦跳，课堂气氛极佳，因此给大多数学生留下了深刻印象。另外，歌曲难度也会影响学生的选择，零基础的低年级学生对于词汇量过多的歌曲，例如《饮料歌》接受度不高，而有一定基础的高年级学生则认为《你好歌》等歌曲过于简单，不太乐意学习，更愿意挑战具有难度的歌曲，例如《送别》《宝贝》等高难度歌曲就成为了学习小组成员的最喜爱歌曲,能够演唱一般教学儿歌以外的中国流行歌曲、民谣,使这部分学生收获了前所未有的成就感,迅速建立了学习自信。

值得注意的是,在前期面向新西兰汉语教师的调查中推荐最多的《蒂姆的歌》《头肩膀膝盖脚》等歌曲在任教学校中并未得到很好的教学反响。另一方面,通过问卷数据也能够看出两所任教学校之间、不同年级学生的喜好同样有着较大区别。因此在歌曲教学内容的选择上仍应坚持以具体任教学校教学对象的需求为主。

5.2.2 教学策略

与过去通常作为课堂辅助手段的歌曲教学有所不同,本次实践将歌曲作为核心内容,歌曲教学贯穿课堂全过程,这一创新得到了学生们的支持。对"如何学习歌曲"问题的回答进行了统计(表3-9),两所学校的学生多数都选择了当前的学习形式"Along with the lesson"。

表 3-9　歌曲教学形式选择

选项	Which way do you think you prefer for learning the song?			
	Torbay School		Long Bay Primary School	
	选择人数	比例	选择人数	比例
As a course introduction	33	22.15%	30	24.79%
Along with the lesson	65	43.62%	67	55.37%
As the knowledge extension	16	10.74%	12	9.92%
As an independent lesson	35	23.49%	12	9.92%

从平时的课堂情况来看,学生对于歌曲教学模式的适应程度高,大多数学生在初次上课时便能够自然地融入课堂,在融洽的课堂氛围中笔者也迅速地建立了教学自信,对课堂的掌控较好,在良好的师生配合下,歌曲教学顺利地展开。从学生的课堂反应中,能够明显地感受到零基础的学生在"边唱边学"的过程中逐渐建立了对汉语学习的兴趣,而有过汉语学习经历的学生也比较享受在歌曲教学这一新模式中的进一步学习。

在歌曲学习频率方面进行了统计(表3-10),大部分学生选择了"每两周学习一首歌",这与教学安排比较一致。在每周一节,每节20—45分钟的汉语课的频率下,每两周学习一首歌曲是较为适宜的节奏,保证了学生充分理解每一首歌曲的内容,通过一个学年的学习后,能够掌握一定数量的歌曲。

表 3-10　歌曲教学频率选择

选项	How often do you like to learn a new song?			
	Torbay School		Long Bay Primary School	
	选择人数	比例	选择人数	比例
Every Lesson	43	28.86％	34	28.10％
Every 2 lessons	90	60.40％	62	51.24％
Every month	10	6.71％	13	10.74％
Others	6	4.03％	12	9.92％

在歌曲练习形式及活动方面，采取了听音乐跟唱，看歌曲视频练习，结合游戏、舞蹈等多种形式进行教学，学生们对于不同形式、活动的接受度都比较高，经过调查（表 3-11），游戏、舞蹈形式最受学生欢迎。

表 3-11　歌曲练习活动选择

选项	Which way do you think is more effective for learning the song?（Multiple-choice）			
	Torbay School		Long Bay Primary School	
	选择人数	比例	选择人数	比例
Listen and sing along	73	48.99％	71	58.68％
Play games	77	51.68％	74	61.16％
With gestures or dance	84	56.38％	77	63.64％
With music videos	75	50.34％	51	42.15％
Others	0	0.00％	3	2.48％

新西兰学生活泼好动的性格十分突出，基本难以保持超过十分钟的端坐状态，这一现象在低年级学生身上更为明显，但在笔者的课堂上却几乎从未出现过学生状态不佳、表现疲惫的情况。类似游戏与舞蹈这样运动量较大的活动，能够给学生提供"合理活动"的时间，学生在有趣的歌曲学习过程中释放了精力，反而省去了许多课堂管理方面的困扰。

5.3　教学效果分析

学期末，对任教学校 Torbay School、Long Bay Primary School 的学生进行了教学评估以考察教学效果。

在期末的复习课上，进行了歌曲教学评估。为增加趣味性，在班级教师的帮助下采取了"班级演唱会"的方式,在歌曲视频、音乐伴奏下学生们依次演唱,低年级学生为班级合唱,高年级则由学生自由组队,可独唱、小组合唱或班级合唱。在班级教师协助下,对学生们的表演进行了视频录制,作为这一年的汉语学习成果展示。通过课堂观察及回看视频,对学生歌曲掌握情况进行了评估,高年级学生基本能够完整唱出所有歌曲,部分歌曲能够背唱,低年级学生除少数平时课堂较少复现的歌曲以外,也能够跟着歌词提示唱完歌曲。同时,学生们对于课上所学的舞蹈也记忆深刻,在演唱的同时还十分兴奋地展示舞蹈动作,气氛热烈。这一评估方式虽难检验学生个人,但在测试时间紧张的情况下,以班级为单位进行测试是当时最为合理的形式,也取得了较好的效果。

除了课堂评估以外,还采取了笔试及师生面谈两种形式的教学测试,并对笔试正确率进行统计。在针对各教学主题下词汇、句型知识的笔试中,大部分学生取得了较为理想的得分,正确率在60%以上。高年级学生的成绩更为可观,正确率基本在75%以上。

学生对于大部分歌曲主题下的语言点掌握情况良好,两所学校的趋势也较为相似,学生得分由低年级向高年级逐步递增,学生的汉语基础虽相近,但高年级学生的接受能力明显比低年级强,对于知识的掌握也更加牢固。比较各个主题的得分情况,可以发现学生在词汇量较大的"饮食""颜色""水果"主题中,表现并不逊色于"日常问候"等基础主题,这与学生对歌曲的喜爱程度成正相关,学生对歌曲的兴趣直接带动了对语言点的学习效率;而"春节""中秋节"与其他主题相比则没有得到很好的反馈,分析原因,除了受学生情感、态度因素影响以外,在这两个主题的歌曲教学过程中更加侧重文化内容的展示,对于语言点的操练不足,因此学生没有很好地掌握词汇及句型。

这一点在随后的师生面谈中得到了印证,大部分学生在表述自己对于中国文化的看法时都选择或提及了中国传统节日,对于这部分文化知识印象较为深刻。除传统节日外,在面谈中许多学生还提到了各个歌曲主题下的拓展文化,对于文化知识点有着较为全面的认识。较为惊喜的是,学生们在回答时并不仅仅停留于对知识的客观描述,而是表达了自己理解的过程,例如在提到《送别》时,学生就讲述了自己从不理解为什么中国人要在送别亲友时唱"人生难得是欢聚,唯有别离多"如此悲伤的词到真正体会了歌词作者心境的思考过程,这在文化教学中是十分重要的教学成就。通过歌曲学习,在传授文化知识的同时也训练了学生在面对不同国家文化差异时的独立思考能力,形成包容多元文化的价值观。

在汉语课程之外,也结合学生的活动表现进行了教学效果分析,在Torbay School的学校文化周集会上,三年级、四年级学生在年级教师组织下进行了中文歌曲表演。在过去的汉语课程中,公开的成果展示机会较少,由于歌曲形式十分符合活动要求,这次得以展示,发挥了汉语及中国文化的校园影响力,得到了学校教师及家长的肯定。除了校园活动以外,还组织汉语学习小组成员参加了由维多利亚孔子学院举办的新西兰中小学生中文歌曲大奖赛,以课上所学的《送别》为主要参赛曲目,进行了动作编排、乐器演奏及学习心得录制,参赛视频在 Youtube 平台收获了很高的点赞数,得到了家长及新西兰汉语教师的广泛好评,学校对于学生们的作品也十分满意,在校园内进行了宣传播放,学生们由此建立了强大的学习自信。综合以上表现,本次实践很好地发挥了歌曲教学在文化、情感方面的优势,形成了一定范围内的积极影响,成效颇丰。

5.4 歌曲教学实践中的问题与经验

在对歌曲教学的评估过程中,对歌曲教学应用方案出现的问题进行了分析与反思,认为在实践过程中,在歌曲选择与课堂教学中仍存在改进的空间,同时这也与本次实践研究的重点相一致,因此主要进行了这两方面的经验总结。希望借此完善歌曲教学的应用方案。

5.4.1 选歌原则

歌曲选择作为教学实践中的重要环节,对于后期教学效果的影响巨大,参考前辈们提出的选歌建议,重点结合本次教学实践产生的问题,对歌曲选择进行了经验总结。

以学生为中心应是选择歌曲的首要原则。在任教国家整体教学环境影响下,学生个性鲜明,爱好运动,此时节奏感强、能够配合大量动作进行表演的歌曲就十分适合他们。同时,学生的学习兴趣也是重要参考依据,学生的年龄也会影响他们对于歌曲教学的接受程度。一般来说,年龄小的学生对于活泼生动的儿歌喜爱程度高,而年龄较大的学生,如小学高年级学生、中学生则更愿意学习富有感情的流行歌曲及民谣,因为蹦蹦跳跳的儿歌难以调动他们的积极性。从任教学校的情况来看,小学生对于歌曲学习普遍热情较高,但不同年级学生的歌曲类型取向依然有着差异。另一方面,在选择歌曲时也应充分考虑学生的汉语水平及学习能力,尽量选择歌词难度适中、长度适中的歌曲,只有适合学生学习的歌曲才能够发挥最大的教学效果。

在学生的接受范围内,选择曲调动听、朗朗上口的歌曲更有利于教学,优美明朗的旋律能够触动师生情感,在融洽动情的课堂氛围中,教学效果更佳,降低了课堂管理等方面的难度。符合学生审美的歌曲,学生学习积极性更强,平时也更乐于演唱,除了课堂练习外,即使在课后学生也会不自觉地哼唱,能够起到很好的复习效果。教师也可以借用当地流行的曲调进行改编,用汉语演唱熟悉的曲调,对于建立学生的学习自信很有帮助。

另外,除了歌曲的曲调,歌曲的内容是否积极向上也应纳入考虑范畴,避免争议性内容。在教学对象年龄较小、判断能力较差的情况下,运用到教学中的曲目应有益于培养学生的健全人格。在歌曲基调健康积极的基础上,考虑歌词是否具有较为丰富的语言、文化内涵。

与整体教学原则相一致,选择歌曲时也应重视歌曲的交际性与实用性。语言课的学习都应以交际应用为目标,歌曲在歌词中含有一定的文法内容,并且有足够的重复部分,这对学生的口语练习更有利,有助于实现汉语课程学习的交际目标。而歌曲的实用性则体现为传唱度高。歌曲应能够在课堂之外的其他场合广泛应用,无论是让学生在周围环境中能够再次接触歌曲,还是学生能够主动将歌曲展示给他人,都能对教学产生积极影响。

对于新手教师而言,歌曲教学中选择现成的歌曲自然是更加方便,参考资料也比较丰富,但若是出现曲目不符合教学要求或是无适合曲目的情况,教师则应大胆尝试改编歌曲或是自编歌曲,编写原则与以上所述选歌原则大致相同,仍应充分考虑各方面因素,编写适合教学的歌曲。

5.4.2 教学经验、技巧

除了歌曲的选择以外,歌曲的展示方式也影响学生的接受程度。教师在备课时应尽可能准备歌曲视频等教学资源,从实践经验来看,比起简单的伴奏音乐,画面色彩丰富的歌曲视频更受学生欢迎。同时建议教师掌握一定的视频剪辑技能,在整理资源时发现,除了少数针对汉语课程编写的教材歌曲以外,网络上能够下载的视频多数存在无拼音字幕甚至无字幕的情况,对于初级水平学生而言,学习歌曲时仍然需要拼音提示,带有拼音字幕的视频能够发挥更大的作用,因此需要教师对视频做出一定处理。另外,视频的快慢有时也需要调整,例如在初学及复习时准备不同倍速的歌曲视频,以适应学生对歌曲由陌生至熟悉的不同掌握程度。

设计丰富多样的教学活动也十分重要,单调的歌曲练唱难以适应低年龄学生活泼好动的性格,如何处理歌曲以使学生对长期的歌曲教学保持饱满的学习热情,应是教师在备课及教学过程中着重思考的问题。在歌曲教学活动中,加入动作与舞蹈是效率最高的一种方式。形象的肢体语言能够很好地帮助学生理解歌词,有时甚至优于教师的讲解,且配合歌词含义表演动作也对学生记忆歌曲十分有效,但在设计动作时,也应关注学生年龄,过于活泼的动作就不适合年龄较大的学生。而综合性更强的游戏、情景剧等活动更适合在高年级教学,课堂气氛活跃,教学效果显著,但在组织课堂活动时,要充分考虑课堂纪律、学生安全问题。

为更好地实现歌曲教学的交际性目标,教师在教学过程中也应注意及时处理歌曲与语言点的关系。根据 Palmer & Kelly(1992)的观点,在一首歌曲里,为配合旋律或表现歌曲中蕴含的情意,会加重某些词句的发音,或延长词句的表现时间,达到语言强化的目的,同时也可以增进接受者的理解程度。教师可以根据歌曲中的重音、延音部分判断教学重点,也可在教学中运用歌曲重音的功能,将教学重点强化处理后传达给学生。

注意处理歌曲教学中存在的跨文化问题。对于海外学生而言，歌曲中反映的生活习俗、社会背景等都相对陌生，因此容易产生误解。以实践经历为例，在教学《食物歌》时，歌曲视频里有一处是中国食客在饱餐一顿后打嗝的画面，视频本意是为了表现食客对米饭、水饺等中国食物的热爱，但在上课过程中就有不少学生及班级教师质疑"打嗝"是非常粗鲁的行为。类似这种情况，在歌曲教学的过程中经常会在细节处发生文化认知差异，这就需要教师及时进行解释，避免产生不必要的误会。另一方面，也要注意歌曲内容是否适合学生学习，例如在教学《饮料歌》时就遇到了歌词存在争议的情况，当时有少数班级教师对于歌词中出现的啤酒等酒类饮料提出质疑，不建议向学生展示。在这种情况下，教师最好能够提前与指导教师或是班级教师进行沟通，以保证教学内容符合教学要求。

另外，在歌曲教学过程中同样强调教师根据学生的课堂表现及时进行有效反馈。要注意，正反馈虽然能够鼓励学生学习，但也要注意一味地表扬作用不大。根据期望理论(该理论可用公式表达为"激励力量＝效价×期望值")，效价即被激励对象对目标的看重程度，期望值可理解为被激励对象对目标能够实现的可能性大小的估计)，只有当效价与期望值都呈现高数值时，才能实现强大的激励力量，也就是只有当激励切合学生期待时才能够发挥最大作用。因此尽快了解学生在歌曲教学中所表现出的兴趣偏好及个性需求很重要，考虑到学生在学习兴趣等多方面的个体差异，及时合理地进行有针对性的反馈，才能够发挥最佳功效。同时，在长时间的学习过程中，若是学生表现不佳或是出现学习态度松懈的情况，教师也应提出批评，但一定要注意方式。

第六节　结语

6.1　本研究小结

本研究基于新西兰 Torbay School、Long Bay Primary School 两所小学的教学实践，首先梳理了与歌曲教学相关的研究，在制定实践方案前，分析了歌曲教学在新西兰小学汉语教学中的适用性，并评估了歌曲教学在新西兰教学背景下的可操作性，之后参考新西兰汉语教师的教学经验，在多种理论指导下，针对学生特点制定歌曲教学在新西兰小学汉语教学中的应用方案，并加以实施，最后通过问卷调查、教学测试等方式对歌曲教学的教学效果进行反馈及评估，在实践中总结了关于歌曲选择及教学技巧等方面的经验。本研究认为，在选择、编写歌曲时，应以学生为中心，充分考虑学生水平及兴趣，同时也要注重歌曲曲调、内容是否适合教学。通过反思教学过程中出现的问题，得出歌曲教学应重视教学展示形式及教学活动的设计，同时在教学过程中，应处理好歌曲与语言点的关系，关注歌曲的文化、社会影响，及时进行有效反馈等教学经验。

6.2 与相关研究的比较

从研究定位来看,本研究有别于过去多数研究中将歌曲教学作为教学辅助手段等情况,突破性地把歌曲教学提升到相对独立的教学应用模式的地位。运用科学的研究方法,在实践中探究针对特殊对象与环境的不同应用模式,即歌曲教学在新西兰小学汉语教学中的本土化应用模式,强调歌曲教学的语言、文化及情感功能。从结论上来说,本研究与目前多数应用研究的观点基本相符,再次验证了歌曲教学在中小学汉语教学中应用的有效性与科学性,在实践中总结出的教学经验也符合学界认可的教学规律。

本研究的创新点在于以汉语教师志愿者教学的实践经验为基础,结合对一线教师和学生关于歌曲教学的使用感受、使用情况的调查研究及反馈意见,针对新西兰的教学环境、教学对象的特点,整理适合新西兰汉语教学的歌曲和歌曲教学法,对歌曲教学的实施方案提出切实可行的建议,完善了歌曲教学在新西兰汉语教学中的本土化应用。在过去许多研究中,多数教师以自身课堂记录为基础,侧重对歌曲选曲或教学案例等某一方面展开一定的分析,本研究在此基础上深入分析,展开更加完善的调研,通过科学的前期评估、方案设计、教学实践以及后期对教学效果的检验,完整地展现歌曲教学在新西兰小学汉语教学中的应用,并综合经验对歌曲选择及教学等方面给出更具针对性的参考建议。

6.3 写作难点及不足

与过去关于歌曲教学的研究相比,本研究对歌曲教学的定位做出了一定突破,提高了歌曲教学的地位,更加注重实践应用方面的研究,因此在研究及写作过程中面临着一定的难题。在前期制定方案及教学过程中能够直接参考的教学经验较少,写作时也面临着参考资料不足的困难,因此需大量阅读相关理论研究及教学方法、课堂活动案例。

本研究在写作过程中虽力求全面、准确,但在实际操作中受主客观条件的制约,仍存在不足之处。首先,关于歌曲教学的文献资料仍不尽完善,因此研究可能存在着理论不足的缺陷;其次,由于理论知识及研究能力有限,且教学经历不够丰富,仅结合自身在任教学校一学年的教学实践经验,对歌曲教学在新西兰小学汉语教学中的应用进行了初步研究,提出的教学方案还需改进,同时也存在着理论支持不足的情况。在日后的教学实践中,还需不断积累歌曲教学的相关经验,开展更为深入的研究。

6.4 歌曲教学的应用前景

新西兰小学汉语教学周期较短、课时量少,大部分学生处在零基础或是初级汉语水平,且在教学资源方面,缺乏贴合新西兰汉语教学需求的本土化教材,教师需自行制定教学计划、设计教学方案并搜集教学资源,在这一教学前提下,歌曲教学十分适用于新西兰小学汉语课堂。歌曲教学在主题、内容选择上较为自由,能够充分满足学校的教学需求、学生的学习兴趣,通过歌曲教学能够带动相关主题下的语言、文化知识教学,保证趣味性与实用性,且教学成果显著,具有突出的文化、情感优势,经过具体教学实践检验,歌曲教学展示出了良好的教学效果。

歌曲教学对于学生的个体发展也有很大的帮助作用,除了提升学生的知识水平及语言技能外,同时也培养了学生的认识能力、文化感知力、多元思维、情感态度等综合素养。通过歌曲教学,学生能够获取相关的汉语词汇、句型等知识点,在丰富的课堂活动中提高了语言交际运用能力及音乐、舞蹈等多方面技能,在理解、探究歌曲内容及文化内涵的过程中,学生能够加深对中国文化的理解,并在思考不同国家文化差异的过程中锻炼思维能力,形成多元包容的文化意识。同时歌曲教学的趣味性能够引起学生对汉语课程的学习兴趣,提高学习能动性,而显著的教学成果则能够帮助学生迅速建立起学习自信,保持学生的学习积极性。

对于教师而言,歌曲教学也能够有效提高教师的教学能力及综合素质。与传统的语言教学课堂不同,歌曲教学的综合性更强,要求教师有一定的跨学科知识、技能储备,同时在教学中更强调趣味性与师生互动,在教学设计、教学方式上都要求有一定的创新,单是教学资源的搜集就对教师,尤其是新手教师构成一定挑战。在具体的课堂教学中也需要教师掌控全场,灵活处理各种情况,考验教师的组织能力及应变能力。为不断完善歌曲教学的应用方式,还需要教师不断对教学行为做出反思,及时调整教学方向。在这一过程中,教师个人能力自然能够得到发展。另一方面,对于不排斥音乐元素的教师而言,在汉语课上应用歌曲教学应该是令人愉悦的事,在融洽的课堂氛围中歌曲教学实际上减轻了部分教学压力,同时学生显著的学习成果也有利于建立教师的教学自信,提高教师的职业幸福感。

综合各方面积极意义,歌曲教学在新西兰小学汉语教学中应具有较大的应用价值,但目前歌曲教学并没有得到足够的重视,播放、演唱中文歌曲经常被当作教学辅助手段,多作为活跃课堂气氛的方式,语言、文化教学的作用不大,且较为随意,未形成规范的教学体系,相关的研究成果也比较匮乏,针对新西兰国家的研究更是稀少。本研究虽尝试提高歌曲教学地位、在实践应用方面做出了探究,但仍存在不足,需要进一步学习、改进。期待歌曲教学在汉语教学领域得到认可并实现广泛应用,早日取得更大的发展。

(施一清 吴成年)

参考文献
著作

陈绂,朱志平.跟我学汉语:学生用书 第1册[M].人民教育出版社,2003.
陈琦,刘儒德.当代教育心理学[M].北京师范大学出版社,1997.

加德纳.多元智能[M].沈致隆,译.新华出版社,1999.

加涅,韦杰,戈勒斯,等.教学设计原理[M].王小明,庞维国,陈保华,等,译.5版.华东师范大学出版社,2007.

柯顿,达尔伯格.语言与儿童:美国中小学外语课堂教学指南[M].唐睿,等,译.4版.外语教学与研究出版社,2011.

李晓琪,罗青松,刘晓雨,等.快乐汉语:第1册[M].人民教育出版社,2003.

刘现强.现代汉语节奏研究[M].北京语言大学出版社,2007.

卢梭.论语言的起源:兼论旋律与音乐的摹仿[M].洪涛,译.上海人民出版社,2003.

索绪尔.普通语言学教程[M].外语教学与研究出版社,2001.

杨荫浏.语言音乐学初探[M]//语言与音乐.人民音乐出版社,1983.

郑通涛,臧胜楠.音乐与语言的共生机制研究[M].世界图书出版广东有限公司,2016.

周晓康.晓康歌谣学汉语:第1集[M].北京大学出版社,2009.

周晓康.晓康歌谣学文化:第1集[M].北京大学出版社,2010.

Graham C. Singing, chanting, telling tales: arts in the language classroom[M]. Prentice Hall, 1992.

Griffee D T. Songs in action[M]. Prentice Hall, 1992.

Huang P, Harvey R. Rhythms and tones: chants and songs for learning Chinese (English and Chinese edition)[M]. ChinaSprout, 2010.

Krashen S D. Principles and practice in second language acquisition[M]. Pergamon Press, 1982.

期刊论文与论文集论文

陈金莲,陈建平.英文歌曲教学效用的探析[J].中山大学学报论丛,2005(3).

陈熹.对外汉语教学之合乐教学法[J].现代语文(语言研究版),2009(12).

杜亚雄.语言和音乐的关系[J].中国音乐,1990(1).

段瑞玲.略谈音乐素养对外语语音语调之影响[J].西安外国语学院学报(哲学社会科学版),1997(2).

傅由.汉语听力课引进中文歌曲的设想与尝试[J].北京教育学院学报,2002(3).

韩曦.新西兰中小学汉语教学现状及其对策[C]//世界汉语教学学会.第九届国际汉语教学研讨会论文选.2008.

韩曦.新西兰中小学需要什么样的教材?[J].世界汉语教学学会通讯,2009(试刊).

韩瑜.汉语歌曲在对外汉语教学中的应用[J].吉林省教育学院学报,2007(10).

黄晨辉.多元智能与小学英语歌曲歌谣教学[J].和田师范专科学校学报(汉文综合版),2009(1).

黄艳婷,吴小敏,徐乔.新西兰奥克兰中小学汉语教学现状分析及展望[C]//北京大学对外汉语教育学院研究生会.第八届北京地区对外汉语教学研究生论坛文集上.2015.

蒋小棣.语言与音乐[J].现代语文(语言研究版),2006(3).

蒋以亮.音乐与对外汉语的语音教学[J].汉语学习,1999(3).

克莱门特拉罗伊,刘精香.歌曲和音乐在语言教学中的运用[J].国外外语教学,1994(3).

李蜜蜜,夏宇.谈中文歌曲在海外汉语课堂中的运用[J].成都大学学报(教育科学版),2008(10).
李西安.汉语声调与汉族旋律[J].中国音乐,1982(4).
李鲜.英文歌曲在高职英语教学中的运用研究[J].现代交际,2017(19).
李以明.音乐与智慧初探[J].华北水利水电学院学报(社科版),2001(2).
刘明东,杜晓文.小学英语歌曲教学的原则与方法[J].湖南第一师范学院学报,2014(6).
龙叶,雷英杰.浅谈中文歌曲在对外汉语听力教学中的应用[J].云南师范大学学报(对外汉语教学与研究版),2007(4).
路文明,秦婉丽.浅谈音乐与语言的关系[J].齐齐哈尔大学学报(哲学社会科学版),2003(5).
罗海娟.幼儿园语言教学与音乐教学整合构建初探[J].学前教育研究,1997(4).
罗树林.试论儿歌教学的特点及其对"对外汉语教学"的启示[J].湖北经济学院学报(人文社会科学版),2011(11).
马琳.汉语声韵美探论[J].重庆工学院学报,2004(5).
梅惠荣.中文歌曲在对外汉语文化教学中的应用研究:以《红豆》为例[J].现代交际,2018(16).
裴正薇.音乐智能与英语听说能力相关性的实证研究[J].语言学研究,2005(10).
钱茸.语言学方法之于音乐的"中国元素":《民族语言音乐学》课程论证[J].中央音乐学院学报,2009(2).
乔艳.歌曲在英语教学中的辅助作用[J].英语广场(学术研究),2011(Z6).
孙轲.以民族音乐为载体的对外汉语教学研究[J].现代语文(语言研究版),2013(7).
王电建,赖红玲.基础英语教学中童谣、歌曲的选择及具体教法[J].疯狂英语(教师版),2007(11).
王沛,张蓝心.音乐与语言的关系:来自句法、语义与音调节奏感知的神经活动证据[J].心理科学,2013(5).
王燕晶."中国风"歌曲流行现状及其在对外汉语教学中的应用[J].四川理工学院学报(社会科学版),2011(5).
王钰.语言与音乐之关系略说[J].解放军外语学院学报,1995(4).
王誉声.论音乐产生于语言之后[J].交响.西安音乐学院学报,1991(1).
魏贵娟.英语歌曲:有待开发的课程资源[J].衡水学院学报,2007(3).
温小兵.英语歌曲在英语教学中的运用[J].川北医学院学报,1995(2).
吴雪花.从二语习得看多媒体英语歌曲教学[J].南京工业职业技术学院学报,2003(1).
张洁泠,辛婷.任务型教学法与新西兰高中汉语教学[J].科教文汇(中旬刊),2016(17).
张丽欣.英文歌曲在高中英语教学实践中的有效应用[J].英语教师,2017(3).
张尚信.汉英音节的音乐美比较[J].湖南科技学院学报,2007(11).
张泽东,刘梦圆.《新西兰早期教育课程纲要》述评及启示[J].外国教育研究,2018(9).
赵万禹.将中国民歌引入对外汉语教学[J].北京第二外国语学院学报,1998(2).
赵守辉,罗青松.汉语课堂 引进歌唱[J].汉语学习,1994(4).
赵元任.一套标调的字母[J].方言,1980(2).

赵越. 对外汉语教学中运用听中文歌曲学中文的教学法浅析[J]. 考试周刊, 2010(29).

钟文婷. 儿歌在对外汉语教学中的应用: 以汉语作为第二语言的学龄初期儿童为例[C]//北京大学对外汉语教育学院. 第五届北京地区对外汉语教学研究生学术论坛论文集. 2012.

Adorno T W, Gillespie S. Music, language, and composition[J]. The musical quarterly, 1993, 77(3).

Egbert J. A study of flow theory in the foreign language classroom[J]. The modern language journal, 2003, 87(4).

Failoni J W. Music as means to enhance cultural awareness and literacy in the foreign language classroom[J]. Mid-Atlantic journal of foreign language pedagogy, 1993, 1(7).

Jolly Y S. The use of songs in teaching foreign languages[J]. The modern language journal, 1975, 59(1-2).

Murphey T. The song stuck in my head phenomenon: a melodic din in the lad?[J]. System, 1990, 18(1).

Palmer C, Kelly M H. Linguistic prosody and musical meter in song[J]. Journal of memory and language, 1992, 31(4).

Parr P C, Krashen S D. Involuntary rehearsal of second languages in beginning and advanced performers[J]. System, 1986, 14(3).

硕士学位论文

毕辰阳. 中文歌曲在对外汉语教学中的实证研究[D]. 吉林大学, 2016.

陈童童. 新西兰小学阶段文化活动的设计与实践: 以奥克兰市四所小学为例[D]. 西安外国语大学, 2017.

郭娇. 对外汉语口语课堂教学设计: 以对泰汉语口语课堂为例[D]. 鲁东大学, 2013.

胡茜. 儿歌在新西兰小学汉语教学中的应用[D]. 华东师范大学, 2017.

胡琴. 试论中国音乐在对外汉语教学中的应用[D]. 四川大学, 2007.

胡心月. 中文歌曲在对外汉语教学中的运用研究[D]. 东北师范大学, 2013.

黄魏超. 新西兰小学汉语教学设计与实践: 以纽林小学为例[D]. 上海外国语大学, 2013.

荆宇. 中文歌曲在对外汉语听力教学中的应用研究[D]. 河南大学, 2013.

李承恩. 论中文儿歌在韩国高中汉语教学中的补充作用: 从语音、词汇、语法三个方面进行研究[D]. 辽宁大学, 2011.

李俊卿. 歌曲教学模式在汉语夏令营中的应用[D]. 山东大学, 2010.

李梦哲. 中文歌曲在汉语教学中的应用研究: 以印尼优利联国际汉语学院中级班为例[D]. 广西师范大学, 2019.

李玉婷. 中文歌曲在对外汉语教学中的运用研究[D]. 河南大学, 2017.

丽华. 中文歌曲辅助泰国小学汉语课堂教学效果研究[D]. 天津师范大学, 2017.

林晓清. 古代诗词以现代歌曲形式进入泰国中学汉语教育之研究[D]. 广西大学, 2012.

刘能. 英语歌曲在初中英语教学中的辅助运用[D]. 上海师范大学, 2012.

刘扬.基于多元智能理论的少儿对外汉语课堂活动设计:以新西兰 Queenstown Primary School 汉语教学为例[D].华中科技大学,2016.
吕卓阳.TPR教学法在新西兰中小学汉语教学中的应用研究:以新西兰卡哈鲁阿学校为例[D].吉林大学,2018.
麻印.中文歌曲在菲律宾汉语教学中的适当运用[D].湖南师范大学,2016.
毛兰.诗词吟唱辅助对外汉语语音教学[D].广西民族大学,2014.
闵星.中文歌曲辅助对外汉语教学的研究[D].黑龙江大学,2016.
彭思聪.中文歌曲在对外汉语教学中的应用[D].聊城大学,2014.
邱荣.论中文歌曲在对外汉语教学中的辅助作用[D].西北大学,2014.
邱珊珊.流行歌曲在对外汉语词汇教学中的应用研究[D].山东师范大学,2015.
权艺仙.从新西兰所使用的四套汉语教材的考察看海外汉语教材的编写[D].北京语言大学,2009.
孙秀君.英文歌曲在高职高专英语听力教学中的运用[D].华中师范大学,2008.
陶冶.汉语国际教育中以中文歌曲传播中国文化初探[D].广西民族大学,2016.
王莎.中文歌曲在泰国小学汉语教学中的应用调查与研究[D].广西师范大学,2012.
王玉.中文歌曲辅助对韩汉语教学研究与实践[D].山东师范大学,2017.
魏芳.中文歌曲在短期对外汉语培训教学中的探索与实践:以温州海外华裔青少年"寻根之旅"项目为例[D].浙江大学,2012.
吴学忠.跨文化交流背景下音乐融入外语教育的理论与实践研究:以歌曲在汉语和英语教学中的实践为例[D].华东师范大学,2011.
奚志敏.音乐教学法在对外汉语初级课堂教学中的应用[D].吉林大学,2014.
项正.自编中文歌曲教材在瑞士少儿对外汉语教学中的实践应用[D].山东师范大学,2015.
徐琴.试论音乐在对外汉语教学中的应用:以节奏律动教学法在汉语语音教学中的应用为例[D].山东师范大学,2013.
徐霎茹.A study of using music in primary school TCSL class[D].香港大学,2011.
詹妮.中文歌曲在对外汉语教学中的应用及课堂设计[D].苏州大学,2015.
张凌菡.中文歌曲在汉语国际教育中的运用及课堂设计:以《中级汉语听和说》课程为例[D].河北大学,2018.
赵星星.社会文化理论在国际汉语教学中的应用研究:以泰国清莱-帕夭片区为例[D].陕西师范大学,2018.
郑蓉.通俗歌曲作为初级汉语教学资源的开发和利用研究[D].云南师范大学,2017.
钟珂.初中英语教学中的歌曲融入研究[D].信阳师范学院,2014.
周俊利.中文歌曲在国际汉语课堂教学中的应用[D].重庆师范大学,2016.
周小萌.中国民歌在对外汉语教学中的应用[D].吉林大学,2015.
周彦含.中文歌辅助对外汉语教学探究[D].辽宁大学,2012.
朱怡.韵律活动运用于新西兰儿童汉语课堂的教学设计[D].上海交通大学,2014.

Chen-Hafteck L. Effects of the pitch relationship between text and melody in Cantonese songs on young children's singing [D]. University of Reading, 1996.

Lowe A S. The effect of the incorporation of music learning into the second language classroom on the mutual reinforcement of music and language [D]. University of Illinois at Urbana-Champaign, 1995.

（以下附录内容请扫描封底二维码获取）

附录一 《新西兰汉语课程》Level 1—2 词汇、句型表

附录二 新西兰小学零基础歌曲教学内容表

附录三 新西兰小学初级水平歌曲教学内容表

附录四 歌词内容

第四章 新西兰 ACG 斯艾伦(Strathallan)小学汉语课堂手势教学法与教学设计研究

【摘要】 本研究旨在以新西兰 ACG 斯艾伦(Strathallan)小学为例,探究动感中文故事项目中的手势教学法对儿童汉语学习的效果,并分析手势教学法的优势及不足。本研究基于教学实践,对 ACG 斯艾伦小学六年级的实验班进行手势教学,选择同一班级进行先后对比实验,分别在无手势教学和有手势教学的情况下进行,尽量保证其他变量都相同的情况下,通过测试学生对目标词汇的记忆情况分析手势教学法对汉语词汇记忆的效果。然后结合课堂观察、案例反思、学生问卷调查和教师访谈等方式来综合分析并评价手势教学法。在海外汉语教学中,难度低、具体形象或动作性强的词汇较为适合采用手势教学法;在选用手势教学法时,一定要考虑该手势的辅助是否能够提高教学效率。手势教学法作为一种教学方法,有其局限性,应当和其他教学方法和课堂活动相结合,以期达到更优的效果。

第一节 绪论

1.1 研究背景

对于儿童汉语课堂的教学方法,汉语教学界一直在摸索中前进。不同年龄阶段对教学方式和教学材料的需求也存在差异。正因如此,不断学习探索新的教学方法并将其运用到汉语教学之中,成为目前汉语教学的重要课题之一。

笔者曾是新西兰奥克兰孔子学院(孔子课堂)的汉语教师志愿者,从 2019 年 2 月至 12 月就任于奥克兰一所私立学校——ACG 斯艾伦(Strathallan)的小学部。ACG 学校有幼儿园、小学部、初中部、高中部,从小学到高中都开设汉语课。其中小学的汉语课属于兴趣课,初中、高中部的汉语课分为必修课和选修课。初中、高中部有专职汉语教师。ACG 斯艾伦小学部从 2012 年开始开设汉语课,任课教师均为来自国内的汉语教师志愿者。据了解,历任汉语教师志愿者并未使用统一、固定的汉语教材,以话题的形式教授汉语课,并穿插中国文化教学。

任教之初，学校汉语教师们经过讨论，决定将小学汉语课程形成体系，将教学模式、教材使用和教学方法等方面都固定下来。经多方考察和学习，学校决定购入澳大利亚的动感中文故事《三只小猪》。该教材编写者借鉴 AIM 教学模式并将其运用到第二语言课堂教学之中。AIM 教学模式是加拿大法语教师在 20 世纪 90 年代创立的，受全身反应法、输入假说和杜恩的学习风格等理论的启发，综合多个学科研究分析而提出的。AIM（Accelerative Integrated Methodology）即整体加速教学法，该教学模式主张在教学中使用戏剧和故事作为教学的主题内容，将手势教学全面融入词汇和语法教学，以完成使第二语言初学者在最短的时间内提升交流能力的教学目标。AIM 中的手势教学法是这一新的教学方法的重点策略。这一教学模式将手势发展成有意识的语言模式和系统（Maxwell & McKinney, 2013）。AIM 教学模式最先运用于法语教学中，后来逐渐发展到日语、西班牙语和汉语等第二语言教学中。动感中文故事《三只小猪》是应用 AIM 教学模式的其中一本教材，教材配套详细的使用规则和手势教学视频。《三只小猪》故事中的所有词汇都有其对应的手势，教师在上课时，以句子为教学单位。这一教学模式对于教师的期待是全程目的语教学，不用或尽量少使用学生母语去翻译或解释，让学生通过手势的象征意义和图片等方式理解句子的含义，并且能够和教师一起做手势说句子。

经过学校汉语教师们的协商，决定将动感中文故事运用到小学汉语课堂，开设实验班，观察学生们的汉语学习情况和课堂效果，再决定是否全校推广。《三只小猪》是众所周知的少儿故事，通过手势教学法教授这本故事书，课堂气氛十分活跃，班级学生都能参与到课堂中，使用目的语和教师一起讲故事。在学习完课程之后，对于学生的期待是，能够根据手势提示用汉语说出完整的句子甚至故事，最后学生能够分角色进行表演。本章所研究的手势教学法，专指动感中文故事项目中的手势教学法。

本研究选取了 ACG 斯艾伦小学六年级的两个实验班进行汉语教学实验，使用的课本都是动感中文故事《三只小猪》，采用手势教学法教学，全程尽量使用汉语教学，教师和学生一起做手势说汉语。一个学期结束后，通过口语测试、课堂实录、教学反思、问卷调查和教师访谈等方式来综合评价手势教学法的优势和不足。除此之外，了解到奥克兰北区的 Keristin School 的小学汉语课堂和 ACG 斯艾伦的初中、高中部也在借鉴使用动感中文故事中的手势教学法进行汉语教学。对这几个学校的汉语教师进行访谈，并整理访谈结果，结合问卷调查、口语测试等方式多角度评估这一教学方法。

1.2 研究内容和研究目标

1.2.1 研究内容

本研究首先详细介绍手势教学法的来源和理论背景，并探讨其与全身反应法、肢体反应故事教学法的异同。然后介绍新西兰 ACG 斯艾伦小学汉语课堂的背景，以及小学汉语开展过程中存在的问题。理论结合实际,通过具体案例呈现运用手势教学法的小学课堂教学模式、课堂设计和教学实录,展示学生的课堂表现和学习效果。基于实验班的课堂效果、学习情况和学生的学习反馈,分析手势教学法的优和不足,论证手势教学法在海外儿童汉语课堂的可行性。最后总结手势教学法的积极意义,也提出其值得进一步研究和改善的问题,并对在教学实践和师生反馈中发现的不足之处提出改进建议。

1.2.2 研究目标

1.通过对澳大利亚动感中文故事项目中手势教学法的理论和方法的学习,将其运用到ACG斯艾伦小学汉语课堂,进行教学实践,并从课堂效果、学生的学习情况和学习反馈、实施操作的程序等方面对这一教学方法进行全面的分析。

2.结合教学实践、理论研究以及教师访谈和学生问卷中的反馈,对动感中文故事项目的手势教学法进行总结,并提出相应的改进建议。

3.通过对手势教学法的研究,分析手势教学法对儿童第二语言教学的有效性。为国际汉语儿童课堂的教学方法研究以及国内外的教学方法研究提供一些参考和启示。

1.3 研究意义和方法

1.3.1 研究意义

1.3.1.1 理论意义

1.拓展动感中文故事的手势教学法研究

在澳大利亚和新西兰等国家,越来越多的中小学选择动感中文故事教材和AIM教学模式,手势教学法是其重点内容之一。本研究通过分析实验班手势教学法的情况,从多个角度对手势教学法运用于汉语教学进行评估,并通过实践和调查反馈,从多个方面对手势教学法提出详尽客观的改进意见,为动感中文故事项目提供参考,有助于其在手势教学法方面的进一步完善。

2.丰富海外儿童汉语课堂教学方法研究

海外孔子学院的中小学生日益增多,无论是汉语教师志愿者还是本土汉语教师,对儿童汉语课堂的教学方法一直在摸索中前行,使用什么样的教学方法能够提高儿童对汉语的学习兴趣和学习效率,已经越来越受到海外汉语教学研究者的重视。对手势教学法在ACG斯艾伦小学汉语课堂运用的研究将进一步丰富海外儿童汉语教学领域的理论建设,为海外儿童汉语教学方法的研究提供一些新思路。

1.3.1.2 实践意义

为新西兰当地汉语教师使用手势教学法提供参照。本研究将从理论基础、操作方法、实施条件和教学评价等方面详细介绍手势教学法在ACG斯艾伦小学汉语课堂的开展情况,并结合教学实践,通过课程教案、课堂观察、目标词汇的记忆测试、问卷调查和教师访谈等方式对手势教学法的教学效果进行评估。本研究将通过综合分析得出手势教学法在汉语课堂中的优势和不足，并为动感中文故事项目的手势教学法提出切实可行的改进方案。本研究还将为 ACG 斯艾伦小学汉语课堂的教学方法提供参考，更能为新西兰地区的孔子学院乃至海内外儿童汉语教学提供一个值得借鉴和参考的教学方法。

1.3.2 研究方法

1. 实验对比法

选择同一班级进行对比实验，分别在无手势教学和有手势教学的情况下进行，尽量保证其他变量都相同的情况下，通过测试学生对目标词汇的记忆情况分析手势教学法对汉语词汇教学的效果。

2. 课堂观察法

在教学实践中对所教授的班级分别进行细致的课堂观察，并将观察结果、现象分析、教学反思和教学中出现的问题及时录入教学日志，以便更加全面地分析手势教学法在实际教学中的运用效果。

3. 问卷调查法

为作为研究对象的六年级学生设计调查问卷，问卷内容的设计紧密围绕汉语课堂手势教学法的各个方面，多角度收集学生对于这一教学方法的直观反馈，调查结果将作为本教学法实践效果评估的重要参考。

4. 访谈法

为使用手势教学法的新西兰汉语教师设计访谈大纲，从多个角度收集教师对本教学方法的直接反馈，并将分析和归纳访谈结果，从而为本教学方法的评估提供真实可靠的参考依据。

1.4 文献综述

1.4.1 手势教学法的理论研究

1.4.1.1 手势的概念

我国古代就存在手势，并非聋哑人专用，在语言产生之前，古人就靠手势来传达沟通意见。但是，在语言学界，国内外学者对手势的定义并未达成一致。骆维维（2008）认为，手语词即手势，手势相当于一般语言的词，词是句子中最小的、独立而有意义的单位，在手语中，手势是最小的、有意义的单位。手语是一种视觉语言，与口头语、书面语不同的是，口头语和书面语的词是以声或笔画为表现的外观形式，而手势是以手的动作比画为表现的外观形式（梅次开，2004）。本研究的手势，就是这种外观形式。刘健、龚少英（1994）从功能的角度对手势进行定义：手势是人体敏锐丰富的表意传情器之一，它以众多的不同造型，描摹着事物的复杂状貌，传递着人们的潜在心声，披露着心灵深处的微妙情感。在本研究中,手势语、手势属于同一概念,它们都属于手语范畴。

本研究的手势语,符合语言学、符号学学者马丁、扎帕维尼娅(2018)的定义,他们认为有特定意义的手势语属于符号系统中的语言系统,其不同于系统功能语言学视角下副语言系统,它是特定意义的手势表达形式,类似于汉字系统的汉字,不过是通过手势表现出来的。为了更清晰地展示符号系统中语言系统和副语言系统的区别,他们还建立了一个模型。

在本研究中,手势语是以 AIM 教学模式为理论背景,由动感中文故事团队创造出来的一套系统的、适用于汉语课堂教学的手势。每一个手势语都对应一个汉语词语,具有特定的表意功能,容易为交流对象所识别,每个手势语都能进行独立的表达。

1.4.1.2 手势和语言

国外的研究者普遍认同手势同语言一样是人类用来交际的重要工具。手语语言学起源于美国手语语言学家斯多基对美国手语的研究(骆维维,2008)。McNeil(1992)认为手势与言语共享同一认知源,共同传递最佳信息。Erenshteyn et al.(1996)通过对美国手语的研究,探讨了手势交流的认知意义,他们认为手势语和人体神经网络有密切联系,并且解决了认知动态手势的问题,即以自然速度去操作手势。手势语是体态语的分支,也是非言语行为。Pearson & Trent(1985)认为在某些情况下,信息的传递只有35%的源语言,剩下的65%的信息都是由非语言的手段传递的。手势语是非语言手段中的重要部分。McNeill & Duncan(2000)认为,在儿童时期,儿童就会将体态语与有意义的语言结合在一起表达自己的想法。这一举动不仅有利于听者明白儿童所要表达的意思,也为我们了解儿童的世界打开一扇窗。梅洛-庞蒂(2001)提出人以一种超乎纯生物学的方式使用自己的身体,手势语是人在世界上站得住脚的方法之一。言语的生成和理解离不开身体的参与。美国学者霍勒(1984)对梅洛-庞蒂和索绪尔关于言语和语言的争论进行了研究。他通过对两者的冲突分析,总结出知觉现象学要用言语现象学来补充这一结论。同时,他在文章提到,手势语体现意义,手势虽没有认知作用,但可以表达意思,并且能够为人所理解。

使用手势教学法的前提是认同手势与语言之间存在密切的联系,手势同语言一样也能起到沟通交流的作用。对于这一问题,国内外研究者基本上持认同态度。世界上多个动物学家、人类学家、语言学家经过研究表明:人类的祖先有着以"视觉"为基础的信息处理系统,和人类的口头语言形式一样,他们有整套的交际信号——姿势和手势。马文驹(1987)认为猿人时期就存在视觉和听觉的双渠道交际。许多科学家提出,人类最初的语言不是有声语言而是手势语,有声语言是在手势语的基础上形成的,手势语虽然不像有声语言那样实用,但在人类交际中能起到有声语言所无法起到的作用(李荣启,1990)。手势和语言之间相互影响,它们之间的促进发展关系通过发声器官和肢体动作同步实现,手势和早期语言发展之间存在紧密的协同发展联系(徐立红,2015)。在平时的生活经验中,我们可以发现,刚出生的孩子,总会通过手势动作去表达自己的想法,二语初学者在使用蹩脚的外语去进行表达的时候,也总是会情不自禁地加上手势动作,去表达自己的想法。于善志(1995)认为,手势语是对言语视觉信息的补充,其可以与节律特征和副语言特征一起减少口语中歧义的发生,表达一些语言很难传递的信息。李媛(2017)提到:"近年来,国内外学者多把手势与隐喻理论、二语习得理论、韵律学、语用学和神经科学等诸多学科相结合进行交叉研究。"通过梳理和分析手势与言语的关系,她肯定了手势与言语共享同一认知源这一理论。王容花(2019)提出,在"言语—手势"多模态表征中,即时手势思维优先于言语思维发展。

根据前人的研究,我们可以看出大多学者都赞同手势与语言之间相辅相成,手势语是重要的交际工具之一。

1.4.1.3 手势对语言的作用机制

通过学者们的分析研究,我们知道手势和言语存在密不可分的联系。传统认知心理学认为手势影响个体的语言学习和理解,那么手势是如何影响语言学习的呢?Kita et al.(2017)提出了手势的概念化假设,用以解释手势的自我导向功能。手势导向功能影响个体认知的方式有四种,分别是激活(Activate)、操作(Manipulate)、包装(Package)和探索(Explore),通过这四种方式可以将信息图形化(Schematize)。任琳等(2018)从具身认知(Embodiment Cognition)层面出发,认为手势作用于语言主要表现在两个方面:一是手作为身体的部分,认知过程是由身体物理属性所决定的;二是语言是具身的,从人出生开始,语言便与身体和环境相互作用,通过感官等多种方式形成记忆和认知。

1.4.1.4 手势的分类

手势在生活和课堂上都有运用,不同的手势,它的性质、表达功能、使用途径也不同。不同研究者根据不同的研究层面,将手势语进行分类。

在表达方面,国内主要将手势语分为两类:一类是象征性手势,在言语交际中代替言语表达的手势,即不用言语表达,只用手势(语);另一类是说明性手势,与言语表达同时进行,在言语交流中起着特别强调某一信息内容的作用。

在手势的内容方面,匡吉(1988)将手势分为描绘性手势、暗示性手势、指正性手势。

在手势的功能方面,McNeill & Duncan(2000)将手势分为图标型手势、比喻性手势、节拍性手势和指向型手势。在前人研究的基础上,Kendon(2004)从手势交际功能框架的角度将手势细分为了象征类手势、指示类手势、语用类手势、节拍手势和重音手势。鲍逸英(2011)将手势语分为情意性手势、指示性手势、象征性手势和象形性手势。

在手势的使用规则方面,王小明(1988)将手势分为自然性手势和规定性手势。

在课堂教学方面,俞青海(1994)将教师在课堂上使用的手势分为基本手势、特有手势和情景手势。Nafisi(2013)对运用于德国古典音乐课的手势进行了研究,将手势分为生理性手势、知觉相关手势和音乐相关手势。苑玲玉(2015)将手势分为教学内容的手势语和教学管理的手势语。她通过分析普林斯顿大学在北京的语言项目班的对外汉语实习教师的课堂手势语,发现在对外汉语课堂上教师使用更多的是教学管理的手势语,教学内容的手势语使用较少,而且有效的手势语使用率较低,大多的手势语都是无用的。

没有固定的科学性的手势,教师在课堂上只能是自发地,根据个人意愿和理解去使用手势语,并且随着时间的推移,教师的手势可能会有所变动,在后续教学中不能形成一个良好的固定模式,学生对于教师的手势语也不会有太大的感知。所以,国际汉语课堂上使用的手势语是否应该形成固定的、系统的,像聋哑人手语那样的语言模式,是一个值得深入研究的问题。这些手势分类也给本章研究手势语提供了思路。从这些分类中,我们可以看出,根据手势的功能、运用意图和范畴的不同,它的分类是有所差异的。动感中文故事中手势语的运用意图是让学生更好地理解词汇的含义,尽量进行沉浸式教学,并且给予学生在口语表达上一定的提示,所以本章研究的手势语也会在学者们的分类基础上,从功能和性质等方面对其进行分类。

1.4.1.5 手势教学法的概念和理论背景

本研究的手势教学法是 Maxwell 创立的 AIM 教学模式的 12 项教学方法之一,是创造性的手势语的运用,将手势发展成有意识的语言模式和系统。教师在教学中有意识地去使用手的语言,每个手势对应的意义和词语是在教学开展之前约定好的,是同手语相似的、可以交际的手的语言,并且一旦形成约定,就不随意改变。所以本章研究的手势,不仅是一种身体行为,也是一种教学手段,一个信息载体(Maxwell & McKinney,2013)。

AIM 教学模式使用的系列教材叫作动感故事,该系列教材以故事为语言教学的核心素材。他们认为使用故事教材能够使词汇语境化,对于第二语言初学者来说是最好的方式。而且,故事教材具有趣味性,能够增加学生的学习兴趣。通过故事,学生能够快速地加入课堂活动中,能够很快地理解教师在讲什么,建立他们自己的认知理解,能够听懂故事、说故事、复述故事。整个汉语课堂都围绕故事进行,而手势是作为这个项目中教师和学生之间的教学手段之一,并且贯穿了整个教学过程。作为第二语言学习者,通过长时间的动感中文故事学习,汉语会在这种沉浸式的教学环境中成为他们不可或缺的一部分。

Maxwell 受全身反应法的启发,将每一个词语都赋予肢体动作,使得学生能够在语言学习的初级阶段较快地掌握一些必备词汇,使语言成为交际的工具。Gesture Approach(GA)是动感中文故事教学的重点之一,用手势传达第二语言的意义。在动感中文故事教学中,词汇—手势的联系是既定的,词汇和手势已经被系统地整合到了语言之中,所以每一个手势对应的词语和意义都是固定的,是形成系统的,不能根据教师的意愿随便改动。通过手势教授的词汇,在动感中文故事的课本中,都具有高度重复率,保证了良好的复习巩固效果。学生在目标手势的指引下,重复地使用和复习所学过的语言表达。在复习所学内容时,学生需根据手势说出相应词汇。在学习过程中,教师时常用这样的方式回顾复习,确保学生掌握所学词汇和句子。当进行复习环节时,教师做出手势,让学生来确定对应词汇,此时教师可以给一些发音提示,例如只提示第一个音节,或者教师不出声地说出词汇并配合手势加以提示。

在动感中文故事中,还有一种指向手势(Pointing Gesture)。大多数的手势都尽可能地具有标志性且是自然的,但是对于一小部分词汇来说,例如红色、汉语等,它们的意义很难通过手势表示出来,教师可以指向课前准备好的图像卡片,例如使用一张红色的卡片来表示"红色",打印一张有"汉语"字的卡片来表示"汉语"。

动感中文故事项目团队认为,使用手势学习语言是一种动觉型学习模式。这种教学方法使学生获益匪浅,能够帮助他们将词汇嵌入到记忆之中,同时也能提高学生的汉语水平(Maxwell & McKinney,2013)。

1.4.1.6 手势教学法与全身反应法及肢体故事反应法的异同

手势教学法、全身反应法和肢体故事反应法都属于体态语的研究领域,手势是体态语的分支。全身反应法(TPR)是最早提出让学生以多种感官参与到第二语言课堂的教学方法,肢体故事反应法和手势教学法等都受到全身反应法的启发,在理论和实践操作中,都有其相同的地方,但它们强调的重点和教学内容等方面存在差异(朱冬蕊,2019),三种教学方法的异同如表 4-1 所示。

表 4-1 全身反应法、肢体故事反应法和手势教学法的异同

	时间和创立者	相同点	不同点
全身反应法	20 世纪 60 年代美国心理学家 James Asher	都属于动觉型学习模式,都是让学生以多种感官参与的教学方法,刺激强化大脑的记忆,培养学生的理解力,从而帮助学生掌握语言	教授内容大多是简单的动作和指令;以词语为单位进行教学;多为教师自发的动作和指令;强调听力阅读的输入
肢体故事反应法	20 世纪 90 年代美国西班牙语教师 Blaine Ray		教授内容具有整体性,以故事和文章为主;以句子为单位进行教学;通过教师和学生的协作,把学习的内容以表演的形式呈现出来
手势教学法	20 世纪 90 年代加拿大法语教师 Wendy Maxwell		教授内容具有整体性,以戏剧和故事为主;以句子为单位进行教学;将手势发展成有意识的语言模式和系统;重视"可理解输出"

全身反应法与手势教学法最大的不同在于,全身反应法虽然在教学中引入动作,但引入程度较低,并且主要是教师参与和主导,AIM 中的手势教学法要求教师和学生共同

参与,学生在动觉上得到充分刺激,在教学过程中学生的参与度更高。

1.4.2 国内外关于手势教学法运用于课堂的实践研究

1.4.2.1 手势在不同学科的教学实践

从 20 世纪 80 年代开始,国内开始了手势语与不同学科的教学实践相结合的研究。地理是较早开始研究和使用手势教学的学科。李家乐(1981)将手势与地理教学结合,通过手势的形象比喻,直观呈现复杂的地理知识,从而提高学生的理解力和记忆力。姜建业(1984)将手势示范运用到体育教学中,他认为手势示范变化多样,可以帮助解决部分中老年教师身体示范困难的问题。尹森林(1994)认为将手势运用到音乐教学中,可以增强学生对乐理概念的形象感,还能激发学生的学习兴趣。柯尔文手势教学传入国内,给音乐学科的教学带来了更多的启发,教师利用手势帮助学生辨别和感觉音的高低,音乐课堂的手势教学研究较为广泛。后来,手势教学法逐渐得到其他学科的关注,在语文、生物、医学、数学等学科都有实践。李师贞(1996)介绍了手势在语文教学中的运用情况,通过手势能将课文中抽象的文字转化为具体的形象。她认为动作比语言更具表现力、更形象、更生动。她的关注点是手势教学在讲解古诗文部分词句意义方面的应用。俞伯华(1996)认为手势对于生物教学是一种行之有效的直观教学法,他利用手指的灵活性形象地比拟出许多器官的结构和生理变化。吴仲敏(2002)将手势运用到解剖学教学中,通过直观的手势呈现复杂的医学知识,取得更好的教学效果。从这些研究者的实践和研究中,我们可以发现,人类的双手远比我们想象的灵活、巧妙,它不仅仅可以是劳动的工具,还是我们思维和语言表达的辅助者。

1.4.2.2 手势对课堂教学的正迁移作用

不少研究者肯定了手势运用于课堂教学实践的积极作用。

从学生层面来说,王小明(1988)认为在双语教学中,适当地使用一些象征性、说明性的手势,能够加深学生的感性认识。卞东安(2009)认为手势教学可以更好地培养学生思维的灵活性和独立思考的能力。彭铂芮(2014)提到:"手势语具有回指作用,除了回指前文提到的指代事物还能够回指在前一个时间轴上提及的内容,唤醒学生的记忆。"

从课堂层面来说,漆舒琴、龙玉梅(2017)认为使用合理的体势语可以节约课堂时间,并且能帮助学生高效地掌握教学内容。

从教师层面来说,张莲、王艳(2014)主张,手势作为一种肢体语言会比话语本身更能展现教师积极投入情感的状态,体现师生共同承担解决问题的责任。在课堂上使用手势,可以拉近教师与学生之间的距离。

在二语学习层面,孟艳丽、郭建(2015)提出手势不仅能够帮助学习者转换认知思维,而且能够有助于二语的输入和输出。

这些研究成果从学生的学习效果、课堂效果和教师使用效果等方面肯定了手势在教学实践中的积极作用。但是这些教学研究仅停留在对手势的描述和手势作用的介绍,而且大多是从教师使用的角度。对于学生而言,手势仅是一种视觉手段,有利于增强学生对抽象概念和内容的理解,虽然能活跃课堂的学习气氛,但学生没有参与手势的使用,并未发挥手势更多的价值。手势对知识的"输入"有积极的作用,那么它对知识的"产出"是否也有良好的作用,仍需进一步研究。除了手势的作用以外,手势在课堂上的运用策略缺乏明确的介绍。

1.4.2.3 手势在二语习得和汉语课堂中的运用

国外关于手势在二语教学中使用的研究起步比较早,而且理论研究成果相对丰富。国外研究者从20世纪60年代起,就开始重视肢体语言对课堂教学的重要性,其中手势属于肢体语言的一部分。随着认知语言学、心理语言学和神经语言学等学科的发展,学者们开始关注手势对于语言教学的重要作用。

通过文献查阅,发现国外学者主要从手势的符号系统、手势教学的课堂效果、手势在二语习得中的作用以及不同手势的分类等几个方面进行研究并提出了相关的结论和建议。综合目前学界的相关研究,我们列表总结了国外关于手势在二语教学中运用的研究情况,详见第四章附录一。

在手势运用于二语教学的实践中,有的学者也提出了关于使用手势教学的问题和建议。例如,Jungheim(2008)的研究表明,单纯的手势不足以使二语学习者习得手势,因此有必要对手势的形式和意义进行明确化解释。国外学者针对手势运用于二语教学的研究比较丰富,从多个角度阐释了手势在二语教学中的重要作用,为我们的教学实践和理论研究提供了丰富的参考依据。Krauss et al.(1991)在研究和实践中指出,在二语教学中不能过多地只强调手势的形式。Feyereisen(2006)认为,与记忆伴随无意义手势的句子相比,学生能够更多地回忆起伴随有意义手势的句子,因此在二语教学中,我们应当赋予手势意义。

国内关于手势运用于汉语课堂和二语习得的研究起步较晚,且研究成果较少,现在还处于探索阶段。李春玲(2000)研究了手势在汉语声调教学方面的作用,她认为手势可以用于声调教学,纠正发音,并且可以用手势向学生提问,节省课堂时间,减少使用学生母语。张园(2002)首次专门研究分析了手势在汉语语音教学中的作用,提出手势是发音时的心理状态和发音行为之间的诱因,并提到"建立手势和正确发音之间的条件反射可以帮助学生克服语音学习中的困难"。蒋宏军(2004)从语音、声调、汉字、语法等多个方面具体阐述了手势在汉语教学中的运用,并且分析了手势运用于语言教学的生理学基础和心理学基础。彭铂芮(2014)把手势语作为伴随性词汇学习中自我调节和言语反馈的输出"产品"来研究,小范围地分析了手势语与动词词汇的结合,是国内二语习得与对外汉语领域的一次新的尝试。田雪蓉(2019)研究了手势教学对汉语目标词汇的记忆能力是否存在积极影响的问题,通过实践和调查,她认为手语是增强儿童对外汉语课堂教学效果的有效工具,更重要的是手语能提升学生对汉语词汇的记忆和理解能力。

1.4.2.4 手势语与体态语在汉语教学中的研究

手势语是体态语的一个分支。比起手势语的研究,国内关于汉语教学中体态语运用的相关研究起步较早。手势语是体态语研究中的一个焦点,所以体态语运用于汉语教学的研究分析,也能够对手势语的运用有所启发。李恕仁(1998)是较早研究体态语与汉语教学的学者,他研究的体态语中包括手势语,他认为体态语对词汇、语法、语音教学等都有良好的辅助作用。孙雁雁(2000)认为对外汉语课堂可以使用"半语言半体态语"的教学方法,用体态语替代部分词汇,能够让表达更简洁,表意更明确,表情更得体。张旭珂(2019)认为在对外汉语实践中,很多汉语知识的学习仅凭借汉字的表达,并不能够简单准确地表达意思,必须借助直观的体势语,帮助学生更加快速地学习汉语知识。手势语、体态语等都属于非言语行为,张扬(2011)认为对外汉语口语课堂中,教师应当充分利用"非言语行为",使其代替教学语言,激发学生使用汉语表达思想的欲望,引导学生"看""听""思""说"多管齐下,从而提高汉语水平。手势教学旨在让学生不仅能在"听"中学汉语,还要通过"看"汉语,思考并理解汉语词汇的意义,从而提高"说"汉语的水平。虽然有不少研究者已经关注到手势语、体态语等在对外汉语课堂教学中的运用,但是大多数的研究只是停留在简单的阐述和理论层面,没有结合具体的教学内容进行介绍,手势如何科学、有效地运用到汉语课堂中仍需要继续探索。

1.4.2.5 手势在教学实践运用方面的建议

在手势运用于教学实践方面,很多学者提出了一些建议,本章的研究也从中得到启示。首先,教师要意识到手势语的存在(鲍逸英,2011)。教师只有有意识地使用手势语,才能够引起学生的关注。其次,汉语课堂教学使用的手势应当固定、准确、恰当,要明确手势的使用对象(蒋宏军,2004)。同时,要注意与其他手势语区分(于溪,2018)。本章研究的手势都是固定的,每一个词语对应的都是独一无二的手势,大部分手势语都能体现出词汇所包含的意思,比较准确和恰当。周娟(2009)建议教师使用手势进行整体教学,在增强学生语言输入的交际潜能时,要综合运用言语、手势及体语。手势教学不应是零散的、随意的,这样的手势语不仅不能对学生起到积极作用,反而会被学生忽视,甚至干扰学生的记忆。利用手势进行整体教学,这也是动感中文故事中手势语的使用原则之一。本章将结合研究者们的建议,进一步具体提出关于手势教学的建议。

总的来说,当前相关研究主要集中在以下领域:手势和言语的关系、手势与言语之间所反映的人类思维机制、手势在二语习得中的特点和作用、手势在其他学科的课堂实践等。随着越来越多的手势教学被运用到汉语课堂实践中,研究者也开始关注手势语在汉语教学中的影响。由此可见,手势与二语习得的研究还处于新兴阶段,还有很多方面值得我们去探索。与只关注言语相比,关注学习者的话语及与之伴随的手势能够使我们去发现言语中不明显的结构表征和语义表征,从而更明确、更全面地了解另一种语言学习的进展情况，了解社会和认知情境下的习得过程（杨晓琼，2011）。本章将在借鉴已有相关研究成果的基础上，对汉语课堂教学中教学者在使用过程中和学习者在学习过程中的手势展开实证研究，包括描述性和实验性的研究，对手势教学的概念、分类及作用进行探析，从教师、学生、课堂等多个层面详细分析手势教学。尤其注重分析手势教学在儿童汉语课堂中的效果和手势教学对于学生二语"输出"的帮助。此外，本章对于课堂上使用手势教学的具体操作情况和注意事项也将进行详细介绍。

第二节 新西兰 ACG 斯艾伦学校及汉语教学基本情况简析

2.1 ACG 斯艾伦学校概况和学生特点

ACG 斯艾伦学校是 ACG 教育集团旗下的一所私立学校，是从幼儿园到高中的一体化学校。该校位于新西兰奥克兰南部的帕帕库拉地区。ACG 斯艾伦学校注重培养孩子的学术研究、音乐、动手和表演能力，在一年中有多次话剧表演、舞台剧表演等。小学每周都有固定集会，集会上学生们会以唱歌、表演、朗诵等多种形式展示近期所学内容。

该校小学生热爱学习，尤其对新鲜的知识内容充满兴趣。他们喜欢参与课堂活动，并且能积极回答教师的提问。该校小学生普遍活泼好动，大部分的时间，学生都是坐在地毯上上课，听课时很少记笔记，只有在写作业或做手工任务时，才会坐到课桌前。

2.2 ACG 斯艾伦学校小学汉语课堂基本情况

该所学校在华人家长中享有盛誉，因此该校三分之一的学生来自中国。2019 年小学部一共有 222 名学生，其中中国学生 76 名（包括新西兰华裔），华人学生占比 34%。这些华人学生的中文水平参差不齐，有的学生只会说几句简单的汉语，有的学生水平和国内小学生的汉语水平相当，但约有 90% 的华人小学生只会"听说"，不会"读写"。该校英语为母语的小学生占学生总人数的三分之二，虽然汉语课已经在小学部开设有 10 余年，但他们的汉语水平也只停留在掌握简单的问候语和实物名词等层面。

ACG 斯艾伦小学部是从一年级到六年级，共有 12 个班级，每个年级各有两个班，每个班级都大约有三分之一的华人学生。汉语课程按班级开设，每个班级一周一节课，华人学生和新西兰学生共同学习汉语课程。ACG 斯艾伦学校与新西兰的大部分学校一样，一年共有四个学期，一个学期为九周或十周，每个学期结束后有两到三周的假期。小学部的汉语课是兴趣课，学生们对于汉语课大多是持热情的态度，他们喜欢新鲜的东西，也乐于参与汉语课的活动。但是他们不喜欢记忆知识，如果一节课只是知识性教学，他们的学习兴趣和热情就会大大降低。

对小学六年级的 33 名学生开展了问卷调查，这 33 名小学生对于学习汉语有着不同的想法,其中大约有 36% 的学生认为学习汉语较简单,约 39% 的学生则认为学习汉语较难。从调查分析结果可知,这些学生对学习汉语难易程度的看法不一,这从侧面也反映出这些学生的汉语水平参差不齐。

2.3 小学汉语课程开展中存在的问题

在任教之初还对指导教师和校长进行了采访。通过访谈,发现 ACG 斯艾伦小学部汉语教学目前存在以下四个问题:

1. 小学部的汉语教师一直由汉语教师志愿者担任,课程内容由每任汉语教师志愿者自行决定,这样的教学模式容易导致教学内容的重复。
2. 无固定教材,学生课前、课后没有可以学习的材料。任教学校作为孔子课堂,也曾使用部分经费采购过几套小学生的汉语教材,但是由于小学部学习汉语的人数较多,这些教材只能放在图书馆供学生借阅。
3. 学生的汉语水平不一,若采用话题式教学,很难对全体学生进行统一教学。
4. 教师没有合适的可供参考的小学汉语教材,新西兰的大部分小学汉语教材都是由中国学者编写的,这些教材不符合新西兰小学汉语的教学目标和小学生的汉语水平。

2.4 手势教学法在 ACG 斯艾伦小学汉语课堂的可行性分析

新西兰小学的汉语学习大多以兴趣为主,对学生汉语水平的要求不高,手势教学法能够使学生在轻松愉快的氛围中学习汉语。在汉语课堂上,手势教学法需要学生积极配合教师,展开双向互动交流。这就要求学生性格活泼外向,能够跟随教师的手势和语言指令做出动作,并通过手势动作理解教师所教授的内容。新西兰的小学生普遍活泼好动、积极大方,因此不用担心课堂气氛不够活跃及课堂进展不顺利的情况。在无课桌和笔记本的教室环境下,手势教学法是一种很好的教学手段,能够让学生不再成为被动的接受者,而是实现师生双方面的互动交流。在新西兰的小学课堂上,教室拥有足够大的空间,完全能够满足学生在课上开展各种各样的活动。

小学生的母语背景不一,汉语水平也不一样,手势教学法结合故事性的教学内容,能够带给学生不一样的体验,可以说对于每个学生来讲,都是一次新的学习。

动感中文故事团队是由澳大利亚的汉语教师组成的,澳大利亚和新西兰两个国家联系紧密,在教学大纲、教学目标、学生水平和学生特点等方面都十分相近,动感中文故事团队所编写的教材及设计的手势内容都是结合当地学生的实际情况来考虑的,所以其编写的教材和采用的教学方式对于新西兰的小学汉语教学也较为适用。

第三节　动感中文故事中手势语分析

本研究以动感中文故事《三只小猪》中的手势语为例,详细介绍并分析该项目创造的手势语、手势语的分类、手势与汉语词汇的结合特点等。

3.1　动感中文故事教材《三只小猪》

动感中文故事团队目前开发编写的书目有《小鸡》《小猫找家》《三只小猪》和《小猫和月亮》等。其中《三只小猪》是本次教学实践使用的教材。这本书的故事性强,改编自英国的著名童话,该故事广为世界各地儿童所知,并且深受孩子们的喜欢。动感中文故事团队在选用这个故事时,考虑到了学生的汉语水平,对故事进行了改编。改编的教材内容具有以下特点。

1.句式统一,相同句式重复三次以上。

例如,书中在介绍三只小猪的时候用的句式基本一样,宾语处的词语有所不同,并且有不同的副词在句子中出现。例如:

"这是第一只小猪,它喜欢弹吉他。它也很友好。"

"这是第二只小猪,它不喜欢工作,它喜欢听音乐。"

"这是第三只小猪,它喜欢跳舞,也喜欢唱歌。"

这样的教学内容,使得相同的句子结构重复出现,有利于学生掌握句子结构。"也""不""很"等副词出现在相同的句式中,根据句意,学生能够自己去感知这些词的不同和用法。加上手势的展示,这三个副词的作用和意义能够很快为学生所理解,不需要教师花费较大的精力去讲解。

2.故事用词、句式简单,适合汉语零基础水平的儿童使用。

《三只小猪》中的故事文本中约有95%的词汇都是初级汉语水平应当掌握的词汇,句式有90%以上都是简单句。

3.故事性强,吸引学生注意。

教材内容有趣能够引起学生学习汉语的兴趣。《三只小猪》的内容就是改编后的故事内容,情节跌宕起伏,故事生动有趣。《三只小猪》的故事也为学生所熟知,学生在学习过程中不会有陌生感,甚至可以猜测到故事的每一步情节走向,如此一来,学生在汉语课堂上也能畅所欲言,进而增强他们学习的自信心。

3.2　动感中文故事中手势语的分类

从手势的功能上来看,本研究的手势语都是与教学内容相关的手势语,与课堂管理的手势语不同,本研究的手势语大多是固定的、与词汇词义一一对应的。但是,部分手势语兼具课堂管理和教学内容的功能。例如,在课堂开始时有一段常规说唱《上课了》,教师和学生一边说唱,一边做动作。"上课了,坐下来。上课了,坐下来。看老师,听一听,说一说,做动作。只说汉语不说英语,只说汉语不说英语。"说唱里做的手势和词汇都是一一对应的,但同时也能通过手势来提示学生汉语课堂规则,起到课堂管理的作用。

从符号学的视角来看,手势可以分为三大类:表现性的、指向性的和节奏性的(孟艳丽、郭建,2015)。根据 McNeil(1992)的分类,表现性手势主要有图示手势、比喻手势、节奏手势、指示手势和衔接手势。Kendon(2004)在 McNeil(1992)的分类基础上,把手势分为象征类手势、指示类手势、语用类手势、节拍手势和重音手势。本章将在 McNeil(1992)和 Kendon(2004)手势分类规则的基础上,结合动感中文故事团队的手势特点,对其创造的手势语进行分类,让本研究的手势语更为清晰。具体分类情况如表 4-2 所示。

表 4-2 动感中文故事《三只小猪》中手势语的分类

类别	特点和作用	手势示例
指示性手势 (Pointing Gesture)	指明客体在物理空间或概念空间的相对方位,包含了空间信息	《三只小猪》中的词汇"你""我""他"等人称代词对应的手势都是指示性手势,指示性手势在日常生活中也经常使用
象形类手势 (Pictograms Gesture)	指描形状物,让表述形象化	《三只小猪》中的名词"门"指房屋中用木头围起来的出入口。动感中文故事团队创造的对应手势是:左右手的食指共同在空中画一个门的样子
象征类手势 (Iconics Gesture)	表达抽象事物,化抽象为具体	词汇"也"在《三只小猪》中作副词,表示"同样"的意思。动感中文故事团队创造的手势是:右手的食指和中指同时伸出,从说话者的上方划到斜下方。两个手指表示双方,同时划动,表示"做同样的事情,或有同样的东西"等
情意性手势 (Affective Gesture)	表达自己的思想情感,使情感具体化、形象化	《三只小猪》中动词"喜欢"的含义是指对人或事物有好感或感兴趣。动感中文故事团队创造的手势是:双手交叉放在胸口两侧,并作轻轻拍打状

3.3 手势语与词汇的对应特点

动感中文故事项目中,手势与词汇一一对应,形成了系统性的手势语言,让汉语教学变得直观形象,这种手势语成为了教师与学生之间的中介语。手成为学生学习汉语的一个辅助性手段,让学生能动地去感知和理解词汇及句子的含义。在创造动感中文故事词汇中对应的手势时,动感中文故事团队以 AIM 理论为背景,并结合汉语特点,创造出一套具有汉语词汇特点的手势。

3.3.1 手势以"字本位"理论为主

徐通锵先生(2005)提出,字是汉语的结构单位,是由一个音表达一个概念的结构单位,"字"是汉语的"中心主题",字形成自己独特的一种语法结构,重语义,重生成。汉语编码的"字"直接构成规则,凸显语义。贾广瑞(2019)认为,汉语是语义型语言,其不同于语法型语言。语义型语言不依赖于语法规则,其准确性依赖于语言基本单位理据的接受和理解,而"字"承担了这一重要职责。动感中文故事团队在创造手势时,遵循了字是汉语结构单位的这一理论,一个手势对应一个字。例如"小猪"这一个词语,可以分成两个单独的语素,即两个字,并且这两个语素"小"和"猪"与其他的语素搭配也很常见,"小"可以和其他名词组成"小狗""小鸡""小弟弟"等,"猪"可以和其他语素组成名词"猪头""野猪"等,所以动感中文故事团队把"小猪"的手势分为两个——"小"和"猪"。

以"字本位"为理论基础的手势语,在教学过程中有助于教师帮助学生准确地理解每个字的基本含义,更好地掌握汉语词汇。

但是有些词汇是双音节语素,虽然两个音节由两个汉字表示,但是组成该语素的两个音节合起来才有意义。对于这类词汇,动感中文故事团队则将其与一个手势相对应。例如词语"吉他"就是双音节语素,因此词语"吉他"对应一个手势语。

3.3.2 手势取词汇的基本释义

汉语词汇表意丰富,很多词语都是一词多义,但是在零基础水平的汉语教学中,为了简化学习难度,很多词语都取其最基本、最常用的释义。动感中文故事面向的就是零基础汉语水平的学生,因此很多词汇在教学过程中,只取其最基本、最常用的释义。例如"小",在教学中,我们给出的解释就是"small""little",即"形容词,与'大'相对,形容在体积、面积、数量、力量、强度等方面不及一般的或不及比较的对象"。这样,手势与词汇的意义才能一一对应,一个词语对应固定的手势,不会有一词多对的情况,也就不会引起混乱。

3.3.3 通用手势先选的原则

动感中文故事团队在创造手势时,考虑到部分高频词汇已经存在较为流行或通用的手势,对于这部分词汇,选用通用手势。手势是人类进化过程中最早使用的交际工具,手势不仅包含民族文化的个性,也承载了人类文化的共性,虽然手势在不同文化背景下会有不同的表达,但是部分手势是为不同文化背景的人普遍使用的(靳燕琪、李宏强,2019)。

为了避免手势的混乱,也为了最大程度方便手势教学,动感中文故事团队在创造词汇对应的手势时,对于部分已经存在流行的、通用的手势的词汇,则参考了英语国家或者世界普遍流行的手势,避免造成文化差异,也能在教学过程中让学生最大程度上理解手势的含义。

例如,我们平时在夸奖或者表扬别人时,经常会一边说"好",一边做竖起大拇指的手势。这个手势,也是西方国家普遍使用的手势,所以,在动感中文故事项目中的词语"好",对应的手势就是作竖起大拇指状。在授课中,教师作竖起大拇指状,学生能够马上反应并说出教师想要表达的词语。

3.3.4 手势的象形性

动感中文故事团队在创造手势时,以简单易懂为主要原则,争取站在学生的思维角度考虑词汇对应的手势,多数的手势都较为形象具体,符合词汇的意义。但是有些词汇较为抽象、宏观,且是常用词汇,动感中文故事团队则变抽象为具体。

例如词语"英语",表达的是一门语言,是一个较为抽象的名词,它的手势是用右手在空中写一个字母"E",即"English"的首字母,不仅形象地表达了词语"英语"的词义,而且能够被学生接受和理解。

动感中文故事团队以 AIM 理论为原则,使用故事性教材,从汉语词汇的特点、手势使用特点以及学生认知习惯等几个方面出发,创造了一套系统性的手势语。简洁、形象、系统的手势语成为汉语课堂上学生和教师学习及教学的有效工具。

第四节 手势教学法在小学汉语课堂中应用的教学设计分析

本节将详细介绍手势教学法在小学实验班级汉语课堂上的具体运用情况,并通过教学反思和课堂观察来评价手势教学法在课堂上的具体作用。

4.1 课堂教学案例展示

在学习和借鉴动感中文故事团队的故事教材和手势教学法后,根据实验班学生的学习特点和汉语水平,进行了课程的安排和设计,将手势教学法融入汉语课堂教学中。在课程的开展过程中,由于教学实践经验的不足,第一课时的教学过程存在不少问题。经反思和摸索后,将手势教学法合理地融入课堂教学中,设计并开展了较为成功的课堂教学。在此期间,还进行了手势教学法的迁移运用,将手势教学法与汉语歌曲教学结合起来。本节将展示三个教学案例,第一个教学案例是失败的教学案例,第二个教学案例是较为成功的教学案例,第三个教学案例是手势教学法成功运用到汉语歌曲教学中的案例。

本节展示的第一个教学案例是动感中文故事《三只小猪》的第一课时,这是在实验班第一次开展手势教学,由于实践经验不足,学生对于手势结合汉语的教学方法较为陌生,因此从教案设计和课堂进展来看,这节课不算成功。不过从课堂气氛和学生反馈来看,学生表现较为积极活跃,并且对手势教学法表现出了较大的兴趣。

4.1.1 ACG斯艾伦小学实验班手势教学法教学案例1

教学基本情况

1. 教授对象:ACG斯艾伦小学六年级学生(零基础水平)
2. 学生人数:16名
3. 教学时间:1课时(30分钟)
4. 教学工具:白板、多媒体
5. 教学目标:让学生了解和熟悉手势教学法,掌握"好""很好""非常好"等课堂管理用语及其对应手势,掌握"小猪""故事""喜欢""弹吉他""友好"等词汇及其对应手势。
6. 教学方法:手势教学法

教学内容及教学重点

1.《三只小猪》第一课时内容:

"这是三只小猪的故事。这是第一只小猪。它喜欢弹吉他,它也很友好。"

2. 课堂管理用语:"好""很好""非常好"。

3. 掌握重要词汇及对应手势。

教学环节设计

1. 组织教学(3分钟)

(1)问候学生。

(2)师生互动:

教师提问:"What do Chinese people do in Spring Festival?"

随机挑选学生回答,教师给予回答正确的学生口头奖励,"好,很好,非常好"并做相应手势。让学生跟着教师一起说"好,很好,非常好",并一起做手势。

2. 导入(2分钟)

(1)向学生介绍即将使用的汉语教材《三只小猪》。

(2)让学生举手,主动介绍自己所了解的《三只小猪》故事。

3. 讲解新课(15分钟)

(1)教师板书"小猪"的拼音和汉字,然后边说词语"小猪"边做手势,让学生根据手势猜测词语的意义。让学生一起读并做手势。

(2)教学词汇"故事""喜欢""弹吉他""友好",方法同(1),学生根据手势没有准确说出词语意义的,教师可以使用学生母语进行提示或解释。

(3)教师说句子并用手势展示句子"这是三只小猪的故事",让学生猜测句意。教师带读句子,并做手势。

(4)教师展示"第一只小猪"的图片,并说句子做手势"这是第一只小猪",教师带读并让学生做手势。

(5)教师展示小猪在弹吉他的图片,并说句子做手势"它喜欢弹吉他",教师带读并让学生做手势。

(6)教师说句子并做手势"它也很友好",教师带读并让学生做手势。

4. 游戏(5分钟)

让学生练习词汇和手势相匹配。教师展示词汇的对应手势,学生抢答并说出准确的词汇。对于回答正确的学生,教师和学生一起对该学生说"好,很好,非常好"并做手势。

5. 复习总结(5分钟)

教师领读并做手势,学生跟读并做手势,复习本节课学习的句子和词汇。然后,教师只做手势,学生根据教师手势,齐声说出句子。

教学反思

本课时长30分钟,是第一节使用手势教学的汉语课,并且使用了新教材动感中文故事《三只小猪》。学生初次接触手势教学,有很多手势需要使用学生母语来介绍或解释,教学内容略显烦琐。本次课堂中手势教学没有很好地融入课堂教学内容中,手势有点喧宾夺主,教学不能按照课程计划有序地进行。不过学生对于该教学方法的接受度较高,并对手势伴随汉语学习的方法表现出了较大的兴趣。

第二个教学案例是动感中文故事《三只小猪》的第六课时,这节课进行得较为顺利。在此之前实验班已经进行了五个课时,学生们已经掌握了部分手势与汉语结合的词汇和句子,并且熟悉了手势教学的方法,能够在课堂上与教师进行积极互动,该教学案例是在动感中文故事项目开展过程中手势与教学内容结合较为成功的案例之一,课堂氛围很好。

4.1.2　ACG斯艾伦小学实验班手势教学法教学案例2

教学基本情况

1. 教授对象:ACG斯艾伦小学六年级学生(零基础水平)
2. 学生人数:16名
3. 教学时间:1课时(30分钟)
4. 教学工具:白板、多媒体
5. 教学目标:掌握和理解故事中的句子,掌握反义词"傻"和"聪明",掌握"我有＋名词"句子。
6. 教学方法:手势教学法、游戏法

教学内容及教学重点

1.《三只小猪》第六课时内容：

小猪："我不傻，我不傻。"

大灰狼："我要吹，我要吹，我要吹倒你的房子。"

2.掌握反义词"聪明"和"傻"。

3.掌握"我有＋名词"句子。

教学环节设计

1.组织教学(3分钟)

(1)问候学生。

(2)常规说唱：教师和学生一起说唱并做手势。

《上课了》："上课了，坐下来。上课了，坐下来。汉语汉语放进去，英语英语拿出来。看老师，听一听，说一说，做动作。只说汉语不说英语，只说汉语不说英语。"

(3)分组：把班级学生分为四组，以《三只小猪》中的角色给小组命名(第一只小猪、第二只小猪、第三只小猪和大灰狼)。

2.复习(5分钟)

(1)小组抢答："谁有一个草房？"学生回答后，教师引导所有学生一起做手势说完整的句子"第一只小猪有一个草房"。

(2)让学生回忆上节课学习的故事内容(可以用英语)。教师根据学生的回答，引导学生一起做手势，用汉语回忆故事内容。

3.讲解新课(12分钟)

(1)教师用手势展示句子"我有一个草房"，让学生猜测句意。让学生用"我有＋名词"造句。

(2)新课内容：教师用手势一一展示这两个句子，让学生根据手势猜测句意/词义。

小猪："我不傻，我不傻。"

大灰狼："我要吹，我要吹，我要吹倒你的房子。"

(3)学习反义词"傻"和"聪明"(教师在教学这两个词时，使用手势展示其词义)。

4.游戏(8分钟)

根据句意画图(考验学生对本节课学习的新内容的掌握情况)：通过多媒体展示句子，让小组先讨论，然后分组上黑板画出符合句意的图片。

5.复习总结(2分钟)

教师领读并做手势，学生跟读并做手势，复习本节课学习的新句子和词汇。然后，教师只做手势，学生根据教师手势，齐声说出句子。

教学反思

本课时长30分钟,共五个环节,组织教学、复习、讲解新课、游戏和复习总结,五个教学环节中,涉及手势教学法的有四个环节,可以说手势教学法贯穿了整节课。手势与教学内容能够融合,不显突兀。在学生的学习过程中,手势能起到辅助性和提示性的作用,成为学生学习汉语视觉上的"脚手架"。

在使用动感中文故事《三只小猪》的手势教学法后,尝试将此教学方法的理念和方法运用到歌曲教学中。选择了一首适合儿童初级汉语水平的歌曲——《爱我你就抱抱我》,并把手势融入歌词的教学当中,让学生在短时间记住歌词,并学会演唱歌曲。学生们在唱歌时,可以一起做手势,用手势自我提醒或互相提醒,以免忘记歌词,并且学生边唱边做手势,能增加节奏感和韵律感。

《爱我你就抱抱我》的歌曲教学用时两个课时,选取其中一个课时的教学设计作为案例展示。

4.1.3 ACG斯艾伦小学实验班手势教学法教学案例3

教学基本情况

1. 教授对象:ACG斯艾伦小学六年级学生(零基础水平)
2. 学生人数:16名
3. 教学时间:1课时(30分钟)
4. 教学工具:白板、多媒体
5. 教学目标:掌握和理解歌曲《爱我你就抱抱我》中的词汇和句子,学会演唱该歌曲。
6. 教学方法:手势教学法

教学内容及教学重点

1. 教学内容:

《爱我你就抱抱我》的部分歌词内容:陪陪我,亲亲我,夸夸我,抱抱我。爱我你就陪陪我,爱我你就亲亲我,爱我你就夸夸我,爱我你就抱抱我。

生词:陪陪、亲亲、夸夸、抱抱、爱

2. 教学重点:

通过手势讲解生词和歌曲内容,学生能够理解歌曲内容,并能够边做手势边演唱歌曲。

教学环节设计

1. 导入(5分钟)

(1)问候学生。

(2)播放《爱我你就抱抱我》歌曲的动画视频。

2. 歌曲讲解和练习(17分钟)

(1)讲解生词:陪陪、亲亲、夸夸、抱抱

a.教师读词语,同时通过手势——展示这四个词语,让学生根据教师手势先竞猜词语的意思,给抢答正确的学生贴纸奖励,然后带着学生一起做手势读词语。

b.学会词语以后,教师结合手势将"陪陪我,亲亲我,夸夸我,抱抱我"的歌词内容教给学生,并带着学生一起读三遍并做手势。

c.让学生自由练习两分钟,然后随机点名让学生边做手势边说这四个句子。如果学生遗忘歌词或者出现歌词混乱的情况,教师可以给予手势提示。

(2)讲解生词:爱

a.教师读词语"爱",同时通过手势展示"爱",让学生根据手势抢答词语意思,并给抢答正确的学生贴纸奖励。如果学生根据手势没有猜出"爱"的意思,教师说句子"我爱你",并通过手势展示,学生已经掌握"我""你"和相应手势。

b.教师读句子"爱我你就陪陪我",并伴随手势展示,让学生继续抢答句子含义。如果出现困难,教师可以用英语稍微提示学生。

给出"爱我你就亲亲我""爱我你就夸夸我""爱我你就抱抱我"等句子,让学生根据手势猜出句子含义。教师带读,并引导学生一起做手势。

c.让学生自由练习两分钟,然后随机点名让学生做手势说这四个句子。如果学生遗忘歌词或者出现歌词混乱的情况,教师可以给予手势提示。

3.游戏(3分钟)

教师做手势,学生根据手势使用汉语回答,回答正确的学生得到贴纸奖励。

4.复习(5分钟)

(1)教师带着学生复习本节课的内容,边做手势边说句子。

(2)教师逐句播放本节课学习的歌曲内容,学生跟着视频学习演唱并做手势。

教学反思

将手势融入中文歌曲的教学中,不仅可以帮助学生理解歌词的意思,还可以帮助学生记忆歌词。该歌曲中的生词多为动词,而且使用手势表达词语更加形象具体,学生的接受度很高。

4.2 课堂观察

在教学实践时经常在课后写教学日志和教学反思,并且录制部分课程作为课堂观察的材料。从这些材料中观察到,在加入手势教学法的汉语课堂上,学生的表现和汉语水平也有一些变化。

4.2.1 学生课堂参与度

在进行手势教学法实验之前,在相同的班级进行授课时,并未采用手势教学法。在教新词语时,例如"唱歌"一词,一般采用的方式是,在幻灯片上展示唱歌的图片,让学生用英语回答图片内容,然后展示并带读新词"唱歌",学生的情绪明显不够高涨,回答问题的积极性也不高,课堂气氛整体偏沉闷。在使用手势教学时,借助手势展示"唱歌",学生不需要教师提问,立马就争先恐后地说出这一词语的意义"singing",紧接着边做手势边带读词语"唱歌",学生跟读并做手势,学生的参与度非常高。

在上课的导入环节,学生就能积极地跟随教师的手势一起做,然后一起复习上节课的内容,学生通过手势参与到复习环节中,能够很快地进入学习状态。即使有的学生遗忘上节课的内容,他们仍然可以通过做手势来参与这个环节,同时手势也能帮助学生回忆起所学内容。从整体上来看,学生的参与度和积极性明显提高。

4.2.2 学生口语水平

在教学实践中发现,手势教学法在提升学生口语水平方面的效果较为显著,所以把口语水平作为手势教学效果的评价标准之一。吴继峰、赵晓娜(2020)通过研究发现八个区别特征中有六个区别特征与口语评分显著相关,分别是类符、形符、语音准确度、语法准确度、语速和发音时间比。将从这几个方面来考查学生的口语水平。

在进行手势教学实验之前,学生很难去用汉语表达出一段话,甚至是一句话。在使用手势教学后,学生在口语表达时,借助手势或教师给予手势提示,学生能够流利地表达教师所要求的内容,且词汇准确度、语法准确度和语音准确度均比之前有所提高,语速较之前更快,同样内容的语言发音时间比以前有明显缩短。

4.2.3 学生课堂上的理解力

手势给学生搭建了一个视觉上的"脚手架"。手势成为学生学习汉语的支架,帮助学生进行可理解性输入和输出。在课堂上,教师使用手势时,能够帮助学生进行可理解性输入,手势是有含义的,也是容易理解的。回顾课堂录像和教学日志时发现,在进行课堂提问时,如果学生暂时遗忘了某个词语的含义,当教师做手势时,手势能够刺激大脑进行语义加工,因此大多数学生看到手势后能立即做出回应,这不仅减少了课堂上非目的语的使用,还能帮助学生主动进行思考。在教学过程中,每次提问学生一个语句的含义时,学生总是会情不自禁地一边做手势一边重复一遍句子,然后能够在较短时间内回答出语句的句义。

手势教学法进行到更深入的阶段时,教师会直接使用目的语进行课堂提问,甚至不需要加入手势辅助,学生就能够理解教师的问题,并很快给出回答。在回答过程中,学生自己也会不自觉地使用手势去进行自我辅助。将高频词汇和与之关联的手势动作一同呈现,手势既是帮助学生理解的方式,也是帮助学生记忆的方式。此外,教师还可以通过手势检查学生对所学内容的掌握程度。

第五节　手势教学法的效果考察分析

对于 ACG 斯艾伦小学汉语课堂手势教学法的使用情况和效果，笔者将从学生对目标词汇的记忆测试、学生的问卷调查结果和教师访谈情况等几个方面进行综合考察分析。

5.1　学生对目标词汇的记忆测试

测试的主要目的是考查学生在手势教学法的辅助下，对目标词汇的记忆水平是否有所提升。

手势教学法实验进行了十周，然后对实验班的学生进行随堂测试。测试时间是第十周的最后一节课，测试的内容是十周内所学习的部分词汇。测试的对象是一个实验班的 14 名学生。手势教学法的实验班是 2 个，但是其中一个班级因为学校活动冲突，在开展过程中未能完整地进行课程的学习，因此只选择另一个实验班进行测试。此外在研究开展之前，原本打算选择平行班级进行对比实验，但是在教学实践过程中，因为各种主客观原因（学校活动冲突影响平行班级进度不一、学生汉语水平不一、班级学生构成和课程时间安排不同等），发现无法控制其他条件不变，因此放弃了平行班级实验对比的方法，采用了对比同一班级先后对汉语目标词汇的记忆变化情况的方法，详见表 4-3、表 4-4、表 4-5。

在测试过程中，允许学生用手势进行自我提示，教师也会给予手势提示。

表 4-3　ACG 斯艾伦小学实验班有手势辅助的目标词汇记忆情况

序号	学生姓名	目标词汇的总数量	目标词汇的记忆数量	正确率(%)
1	Logan＊＊	16	10	62.5
2	Cameron＊＊	16	10	62.5
3	Renee＊＊	16	16	100.0
4	Liam＊＊	16	16	100.0
5	Jack＊＊	16	13	81.3
6	Caleb＊＊	16	15	93.8
7	Bela＊＊	16	16	100.0
8	Nikita＊＊	16	12	75.0
9	Oliver＊＊	16	15	93.8

续表

序号	学生姓名	目标词汇的总数量	目标词汇的记忆数量	正确率(%)
10	Aryan**	16	12	75.0
11	Joshua**	16	15	93.8
12	Sophie**	16	8	50.0
13	Sam**	16	10	62.5
14	Oliver**	16	8	50.0

在进行手势教学法之前,做了一组对照实验。实验对象是相同班级的相同学生,选取的也是十周内所学的部分词汇,学生不允许做手势,教师也不会给任何手势提示。

表 4-4 ACG 斯艾伦小学实验班无手势辅助的目标词汇记忆情况

序号	学生姓名	目标词汇的总数量	目标词汇的记忆数量	正确率(%)
1	Logan**	10	5	50.0
2	Cameron**	10	2	20.0
3	Renee**	10	10	100.0
4	Liam**	10	9	90.0
5	Jack**	10	6	60.0
6	Caleb**	10	6	60.0
7	Bela**	10	7	70.0
8	Nikita**	10	6	60.0
9	Oliver**	10	6	60.0
10	Aryan**	10	7	70.0
11	Joshua**	10	10	100.0
12	Sophie**	10	0	0.0
13	Sam**	10	4	40.0
14	Oliver**	10	5	50.0

表 4-5 为对照组和实验组词汇记忆正确率的差异检验,我们采用独立样本 T 检验。从结果可知,实验组的正确率是 78.57%,对照组的正确率是 59.29%,对应的检验显著性 P 为 0.041(<0.05),说明两组的正确率存在显著差异,实验组的正确率明显高于对照组,可见手势辅助可以提高词汇记忆的正确率。

表 4-5 实验组和对照组词汇记忆正确率(%)的差异检验

组别	N	均值	标准差	T	P
实验组	14	78.5714	18.62366	2.153	0.041
对照组	14	59.2857	27.86348		

Igualada et al.(2017)也曾通过实验证明,当目标词汇与手势相关联时,手势有助于儿童提高对目标词汇的记忆。因此,根据实验结果和其他学者的研究成果,我们有理由认为,手势可以帮助学生记忆目标词汇。

此外,根据课堂观察和实践发现,没有手势辅助时,学生对目标词汇的记忆有些只停留在瞬时记忆和短时记忆层面,在同一节课上,学生会很快遗忘刚学过的词汇。学生们通常至少间隔一周才会上一节汉语课,在这个时间段中,学生们很少有机会进行汉语的学习或复习,所以经过一周时间的遗忘,能够进入学生长时记忆的知识内容很少,甚至没有。而手势可以作为一种信息编码,帮助学生凭借手势储存部分词汇的记忆。使用手势教学后,在每节课的提问环节中,发现学生的记忆效率有所提升,在回答问题时,如果学生有遗忘,教师会给予手势提示,学生在看到手势后,能立即说出部分词汇。

5.2 学生调查问卷结果分析

为了进一步了解手势教学法对学生汉语水平和汉语学习兴趣的影响,本研究对ACG斯艾伦两个实验班级的33名学生进行了问卷调查。因为学校可允许的实验班只有六年级的两个班,共33名学生,因此受客观原因的影响,问卷调查的样本数量有限。

问卷内容方面,设置的问题主要从学生对手势教学法的看法和态度,以及手势教学法对学生学习汉语的兴趣和信心、对词汇的理解、对汉语水平的影响等几个方面展开。问卷结果如下:

1.课堂上使用手势教学法能够提升学生的学习兴趣和信心

比起枯燥乏味的语言知识教学,加入一些不同的元素,能够激起学生的学习兴趣。调查结果显示,有超过60%的学生认为手势使得汉语课堂更加有趣。

学生年龄较小,一些辅助手段能够给学生增加不少信心,手势就像是娃娃刚学走路时的学步车,有个辅助,自然信心就会增加。教师在课堂上使用手势来辅助学生说汉语或者回答问题,学生们会显得更有自信。有58%左右的学生认为,如果汉语教师在他们开口说汉语的时候使用手势予以提示,他们会变得更加有信心。

2.手势教学法帮助学生可理解性输入

动感中文故事团队创造的手势语,本身就是具有表意功能的,所以在教学过程中,可以帮助学生进行可理解性学习。有42%左右的学生认为手势对于他们理解汉语词汇很有帮助,有30%左右的学生认为手势对于他们理解汉语词汇有帮助。仅有6%左右的学生认为手势对于他们理解汉语词汇没有帮助。总体上来看，大多数学生还是认为在课堂教学中手势可以帮助他们理解汉语词汇。

3. 手势教学法对提升汉语水平的效果不明显

经过为期十周的教学，认为手势教学法对于提升自身的汉语水平没有一点帮助的学生人数仅占3%左右，所以大部分学生还是认为手势教学法对学习汉语或多或少有帮助。但是，手势教学法对提升汉语水平起到的作用并不是很大，因为有将近55%的学生认为在手势教学法的帮助下自己的汉语水平只有一点点提升。

该项调查结果表明，学生们认为手势对提升自身汉语水平的效果不够明显。俞伯华(1996)认为手势可以帮助学生理解性记忆，但不能代替实质性记忆。结合教学实践和课堂观察，并且考虑到教育背景和年龄问题，新西兰小学生本身学习一门第二语言就存在一定的难度，手势教学法能够有一定的帮助，但手势使用过多，有时候对于学生们来说，也是无形中增加了任务量和记忆负担。而且，每个班级每周只有一节汉语课，有时候还会因为各种学校活动取消汉语课，所以学生们一周内除了短短的30分钟的汉语课，其他时间几乎看不到、听不到也用不到汉语。根据我们学习语言的经验，语言只有天天学、天天用，才能够得到提升。所以提升学生的汉语水平，也不仅仅是依靠课堂上的教学方法就能做到的。

从问卷调查结果的综合分析来看，学生对于手势教学法的兴趣还是比较高的，手势教学法也能帮助学生建立学习汉语、开口说汉语的自信，同时帮助学生在学习汉语时进行理解性输入。此外学生年龄较小，对于他们的问卷调查结果只能作为本研究的一个参考，更多效果评估依赖于实践中的课堂观察和对同样采用此教学方法的教师进行的访谈调查。

5.3 教师访谈分析

由于实验班级学生人数较少，且年龄较小，问卷的信效度有限，因而对于使用相同教学方法的汉语教师进行了深度访谈。据了解，奥克兰地区有另外两名本土汉语教师也在使用动感中文故事教材及手势教学法，对这两位本土汉语教师进行了访谈。

其中一名教师是林老师，她是奥克兰地区一所私立学校的初高中汉语教师，毕业于台湾大学，在新西兰奥克兰大学取得教育硕士学位。她在新西兰从事汉语教学已经20余年，在汉语教学方面有丰富的经验。林老师是一个人承担七年级至十一年级的汉语教学任务。2019年，林老师参加了一场动感中文故事的研讨会，结束后她本人决定尝试动感中文故事项目中的部分教学方法。所以她将手势教学法运用到课堂上，并在课堂部分环节使用手势教学。

另一名教师是杨老师，她是新西兰奥克兰地区的一所私立学校的小学汉语教师，在移居新西兰之前，她曾是吉林大学的英语教师。她是奥克兰地区较早将动感中文故事项目应用于小学汉语课堂的教师。同时她也多次担任奥克兰孔子学院志愿者教师研讨会的主讲老师。杨老师表示她是在2013年的奥克兰教学研讨会上通过法语教师接触到AIM教学模式的,在此之前杨老师的汉语课堂也会使用一些手势来教学,但那时她的教学手势是自己临时编的,没有系统性。她在接触到以AIM教学为理论基础的动感中文故事项目后,发现系统性的手势教学法能够让学生的表达更加流畅。

在手势教学的课堂效果、学生的学习兴趣和教学效果方面,林老师和杨老师的看法大同小异,详见第四章附录二。两位教师均赞同手势教学法对汉语课堂的氛围、学生学习汉语的兴趣以及教学效果都起着积极作用。

两位教师在访谈中均谈到"理解"一词,她们一致认为,在第二语言课堂上手势有助于学生的理解,能够减少教师授课时非目的语的使用。除此之外,杨老师在教学过程中发现,手势教学不仅可以帮助学生进行可理解性输入,还可以帮助学生进行可理解性输出。"学生自己做手势时,手势会提醒他意思是什么",因此学生在说汉语时,手势可以帮助他们进行可理解性输出,手势作为一种符号帮助学生在自我表达时提醒他们所说汉语的意思,从而更好地帮助他们组织语言。

但是由于新西兰小学教育的独特性,杨老师指出,手势教学对学生的记忆在教学当时有明显提高,但是过后没有持续性。小学的汉语课在新西兰地区属于兴趣课,一个班级一周只有一节,而且还经常会被学校的各种活动,或者其他课程,如游泳课等代替,学生没有时间和机会去使用和练习汉语,所以很难考察手势教学法对提升学生汉语水平的帮助。但是,新西兰小学汉语课程的主要目标在于提升学生的汉语学习兴趣,这也是为什么手势教学法适用于小学汉语课堂的原因。

在手势教学法的不足方面(林老师和杨老师的具体反馈详见第四章附录三),两位教师都认为,随着教学开展的深入和教学词汇的增多,手势教学法暴露出了局限性,因为汉语中不是所有的词汇都可以通过手势来表达,并且随着学生汉语水平的提升,手势会限制学生汉语表达的语速。

在手势使用的建议方面,林老师和杨老师也根据自己的多年实践经验给出了她们的意见:在汉语课堂上,教师应当把手势当作教学的一个手段,不能整节课使用,要搭配其他教学活动和教学方法。

通过对两位教学经验丰富的汉语教师的访谈,更加全面地了解和认识到手势教学法的优势和不足,也对本研究的结果预想提供了丰富的论证,使研究结果的分析更加立体。

第六节　手势教学法的评价和建议

对于零基础汉语水平的小学生来说,手势教学法是让教师直观地向学生展示教学内容的重要手段,学生可以通过观察教师的手势动作来理解词汇、句子的含义,减少目标任务的难度。同时,手势教学法有效地减少了非目的语的使用,为学生提供沉浸式的学习环境。手势作为媒介语,可以为教和学构建最近发展区(The Zone of Proximal Development,ZPD),钟晓云、高原(2018)也认为手势为教和学所构建的最近发展区可以缩短学生自身水平与任务水平之间的差距,从而完成语言的学习。因此,手势教学法对于汉语教学来说有很大的积极影响,本章将会结合教学实践和学者们的相关研究,指出动感中文故事中手势教学法的独特优势,同时也会指出其不足之处,并给出笔者对动感中文故事中手势教学法的改进建议。

6.1　动感中文故事中手势教学法的独特优势

在使用手势教学法的课堂上,教师的教学组织形式是"说—做动作",学生的学习形式是"听说—做动作",跟传统的教学方法相比,师生之间的互动增加了"动觉"的感知。动感中文故事中手势教学法的特点是:手势具有固定性,是教学者和学习者之间公认的,并且一旦形成就不再改变。之前学者们研究的课堂手势用语一般都是教学者自发地较为随意地在课堂上使用,学习者并不参与其中,手势对于学习者来说主要是一个理解课堂任务的辅助手段。因此动感中文故事中的手势教学法有不少优点值得我们去学习和参考。

6.1.1　手势教学法活跃了海外小学汉语课堂的气氛

手势教学法能够活跃课堂气氛是学者们研究的结论之一,在笔者的教学实践和研究中也验证了这一点。首先,在手势教学法中,手势作为中介语,搭建了教师与学生之间沟通交流的桥梁,课堂上教师的手势能够吸引学生的注意力,使学生在放松的状态下学习和吸收教学内容。其次,结合我们学习第二语言的实践经验考虑,如果有辅助性的手段,我们会更加有信心开口说第二语言。通过学生问卷调查的反馈来看,也可以验证这一点。

把手势加入海外儿童汉语课堂,使教学形式变为动静结合,从而释放小学生旺盛的精力,为学生营造一个愉悦的学习环境,并且加强了课堂管理(李立苹,2019)。在汉语教学中,手势语的提示比单纯的语言翻译更能激发儿童的思维能力,尤其是可以帮助好动、注意力不集中的孩子们。在操练环节,传统的领读、点读的方式较为枯燥乏味,使用手势和领读并用的方式,使学生听觉、动觉、视觉都得到刺激,更能引起学生的兴趣,符合新西兰小学生的特点。

田雪蓉(2019)也赞成手语是增强儿童对外汉语课堂教学效果的有效工具。教师使用手势语能够吸引学生的注意并激发其兴趣,帮助调节课堂气氛。如果学生认为教师做的有些手势语十分有趣,小学阶段的学生也会喜欢模仿教师,教师的形象就不再是严肃的,相反有些手势会使学生觉得教师有趣可爱,增加教师的亲和力,加深学生对于教师的喜爱程度,拉近学生和教师之间的距离。

6.1.2 固定的手势语使教学变得更加有序

从教学实践和调查反馈的结果来看,手势教学法可以实现非目的语环境教学,在课堂上能够大幅度地减少学生母语的使用。教学实践时间越长,学生对于教师所使用的手势就会越熟悉,课堂教学过程就会更加流畅。教师和学生都熟悉了这个教学"支架",师生双方的默契度也会提升,教学过程中就可以不使用学生母语。

万妍纾、廖宽(2019)也赞同手势教学法不仅能够提高师生之间的默契度,而且可以提高课堂教学的有效性。例如,在进行课堂的复习环节时,固定的手势教学能够提供新的课堂练习方式,教师做简单的手势,让学生回答对应的词汇,通过这种方式可以考察学生对目标词汇的理解和记忆情况,也可以通过手势从侧面观察学生汉语的熟练程度。

此外,新西兰的小学汉语课堂是不要求进行测验的,而且学生不喜欢考试的方式,教师想要掌握学生的学习情况,通过手势检查是一种行之有效的方式,这样的检查不会给学生增加压力,也能够让教师对教学情况有一个很好的把握。

6.1.3 认知主体接受信息更具主动性

与其他研究结果相比,在教学实践中还发现,"手势先行,语言其后"的教学方法让学生在汉语课堂上能够主动地接受信息。课堂上,教师先出示"手势语"并提问学生,学生先"看"后"听"汉语,视觉的形式会更吸引学生的注意力,激发学生的好奇心和学习欲望,提高学生学习的积极性,学生学习的主动性也会有所提升。

6.1.4 打通学生感知的多个通道

在教学实践中发现,手势教学法让汉语词汇不仅"可听",还"可视""可动""可触",汉语词汇变成了立体的知识,让学生全方位地动起来。杜恩的学习风格模型理论认为,学习行为和学习成绩受个体学习风格的偏好影响。杜恩经过调查研究总结出学习风格主要有五个要素:环境要素、情感要素、社会性要素、心理学要素和身体要素。其中身体要素包括对视觉、听觉、触觉和动觉的不同偏好(王婷婷、吴庆麟,2006)。学生在学习过程中,身体要素的各个感知通道被充分刺激,并且彼此协调配合,有助于学生在沉浸式环境中学习。

语言的习得过程由人的左脑控制,而手势的学习过程则由人的右脑控制,在语言学习的过程中加入手势学习,相当于对人的左右脑同时予以刺激,从而加速了语言的学习过程。在 AIM 教学过程中对于手势的学习、复习，通过手势提问和在手势提醒下的学生自我表达，都为学生的语言能力提供了充分的支架，为学生创造沉浸式的学习环境提供了可能。

6.1.5 手势教学帮助学生可理解性输入和输出

二语教学时，教师展示的手势可以在词汇、语句教学时帮助学生进行可理解性输入。手势是符号语言，它作为语言的同源词，与语言共享同一认知源，学习者在二语学习中，不仅可以从自身的学习经验中获取知识，而且可以从任何可用符号资源中获取。非手语使用者可以根据他们对手势的隐形认知，对从未见过的手势标志性符号的形式产生预测(Ortega et al., 2020)。学生们可能在没有理解教师目的语的含义的情况下，先理解了教师的手势语，此时手势语能够起到正迁移的作用，帮助学生进行理解性的语言学习，从而减少目的语学习者的认知负荷(Azar et al., 2020)。尤其是参与者在理解和记忆抽象词汇时，使用手势编码的词汇比使用图片编码的词汇的效果更好(Repetto et al., 2017)。

与以往学者的研究结果相比，在教学实践过程中发现，手势也可以帮助学生可理解性输出。在学生自我表达时，学生会使用手势伴随目的语进行表达，或者在遇到表达障碍时教师会给予手势提示，学生掌握手势先于语言，所以手势能够帮助他们清楚地意识到自己想要说的是什么。在教师访谈中，杨老师和林老师也均提出了这一观点。所以，我们认为手势可以帮助学生可理解性输入和输出。

6.2 手势教学法的不足

根据教学案例分析和调查结果，手势语在动感中文故事《三只小猪》的教学中有着非常重要的作用，是必不可少的教学手段之一。作为非语言交际手段之一的手势语，在辅助语言教学的过程中，能够使课堂教学更加生动、有趣。但其在教学过程中出现的问题及局限性也不可忽视。

6.2.1 部分手势语与词汇的关联有待商榷

部分汉语词汇与手势的对应性不够强，有些词汇对应的手势并没有那么容易理解和掌握，甚至部分词汇的手势是抽象的，需要教师先讲解手势的含义，然后再进行词汇教学，给教学增添了不必要的环节。例如"故事"的对应手势是两手面向对话者摊开，然后右手移动到左手前方作绘画的姿势。学生初次看到这个手势时一脸茫然，在课堂实践中学生没能猜出这个手势的含义，教师此时要做进一步的解释，使得汉语课堂的教学环节变得烦琐，教师不仅要进行词汇教学，还要讲解手势。

此外，随着学生水平的提升和教学难度的增加，词汇的难度也在增加，抽象、多义词汇的出现使得手势表达变得复杂，有可能增加教学负担。因此，并不是所有的句子、词汇都可以使用手势来表达,手势只适用于二语教学中的部分词汇。

6.2.2 手势教学法的推广和发展有现实障碍

通过查找和阅读文献,笔者发现手势在海外汉语课堂中的使用大多是在课堂管理方面,手势作为教学内容的辅助工具还不是很普遍。尽管动感中文故事团队已经把手势教学法作为系统性的教学方法来开发和使用,但是在推广方面仍然有限制。动感中文故事的配套教材和手势教学视频需要购买,而且价格并不便宜,买一套教材和视频资源大概需要三千元人民币。除了金钱成本外,学习和使用该教学方法的时间成本也比较高。首先教师要经过系统的学习或培训,其次教师要将教学内容和手势教学法融为一体,这需要花费不少心思和时间,最后教师还得让学生适应手势教学法。因此,这个教学模式的推广还存在不少障碍。

6.2.3 手势的引入形成语言习得的"表象"

通过课堂观察发现,有一种情况多次出现,即学生只有在教师的手势提示下才能完成句子的完整表达,这个视觉上的"脚手架"弱化了学生自己主动记忆句子的语法结构的意识。Faraco & Kida(2008)在研究中也曾表明,视觉上的"脚手架"可能会导致二语学习者过分依赖教师的手势。

此外,在测试和课堂提问中多次出现学生对于测试问题无法作答,但能够根据教师的手势说出相应词汇的情况。这表明学生完成了手势和词汇语音之间的联结,但是对于词汇的意义和所学语法结构并没有真正的内化。然而在课堂上这样的"表象"却会向授课教师传达"学生已经理解并掌握了这个句子"的错误信息,教师误以为可以进入下一环节的教学。

针对语言习得的"表象化",汉语教师应该充分意识到学生掌握了手势与词汇语音的联结并不代表内化了语言结构,因此在课堂中提出问题后不应立即用手势引导学生,而是注意学生对口头问题的反应。如果学生无法正确回答问题,则表明学生对于问题并不理解,或语言组织能力不够,反映出学生并未内化对话所考查的语言结构;若学生能够自主回答问题,才表明学生掌握了该对话所需的语言知识。

6.3 手势教学法的改进建议

手势自身具有局限性,因此我们要使手势发挥作用还要考虑到任务水平的难度。对于汉语教学来说,难度低、较为具体形象或动作性强的词汇较为适合使用手势教学法,因此我们在选用手势教学时,一定要考虑该手势的辅助是否能够优化教学并提高学习效率。从词汇的难度水平考虑,手势教学更适合零基础水平或初级汉语水平的学习者。在短期的课堂实践中,笔者根据自身的教学经验,提出了几点关于手势教学法的具体建议。

6.3.1 手势教学法与其他教学方法共用

手势直观形象,能够让课堂生动有趣,但是手势教学并不是万能的,因为语言的丰富程度是手势无法企及的。尤其是虚词和语法部分,很难用手势准确呈现,所以教师在备课阶段要准备充分,应当清楚地了解哪些词语使用手势教学效果更好,哪些不能使用手势教学。只使用手势教学,可能让学生产生一种在学中国手语的错觉,所以手势的使用要适当,也要适量。应将手势教学法与传统教学法相结合。没有一种教学方法是完美无缺的,在汉语教学过程中,我们应当灵活地选用不同的教学方法,用之所长,以期实现良好的教学效果。

因此,手势教学法不能作为课堂教学的唯一手段,应当搭配其他课堂活动来进行。课堂活动是儿童汉语教学必不可少的环节,手势教学法不能代替课堂活动,而是要和课堂活动等教学环节相辅相成。

6.3.2 激励学生自主创造手势

在实践过程中发现,有些手势,无论是动感中文故事团队创造的,还是教师个人创造的,很多时候都不如小学生们创造的形象具体,或者说小学生们创造的部分手势更能准确地表达词汇的含义。另一方面,学生在创造手势时,加入了他们自己的思考,采用学生的手势,也能增强他们对词汇的理解和记忆。所以,教师在使用手势教学时,可以和学生进行商量,或者让学生之间有一个创造手势的比赛活动,教师给出一个具体的词语,师生共同设计这个词语的代表手势,这样不仅让学生加深对词汇的记忆和理解,而且也能提高学生的课堂参与度和学习兴趣。

6.4 对海外儿童汉语课堂教学法的启示

对于汉语水平较低的海外儿童来说,培养学习汉语的兴趣最为重要。为了培养海外儿童学习汉语的兴趣,授课教师应该多花心思在教学方法上,好的教学方法和教学手段能够使教师的教学事半功倍。

海外儿童汉语课堂应综合考虑儿童的汉语水平、学习兴趣、自身特点及任教国家的教育制度等多个因素,因此教师所采取的教学模式和教学方法不能一概而论。很多海外的儿童汉语课堂,例如新西兰的小学汉语课程,主要培养学生学习汉语的兴趣,那么在这种情况下,教师应当让学生感受到学汉语的乐趣和中华文化的魅力。所以,一堂让学生们充满热情且积极参与的汉语课就算得上是一堂合格的汉语课。

从研究结果来看,课堂上加入手势教学,对海外的小学生学习汉语是有一定帮助的,希望此研究可以给海外儿童汉语课堂的汉语教师们提供一些借鉴和参考。

第七节　结语

7.1　本研究的主要成果和价值

本研究基于新西兰 ACG 斯艾伦小学的教学实践,首先梳理了手势教学法的理论背景和相关研究,并将手势教学法与全身反应法和肢体故事反应法进行对比分析,然后通过实验班的目标词汇记忆测试、课堂观察、问卷调查以及教师访谈等方式综合评价了手势教学法应用于汉语课堂的教学效果。本研究发现,从总体上来看,手势教学法能够调动汉语课堂的气氛,提升学生学习的兴趣。手势教学法能够帮助学生提升目标词汇的记忆效果,成为学生学习汉语的支架,帮助学生进行可理解性输入和输出。手势教学法对学生的汉语学习有积极的效果,也存在不足之处。本研究认为手势教学法会使学生产生习得"表象",这不能让教师真正了解学生的学习情况。同时,目前手势教学法的适用范围较为局限,只有少部分汉语词汇能够使用手势表达。

本研究的创新之处在于,结合文献阅读和教学实践,梳理了手势教学法与全身反应法和肢体故事反应法的异同,发现手势教学法与全身反应法和肢体故事反应法最大的不同在于,学生在手势教学法中的参与度最高,手势教学法能够让学生的动觉得到充分的刺激。除此之外,本研究发现,手势教学法能够提升学生对目标词汇的记忆能力,但是对学生整体汉语水平的提升效果有限,当然其中一部分原因在于手势的局限性,手势与词汇一一对应,手势只对理解词义有帮助。如果过于注重手势的使用,而忽略了其他部分的教学,例如字形、字音等,学生的汉语水平不会有明显的提升。此外,另一部分原因在于新西兰小学汉语课程的性质和安排。本研究还创新性地发现,手势教学法不仅能够帮助学生进行可理解性输入,还可以帮助学生进行可理解性输出,"手势先行"更能够帮助学生清楚地意识到自己所要表达的内容。

本研究的实践意义在于为汉语教师提供手势教学法方面的借鉴和参考。汉语教师可以直接利用手势教学法进行汉语教学,帮助学生进行汉语课堂的学习,提升学生对汉语课堂的兴趣,培养学生持续性说汉语的能力。手势教学法的研究也为汉语的教学方法提供一些参考,目前较少有人研究或使用系统性手势进行汉语教学,尤其是海外汉语课堂教学。同时,本研究的一些建议也为动感中文故事团队以后的教材编写和手势使用等方面提供借鉴。

7.2　本研究的不足及未来研究设想

7.2.1　本研究的不足

由于自身理论知识水平的不足,研究能力和经验的欠缺,本研究仍存在一些不足:

1. 调查问卷仅覆盖了手势教学的实验班,总共 33 人,样本数量有限,不能从整体上反映手势教学对于小学汉语课堂的影响。这一点是由于学校允许的可实验班级较少,调查对象人数受限。

2. 本研究的教学时长为十周,实验时间较短。由于实习时间为十个月,加上接触这一教学方法的时间较晚,所以在新西兰学校进行的教学实验时间较短。

3. 本研究本打算选择平行班级进行对比实验,在其他变量都相同的情况下,一个班级使用手势教学,另一个班级不使用手势教学,通过对学生的汉语口语水平测试来分析手势教学法在儿童汉语课堂的教学效果。但是在实践过程中,发现无法控制其他条件,例如课程的时长、班级的教学进度等。更重要的是,受小学生汉语水平、汉语课程的性质以及汉语课程的安排等多种因素的影响,我们把手势作为学生学习汉语的辅助工具,在进行汉语口语测试时,教师给予适当的手势提示是必要的,所以在测试过程中也无法使所有因素保持一致。因此放弃了平行班级实验对比的方法,采用了对比同一班级先后对汉语目标词汇的记忆变化情况的方法。

7.2.2 未来研究设想

根据本研究的发现,手势教学中词汇对应的手势仍存在诸多不足。在未来的研究中,一方面,研究者可着重创造更具科学性、更能反映词汇含义的手势,拓展手势的适用范围,让手势与汉语词汇能够完美结合。另一方面,有意从事手势教学相关研究的专家学者,可以酌情延长教学实验的周期,以期发现更多的研究结论和问题。

此外,动感中文故事教材是以《三只小猪》为故事背景改编成的汉语教材,这样的教材内容虽然是学生们熟悉的故事,但《三只小猪》是舶来品,是英国童话,这样的教材内容缺乏中国文化元素,对小学生们了解中国文化的帮助不大。动感中文故事团队及其他想要参照此类教学模式的专家学者,应当考虑选择中国的经典故事,将其改编成适用于儿童汉语教学的教材内容,并研究出适用的、科学的手势语辅助教学。

(苏萍 吴成年)

参考文献

著作

梅洛-庞蒂. 知觉现象学[M]. 姜志辉,译. 商务印书馆,2001.

徐通锵. 汉语结构的基本原理:字本位和语言研究[M]. 中国海洋大学出版社,2005.

Faraco M, Kida T. Gesture and the negotiation of meaning in a second language classroom [M]// McCafferty S G, Stam G (eds.). Gesture: second language acquisition and classroom research. Routledge, 2008.

Jungheim N O. Language learner and native speaker perceptions of Japanese refusal gestures portrayed in video[M]//McCafferty S G, Stam G(eds.). Gesture: second language acquisition and classroom research. Routledge,2008.

Kendon A. Gesture：visible action as utterance[M]. Cambridge University Press,2004.

Maxwell W,McKinney J. Dynamic stories for kids：the three little pigs whole activities book[M]. AIM Language Learning,2013.

McNeil D. Hand and mind：what gestures reveal about thought[M]. The University of Chicago Press,1992.

McNeill D，Duncan S D. Growth points in thinking-for-speaking[M]// McNeill D（ed.），Language and gesture. Cambridge University Press，2000.

期刊论文与论文集论文

鲍逸英.运用之妙,存乎一心：试析手势语在英语教学中的有效运用[J].英语广场(学术研究),2011(Z6).

卞东安.柯尔文手势在音乐教学中的使用及意义[J].中国科教创新导刊,2009(21).

霍勒.语言的局限和言语的门槛：索绪尔和梅洛-庞蒂[J].林书武,译.国外社会科学,1984(3).

贾广瑞."字本位"理论视野下词类活用问题的再观察[J].汉字文化,2019(12).

姜建业.体操教学中的手势示范[J].学校体育,1984(2).

蒋宏军.汉语教学中手势的运用[J].和田师范专科学校学报,2004(4).

靳燕琪,李宏强.跨文化交际视域下的手势语研究[J].教育现代化,2019(74).

匡吉.浅谈小学语文教学中手势的运用[J].江苏教育,1988(18).

李春玲.浅谈对外汉语教学中基础教学的技巧：态势语和直观教具教学[J].沈阳师范学院学报（社会科学版),2000(1).

李家乐.地理教学中的手势直观：拳掌喻运[J].中学地理教学参考,1981(6).

李荣启.手势 人类的副语言[J].世界知识,1990(8).

李师贞.简论手势在语文教学中的美感传递作用[J].上海教育,1996(8).

李恕仁.体态语与对外汉语教学[J].云南民族学院学报(哲学社会科学版),1998(2).

李媛.手势与言语关系论对语言教学的启示：基于认知语言学视角[J].淮北职业技术学院学报,2017(4).

刘健,龚少英.非言语行为与课堂教学[J].华中师范大学学报(哲学社会科学版),1994(3).

马丁,扎帕维尼娅.副语言意义研究：系统功能语言学视角[J].吴启竞,王振华,译.当代修辞学,2018(1).

马文驹.从当代心理学来看语言和意识的起源[C]//中国心理学会.全国第六届心理学学术会议文摘选集.1987.

梅次开.《中国手语浅谈》研读笔记[J].中国听力语言康复科学杂志,2004(5).

孟艳丽,郭建.面向二语教学的手势研究述评：兼论手势在中国外语教学中的应用策略[J].语言学研究,2015(2).

漆舒琴,龙玉梅. Application of nonverbal language in foreign language teaching and testing[J].海外英语,2017(20).

任琳,丁道群,黎晓丹,等.手势促进语言的理解与学习:具身认知的视角[J].心理研究,2018(2).

万妍纾,廖宽.关于"零语言 全手势"的教学实践探索[J].新作文:教研,2019(7).

王容花.中国英语学习者二语进行体的多模态表征[J].现代外语,2019(3).

王婷婷,吴庆麟.学习风格理论综述及其教育启示[J].宁波大学学报(教育科学版),2006(4).

王小明.浅谈非言语交际[J].西藏民族学院学报(社会科学版),1988(Z1).

吴继峰,赵晓娜.初中级汉语水平二语者口语产出质量评估研究[J].语言文字应用,2020(1).

吴仲敏.手势在解剖学教学中的运用[J].卫生职业教育,2002(11).

徐立红.手势与言语关系的多维研究述评[J].闽南师范大学学报(哲学社会科学版),2015(3).

杨晓琼.隐喻对语伴手势的认知阐释[J].重庆理工大学学报(社会科学),2011(9).

尹森林.谈手势在音乐教学中的运用[J].中国音乐教育,1994(3).

于善志.身势行为与英语听力中的言语解码[J].河南大学学报(社会科学版),1995(4).

于溪.手势语在英语词汇发音教学中的应用[J].佳木斯职业学院学报,2018(2).

俞伯华.手势教学法应用的研究[J].科学教育,1996(1).

俞青海.手势语言与课堂教学[J].吴中学刊,1994(1).

苑玲玉.对外汉语实习教师课堂体态语初探——以普北项目为例[C]//北京大学对外汉语教育学院研究生会.第八届北京地区对外汉语教学研究生论坛文集上.2015.

张莲,王艳.通过课堂话语分析促进外语教师学习:一项实证案例研究.外语与外语教学,2014(3).

张园.手势在语音教学中的作用[J].语言教学与研究,2002(6).

钟晓云,高原.英语听力教学中手势语有效性的实证研究[J].北京第二外国语学院学报,2018(4).

周娟.教师手势的交际价值及对外语教学的启示[J].湖北广播电视大学学报,2009(6).

朱冬蕊.全身反应法和肢体反应故事教学法在汉语教学中的应用对比研究[C]//北京大学对外汉语教育学院.2019对外汉语博士生论坛暨第十二届对外汉语教学研究生学术论坛论文集.2019.

Azar Z, Backus A, Özyürek A. Language contact does not drive gesture transfer: heritage speakers maintain language specific gesture patterns in each language [J]. Bilingualism: language and cognition, 2020, 23(2).

Erenshteyn R, Laskov P, Foulds R, et al. Recognition approach to gesture language understanding [C]//Proceedings of 13th International Conference on Pattern Recognition. IEEE Computer Society, 1996.

Feyereisen P. Further investigation on the mnemonic effect of gestures: their meaning matters [J]. European journal of cognitive psychology, 2006, 18(2).

Igualada A, Esteve-Gibert N, Prieto P. Beat gestures improve word recall in 3- to 5-year-old children[J]. Journal of experimental child psychology, 2017, 156.

Kita S, Alibali M W, Chu M. How do gestures influence thinking and speaking? The gesture-forconceptualization hypothesis[J]. Psychological review, 2017, 124(3).

Krauss R M, Morrel-Samuels P, Colasante C. Do conversational hand gestures communicate? [J]. Journal of personality and social psychology, 1991, 61(5).

Nafisi J. Gesture and body-movement as teaching and learning tools in the classical voice lesson: a survey into current practice[J]. British journal of music education, 2013, 30(3).

Ortega G, Özyürek A, Peeters D. Iconic gestures serve as manual cognates in hearing second language learners of a sign language: an ERP study[J]. Journal of experimental psychology: learning, memory, and cognition, 2020, 46(3).

Pearson J C, Trent J S. Successful women in speech communication: a national survey of strategies and skills, contributions and conflicts[J]. Association for communication administration bulletin, 1985, 56.

Repetto C, Pedroli E, Macedonia M. Enrichment effects of gestures and pictures on abstract words in a second language[J]. Frontiers in psychology, 2017, 8.

硕士学位论文

李立苹. 美国手语手势融入 TPR 教学法在美国 K5 初级汉语教学中的应用：以美国 IL Texas-NRH 校区为例[D]. 海南师范大学, 2019.

骆维维.《中国手语》手形研究[D]. 北京师范大学, 2008.

彭铂芮. 手势与对外汉语动词教学研究[D]. 华中师范大学, 2014.

孙雁雁. 体态语与对外汉语教学[D]. 华中师范大学, 2000.

田雪蓉. 对外汉语教学中中国手语对词汇记忆效果的影响[D]. 华中科技大学, 2019.

张旭珂. 对外汉语实习教师体势语个案研究：以上海政法学院实习教师为例[D]. 河北大学, 2019.

张扬. 对外汉语口语课堂教师非言语行为传达艺术研究[D]. 山东大学, 2011.

（以下附录内容请扫描封底二维码获取）
附录一 国外关于手势在二语教学中运用的研究
附录二 奥克兰地区两位汉语教师对于使用手势教学效果的反馈
附录三 奥克兰地区两位汉语教师对于手势教学法中存在的不足的反馈

第五章　新西兰剑桥小学汉语课堂管理机制与教学设计研究

【摘要】本研究以新西兰剑桥小学五、六年级学习汉语的学生为研究对象,历时两学期(20周),采用行动研究的方法对该小学的汉语课堂管理机制进行了研究。本研究不同于以往研究中的"小管理观",以每节课为单位为遏制学生问题行为而制定的临时管理策略,而是着眼于"大管理观",即综合考虑各教学要素(教学安排、课程设计、教学资源、课堂管理、学科测试等)和不同角色主体(教师、学生、同事及领导)之间的相互关系,以汉语教师一学年任期为时间单位制定的长期的、系统的管理机制。同时本研究还创造性地将课堂管理机制与教学内容紧密结合融入教学设计,以增强汉语课堂的有序性,提高课堂效率。

第一节　绪论

1.1　研究缘起

近年来,随着孔子学院在全球的不断发展以及国际市场对汉语需求的持续增长,越来越多的汉语教师志愿者被派遣到世界各地从事汉语教学工作。其中大多数汉语教师是在校硕士研究生或者本科生,他们虽满怀热情,但教学经验严重匮乏。尤其是当他们只身前往一个教育体制及文化与中国完全不同的国家时,在教学过程中会遇到各种各样的问题,其中课堂管理问题尤为突出。尽管汉语教师们在课下做了诸多教学准备,花费了大量精力,可有时教学效果仍不理想。缺乏良好的课堂管理策略致使课堂失控,教学难以依照教学计划顺利推进,即便前期准备再充分也难以发挥作用,这也从侧面说明了课堂管理的重要性。

笔者于2019年2月作为奥克兰孔子学院志愿者教师赴新西兰剑桥镇剑桥小学(Cambridge Primary School)进行汉语教学。新西兰初高中的汉语教学一般采用"当地教师+汉语志愿者助教"的形式,一般在中学的志愿者教师因为有本土教师主持大局,不用太担心课堂问题。但是在小学,一般是汉语教师志愿者单独教学,所以课堂管理问题在小学显得尤为突出。在任教初期,笔者便遇到了关于课堂管理的挑战。认真思索后发现是自己急于完成每节课预先计划好的教学内容,而没有意识到课堂管理的重要性和必要性,忽视了对管理流程的展示、操练和强化,从而直接导致了课堂教学环节的混乱以及课堂效率的下降,更重要的是忽略了孩子的学习感受,无形中浇灭了孩子的学习热情,也影响了教师在学生心中的权威感和专业感,让以后教学工作的开展越发艰难。课堂管理是新手汉语教师在任教期间需要了解和掌握的重要技能。新西兰的中学教学一般都有专门的汉语教师进行教学及管理,志愿者教师一般只是辅助教学即可。但是新西兰小学的汉语教学一般需要志愿者教师自行承担教学及课堂管理工作,所以建立一套适合新手汉语教师、针对新西兰小学生的汉语课堂管理机制是十分有必要的。

1.2 研究对象

研究对象是新西兰剑桥镇剑桥小学五、六年级学习汉语的小学生。共六个班,每个班大约30个学生,共计206个学生。研究对象的年龄为10—12岁,汉语水平为零起点。

1.3 研究内容和研究目标

1.3.1 研究内容

1.通过对剑桥小学汉语学习内在因素和外部环境的测量和分析,制定出适合新西兰小学生的课堂管理机制,并通过课堂观察和测试检验课堂管理机制的有效性。

2.通过调查问卷、访谈等方式探究影响课堂管理的因素,从而不断完善小学汉语课堂管理机制。

1.3.2 研究目标

从一个任期的宏观角度,为新手汉语教师探究适合新西兰小学汉语课堂的管理机制,并将该课堂管理机制与汉语教学巧妙融入教学设计中,为汉语教师的汉语课堂管理提供参考。

1.4 研究意义和方法

1.4.1 研究意义

1.理论意义

本研究旨在探索与推进适合新西兰小学生的汉语课堂管理机制。本汉语课堂管理机制采用个案研究和行动研究相结合的方式,即以教学实践的个案研究为基础,同时采用行动研究的方式,以"发现问题—分析问题—初步提出解决对策—实践检验—发现问题—改良解决方案—再次实践—效果评估—完善解决方案"为研究思路,在实践过程中不断地进行动态反思调整。在效果评估方面,采用三角互证、多元互证的方式进行综合考量。本研究的特别之处在于跨学科跨行业的理论创新,从内在因素(学生)、外在环境(教师、教室、学校、领导、同事、当地文化等)多方面影响因素入手,在总结当地汉语教师课堂管理经验的基础上,融合主题式任务教学法、积分竞拍奖惩制度等相关知识,为来新西兰就任的新手汉语教师探索出一套适合新西兰小学生的汉语课堂管理机制。因此,本研究可以为海外小学汉语课堂管理机制研究带来一定的启发。

2. 实践意义

本研究旨在给新手汉语教师提供相对优化的课堂管理机制,帮助教师在到任后循序渐进地进行课堂管理,积极应对常见的课堂管理问题。通过研究影响新西兰小学生课堂管理的因素以及在课堂管理环节出现的问题,进而提出相应的课堂管理机制。同时,本研究通过教学实践与观摩、问卷调查与访谈等多种形式,因地制宜地探究影响课堂管理的内外部因素,并进行反馈总结,不断在实践中检验并完善所提出的课堂管理机制的可行性和有效性,进而提出一整套更为完善、系统的课堂管理体系。因此,本研究可为新西兰小学新手汉语教师在课堂管理方面提供一整套操作流程。

1.4.2 研究方法

1. 课堂观察法

在教学实践中对所教授的学生进行细致的课堂观察,并将观察结果、现象分析和教学反思及时录入教学日志,以便更加全面地分析本课堂管理模式在实际教学中的运用效果。

2. 访谈法

本研究将为开设汉语课的 Room Teacher、笔者所在岗位的指导教师分别设计访谈大纲,从多个角度收集他们对本教学模式的直接建议和有效经验,并分析和归纳访谈结果,从而为本教学模式的顺利推进提供借鉴。本研究将对学生进行访谈,访谈对象主要集中于后进生和课堂上频繁出现行为问题的学生,询问他们对相应课堂管理策略的感受,从而作为检验课堂管理策略有效性的判断依据之一。

3. 问卷调查法

为每个班的学生设计调查问卷,问卷内容紧密围绕课堂管理的各个方面,从多角度收集学生对于本教学模式的直观反馈,且调查结果将作为对本教学模式实践效果评估的重要参考。

4. 测试法

对学生进行学业测试,把测试所反映的学生学业进步情况作为判断课堂管理策略成效的依据之一。有效的课堂管理有助于提高学生的课堂参与度,从而提高学生的学业水平,因此本研究将用到测试这一方法。

1.5 研究综述

本部分主要从新西兰小学汉语教学研究现状、中小学汉语课堂管理两个大的方向进行论述。其中对新西兰小学汉语教学研究现状的综述可以帮助我们了解新西兰的国情和小学汉语教学的特点，这是我们对新西兰国别化研究的基础；对中小学汉语课堂管理的研究可以为我们的汉语课堂管理机制提供理论支撑和研究参照。

1.5.1　新西兰小学汉语教学研究现状

现有相关文献主要有如下几类：

一是教学法方面的研究。王静伊（2018）将全身反应法运用到了自己的教学实践中，探讨该教学方法在新西兰小学汉语课堂的可行性。熊丽捷（2017）分析了在新西兰小学汉语教学中实施任务型教学法的必要性和可行性，并以汉语教学的四要素（语音、汉字、词汇、语法）为内容进行了教学案例的展示。刘倩（2018）以游戏教学法和多元智能理论为指导对新西兰儿童汉语词汇教学进行了两个阶段的行动研究，试图探讨如何在新西兰小学有效地进行儿童词汇教学。肖弦（2018）以游戏教学法和多元智能理论为研究基础就游戏教学法在小学汉语课堂中的探索与运用进行了简单探讨，指出教学活动设计要结合学生的学习风格特点，汉语教学也要因地制宜。胡茜（2017）就儿歌在新西兰小学汉语教学中的应用进行了实践探讨，归纳了儿歌编写、选择应该遵循的原则。

二是教学设计方面的研究。黄魏超（2013）以纽林小学为研究对象，对新西兰小学汉语教学设计与实践进行了初步探讨。周莉（2013）以新西兰 Rotorua 市的两所小学为教学对象，对其中文课的教学总体设计进行了简单的研究。葛婷婷（2014）对小学生的文化教学课程设计与实践进行了探索，并提出了由教学目标、内容、策略、媒体四方面组成的整体设计方案。陈德君（2017）对新西兰 Whanganui 市小学的汉语教学进行了调查，并在此基础上提出了自己的教学设计建议。

三是课堂管理与教师用语方面的研究。邓诗瑛（2015）对新西兰南岛小学汉语教学中存在的问题进行了说明，并提出了相应的解决对策。何娴（2017）选取了母语分别为英语和汉语的汉语教师就新西兰南岛中小学的初级汉语课堂用语进行了个案研究。田雪蓉（2019）发现了手语对汉语教学的积极作用，认为手语也是增强汉语课堂教学效果的有效工具。王坤煜（2017）对新西兰奥塔哥地区的小学汉语教学现状进行了调查研究，特别针对小学课堂教学秩序无法保障的问题，提出引进 YCT 中文考试的建议，认为以考促学将会是增强小学课堂管理秩序和提高学习竞争性的有效途径之一。张静文（2018）就新西兰惠灵顿的 TE ARO 小学孔子课堂汉语教学情况进行了调查研究，指出了汉语教学方面存在的不足，提出了设立汉语课堂守则等具体建议。

四是其他方面的研究。章晓琪（2015）通过对新西兰南岛汉语教师志愿者进行调查，对新西兰小学汉语课堂基本情况做了详细的研究统计，为我们了解汉语教师的教学情况提供了较为全面的参考数据。韩曦（2010）从宏观上研究了新西兰中小学汉语教学现状并提出了相应的对策。黄艳婷等（2015）专门对奥克兰地区中小学汉语教学现状进行了分析并对未来进行了展望。赵一轩(2016)对新西兰法卡塔尼地区中小学汉语教学进行了调查研究。常丽红(2018)认为中小学开设的汉语课程所占比例依然非常小,强调了少儿对外汉语教学任重道远。

总的来讲,新西兰小学汉语教学现状主要有以下特点。1. 教学理念为"以学生为中心,在做中学",比较普遍的教学方法为"任务型教学法"。2. 小学课时少,一般为每周1—2课时,每节课时长为30—45分钟。3. 基本没有专门的汉语教材,需要汉语教师根据新西兰汉语教学大纲、自己的经验和学生兴趣自行安排教学计划;极少数学校会专门订购教材,比较受欢迎的教材有《快乐汉语》《跟我学汉语》《动感中文》,具体教学内容需要汉语教师根据学生情况自己进行调整。4. 小学生汉语水平基本为零起点,而国内来的汉语教师一般很少有教授小学生汉语的经验。5. 课程类型可以分为选修课、必修课和课后兴趣班。6. 在新西兰教育系统中,学校拥有绝对自主权,汉语课程的开设主要由学校校长和董事会决定,但是也会着重参考学生家长的提议和要求。7. 新西兰汉语考核方式,在高中(11—13年级),主要是根据NCEA进行考试,因此高中的汉语教师需要严格按照考试大纲准备汉语教学内容;而在初中和小学,第二外语教学压力相对较小,学生没有学分上的压力,汉语学习也主要作为兴趣培养,教师一般在新西兰汉语教学大纲的基础上,根据自身经验和个人倾向决定教学内容和考评方式,具有较大的随意性。8. 新西兰主要有三大孔子学院:奥克兰孔子学院、坎特伯雷大学孔子学院、惠灵顿维多利亚大学孔子学院,这三所孔子学院分别位于新西兰的北岛、中部和南岛,其下的教学点基本覆盖了新西兰全岛大多数学校。其中奥克兰孔子学院多次入选全球示范孔子学院,从对汉语教师志愿者数量上的需求就可以看出新西兰汉语教学事业的发展,奥克兰孔子学院的内部数据显示,自2009年至2020年,新西兰汉语助教项目共接收汉语助教350人次,其中孔子学院总部派出的汉语教师志愿者为273人次,分别来自国内的25所高校及机构,成为近年来推动新西兰中小学汉语学习迅速发展的重要力量。

1.5.2 中小学汉语课堂管理研究

关于中小学汉语课堂管理研究的文献有很多,下面将从国内外课堂管理基础研究、汉语课堂管理具体研究两个大的方向分开论述,并以时间为顺序进行梳理,对与本研究密切相关的文献进行重点介绍。

1.5.2.1 课堂管理基础研究

国内外关于课堂管理的研究有很多,主要研究领域包括课堂管理内容、课堂管理原则、课堂管理影响因素、课堂管理问题、课堂管理策略、课堂管理理论等几个大的方面。下面将从不同领域概述国内外主要研究成果。

国外对课堂管理的研究开始于20世纪60年代。Emmer & Stough(2001)指出,课堂管理包含两个基本指向:确定理想的行为(desirable behaviors)和预防不良行为

(undesirable behaviors),这就要求教师制定清晰的规则(rules)和例程(routines),并持续观察和监控学生的行为,从而避免学生出现扰乱课堂秩序或者心不在焉的情况。在课堂管理内容方面,Sugai & Horner(2002)认为课堂管理包括三个核心部分:有效利用教学时间、合理安排教学活动、积极管理学生行为。在课堂管理策略方面,Simonsen et al.(2008)根据前人的研究总结出有证据基础、行之有效的课堂管理策略。这些策略包括设计合理的课堂结构、展示教师对学生的期待、周期性复习以及正负反馈、让学生以一种可见的方式参与课堂(例如增加学生提问的机会、利用计算机辅助教学、制定行为合同、组织同辈辅导等)、正奖励(例如表扬学生具体的行为、使用代币系统等)以及正负惩罚、正负强化(例如改正学生的错误、给学生行为上的反馈、使用差异化的强化物以及减少对不当行为的理会)。上述有效的课堂管理策略是通过实证研究总结而来的,具有较高的可信度,为当前许多欧美中小学本土教师所使用。

国内对课堂管理的研究始于20世纪90年代,并借鉴西方研究成果,对课堂管理的相关理论进行探讨。国内学者关于课堂管理内容的探究主要有:周小山、严先元(2003)认为课堂管理包括课堂纪律管理、课堂信息管理、课堂运用调控和课堂时间管理。闫祯、郭建耀(2009)认为课堂管理包括建立课堂常规、处理课堂问题行为、创建良好的课堂教学情景三个方面。常宝成(2010)则认为课堂管理包括课堂环境(物理环境和心理环境)、课堂时间和课堂教学管理。在课堂管理原则方面,叶廷青等(2018)指出要推崇民主型管理方式,突破权力型权威的思维定式,转变知识本位观,以学生为本等。课堂管理影响因素主要可归结为教学(内容是否有趣、难易程度)、班级(设备、学风)、教师、学生(年级、人数、性别、个性、心情)、周遭环境以及其他不可控因素等几个方面。

1.5.2.2 汉语课堂管理研究

从时间上看,学界对汉语教学课堂管理的研究历史较短,大多数研究是近几十年随着汉语热的兴起以及孔子学院的蓬勃发展而逐渐发展的。从文献类别上看,学位论文占据大多数,其他形式的文献,如期刊论文、会议论文则较少。从研究对象上看,量化研究多以研究者所教学校学生为对象,主要有海外的中小学生、国内高校留学生、国际学校的外籍中小学生。从研究主体上看,相关研究者主要是汉语国际教育硕士研究生,这与孔子学院和高校专业实习的合作密不可分。从研究方式上看,主要是课堂观察法、文献研究法、测试法、问卷调查法以及访谈法。从研究内容上看,一般是基于研究者自身海外教学实践并借鉴当地课堂管理经验,进行不断优化,进而提出自己关于课堂管理的思考和建议。从国别上看,汉语教学课堂管理研究大多是由前往任教国家的一线汉语教师开展的。这些教师大多难以适应任教国家的教学方式,为解决自身课堂管理问题而进行研究,从而导致研究的国别分布呈现严重失衡的态势。亚洲地区的泰国、韩国、日本等国的课堂管理研究较多,而欧洲、美洲、非洲、大洋洲的相关研究则较少,其中新西兰地区的课堂管理研究极为缺乏,需要得到完善和补充。

黄晓颖(2005)、李满兰(2008)、张翼(2015)、王昕骅(2016)、郭静婷(2016)等主要从教学实践出发,提出课堂管理的经验性建议。例如:1.要事先做好准备(赴任前充分了解就任国的文化、教育、生活习惯、教学点的教学设备等相关情况),以面对课堂管理的突发状况等。2.教师个人风格对营造课堂氛围很重要,建议汉语教师要自信,培养更强势的个性。3.开展学生喜欢的课堂游戏,提升学生的学习兴趣。4.汉语教师也应该在上课的时候多谈谈自己,积极和学生分享自己的兴趣爱好和有趣的生活经历,拉近学生与教师的距离,提升学生对教师的兴趣和好感,这对上好汉语课也有很大的帮助。朱焕芝(2012)、高明明(2013)、章晓琪(2015)强调了课堂管理的国别化特性,特别是特性背后不同的文化因素和教育理念,如欧美国家的教学设计要遵循"以学生为中心,在做中学"的教育理念,教学形式要多样化,切忌教师的"一言堂"。彭丽(2008)、郭颖芳(2013)、向禹(2015)、许枫(2018)、华艺(2018)、贾楚婷(2018)以课堂管理中的课堂行为为研究对象,考察课堂管理中的问题和策略,例如:1.确保学生清楚地了解汉语课的课堂规则。2.对于个别问题学生,介绍了一些简单可行的管理策略,如给学生"面部表情暗示"、靠近问题学生、记住学生名字并提醒、暂时调整问题学生的座位等。3.教师应该注重物质与精神上的双重奖励,对学生的进步和改变进行肯定,让学生在汉语学习中体会到成就感,从而建立主动学习汉语的自我效能感。4.汉语教师还需要为所有的课堂常规内容制定程序,如暂时离开座位、上下课(问候语)、快速让课堂安静下来(教师举手)、维持或重新吸引学生注意力(教师有节奏地拍手、摇铃、做手势等)。需要注意的是,教师应该保持这些程序的一贯性,让学生养成习惯,从而减少维持秩序的时间,增加课堂有效教学时间。5.主动联合本土教师共同管理。6.使用当地教师认为比较常用的奖惩方法与记录形式。7.熟悉本土小学教师常用的课堂管理英文指示语并以此为依据建立汉语课堂指令语。8.儿童发展特点对汉语课堂教学的组织管理也有很大的影响,教师应利用无意注意积极引导儿童的有意注意,根据低龄儿童思维以具体形象思维为主的特点,教学中应该贯彻直观性原则。申时会(2012)、张燕华(2012)、郭莘莘(2015)采用案例分析的研究方法分析典型课堂管理案例,探究其对汉语课堂管理的启示。都娟(2010)专门对中小学汉语课堂用语进行了相应的研究,周萍(2013)研究了美国儿童汉语课堂教学的组织管理。

总的来看,新西兰或者新西兰文化相关国家的课堂管理方式都与中国教师所采用的方式在细节上有很多的不同,而恰恰就是这些差异让初来乍到的汉语教师感受到了挑战。从内容上看,关于汉语中小学课堂管理的研究主要涉及课堂管理产生的原因、影响课堂管理的内外部因素、课堂管理中对问题行为的应对及预防,以及课堂管理的策略及建议。然而,上述文献所提及的侧重点大多较为分散,汉语教师难以系统地整合吸收这些内容并进行合理的教学操作,往往只能选取其中部分内容作为参考。因此本章会选取有依据的班级管理策略,加以系统化梳理并完善,使其成为一个任期内可依循的操作流程，告诉汉语教师怎样循序渐进地进行课堂管理，以及怎样把课堂管理与教学内容相融合，以打造高效且有序的汉语课堂。本研究对于缺乏课堂管理经验的新手教师而言，具有很高的实用价值。

第二节　新西兰剑桥小学汉语课堂管理基本情况简析

2.1　剑桥小学汉语课基本情况简介

2.1.1　文化氛围与汉语发展情况

新西兰剑桥小学在本研究实施之前已经进行了为期三年的汉语教学。该校校长十分重视汉语的发展，学校图书馆以及教学走廊展示区可以看到与汉语相关的书籍、画报以及相应的中文文化创意设计，总体来讲汉语文化氛围比较浓厚。同时，该校与所在教学点的其他几所中小学建立了合作关系，经常邀请该地区其他汉语教师及相关人员一起讨论中文周文化活动以及与汉语教学相关的各种事项，保持该地区各中小学汉语教学进度的同步发展。总的来看，尽管该地区汉语课开展时间并不是很长，汉语仍然处于起步阶段，但该校汉语发展情况良好，学生学习汉语人数逐年递增（从一开始只有五、六年级开展汉语学习，到现在三、四年级全覆盖，一、二年级一半以上班级开展），整体上呈稳步增长趋势。

2.1.2　汉语课师资情况

剑桥小学五、六年级主要有六个班，每个班有一个 Room Teacher，在小学阶段，学生会学习英语、数学、科学、体育等八个学科。与中国不同的是，每个学科并不单独由不同教师进行授课，而是由 Room Teacher 全权负责所有学科的教学任务。除此以外，该校为了给学生创造更加良好的学习条件，还专门开展了一个语言项目，该语言项目包括了毛利语、法语、汉语、西班牙语等语种，供学生学习。与基本课程不同，该语言项目下的课程由专门的语言教师进行教授，汉语课则是像笔者这样的汉语教师志愿者负责，Room Teacher 则在教室里辅助汉语教学工作。所以在这样的情况下形成了"汉语教师志愿者主导汉语教学＋Room Teacher 辅助"的基本模式。

除此以外，该校还从各个年级中挑选了一些对汉语兴趣比较大的学生组成了一个专门的汉语兴趣班，并专门聘用了已经在新西兰长期定居的中国华侨担任汉语兴趣班的教师，对学生进行强化辅导。

2.1.3　课程设置与教学安排

剑桥小学的汉语课程设置是每个班每周一节汉语课（兴趣班每周两节）。笔者在剑桥小学所教授的汉语课安排在每周四，需要指出的是新西兰小学 Room Teacher 需要进行基本科目的综合授课(除一些外语课),这意味着 Room Teacher 一个人要完成该班所有学科的讲授任务。汉语作为一门外语,汉语教师基本实行走班制,需要每节课去不同的教室上课。笔者在周四有六节课,每个班一节,每节课 45 分钟,需要轮流到六个班授课。因此了解就任学校每天的教学时间安排是非常必要的。

2.1.4　基础硬件设施

新西兰作为发达国家,其教学基础设施较好,常见的教学设施详见第五章附录一。

2.1.5　教室及课堂状况

剑桥小学的教室有 40—50 平方米,班级人数一般在 30 人左右,相对于国内来讲,学生密度并不大,人均空间较大,在教室里就可以满足开展很多教学活动的要求,例如一些需要学生之间互动的游戏环节。教室里一般只有几张桌子和一些沙发、坐垫供学生使用,学生上课比较灵活,一般不设置固定座位,学生经常可以坐在教室的地毯上学习(图 5-1)。另外,教师还可以巧妙地利用教室外的活动区域进行有趣的汉语教学活动,例如在空地上让学生用粉笔练习简单汉字的书写等(图 5-2)。

图 5-1　教室室内布局

图 5-2　教室外的活动区域

教室墙壁上会设置有各种各样的手工作品、标语及其他装饰品展示区和学习展示区。志愿者可以跟 Room Teacher 协商设置一块专门的汉语展示区,用来展示平时汉语课上学生的学习成果。除此以外,基本每个班上都会有一个教师小助手,来帮助教师处理一些简单的事项,例如,发放材料、管理电脑、学生点名等。志愿者教师可以选择教师小助手,也可以选择其他合适的学生协助开展汉语课的一些活动。

2.2 教学对象基本情况分析

2.2.1 年龄与性别

本研究对象为五、六年级的学生,年龄在 10—12 岁。研究对象共计 206 个学生,其中男生 78 人,女生 128 人。男女比为 39∶64。

2.2.2 国籍与母语

我们对该校 206 个学生的国籍和母语情况进行统计,以此来帮助我们了解该校小学生的文化背景构成,见图 5-3 及图 5-4。

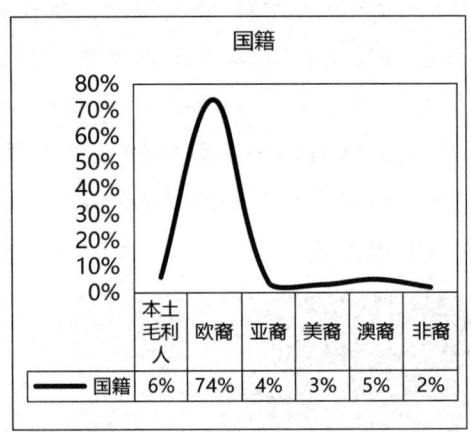

图 5-3 学生国籍分布

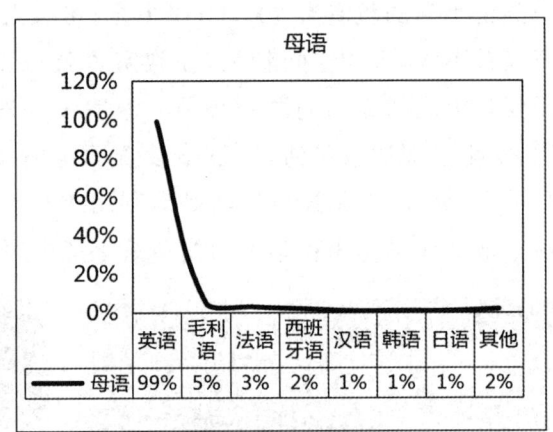

图 5-4 学生母语分布

从图 5-3 可以看出,新西兰作为一个移民国家,在小学生的构成方面也呈现出相当明显的多元化趋势。调查结果显示,由于新西兰的国家历史背景,该校小学生的国籍构成中欧裔占据了绝大多数,为 74%,本土的毛利人为 6%,相对来讲,非裔、澳裔、美裔、亚裔只占据了相当少的比例,均不足 5%。与此相对应的母语比例中,英语以 99% 的超高占比占据主导地位,其他语言像毛利语、法语、西班牙语、汉语、韩语、日语均不超过 5%。而我们的目标语汉语的母语者只有 1%。由此我们可以得出结论:1. 大多数学生的母语是与汉语差异较大的英语,加之教学对象为小学生,在难度设置上要考虑到学生处于零起点或者初级水平,不应教授过难或者过多的内容;2. 在汉语教学中还是应以英语为主要讲解语言,但在教学设计时要考虑到班级多元化的文化背景。

2.2.3 汉语水平

本研究对象为新西兰剑桥镇剑桥小学五、六年级的小学生,因为该校的外语课程设置,大多数的研究对象已经从三、四年级开始学习了一到两年的汉语,简单掌握了数字、食物、颜色、家庭成员等基本词汇及部分简单句子。另外,还有少数五、六年级从别的学校转过来的汉语水平为零的插班生。总体来看,研究对象的汉语水平基本为初级。

2.2.4 学习动机

学习动机是指激发个体进行学习活动、维持已引起的学习活动,并使个体的学习活动朝向一定的学习目标的一种内部启动机制。学习动机主要由学习需要和学习期待,即内驱力和诱因构成。学生的汉语学习动机多种多样,划分结果如表 5-1 所示。

表 5-1　学习动机分类

1.根据奥苏伯尔成就动机的内驱力	认知内驱力	指要求理解事物、掌握知识、系统地解决问题的需要
	自我提高内驱力	指个体由自己的学业成就而获得相应的地位和威望的需要
	附属内驱力	指个体为了获得长者(如教师、家长)的赞许和同伴的接纳而表现出来的把工作、学习做好的一种需要
2.根据动机的来源	内部动机	在学习方面有强烈的好奇心、求知欲、兴趣、责任心、上进心等
	外部动机	为了得到教师和父母的表扬和奖励,避免受到批评和惩罚
3.根据动机引起的行为和目标之间的远近关系	近景性动机	为了考试得高分或应付教师的提问而努力学习
	远景性动机	为了很好地利用外语这一工具去了解目的语国家的文化,从而为以后的旅行或就业提供便利并创造更多的可能性

我们在课堂管理中也应该关注并利用学生的学习动机,增强其学习汉语的获得感、成就感、效能感。例如:汉语教师可以利用学生(特别是成绩较好的学生)自身的求知欲和学习能力,为其答疑解惑,帮助其实现自己在该科目上的内在期望和目标,为学生创设一个短期和长期的学习目标(如每次上课积极发言,每次考试达到多少分,每学期进步多少名等);及时给予学生必要的口头和实物学习奖励(如美食、看中国电影、颁发汉语奖状等);为学生勾画一个未来愿景(如学好汉语后可以参加孔子学院举办的夏令营或冬令营,免费到中国旅游,可以在中国找到好的工作)。

2.2.5 学习风格

Reid(2002)对学习风格进行定义,认为学习风格是学习者所采用的吸收、处理和储存新信息以及掌握新技能的方式。并且认为学生的学习风格不会因为教学方法或学习内容的不同而发生变化。由于国内外文化和教育方式的不同,新西兰学生的学习风格与中国学生的学习风格呈现出完全不同的类型。同时,Reid(2002)设计了感知学习风格调查表（PLSP），按照感官体验和学习人数把学习风格划分为六种，如表 5-2 所示。

表 5-2　学习风格分类

学习风格	举例
1.视觉型学习风格	通过眼睛的观察能够有效地学习，如看书或者看黑板
2.听觉型学习风格	通过耳朵的听觉能够有效地学习，如听音乐或者听人说话
3.动觉型学习风格	通过全身的参与可以更有效地学习，如参加游戏活动或角色扮演
4.触觉型学习风格	通过动手可以更有效地学习，如手工制作、做笔记或者画画
5.小组型学习风格	通过和他人一起学习可以取得更好的效果，如小组任务
6.个人型学习风格	学习者更喜欢一个人学习，如坐在教室的安静处独立思考学习

根据表 5-2，我们对研究对象的学习风格进行了调查，结果如表 5-3 所示。

表 5-3　学习风格倾向占比

学习风格分类		人数	占比（取整数）
感官分类	视觉型	53	26%
	听觉型	49	24%
	动觉型	62	30%
	触觉型	42	20%
人数分类	小组型	130	63%
	个人型	76	37%

总的来讲，新西兰小学生似乎更偏向于动觉型和小组型学习风格。值得注意的是，绝大多数学生认为自己属于复合型学习风格，如同时是视觉型、听觉型、动觉型、小组型或者是其他几种学习风格的综合，所以我们应该以学生为学习主体，针对新西兰小学生的习惯和喜欢的学习风格去设计教学活动，增加教学活动形式的多样性和趣味性。

第三节　新西兰剑桥小学汉语课堂管理机制分析

3.1　汉语课堂管理机制的概念、原则与目标

3.1.1　汉语课堂管理机制的概念

目前，学界关于汉语课堂管理的定义有很多，但是关于汉语课堂管理机制的概念尚无统一说法。笔者参考学界现存的课堂管理和管理机制的概念，并结合自己的教学实践认识，对本研究所指的汉语课堂管理机制进行了界定：

汉语课堂管理机制是指在汉语课堂上运用一系列管理方法使课堂秩序趋于有序进而提高课堂有效性的流程系统。大体上主要包括外在环境机制、上课流程机制、教学设计机制、奖惩机制等八个方面。

需要特别说明的是,本汉语课堂管理机制与以往学界普遍认为的课堂管理机制有很大的不同:

1. 从内容方面看,本汉语课堂管理机制较为宏观,对汉语教师教学工作环境中的各方面的内外部因素进行了综合考虑,而不只是单纯地关注汉语课堂出现的问题行为,是对传统课堂管理内容在时间维度上进行的优化处理。

2. 从形式方面看,本汉语课堂管理机制可进行模式化处理,具有复制性、可操作性。可以给即将赴任新西兰或与新西兰教育文化相似的欧美国家的新手教师一个完整的汉语课堂管理参考体系,汉语教师可以结合教学点的实际情况快速适应教学环境,有序开展教学活动。

3. 从时间跨度看,本课堂管理机制并非仅针对一节汉语课内出现的课堂管理问题而提出的应对机制,而是构建了汉语教师在一个任期的较长时间内所执行的与汉语课堂管理相关的管理系统。

4. 从功能方面看,本汉语课堂管理机制将传统的管理机制中的应对观念更新为"预防＋应对"的长远观念。同时,也关注到了教学设计和课堂管理的内在联系,通过改善教学设计来减少课堂问题的出现。

3.1.2 汉语课堂管理机制的原则

为了帮助本汉语课堂管理机制更顺利地实施,志愿者教师在实践本机制之前需遵循以下原则:

1. 以学生为中心,在做中学。新西兰盛行的教学观大体上承袭 20 世纪西方教育学家杜威的实用主义教育学说,这要求教师应入乡随俗,摒弃中式教育"一言堂"做法和灌输式教学方式,采用西方"以学生为主体、以教师为主导"的教育方式,教师应充当学生学习的脚手架,通过设计多样化的教学活动,放手让学生在体验中学习和掌握知识与能力。

2. 树立教师权威。在新西兰小学,Room Teacher 全权负责该班所有科目的教学工作。志愿者教师作为新教师,在教学初期应该建立自己的教师权威,让学生认识自己,了解并习惯教师的教学风格,这样才方便以后教学工作的顺利开展,避免出现学生不听话导致的课堂失控现象。关于教师权威需要特别说明的是,由于新西兰与中国在教育、文化上存在巨大差异,且教学对象年龄比较小,志愿者教师应避免使用中国教师常见的严厉刻板的教育方式来树立教师权威,应尽可能地采用平等友好的态度和学生相处。

3. 快乐学习。新西兰小学以快乐教育为原则,弱化机械性的知识学习,注重对孩子价值观、能力和良好品质的培养。如剑桥小学的校训为"Quality-Tradition-Innovation",该校的教学目标为"勇敢、坚强、正直、诚实、创新、求知、尊重、独立"。这就启示汉语教师在小学汉语教学过程中要目光长远,关注就任学校的校训和核心文化,将语言和文化教学与学校的核心文化相融合,如通过活动设计鼓励学生多尝试,告诉孩子要勇敢、坚强、尊重别人、要自己的事情自己做的道理等。树立大教学观,避免因过度宣扬和强行推广而产生的文化渗透嫌疑和反感。

3.1.3 汉语课堂管理机制的目标

本汉语课堂管理机制的根本目标与中小学汉语教学的内涵在本质上是一致的,即培养学生学习汉语的兴趣,以汉语为媒介传播优秀的中国传统文化,展示现代中国面貌,建立学生对中国基本的、客观的了解。在根本目标指导下的具体目标表现为以下三个方面:

1. 建立高效有序的汉语课堂。本汉语课堂管理机制旨在帮助新手志愿者教师在不了解就任国国情的情况下,从第一课开始,从教学的各个方面循序渐进地进行课堂管理,进而帮助志愿者教师减少因管理课堂秩序而消耗的教学时间,避免因课堂失控而陷入困境,从而增加有效教学时间,建立高效有序的汉语课堂。

2. 建立融洽互动的课堂氛围。融洽互动的课堂氛围不仅符合新西兰快乐学习的教育理念,还可以帮助学生更好地投入汉语学习,在做中学,体验汉语的魅力,感受学习汉语的快乐和成就感。

3. 建立友好互助的师生关系。事实证明,教师是学生与汉语接触的最直接和最鲜活的纽带,学生对汉语的喜欢程度与志愿者教师的性格和教学风格密切相关。建立良性互助的师生关系不仅可以让学生更真实地感受到中国教师的热情与友好,还可以提高学生在汉语课上的参与度,让学生喜欢汉语教师,爱上汉语。

3.2 汉语课堂管理机制的理论基础

3.2.1 管理学理论

一般来讲,积分制度是指把积分作为一种方式用于对人的管理。主要体现在以积分来衡量人的自我价值,反映和考核人的综合表现,然后再把各种物质待遇、福利与积分挂钩,并向高分人群倾斜,从而达到激发人的主观能动性,充分调动人的积极性的目的。吴云鹏(2001)认为中国的"积分制"萌芽于古代官学考核制度,是一种以考核学生学业成绩为目的的教学管理制度。黄河(2014)认为积分制是将积分作为一种制度用于对人的管理,以积分形式来评价和衡量自我价值,反映并考核人的综合表现,激励人的积极性。

目前,积分制作为一种管理考核制度,广泛运用于社会的各个方面(如企业管理、酒店管理、图书管理、教师考核、商品营销、户籍改革、减刑假释甚至是垃圾分类),取得了不错的成果。目前国外有一些教师尝试将积分制引入班级管理,但只有极少数汉语教师将其运用于对外汉语课堂。

3.2.2 学习理论

本汉语课堂管理机制的教育理论并不只是单纯地倾向于某一种学习理论,而是在"取各家之长为己用"的思想指导下的兼容并包、兼收并蓄的多元教育观、教师观、学生观和学习观。总的来看,在教学设计机制方面借鉴了斯金纳的操作性条件作用理论、华生的行为主义观点、布鲁纳的认知-结构学习理论、奥苏伯尔的有意义接受学习论和罗杰斯的人本主义学习理论。具体来讲:1.斯金纳的操作性条件作用理论和华生的行为主义观点启示我们,在活动设计环节要选择合适的教学方式,尽可能地帮助学生建立音义形之间的直接联系,并用大量的操练辅助复习,帮助学生加强记忆;2.布鲁纳的认知-结构学习理论启示我们在主题式教学法中要帮助学生建立知识之间的联系,建立完善的知识系统;3.奥苏伯尔的有意义接受学习论启示我们,尽可能地使教学内容生动有趣,并考虑教学活动或教学任务的交际性,注重知识的实用性;4.罗杰斯的人本主义学习理论启示我们,要设置符合学生能力的教学内容,控制好教学的难度和量,给予学生及时和必要的肯定和奖励,让学生可以"跳一跳,摘个桃",同时要对成绩优异的学生进行表扬并对学生的良好行为,如积极的学习态度、遵守课堂规则等,进行及时的表扬和肯定以达到正强化的效果。

在学生组织与管理机制方面借鉴了班杜拉的观察学习理论、马斯洛的人本主义学习理论和皮亚杰、维果斯基的建构主义学习理论。具体来讲:1.班杜拉的观察学习理论启示我们,要重视榜样的力量,发挥好教师以及优秀学生的示范作用,如每学期进行汉语之星和优秀班委的评选活动,并给予适当的口头和物质奖励;2.马斯洛的人本主义学习理论告诉我们,要激发学生内驱力,重视学生在学习汉语过程中的体验与收获,提升其自我效能感;3.皮亚杰、维果斯基的建构主义学习理论启示我们,要认识和发挥学生的创造性和主观能动性,以教师为主导,以学生为主体,把课堂还给学生。

3.2.3 青少年发展理论

本汉语课堂管理机制所依托的青少年发展理论主要分为认知发展理论、人格发展理论、心理发展理论三个方面。

具体来讲,皮亚杰的认知发展阶段论可以使汉语教师了解处于小学学龄阶段的学生所具有的思维特点,帮助教师更好地选择符合学生能力范围的教学内容,设计更加合适的教学方式并更加准确地控制教学的难度和量。维果斯基的最近发展区理论可以让教师找到挖掘学生学习潜力的突破口,使其更好地把握在学生学习过程中所扮演的指导角色,发挥教师的辅助示范作用。威特金、吉尔福特和达斯卡根分别从不同角度对认知方式进行了合理划分,这一方面可以帮助教师了解学生的认知风格,使其能够认识到学生不同的学习习惯与特点,做到因材施教,另一方面也可以帮助教师根据教学目标和内容的不同组织符合学生认知方式的教学活动。弗洛伊德的人格发展阶段理论可以让教师了解小学生的注意力转向情况,引导学生树立正确的学习观。埃里克森的社会性心理发展阶段理论启示教师要多对学生进行鼓励,增强学生汉语学习过程中的参与感,满足其自我展示的表现欲,帮助学生在学习过程中感受高峰体验,增强学习动机,培养学习热情,体验学习乐趣。

3.2.4 二语习得理论

在对外汉语教学中,克拉申的自然习得顺序假说、输入假说和情感过滤假说也为本汉语课堂管理机制在教学设计方面提供了重要的启示:首先,汉语教师需要重视语言习得的重要性;其次,汉语教师的教学大纲要积极向学习者的"习得大纲"靠拢;最后,根据输入假说和情感过滤假说,汉语教师需要确保学生所获得的输入是可理解的且符合"i+1"结构。

3.3 汉语课堂管理机制主要构成

本汉语课堂管理机制主要由八个方面构成,即外在环境机制、学生组织与管理机制、教学设计机制、积分竞拍奖惩机制、教师课堂用语机制、课堂流程机制、问题行为应对机制和文化建设与合作机制。把以上八个方面按照环境、教师、学生三个大的方向进行了分类,各部分间的内在关系详见图5-5。

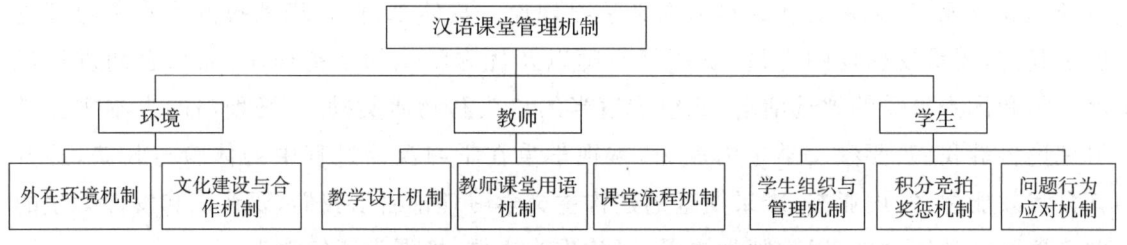

图5-5 新西兰剑桥小学汉语课堂管理机制结构

3.3.1 外在环境机制

外在环境机制指的是汉语教师在开展教学工作前对其所在教学点与汉语教学相关的信息进行深度搜集与整理的机制,主要体现在对教学环境内各人员(领导、同事、学生)、各场所(学校、教室等)、各事项(如学校本学年的教学安排及教师个人课程安排等)显性或隐性信息的教学调查(见表5-4)。

表 5-4 外在环境信息资源一览表

人员/场所/事项		需获取信息
人员	学生	学生的花名册
	Room Teacher	Room Teacher 的名字； 可否提供汉语文化成果展示区
	校长及同事	学校举行的相关活动，如复活节等特色传统节日的活动安排； 同事生日庆祝； 同事团建活动等帮助汉语教师尊重当地文化，入乡随俗，增进同事感情，方便日后教学合作的开展
	指导教师	教学设计大纲的协商； 中文周的安排
场所	教室	教室墙壁的展示区及装饰区可供汉语利用的区域； 电脑、投影仪、音响设备； 剪刀、彩纸、水彩笔、胶水、尺子等学习工具； 无线网络的名称和密码
	职员教室及打印室	汉语教师的打印 ID 和密码
	厨房及茶歇室	需观察是否具有制作中国食物的相关条件，如：主要有哪些厨具，汉语教师在进行美食体验活动需要自己准备哪些食材、调料和特殊的中式厨具
	集会大厅	大厅舞台的大小及提供的相关功能，以安排日后汉语教学成果展示
	操场及运动活动区	室外活动场地的大小
事项	教学安排	一学年的教学年表（教学日期及放假安排）； 所属孔子学院的培训安排； 个人汉语课的教学课表； 上下班方式及路线

3.3.2 学生组织与管理机制

学生组织与管理机制是指在海外汉语课堂管理中运用并改造中式管理的一些方法进行汉语课堂管理的一种机制。主要包括协商制定汉语课堂规则和创建汉语课堂班干部管理体系两部分，详见表 5-5。

表 5-5 学生组织与管理机制构成

项目	参与者	职责
协商制定汉语课堂规则	全体学生	一起协商制定班级规则,如:尊重他人,倾听他人讲话(特别是教师讲话时,学生应保持安静)
创建汉语课堂班干部管理体系	汉语班长	收发汉语书或者笔记本; 礼仪建设(如喊"起立"); 上课帮助教师发材料; 帮助教师维持课堂秩序
	组长	团队建设与组员分工(如小组名称、口号的制定等)
	组员	遵守课堂纪律,高效完成小组任务(如教师安排的教学活动等)

3.3.3 教学设计机制

1.主题式任务教学法的定义。任务型教学法(Task-Based Language Teaching,TBLT),产生于 20 世纪 80 年代,其理论依据是建构主义,是在交际法的基础上发展而来的,主张通过互动和合作来构建知识体系。主题式教学法(Thematic Based Approach,TBA),产生于 20 世纪 30 年代,主张以主题为线索,帮助学习者逐步建立反映主客观世界及社会交际需求的知识体系,以达到跨文化交际目的。这两种教学法是当代西方语言教学的主要方法。主题式任务教学法是建立在任务型教学法和主题式教学法的研究之上的,是二者的有机结合,是以任务型教学为框架,以主题式教学为内容的创新型复合教学法。

2.教学设计机制。邓诗瑛(2015)就新西兰教学设计方面提出了一些常见问题,例如:教师教学内容过于随意,中小学内容重复或无法衔接;过分考虑兴趣的培养,学生没有学到有用的知识点等。本汉语课堂管理机制下的主题式任务教学法充分针对上述问题,要求志愿者教师依据新西兰当地汉语教师惯用的主题式任务教学法,严格参照新西兰的小学汉语教学大纲,并在指导教师的协助及把控下制定符合自己教学点实际情况的教学大纲,按照该大纲进行每周/每节课详细的教学设计,以此来避免出现上述的各种问题。详细的教学设计步骤(图 5-6)、教学设计格式(表 5-6)参考如下。

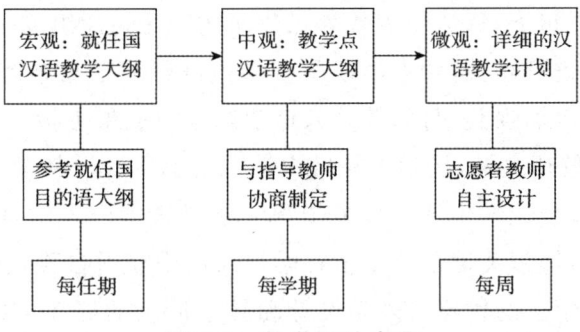

图 5-6　教学设计步骤

表 5-6　教学设计格式

Teaching Plan of 2019 for Y5 and Y6	
Term 1：Chinese Culture	
Date：yyyy/mm/dd Week 1 Lesson 1	Culture Knowledge Language Knowledge Learning Intentions Learning Activities Pre：Write down the date and Learning Intentions on the WB.
	Greeting & Review Activity 1： Activity 2： Activity 3： Summary Finish class & Pack up books and stationery Teaching Resources & Notes 1. 2. 3.

由表 5-6 可以看出，本汉语课堂管理机制下的教学活动设计特点主要如下。(1)在整体设计方面，主题为纲，活动为点。建议汉语教师每学期(一般为 8—10 周)设定一个大的教学主题，每周学习该主题下一个子话题的生词(建议每节课学习新生词数量不超

过8个)及简单的相关句子,每学期倒数第二节课把这几句话组成一篇小文章,部分信息学生可根据自己情况进行替换,对本学期所有知识进行一个总结练习及迁移回顾,最后让学生进行背诵展示以加强其记忆,并计入该学期学习成果考核。(2)在任务设置方面,活动数量为"N+1",教师主导,让学生在做中学。小学生汉语教学主要目的是让学生对汉语产生兴趣,并不在于让学生学到多少知识。建议教学内容的难易程度循序渐进,教学内容不要太难或者过多,关键是让学生在学习汉语中获得自我效能感。

3. 主题式任务教学法的优点。教学设计和教学活动的好坏直接影响学生的上课状态,进而导致不同的课堂管理问题。汉语教师应该用心设计每节课的教学活动,从源头上减少课堂问题的出现。随着汉语国际教育事业的发展,国内外对创新型、复合型教学法的需求也在不断增多。主题式任务教学法不仅能够弱化学科分界,将多个学科综合在一堂课之内,有利于学生的全面发展和综合素质的培养,而且课堂形式多样,与实际生活中的常识和场景相结合,调动多方感官,让学生可以通过观看、讨论、动手制作、表演、游戏等形式来学习知识,消除学生的陌生感和抗拒心理。同时这种教学法也在无形中加强了学生的团队精神、荣誉感和合作与规则意识。由此可见此教学法可以为对外汉语教学研究带来新思路、新突破。

3.3.4 积分竞拍奖惩机制

积分竞拍奖惩机制为一种学习激励机制,不仅可以增加学习的竞争性和趣味性,提高学生学习汉语的热情,而且可以让学生把学习进度量化、成果化,让学生通过自己的努力产生学习汉语的自我效能感,反向加强学生学习汉语的主动性。本研究创新性地将竞拍机制融入积分制并运用于海外对外汉语小学课堂,图5-7为积分竞拍奖惩机制的积分竞拍流程。

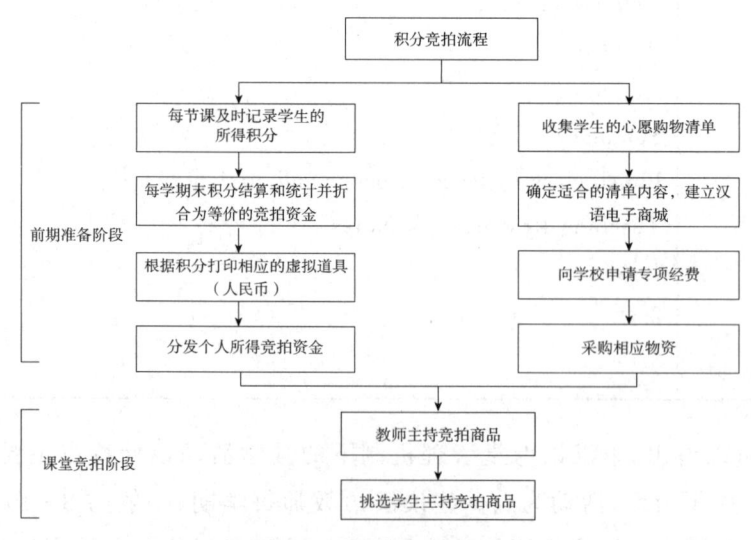

图 5-7 积分竞拍流程

如图 5-7 所示,汉语教师每学期根据学生各方面的表现进行积分考核并汇总,每学期末学生可利用获取的个人和团体总积分作为竞拍金额(学生需通过自己的努力尽可能赢得较多的积分)来赢取汉语教师在竞拍商城中准备的和汉语有关的商品,出价最高者可成功获取真实商品。

表 5-7 为剑桥小学采用的在积分竞拍奖惩机制下使用的积分统计表,志愿者教师可以此作为参考。

表 5-7　积分统计表

		Room 5 Mandarin		
	Photo	Name	Points	"Grow up" times
Group 1				
	Photo	Name	Points	"Grow up" times
Group 2				

如表 5-7 所示,积分统计表共有五列,第二列是学生的照片,可以从学校系统里面调取;第三列是学生的姓名;第四列是当前总分,主要对学生的课堂表现情况进行考察,包括是否遵守课堂规则、课堂参与度的高低、作业的完成情况和考试成绩四个方面。学生每次违反规则扣 10 分,只要分数低于 60 分就要进行个人才艺表演来增加分数。课堂表现分数每次都当堂加上,以免遗忘,也可以每次课上写在笔记本或者白板上,下课后统一加上。最后一列为违反课堂规则的"成长"(警告)次数,"成长"超过三次则不管该学生最终成绩的高低,取消期末竞拍资格。

该机制的最终目的在于帮助学生建立长短期小目标,增强学生学习乐趣和动机,让学生在学习中建立自我效能感。

3.3.5　教师课堂用语机制

1.教师课堂用语机制的定义。姜丽萍(2006)对对外汉语教学课堂用语进行了定义,对外汉语教学课堂用语指对外汉语教师在从事教学活动的过程中所使用的专门口头用语,是教师的职业用语和交际用语的总和。傅传凤(2011)根据功能类型把对外汉语课堂教师语言分为课堂用语、教学内容用语和师生交流用语三大类。在这些学者研究的基础上,本研究的教师课堂用语机制指对外汉语新手教师在就任国汉语课堂上使用的教学和交际用汉语的总和。主要内容如表5-8所示。

表 5-8 教师课堂用语机制

类别	内容	举例/说明
1.招呼指令用语	招呼语	同学们,早上好/下午好
		同学们,再见
	指令语	起立、请坐; 上课、下课、安静(拍手); 请听、请看、请跟我读/说、请举手
2.教学内容用语	示范语	使用中文对语言点进行发音示范,建议控制语速和清晰度
	解析语	对语言点进行举例说明,可中英文结合
	说明语	如果需要进行活动帮助学生学习和巩固所学语言点,考虑到学习者的水平和教学效率,建议使用英文进行活动规则的解释和说明
3.师生交流用语	课堂提问语	建议使用英文,注意语言的鼓励性
	反馈/评价语	建议使用英文,且注意反馈/评价语要具体且有针对性,不能泛泛而谈或对不同学生的不同表现做相同评价

2.教师课堂用语机制的要求。(1)英语和汉语相结合。指令语、招呼语与学习内容使用汉语,适量加入一些简单的汉语常用语,但不可贪多;解释部分可用学生熟悉的英语,可节约时间、提高效率。(2)固定环节采用固定用语并高频重复。重复是快速增强记忆的最好方式。教师用语也应该高频重复来帮助学生尽快适应和熟悉志愿者教师用语。每次上课、下课,在需要学生安静、讨论、站起来、看黑板、坐在地毯上等情况下,教师应重复使用相应用语。(3)使用儿歌或者口令帮助记忆。事实证明,儿歌或口令更能引起学生兴趣,让人耳目一新、印象深刻。需要注意的是,志愿者教师在使用儿歌或者口令时,需要提前告诉学生其背后的目的和作用。笔者在剑桥小学就把汉语数字"123,321,1234567"编成了一句有调的口令,教师说前半句,学生说后半句,并告诉学生当说完"7"的时候就要停止讨论,进而让学生安静下来,进行下一步的教学工作。

3.3.6 课堂流程机制

1.课堂流程机制的定义。课堂流程机制是指汉语教师在进行每节课的汉语教学时遵循的一系列相对固定的上课流程。

2.课堂流程机制的构成(图5-8)。

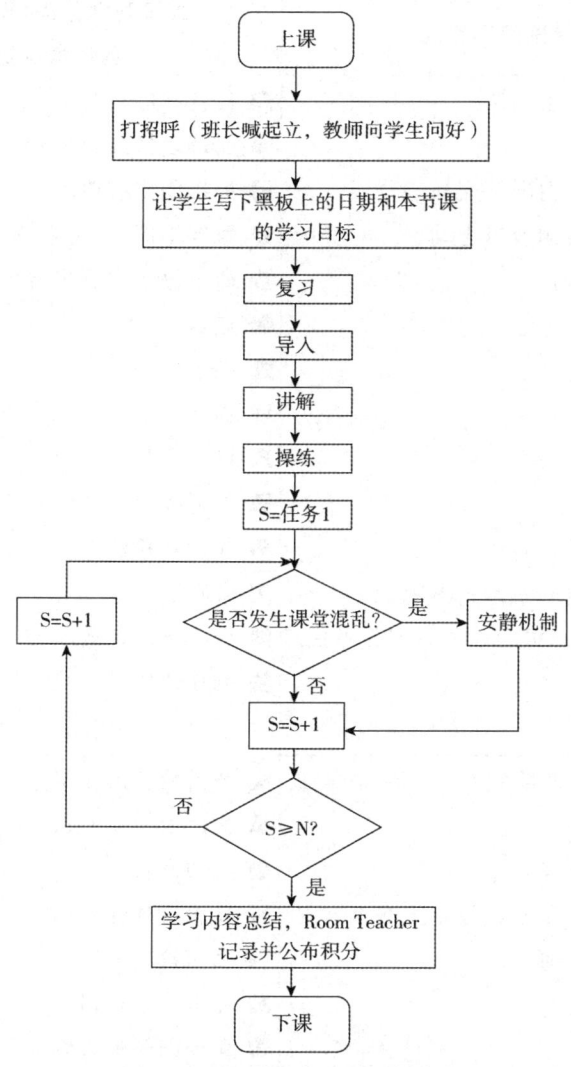

图 5-8 课堂流程机制的构成

注:"S"代表课堂活动中的当前学习任务;"N"代表教学计划中的最后一个学习任务。

3.3.7 问题行为应对机制

林格伦(1983)从广义上对课堂问题行为进行了界定:问题行为是指任何一种引起麻烦的行为(干扰学生或班级集体发挥有效的作用),或者说这种行为所产生的麻烦(表示学生或集体丧失有效的作用)。陈时见(1998)认为课堂问题行为是学生或教师在课堂中发生的违反课堂规则,程度不同地妨碍及干扰课堂活动的正常进行,或影响教学效率的行为。本研究的问题行为应对机制建立在陈时见(1998)对课堂问题行为的定义基础上,是针对课堂问题行为采取的应对系统。在该系统下笔者对常见问题进行了简单的分级并列出了相应的应对策略,如表5-9所示。

表 5-9 常见问题行为与应对策略

等级	学生常见问题行为	建议处理策略（汉语教师需根据具体情况进行选择）
一级	■ 申请喝水或者上厕所 ■ 上课聊天 ■ 在未经允许的情况下交换座位 ■ 在教室里随意跑或者走动 ■ 做其他家庭作业 ■ 玩手机 ■ 听音乐 ■ 发呆/走神 ■ 睡觉 ■ 看课外书 ■ 与其他同学嬉戏打闹 ■ 喊叫或者不合时宜地公然唱歌 ■ 拖延/对教师布置的任务不理睬不执行 ■ 说脏话 ■ 随便扔东西	■ 称赞好的行为 ■ 面部表情或眼神暗示 ■ 提出期望或要求 ■ 暂停讲课 ■ 命令停止或提出警告 ■ 点名 ■ 拍手 ■ 提问 ■ 增大音量 ■ 靠近控制 ■ 注意转移法 ■ 幽默法 ■ 分配新的任务 ■ 调换位置
二级	■ 与班上其他同学发生口角、争执或打架 ■ 打扰其他同学学习 ■ 未经别人允许随意使用他人东西 ■ 不尊重汉语教师 ■ 常见敏感问题	■ 交由校长或年级主任处理 ■ 交由 Room Teacher 处理 ■ 通知家长 ■ 在教室外面罚站 ■ 书面检讨 ■ 在讲台上检讨 ■ 命令归还他人物品或恢复破坏物品的原貌 ■ 送去其他班级听课 ■ 在白板上写名字 ■ 使用语言策略/通过讲道理进行教育
三级	■ 问题儿童	■ 扣除部分所得积分 ■ 取消课间玩耍时间
其他	■ 非预设事件	■ 需教师随机应变处理

3.3.8 文化建设与合作机制

文化建设与合作机制（详见第五章附录二）主要由校园的文化建设和与同事的合作机制两方面构成。文化建设是指在教学点进行的用于汉语文化宣传和成果展示的一系列建设活动。按照校园地点进行划分,主要包括:校园区域(文化角、告示通知区);教室区域(教学内容塑封展示、学生手工制品成果展示以及与汉语相关的文化装饰);走廊区域(与汉语相关的文化装饰)。合作机制,主要指与领导(所在教学点校长和所属孔子学院院长)、同事(指导教师、Room Teacher 及其他外语教师)、朋友(其他志愿者教师)等汉语教学相关人员进行的合作,例如:与 Room Teacher 一起进行课堂管理配合,汉语教师主要进行讲课,Room Teacher 可以辅助维持课堂秩序并记录学生积分;与指导教师一起筹办中文周活动;与其他外语教师一起开办外语角等。

3.4 小学汉语课堂管理机制实施流程

本汉语课堂管理机制将以汉语教师的一个任期为单位,以时间为流程线,对实施流程划分关键节点,依据关键节点进行分期,并在此基础上对每个分期内的重点课堂管理工作进行说明。详见图 5-9。

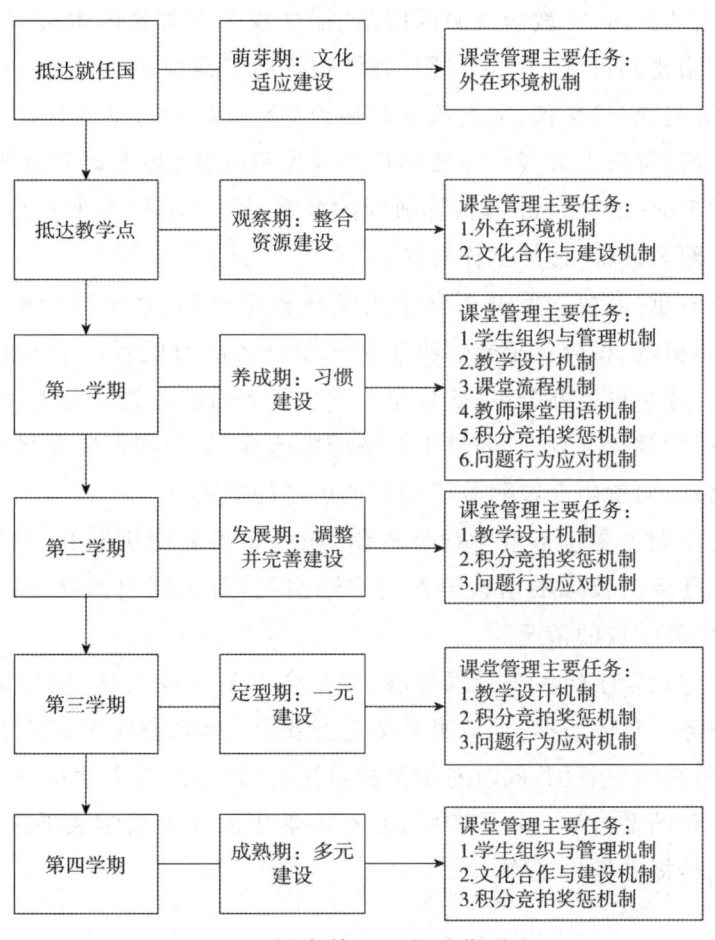

图 5-9　课堂管理工作分期流程

由图 5-9 可知,笔者以志愿者教师一个任期的时间长度为单位集中探讨了小学课堂管理机制下教学工作的安排,并以时间进程为逻辑对课堂管理工作的具体内容进行了详细的划分。由于笔者之前在新西兰任教,所以暂且以新西兰一学年四学期的教学日历为例进行说明。

总的来看,实施流程依据抵达就任国、抵达教学点、第一学期、第二学期、第三学期和第四学期六个时间节点,把一学年内课堂管理工作划分为萌芽期、观察期、养成期、发展期、定型期和成熟期六个阶段。其中萌芽期和观察期属于前期教学准备阶段,旨在为日后课堂管理工作的顺利开展做好铺垫,养成期旨在帮助学生以及 Room Teacher 了解和熟悉本课堂管理方式,是决定本机制能否成功运行的重要阶段,从发展期到成熟期主要是对本机制的调整和巩固。

具体来看,萌芽期的主要管理工作为外在环境机制的建设,包括了解就任国基本的文化情况和生活习惯以及了解就任国基本教育情况两个方面。

观察期也是以外在环境机制的建设为重点,但具体内容与萌芽期有所不同。主要包括:1.教学计划的撰写;2.教学资源的搜集(如学校工作邮箱的申请、学校办公室和教学区域的无线网络密码、打印 ID 和权限、教学物资的申请报销流程等);3.教学设备的检查(如班级的投屏电视/投影仪、文具数量和种类等);4.教学对象的调查(如年龄、男女生比例、国籍、花名册、每班人数等);5.教学日历与课程安排(如上班和放假时间以及教师的课表);6.熟悉 Room Teacher 和指导教师的名字,做好沟通,方便日后工作上的配合;7.咨询上一任志愿者教师,做好工作对接。

养成期任务较重,需要同时开展学生组织与管理机制、教学设计机制、课堂流程机制、教师课堂用语机制、积分竞拍奖惩机制和问题行为应对机制六个方面的课堂管理工作。主要包括:1.选举班委并分组,确保每个学生了解自己的责任分工;2.协商制定课堂规则;3.撰写每课的教学计划;4.向学生介绍课堂流程(如上课需要先起立向老师问好);5.熟悉教师用语;6.向学生介绍积分竞拍奖惩机制的规则。

发展期与定型期主要包括教学设计机制、积分竞拍奖惩机制和问题行为应对机制三个方面的工作任务。教师根据教学点的实际情况,对机制中的部分内容进行灵活调整,使之更加适应教学点的情况。

成熟期主要包括学生组织与管理机制、文化合作与建设机制、积分竞拍奖惩机制三个方面的工作任务。具体包括:1.对班干部进行更新,选取表现较好的学生担任干部和管理人员,带动班级学习氛围,同时对小组成员进行重组;2.对本学年学习内容进行复习巩固并对学生一年的辛苦学习给予奖励;3.对本学年的汉语教学成果进行总结和展示,做好汉语文化的传播和推广工作。

第四节　汉语课堂管理机制教学设计实践案例分析

4.1　汉语课堂管理教学设计实践案例一

4.1.1　选取内容

案例一的选取内容为志愿者教师所授的第一课,主要包括认识中国和汉语教师、建立秩序(班委建设和上课流程建设)及教材发放。

4.1.2　选取原因

第一课关系到学生对教师和汉语课的整体印象。对于汉语教师来说,无论是刚刚抵达岗位的新手汉语教师还是教学经验丰富的教师,第一课都是至关重要的,好的第一课对于日后汉语课的顺利开展是非常重要的。但是第一课应该讲什么、怎么讲,如何上好第一课依然是一个值得思考的问题。下面基于笔者在剑桥小学的第一节汉语课教学实践,经过反思整理出了本汉语课堂管理机制下可以参考的第一课教学设计。

4.1.3　教学设计

Teaching Plan of 2019 for Y5 and Y6

Term 1：Chinese Culture　Lesson 1

Culture Knowledge

- Learn about China simply.
- Learn about how the Chinese class management runs.

Language Knowledge

- Learn about basic greetings in Mandarin.

Learning Intentions

- Learn about China and the Mandarin class rules.

Learning Activities

- Activity 1：Self-introduction and be familiar with students according to the attendance.
- Activity 2：Introduce China and build up the Mandarin class management system.
- Activity 3：Introduce and practice the class rules.
- Activity 4：Say thank you and goodbye in Mandarin with each student.

Teaching Resources & Notes

1. Prepare the Mandarin book in advance and print them out.
2. Download a short video to introduce China.

4.1.4 教学设计实施

案例一教学设计实施

教学环节（时间45分钟）：

• 10分钟——自我介绍（介绍汉语的"你好"）。

通过点名的方式认识和熟悉学生，并让学生用"你好"回复教师。（注：提前告诉学生如果教师把一些学生的名字念错了，他们可以及时纠正自己，避免教师因叫错学生名字而带来的尴尬状况。）

• 10分钟——通过一个小短片来介绍中国，让学生对中国有一个简单的印象。

挑选5个表现好的学生进行自由提问。

• 10分钟——向学生介绍组织与管理机制。进行分组和班干部选举，明确每人的分工和职责。

• 10分钟——向学生介绍课堂流程机制。练习简单的课堂指令语（起立、老师好、同学们好、请坐）。

• 5分钟——跟学生一一击掌并用汉语说"谢谢""再见"。

4.2 汉语课堂管理教学设计实践案例二

4.2.1 选取内容

案例二的选取内容为第二课，主要包括复习招呼语和上课流程、课堂规则的协商制定、积分竞拍奖惩机制的介绍、课堂指令语学习。

4.2.2 选取原因

第一课、第二课处于本课堂管理机制的前期建设期，教学前期的很多准备工作（如制度和流程建设）需要在汉语课程的前几节课向学生讲解清楚，帮助学生养成上汉语课的良好习惯，前期规则制度建立好对日后汉语课的开展也会起到事半功倍的效果。在教学实践中深刻地感受到，第一节课就着急讲解汉语知识反而会欲速则不达，学生很快就会出现倦怠的现象，各种课堂管理问题也随之出现，不如一开始花费时间打好基础，防患于未然。本节课将承接第一课的教学内容，重点是班级规则的建设、课堂规则积分竞拍奖惩机制的介绍和课堂指令语的学习。

4.2.3 教学设计

Teaching Plan of 2019 for Y5 and Y6

Term 1: Chinese Culture   Lesson 2

Culture Knowledge

• Learn about the Mandarin reward & punishment system.

Language Knowledge

• Learn about the Mandarin instructions.

Learning Intentions

• Learn about China and the Mandarin class rules.

Learning Activities

• Activity 1：Prepare a game to warm up.

Review the Mandarin greeting words "你好" and try to use the class process system.

• Activity 2：Discuss and make the Mandarin class rules with students together and introduce the Mandarin reward & punishment system.

• Activity 3：Learn the Mandarin instructions.

• Activity 4：Say thank you and goodbye in Mandarin with each student.

Teaching Resources & Notes

1. Prepare an A3 paper to write down the rules in class.

2. Show the students the Mandarin reward & punishment system chart.

3. Laminate the Mandarin instructions and greeting words, and then decorate on the wall in the classroom after class.

4.2.4 教学设计实施

案例二教学设计实施

教学环节(时间45分钟)：

• 5分钟——热场小游戏。

• 5分钟——复习"你好",试运行课堂流程机制。

• 10分钟——学生协商制定汉语课堂基本规则,向学生介绍积分竞拍奖惩机制。

• 15分钟——学习几个常用的课堂指令语(请听、请看、请跟我读、请说、请坐在地上、请举手、请安静)。

• 8分钟——学生"围坐"分享自己上汉语课的感受和收获。

• 2分钟——跟学生一一击掌说"谢谢""再见"。

4.3 汉语课堂管理教学设计实践案例三

4.3.1 选取内容

案例三的选取内容为第三课,主要包括：(1)主题式任务教学法的运用；(2)文化建设,汉语本的设计；(3)巩固第一、二节课制定的上课流程和课堂指令语,以及课堂规则的实施。

4.3.2 选取原因

第三课的教学实践案例展示的是主题式任务教学法指导下的汉语课堂案例,具体包括上课前教师对主题和子话题的选择及教学设计,上课期间的复习、导入、讲解、任务操练、总结等教学环节。该实践模式为汉语课堂教学最基本也是最常用的模式,基本贯穿本课堂管理机制的整个时期,所以十分有代表性。

4.3.3 教学设计

Teaching Plan of 2019 for Y5 and Y6

Term 1: Chinese Culture   Lesson 3

Culture Knowledge

• Learn about Chinese people's names.

Language Knowledge

• Review all the things learned in the last two classes briefly.

Learning Intentions

• Learn about China and the Mandarin class rules.

Learning Activities

• Activity 1: Review all the things learned in the last two classes.

• Activity 2: Let the students take out a new notebook as Mandarin book and guide them to design their Chinese book by themselves.

• Activity 3: Write down the date and the content about learning to introduce oneself in Mandarin（你好,我叫 name）on the board and then let the students write down the learning aims of this class.

• Activity 4: Use "你好,我叫 name" to show the students how to say it and pick a few students to have a try, and then let the students to introduce themselves by using this sentence one by one.

• Activity 5: Time bomb—give students two minutes to practice this sentence with their friends; then the whole class will say it one by one to see whether they can finish it within 5 minutes.

• Activity 6: Give students a Chinese name.

• Activity 7: Say thank you and goodbye in Mandarin with each student.

Teaching Resources & Notes

1. Prepare some pictures about class instructions.

2. Make a timer on the PPT to count the game time.

4.3.4 教学设计实施

案例三教学设计实施

教学环节(时间45分钟):

- 5分钟——通过图片快问快答复习上节课学习的指令语。
- 8分钟——学生设计汉语笔记本(可加入中国国旗、汉字以及其他中国元素等)。
- 5分钟——在黑板上写下今天的日期和学习目标并提醒学生写在本子上。
- 5分钟——教师示范并让学生跟读以及自由操练"你好,我叫……",全班轮流用这句话进行自我介绍。
- 5分钟——炸弹限时挑战:让全班在规定时间内轮流用这句话进行自我介绍接龙挑战。
- 15分钟——给学生介绍中文名字的特点(如:姓在前,名在后),给学生取中文名字(可以事先准备好一些名字)。让学生用中文名字进行自我介绍,然后将这句话写在笔记本上。
- 2分钟——跟学生一一击掌说"谢谢""再见"。

4.4 汉语课堂管理教学设计实践案例四

4.4.1 选取内容

案例四选取的是第一学期的最后一课,主要内容为学期回顾及积分竞拍环节对学生进行学习奖励。

4.4.2 选取原因

按照新西兰的教学习惯,每学期末的最后一周要展示教学成果,教师通常会在最后一节课做出特别的教学安排,对学生本学期的辛苦学习进行奖励,例如:美食奖励、看电影的奖励等。这一惯例也被纳入本汉语课堂管理机制并运用积分竞拍奖惩机制对学生进行奖励,这是本课堂管理机制的一个突出亮点。在此,特意选取了第一学期的最后一课进行教学实践案例分享,来帮助大家了解在每学期最后一节课运用积分竞拍奖惩机制对学生进行奖励的具体实施方法。

4.4.3 教学设计

Teaching Plan of 2019 for Y5 and Y6

Term 1:Chinese Culture　Lesson 10

Culture Knowledge

- Learn about what Chinese money looks like.

Language Knowledge

• Review all the things learned this term briefly.

Learning Intentions

• Learning rewards.

Learning Activities

• Activity 1：Review all the things learned this term briefly according to the PPT.

• Activity 2：Learn about the Chinese money—RMB.

• Activity 3：Show the students the Mandarin auction items (shopping center) and tell them the game rules, and then start the auction.

• Activity 4：Acknowledge students' outstanding performance this term and give oral praise to outstanding students and groups.

• Activity 5：Say have a good holiday to students and say thank you and goodbye in Mandarin with each student.

Teaching Resources & Notes

1. Prepare a PPT about term summary.

2. Make the shopping center and buy the resources in it to reward students (it can be toys, stationery, Chinese crafts, such as bookmarks, Chinese knots, Chinese bracelets, Chinese paintings, or Chinese calligraphy works).

Note：It can be anything you think is suitable and it doesn't need to be too expensive. If there is some food, you need to make sure that students are not allergic to the things you bought.

3. Print the game money.

4.4.4 教学设计实施

案例四教学设计实施

教学环节(时间 45 分钟)：

• 8 分钟——对本学期的学习内容进行一个快速回顾。

• 5 分钟——认识中国人民币。

• 5 分钟——展示拍卖商城中的物品,发放个人所得虚拟拍卖资金,讲解拍卖规则。

• 20 分钟——进入竞拍环节。

• 5 分钟——对本学期表现好的学生进行表彰和奖励。

• 2 分钟——跟学生说"谢谢""再见",并祝大家假期愉快。

第五节　新西兰剑桥小学汉语课堂管理机制效果评估

5.1　汉语课堂管理实践评估

5.1.1　评估的意义

在进行了一个任期的研究后,对本研究机制进行了评估,该评估可以帮助我们了解本管理机制对汉语课堂产生的效果,进而为我们调整和改进本机制提供帮助和思路。

5.1.2　评估的方法和思路

本汉语课堂管理机制采用过程性动态评估和多元互证相结合的评估方法,以评促教,在评估中不断发现问题,对本机制进行及时准确的调整和完善。评估思路为:从汉语教师本人、学生、Room Teacher、指导教师四方视角,分别采用课堂观察、试卷测试、调查问卷、访谈记录四种方法进行综合评估,力求避免评价过于主观,尽可能增加评估的准确性和科学性。具体评估与研究过程见表 5-10。

表 5-10　评估与研究过程

阶　段	评估主体和方法
评估前期	指导教师——个体访谈、志愿者教师——自我观察
评估中期	学生——课堂观察、志愿者教师——自我反思
评估后期	学生——试卷测试、Room Teacher——调查问卷、志愿者教师——自我反思

5.2　指导教师访谈

5.2.1　访谈设计

除了对学生和 Room Teacher 做了问卷调查,还对笔者的三位指导教师进行了访谈,以期从多方视角评估本机制的效果,挖掘本机制可能存在的问题并吸取一些建设性的意见。小学指导教师 Ann 是所在小学专门负责留学生事务的一位行政人员;初中指导教师 Paula 是一位新西兰汉语教师,在中国居住过十几年后回新西兰任教,已从事汉语教学近十年,具有丰富的汉语教学经验;高中指导教师 Stephanie 之前是一位日语教师,后自学汉语并在北京大学培训进修后应聘成为新西兰一所高中的汉语教师。

就与本研究紧密相关的课堂管理机制问题与三位指导教师进行了探讨,主要问题如下:1.您在教学中注意到的中国和新西兰之间的教学差异有哪些? 2.您觉得影响课堂管理的因素主要有哪些? 为什么? 3.您在教学中遇到的最常见的课堂管理问题是什么?

您通常都是怎样应对的？4.您可以分享一些您在课堂管理中经常用到的方法和策略吗？5.您对下一任汉语教师志愿者在课堂管理方面有哪些意见和建议？

5.2.2 访谈内容分析

对三位指导教师的访谈记录进行了简化整理，表5-11为主要内容。

表5-11 指导教师访谈记录

	Ann	Paula	Stephanie
问题1	汉语教师通常喜欢"一言堂"，不太考虑学生的接受能力	首先，不应该让学生打断你；其次，不要过度教学让学生产生畏难情绪，丧失学习汉语的兴趣和信心	中国学生通常比较尊重和服从教师，新西兰的学生比较有想法，比较有个性，比中国学生难管理
问题2	应该避免文化冲突；给学生留下一个好的第一印象	应该认识并了解新西兰学生和中国学生的不同	应该建立自己的课堂规则，树立好教师的权威
问题3	问题有很多，比如上课说话，上厕所，挑战老师的权威等，但是现在好多了，因为他们知道做错事就会受到"惩罚"	比如学生缺少学习动机，我们需要多鼓励和奖励他们	比如上课玩手机或者睡觉，我觉得学校需要制定关于这方面的更严格的规则
问题4	设立奖惩机制非常重要，因为对于小学生而言，其实并没有很强的学习动机	尝试使用一些目的语当作课堂指令语；利用好学生喜欢竞争的心理，增强学习的趣味性	应该回归本质，先把课堂设计好，课堂有趣了，学生自然就会好好学，课堂问题自然就少了
问题5	建议多了解一些新西兰的文化	制定课堂规则；不要一次教授太多内容；把课堂还给学生	可以提前制订一个大概的教学计划；多听取别的老师的意见

由表5-11我们可以发现，三位指导教师就课堂管理的不同问题从不同角度给了很多意见和建议。其中制定好课堂规则和奖惩措施、使用简单的目的语当作课堂指令语、设计有趣实用的教学活动等很多内容都给本汉语课堂管理机制的改进带来了很多灵感。由此可知，该访谈对本管理机制的改进具有很大的意义。

5.3 课堂观察

5.3.1 课堂观察案例

本研究数据收集采用的取样法为事件取样法,对预先规定的"靶子事件"即特定的言语或行为在自然条件下所进行的观察。该课堂观察选取的"靶子事件"为汉语教师的课堂互动情况,主要对具有多年汉语教学经验的本土教师(熟手教师)以及作为一名中国志愿者教师(新手教师)的笔者的课堂互动情况进行观察。

两位教师共进行 2 次教学活动录像,每位教师的教学活动时间为 45 分钟左右,属自然教学情境录像。我们对教师的课堂教学活动视频进行文字转录和取样分析,并采用弗兰德斯师生言语互动分类体系(FIAC)记录并标记两位教师在课堂互动方面的频次,并尝试分析其中的差异以及差异背后可能存在的原因,最后就汉语教师课堂互动提出几点可行性的建议。

5.3.2 课堂观察分析

本课堂观察采用弗兰德斯师生言语互动分类体系作为观察量表进行数据的记录和分析。弗兰德斯师生言语互动分类体系是国外较有影响、被广泛使用的编码体系。该体系把课堂的言语活动分为 10 个种类,每个分类都有一个代码(即一个表示这类行为的数字),如表 5-12 所示。

表 5-12 弗兰德斯师生言语互动分析体系(FIAC)的类别

教师说话	间接影响	1.接受感情
		2.表扬或鼓励
		3.接受或使用学生的主张
		4.提问
	直接影响	5.讲解
		6.给予指导或指令
		7.批评或维护权威性
学生说话		8.学生被动说话(比如回答问题)
		9.学生主动说话
		10.静止或疑惑,暂时停顿或不理解

根据弗兰德斯师生言语互动分类体系，对两个视频中新手教师和熟手教师的课堂互动情况进行了数据收集与统计，并采用图表的方式对10种互动类别次数、师生互动主导倾向两方面进行了深入的分析。具体见图5-10。

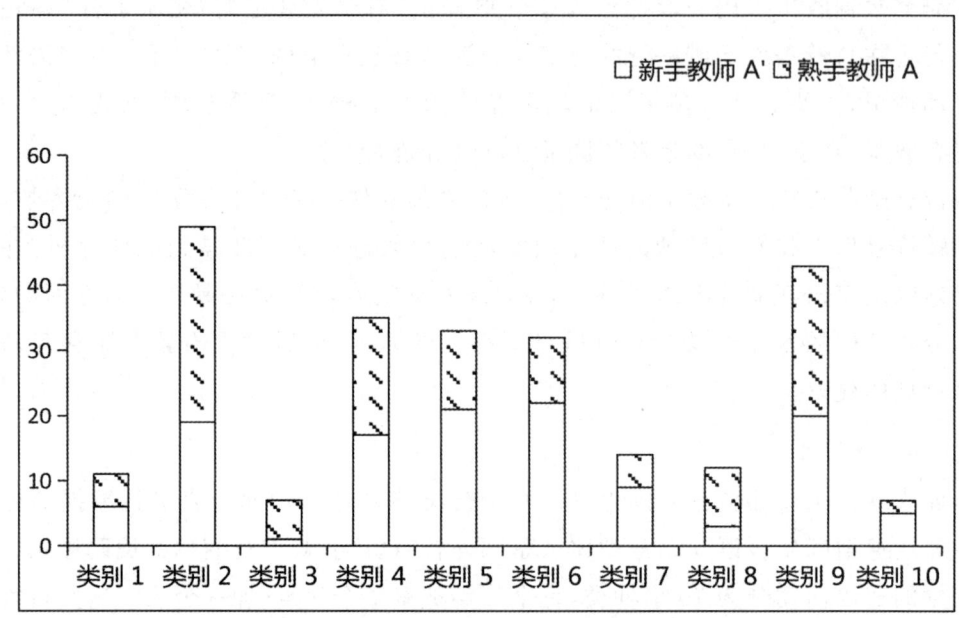

图 5-10　新手教师和熟手教师 10 种互动类别次数对比

由图5-10可以看出，新手志愿者教师和熟手本土教师在很多方面都有比较明显的差异。熟手教师在"表扬或鼓励""接受或使用学生的主张"和"学生被动说话"三个方面比新手教师的互动次数要高出很多；而在"讲解""给予指导或指令""批评或维护权威性"和"静止或疑惑，暂时停顿或不理解"这四个方面则明显少于新手教师。这提示新手教师要多表扬或鼓励学生、多听取学生的意见和建议并尽可能减少讲解的时间，努力建立一个平等和谐的师生关系。

进一步对两位教师的师生互动主导倾向做了统计（见图5-11与图5-12），根据数据我们可以看出：

1.在一节课中新手教师的"教师主导"占比平均要高于熟手教师5个百分点；

2.新手教师的"学生主导"占比则要低于熟手教师8个百分点；

3.新手教师课堂中的"中立或其他"平均每节课要高于熟手教师3个百分点。

这启示新手教师要充分发挥"脚手架"的功能，尽可能把课堂还给学生，摒弃中式教育中"一言堂"做法，践行新西兰倡导的"在做中学"的教育理念；同时应尽可能减少中立或其他现象的发生，从而减少课堂不稳定因素的产生。

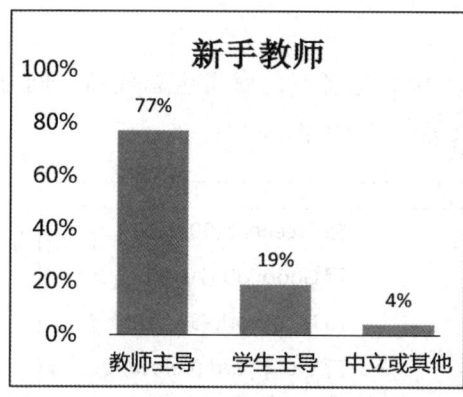

图 5-11 新手教师师生互动主导倾向

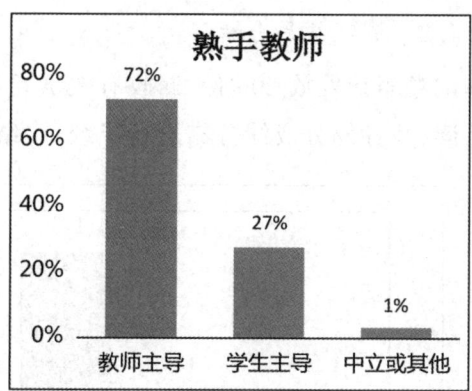

图 5-12 熟手教师师生互动主导倾向

注:图中百分数四舍五入后取整数

5.4 调查对象学习成果测试

5.4.1 学习成果测试设计

学生汉语成绩考评表主要包括听、说、读、写四个方面,检验其对本学期学习的生词、对话以及教师课堂上常用汉语指令语掌握的情况,然后采用分级评语的方式对学生成绩进行评定。学生试卷大致结构及题型如表 5-13 所示。

表 5-13 学生试卷设计

Mandarin term test	
Name: _____ Room: _____	
Listening (25')	You will hear 25 questions (including words and sentences). After each question, there will be a pause of 5 seconds. Please circle what you hear.
Reading (25')	This part consists of two sections. Section one is about words. Please write down the English meaning after each word. Section two is about conversation. Please match the questions with answers.
Writing (25')	This part is about the Chinese characters and it consists of two sections. In section one, you need to circle the right meaning of each character, and in section two, you need to write 1 to 5 characters on the chart.
Speaking (25')	Have a free talk with your teacher. You can try to ask questions using the simple conversations you have learned.
Total scores (100')	Your scores: Excellent (90—100) _____ Good job (70—90) _____ Nice work (50—70) _____ Work hard (below 50) _____

5.4.2 测试结果分析

本试卷累计发放 206 份,回收有效试卷 197 份。笔者专门就学生总成绩区间分布和听、说、读、写各部分成绩分布进行了统计,结果见图 5-13、图 5-14。

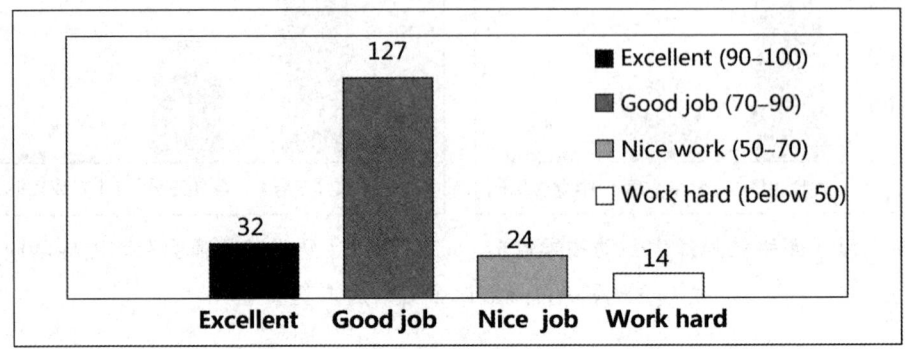

图 5-13 学生总成绩区间分布

根据图 5-13,我们发现 197 个学生中,有高达 64% 的学生汉语测试成绩都能达到 70—90 分,甚至还有 16% 的学生拿到了 90—100 分的好成绩。这也从侧面反映了本课堂管理机制对学生学习成绩有一定的积极作用。

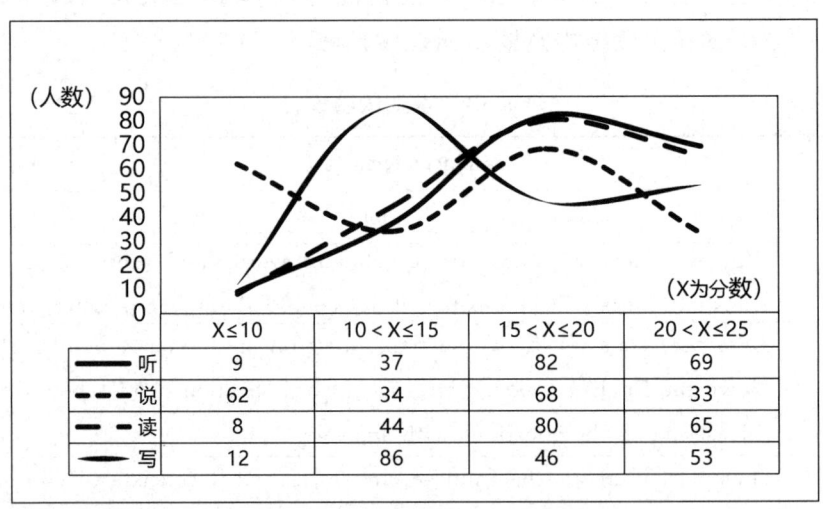

图 5-14 听、说、读、写各部分成绩分布

根据图 5-14,我们可以得出:

1. 在"听"方面:有 42% 左右的学生能拿到 15—20 分,有 5% 的学生不到 10 分,人数差异较大,说明学生在这一方面的能力水平差距较大,呈现两极分化态势。

2. 在"说"方面:各分数阶段的学生人数较为均匀,值得注意的是,小于 10 分的学生人数与 15—20 分的学生人数几乎相同,这说明对于很多学生来讲,"说"仍然是汉语学习中较难突破的一个方面。

3.在"读"方面:少于10分的学生人数最少,说明大多数学生是能够掌握阅读技能的,笔者分析可能是小学的汉语教学内容多以拼音为主,又因为拼音字母除个别字母外,形状和发音与英文字母具有很高的相似度,所以无形中降低了学生的学习难度。

4.在"写"方面:10—15分数段的学生人数最多,高达44%,说明很多学生汉字书写技能的掌握程度一般,但是值得笔者注意的是,很多学生并不是完全不会写而是对考查的汉字有大致印象,因此在个别细节方面出现偏差导致书写错误,这也提示我们在教学过程中注意新西兰学生对汉字这一全新书写系统的认知理解和接受度。

5.5 Room Teacher 问卷调查

5.5.1 问卷设计

Room Teacher 问卷主要是对笔者所在的 6 个小学汉语课班级的 Room Teacher 开展的专项问卷调查,旨在以第三方视角对本课堂管理机制的实施效果进行评估和信息反馈,以此对本机制中出现的问题进行改进。

该问卷采取封闭式与开放式相结合的设计方式,内容主要由两部分组成。第一部分采用李克特五度量表的方式对教学效果、教学方法、教学过程、课堂管理、教学专业性五个方面进行量化考核。第二部分采取开放性问答的方式,问题有:1.您觉得该课堂管理机制是否具有一定的效果?2.关于该课堂管理机制,最喜欢的环节是什么?3.您发现的志愿者教师在使用该机制时最常出现的问题是什么?4.您在应对上述问题时通常会采取的处理措施以及其他常用的课堂管理技巧有哪些?5.用百分制给该课堂管理机制进行打分评价。

5.5.2 调查结果分析

对 Room Teacher 调查问卷的结果进行了简单的整理,见表 5-14。

表 5-14 Room Teacher 调查问卷结果汇总

	强烈赞同	赞同	中立	反对	强烈反对
教学效果	2	3	1		
教学方法	1	4	1		
教学过程	1	5			
课堂管理		5	1		
教学专业性		5		1	

由表 5-14 我们可以看出,笔者所在班级的 Room Teacher 对本课堂管理机制的效果整体上还是比较赞同的,只有一人对教学专业性持有反对意见。后来了解到当地小学

的 Room Teacher 都需要考取本国的教师资格证,持证上岗,故而他们觉得志愿者教师虽然是目的语母语者,但是多属于"志愿者"性质而非专业汉语教师,加之志愿者教师大多年龄较小且资历尚浅,所以才加深了他们对志愿者教师不专业的印象。

关于问卷第二部分的开放问答,对问卷结果进行了简化整理,见表 5-15。

表 5-15　Room Teacher 开放问答汇总

	问题 1	问题 2	问题 3	问题 4	问题 5
(1)班 Room Teacher	有效果	积分竞拍环节	有时候统计积分需要浪费一定的课堂时间	可能我会让 Room Teacher 帮助我记录分数	85
(2)班 Room Teacher	有效果	课堂活动设计环节	有时候对课堂活动的规则描述得不是很清楚	提前想好简洁明确的活动规则	87
(3)班 Room Teacher	有效果	制作汉语本和成立班委环节	学生参与活动太热情导致课堂秩序混乱	制定专门的安静机制,比如摇铃铛	85
(4)班 Room Teacher	有效果	积分竞拍环节	无法应对学生的众多要求	对于学生不必要的请求需要明确拒绝	90
(5)班 Room Teacher	有效果	期末的成果展示环节	活动时有时候没有做到绝对的公平	尽可能一视同仁,不要过度照顾"特殊学生"	95
(6)班 Room Teacher	有效果	积分竞拍环节和中文课堂指令语言环节	有时候为了避免学生对教师产生负面印象,对学生过于宽容	需要培养学生正确的"契约精神",学生违反规则时一定要给予其一定的惩罚	88

由表 5-15 可以看出,Room Teacher 整体上来讲对本课堂管理机制还是比较认可的。其中有三位 Room Teacher 都对积分竞拍环节表示了高度的兴趣,另外三位 Room Teacher 分别对课堂活动设计、班级建设以及期末的学生展示环节表示了认同,并分享了他们在参与本机制运行时发现的一些问题和常见的应对措施,这对本机制的完善具有一定的借鉴意义。

第六节 结语

6.1 对新西兰剑桥小学汉语课堂管理机制的思考

6.1.1 本课堂管理机制的特色

1.宏观、系统的整体设计。宏观是指本课堂管理机制不同于以往着眼于解决当下课堂问题的微观管理概念，而是以志愿者教师一个任期（一般时间跨度为十个月）为单位设计宏观课堂管理机制；系统是指本机制全面把握影响课堂管理的内外部因素，并以时间为线索进行系统整合，帮助新手志愿者教师循序渐进地上手课堂管理，尽可能规避因日后准备不当而在课堂管理不同环节中引发的课堂管理问题。

2.具有灵活性、针对性的教学设计。灵活性主要指两个方面：一是对时间把握的灵活性，主题式任务教学法采取"N+1"活动数量，可以让志愿者教师根据不同教学点的不同授课时长灵活调整活动数量，更好地把握上课的节奏和进度；二是活动设计形式的灵活性，主题式任务教学法能够打破一门语言学科的限制，集多门学科活动的优势于一身，设计出许多适合不同场景和教学内容的课堂活动，从而提高学生的学习效果。有针对性是指教学设计能最大限度地考虑教学点之间的巨大差异，充分考量学生的汉语水平和教学点的教学情况，从而为所在教学点设计出适合自身情况的教学计划。

3.新颖、有趣的奖惩方式。本课堂管理机制创新性地将竞拍机制和积分机制相结合并纳入奖惩方式中，让学生通过自己的课堂表现获取相应的分数从而得到想要的奖品，能够有效地激发学生的学习动机和学习热情。

6.1.2 本课堂管理机制的不足

1.具体性过强，部分操作缺少普遍性。本课堂管理机制主要是在剑桥小学这一主要教学点总结形成的，对其他地区教学点的小学是否具有适用性尚未知晓，因此在某种程度上讲部分操作缺少普遍性。

2.由于适应了地区差异性，本课堂管理机制可能会在一定程度上加大地区之间教学进度和学生水平的差异。

3.耗时较长，需要同一教学点前后几任志愿者教师做好工作上的交接并不断打磨完善。

6.2 对新西兰小学汉语课堂管理的建议

6.2.1 对孔子学院和派出单位的建议

1.增加学生夏令营和冬令营人员的名额。

2.多举办一些像"中文周"一样的活动,增加学生对汉语以及汉文化了解的途径。

3.可和一些社会机构或企业合作,建立汉语专项奖学金机制,增加对汉语能力突出的学生的奖励。

6.2.2 对学校的建议

1.加大在小学推广YCT考试的力度,以考促教,以考助学,激发学生学习汉语的动机和动力。

2.每学期举行学校"汉语之星"的评选,对表现优异的学生进行证书奖励。

3.加大学校对汉语文化的宣传和推广力度,例如在学校的图书馆增加一些与汉语相关的儿童读物,校内张贴与汉语有关的文化海报,每学年组织学生观看中国电影或品尝中国食物等。

6.2.3 对志愿者教师的建议

1.多观察、多学习,适当借鉴当地本土教师的教学管理方式。

2.让学生准备专门的汉语本,把重要的知识记录下来方便复习。

3.树立教师的权威,特别是不要让学生打断教师讲话。

4.不要忽视学生课上出现的问题行为,要停下来给予不同程度的警告。

5.要多鼓励和表扬学生的具体行为,并且表扬内容要真诚和明确。

6.教师需要清楚地表达自己的要求和意愿。

7.课堂活动后要使用安静机制维持课堂秩序,例如摇铃铛、拍手、对口令。

8.教师对待学生要一视同仁,课堂管理应具有一致性,做到严格且公正。

(常好珂 吴成年)

参考文献

著作

陈绂,朱志平.跟我学汉语:学生用书 第1册[M].人民教育出版社,2003.

李晓琪,罗青松,刘晓雨,等.快乐汉语:第1册[M].人民教育出版社,2003.

姜丽萍.教师汉语课堂用语教程[M].北京语言大学出版社,2006.

林格伦.课堂教育心理学[M].章志光,张世富,肖毓秀,等,译.云南人民出版社,1983.

Huang P, Harvey R. Rhythms and tones: chants and songs for learning Chinese (English and Chinese edition) [M]. ChinaSprout, 2010.

Reid J M. ESL/EFL英语课堂上的学习风格:英文版[M].外语教学与研究出版社,2002.

期刊与论文集论文

常宝成.课堂管理与教师专业发展[J].教育理论与实践,2010(28).

常丽红.新西兰初级对外汉语教学特色及启示[J].内蒙古电大学刊,2018(3).

陈时见.课堂问题行为的管理策略[J].基础教育研究,1998(6).

傅传凤. 对外汉语课堂教学语言的特点和功能类型[J]. 四川教育学院学报,2011(2).
韩曦. 也谈新西兰汉语教师培训[J]. 世界汉语教学学会通讯,2010(3).
黄河. 建立中职学校教师成长性积分制度的探索与实践[J]. 职业,2014(27).
黄晓颖. 对外汉语教学的课堂组织管理艺术[J]. 云南师范大学学报,2005(4).
黄艳婷,吴小敏,徐乔. 新西兰奥克兰中小学汉语教学现状分析及展望[C]//北京大学对外汉语教育学院研究生会. 第八届北京地区对外汉语教学研究生论坛文集上. 2015.
李满兰. 论对中小学生的对外汉语教学课堂管理[J]. 华商,2008(18).
田雪蓉. 中国手语与对外汉语教学关系初探：以新西兰小学对外汉语课堂为例[J]. 现代交际,2019(5).
吴云鹏. 中国近代高校学分制发展历程述评[J]. 江苏高教,2001(6).
闫祯,郭建耀. 论课堂管理及其对教学的促进功能[J]. 教学与管理,2009(18).
叶廷青,刘素琴,袁妮南. 完善小学课堂管理的策略研究[C]//十三五规划科研成果汇编(第六卷). 2018.
周小山,严先元. 新课程教师培训的内容设计与操作[J]. 课程·教材·教法,2003(3).
朱焕芝. 对外汉语课堂管理文化冲突及解决策略[J]. 文学教育(下),2012(3).
Emmer E T, Stough L M. Classroom management：a critical part of educational psychology, with implications for teacher education[J]. Educational psychologist,2001,36(2).
Simonsen B, Fairbanks S, Briesch A, et al. Evidence-based practices in classroom management：considerations for research to practice[J]. Education and treatment of children,2008,31(3).
Sugai G, Horner R H. Introduction to the special series on positive behavior support in schools[J]. Journal of emotional and behavioral disorders,2002,10(3).

硕士学位论文

陈德君. 新西兰Whanganui市小学汉语教学调查与设计[D]. 厦门大学,2017.
邓诗瑛. 新西兰南岛小学汉语教学中存在的问题及对策研究[D]. 南京大学,2015.
都娟. 美国中小学汉语课堂用语研究[D]. 华东师范大学,2010.
高明明. 澳大利亚中学汉语课堂管理研究：以凯思博中学为例[D]. 吉林大学,2013.
葛婷婷. 海外小学中国文化教学课程设计与实践：以新西兰小学为例[D]. 上海交通大学,2014.
郭静婷. 吉尔吉斯斯坦中学汉语课堂管理案例分析[D]. 新疆大学,2016.
郭莘莘. 澳洲汉语课堂管理案例多角度分析：以爱斯蓬德尔花园小学为例[D]. 中山大学,2015.
郭颖芳. 西班牙加纳利群岛小学汉语课堂问题行为及对策研究：以Colegio Hispano y Inglés 学校Dicken校区为例[D]. 上海外国语大学,2013.
何娴. 新西兰南岛中小学初级汉语课堂用语调查与分析[D]. 华中科技大学,2017.
胡茜. 儿歌在新西兰小学汉语教学中的应用[D]. 华东师范大学,2017.
华艺. 美国中学汉语课堂管理策略探究：以克林顿中学为例[D]. 贵州大学,2018.
黄魏超. 新西兰小学汉语教学设计与实践：以纽林小学为例[D]. 上海外国语大学,2013.
贾楚婷. 美国小学非沉浸式汉语课堂管理案例分析：以明尼苏达州Mississippi Heights小学为例

[D].吉林师范大学,2018.

刘倩.新西兰儿童汉语词汇教学行动研究[D].上海外国语大学,2018.

彭丽.对外汉语课堂问题行为考察[D].北京语言大学,2008.

申时会.韩国小学汉语课堂管理案例分析:以釜山市东弓初等学校为例[D].中山大学,2012.

王静依.TPR 在新西兰小学汉语教学中的应用[D].华中科技大学,2018.

王坤煜.新西兰南奥塔哥地区小学汉语教学现状调查研究:以罗斯班克小学、米尔顿小学和圣玛丽小学为例[D].云南大学,2017.

王昕骅.柬埔寨实居省华校课堂管理调查研究[D].云南大学,2016.

向禹.美国公立中学中文课堂外向型问题行为管理策略研究:以波特兰浩津中学为例[D].中央民族大学,2015.

肖弦.游戏教学法在新西兰帕帕罗阿小学汉语课堂中的探索与运用[D].华中科技大学,2018.

熊丽捷.任务型教学法在新西兰小学汉语教学中的应用:以斯爱伦学校(ACG Strathallan)为例[D].中国石油大学(华东),2017.

许枫.英国小学汉语课堂问题行为管理调查研究[D].上海外国语大学,2018.

张虹艳.维州汉语教师志愿者海外实习情况及实习效果调查研究[D].苏州大学,2019.

张静文.新西兰惠灵顿 TE ARO 小学孔子课堂汉语教学情况研究[D].厦门大学,2018.

张燕华.新教师课堂管理视频案例分析:以中山大学国际汉语学院为例[D].中山大学,2012.

张翼.保加利亚中学汉语课堂管理调查研究:以马克西姆高尔基中学为中心[D].北京外国语大学,2015.

章晓琪.新西兰小学汉语课堂活动与管理设计:以新西兰南岛小学为例[D].华中科技大学,2015.

赵一轩.新西兰法卡塔尼地区中小学汉语教学调查研究[D].吉林大学,2016.

周莉.新西兰小学中文课教学总体设计:基于 Rotorua 市两所小学的教学实践[D].上海外国语大学,2013.

周萍.美国儿童汉语课堂教学的组织管理探究[D].扬州大学,2013.

(以下附录内容请扫描封底二维码获取)

附录一 教学设施一览表

附录二 文化建设与合作机制

第六章 多元文化背景下新西兰曼格雷高中九年级汉语课堂活动差异化与教学设计研究

【摘要】 本章以差异化教学理论为基础,以新西兰曼格雷高中2019学年九年级汉语班25位学习者为主要研究对象,根据其文化背景分组设计差异化汉语课堂活动,之后通过调查了解学习者对差异化汉语课堂活动的反馈,分析新西兰差异化汉语课堂活动的分类、实施过程、内容选择等问题,总结活动设计原则,进行利弊分析。研究结果表明,新西兰汉语学习者有五种文化背景,即欧洲文化、毛利文化、太平洋文化、亚洲文化和难民文化,这五种文化背景是课堂活动差异化的主要标准。课堂活动内容可以从学习者和课堂活动差异两个层面选择。实施流程由课前准备、活动进行和课后收尾三个阶段构成。设计差异化汉语课堂活动有分组合作、学习者主体、重视文化因素、系统时效和开放拓展五条原则及文化禁忌等注意事项。本章还分析了设计差异化课堂活动的利弊,例如可以设计出针对性更强的活动等优势,但也存在无法精确地设计出适合每位学习者活动的局限。

第一节 绪论

1.1 研究缘起和研究意义

1.1.1 研究缘起

随着中国综合国力和国际地位的日益提升,世界各国看到了中国的发展潜力,更希望和中国加强沟通合作,因此汉语学习需求与日俱增。新西兰共建立了以奥克兰孔子学院为代表的三所孔子学院。在孔子学院的努力下,新西兰汉语教学发展势头良好。2010年到2018年,新西兰中小学共计约36000人次选择汉语作为第二语言进行学习,且学习人数呈逐年上升趋势。新西兰教育部还将汉语列入了NCEA考试大纲,可见新西兰对汉语的重视。

随着新西兰汉语教学的迅速发展,很多问题逐渐暴露出来。设计适合新西兰汉语学习者的课堂活动是其中一个问题,这也给新西兰汉语教师志愿者带来了不小的挑战。

比较常见的问题是汉语课堂活动没有抓住学习者的兴趣点,学习者参与度不高,导致师生配合不佳,引发课堂秩序混乱等连环问题。在设计符合学习者兴趣的课堂活动时,需重点考虑学习者的个体差异,例如年龄、性格、爱好等方面。只有充分考虑个体差异才能够设计出比较符合学习者兴趣的课堂活动。但是对于新西兰汉语学习者来说,除了学习者的年龄因素外,多元文化背景是造成他们个体差异的主要原因。因此在设计新西兰汉语课堂活动时,学习者的多元文化背景是值得汉语教师志愿者关注的问题。充分结合学习者文化背景的汉语课堂活动设计可以起到事半功倍的作用。

笔者于2019年1月至12月任教于新西兰奥克兰孔子学院。在主校曼格雷高中(Mangere College,以下简称"MC")任教期间,在设计课堂活动方面遇到了很大的阻碍。课堂活动总是无法引起学习者的关注。对于这一问题,不断摸索,充分考虑学习者的个体差异,例如根据多数学习者的爱好重新调整课堂活动的内容,但是效果不佳。之后,通过询问当地指导教师以及和学习者交流等方式发现,之前的课堂活动忽视了学习者的多元文化背景这一非常关键的因素,导致学习者对课堂活动认同度较低,出现了各种课堂问题行为。通过对学习者文化背景的调查以及对当地指导教师的汉语课堂观摩,认识到结合学习者的文化背景,设计差异化的课堂活动,可以基本保证汉语课堂活动的顺利开展。经过多节课的尝试,这一想法得到了印证。

综上所述,本研究主要探索如何在结合新西兰汉语学习者多元文化背景的前提下,设计差异化汉语课堂活动的方法、原则及流程,并给出相关建议。希望以MC的汉语课堂活动设计实践为例,设计有效的差异化汉语课堂活动,为将来任教于新西兰的汉语教师志愿者提供设计差异化汉语课堂活动的思路。

1.1.2 研究意义

本研究在差异化教学理论的基础上,通过调查了解新西兰汉语学习者的文化背景及适合的汉语课堂活动,希望以此给新西兰汉语教师志愿者设计差异化汉语课堂活动提供借鉴。

1.具有理论完善意义。本研究以差异化教学理论为基础,将新西兰汉语学习者的多元文化背景和汉语课堂活动设计联系起来,探索了适合新西兰多元文化背景的汉语课堂活动的设计原则、方法及流程等。在前人不多的研究中,少数学者研究了新西兰汉语学习者个体差异对汉语学习的影响,例如性格、爱好等。本研究的创新之处在于从新西兰汉语学习者的文化背景角度入手,探索设计差异化汉语课堂活动的相关问题,从而总结其设计原则、方法等,并提出建议,因此对完善新西兰汉语课堂活动设计研究具有一定理论意义。

2.具有实践探究意义。本研究基于在MC的汉语教学实践,在教学中发现问题并探索解决问题的方法。通过问卷调查、访谈等方法,了解学习者的文化背景和最适合MC

汉语学习者的差异化课堂活动。本研究历时一学年四个学期，在教学实践中不断改进，经过了实践的检验。因此本研究可以为将来任教于新西兰的汉语教师志愿者提供参考。

1.2 研究对象和研究目标

1.2.1 研究对象

主要研究对象为MC九年级汉语班的25人，次要研究对象为MC十年级汉语班的27人和2019年150位新西兰汉语教师志愿者。之所以选择MC九年级汉语班作为主要研究对象，是因为笔者担任MC九年级汉语班的主讲教师，负责全部教学工作。本研究主要基于九年级的汉语教学实践，从发现问题、探索方法到解决问题，整个实验过程笔者亲自参与，因此研究结果相对真实可信，数据针对性较强，对次要研究对象的调查是对本章观点的补充。对差异化教学理论的关注源于对MC十年级汉语班的观摩，同时，2019年新西兰汉语教师志愿者对差异化汉语课堂活动的看法，可以印证差异化汉语课堂活动在新西兰汉语教学中存在的价值。

1.2.2 研究目标

本研究目标有两个。1.结合新西兰汉语学习者多元文化背景，探索设计差异化汉语课堂活动的相关内容，如分类、内容选择、实施过程等。2.结合新西兰汉语学习者多元文化背景，探索差异化汉语课堂活动的设计原则和利弊。

1.3 研究内容和研究方法

1.3.1 研究内容

本研究主要分为四个部分。第一部分探讨差异化汉语课堂活动在新西兰汉语教学中的应用。首先基于新西兰客观条件和汉语教学实际需求进行可行性分析；之后界定新西兰差异化汉语课堂活动的概念，对其进行分类，并介绍内容选择和实施过程；最后总结差异化汉语课堂活动在新西兰汉语教学中运用的重要性。第二部分分析问卷调查及访谈的结果。先对调查进行整体介绍，之后对MC十年级观摩结果、九年级调查结果以及新西兰汉语教师志愿者调查的结果进行深入分析。第三部分总结新西兰多元文化背景下差异化汉语课堂活动的设计原则及利弊。先提出五条设计原则，之后分析该方法的优势和不足。第四部分展示MC九年级汉语班的课堂活动案例。包括有效案例和无效案例的展示及分析。

1.3.2 研究方法

1.文献研究法

通过搜集查阅大量文献，了解新西兰的多元文化背景，并分析和归纳学者们以差异化教学理论为基础设计汉语课堂活动的相关内容,从而为本研究提供坚实的理论支撑。

2. 调查法和访谈法

首先,运用了问卷调查法。共进行了三次问卷调查,其中两次对学习者进行调查,一次主要对 2019 年新西兰汉语教师志愿者进行调查。前者主要了解学习者的文化背景及其对汉语课堂活动的看法。后者主要了解 2019 年新西兰汉语教师志愿者对结合学习者文化背景设计差异化课堂活动的态度。

同时,运用了访谈法。对 MC 九年级汉语班的 25 位学习者进行了访谈,旨在了解他们的个体差异及其对差异化课堂活动的看法。

3. 课堂观察法

共分为两个部分。一部分是对 MC 九年级汉语学习者在课堂活动中的表现进行观察;另一部分是对指导教师 Deb Ward 的十年级汉语班的观摩。通过观摩了解差异化教学及差异化课堂活动的作用。

4. 定量分析法

对问卷调查的结果以数据分析的方式呈现。一方面用数据清晰地呈现了 MC 九年级汉语班的族裔比例,另一方面也对 MC 九年级汉语学习者对差异化课堂活动的反馈进行量化。

1.4 研究现状

1.4.1 差异化教学理论研究现状

差异化教学理论对国内外教育界产生了不小的影响,很多学者致力于关注个体发展的教育理论研究,力图改变"一刀切"的教育理念。该理论在汉语教学界也产生很大的影响,它与汉语教学中关注学习者个体差异从而提高汉语课堂教学效率的理念不谋而合。在汉语教学中,关注学习者个体差异尤为重要,差异是一种重要的教学财富和巨大的教学资源,教师应鼓励差异,共享差异,以弥补个人经验不足并突破视野局限,从而使得每个汉语学习者可以在差异化的汉语课堂中得到自我提升,并提高汉语水平(杨文惠,2008)。汉语教师只有充分了解学习者,才能有针对性地设计教学,提高教学效率。因此将差异化教学理论充分运用到汉语教学中十分必要。

采用差异化教学的前提是学习者的认知方式和学习习惯等差异较大,且选取的教学内容有利于实施差异化教学,教师不能盲目运用(牛薇薇,2018)。本研究对象受新西兰多元文化背景影响,个体差异明显,符合使用差异化教学理论的基本要求。并且在教学实践过程中发现,结合学习者文化背景设计差异化的课堂活动有效保障了汉语课堂活动的顺利进行,作用显著,因此本研究将差异化教学理论作为理论基础。本研究将从差异化教学理论的概念出发,从差异化教学理论的实施策略、差异化课堂活动的标准以及其和多元智能理论的关系三个方面进行总结。

目前国内有关差异化教学理论的研究较多。从2003年至今,中国知网以"差异化教学"为关键词的相关论文共有1299篇。这些论文主要分为四类:第一类是对差异化教学理论的宏观介绍,共245篇;第二类是针对不同学习阶段的差异化教学研究,共326篇;第三类是针对不同科目的差异化教学研究,共460篇;第四类是针对不同领域的差异化教学研究,共268篇。

1.4.1.1 差异化教学理论的概念

差异化教学理论于20世纪90年代得到了系统化的发展。美国学者Tomlinson(2000)认为差异化教学是在稳定的核心教与学实践基础上,通过差异化教学将个体发展最大化。之后多位学者对其进行了补充。荷克丝(2004)认为实施差异化教学意指教师改变教学的速度、水平或类型以满足或适应学习者的需要、兴趣或学习风格。之后Tomlinson(2005)将差异化教学定义为一种根据学习者不同的准备状态、学习风格和兴趣而不断调整变化教学内容和教学进程的教学,它需要教师预先积极地做好教学规划,目的在于保证每一位学习者最大限度地实现最有效的学习。Strickland(2007)明确界定了什么是差异化教学(见表6-1)。Bovee(2013)在Tomlinson(2005)定义的基础上,将差异化教学重新定义为通过修改和定制课程、教学风格和策略,满足所有学习者依据自己的兴趣、技能水平、背景和认知能力产生的需求,帮助他们充分发挥其学术潜力。

表6-1 差异化教学的界定

是什么	不是什么
(1)内容变化、过程以及成果取决于教师对学习者兴趣、学习情况和反应的关注程度 (2)学习者多样的分组取决于教师对教学目标和学习者性格的充分考虑 (3)尽可能地对学习者差异做出积极的反馈	(1)一种新的教学方式 (2)跟踪或根据学习者能力分组 (3)仅仅允许学习者采用他们喜欢的方法学习自己喜欢的内容 (4)偶尔改变教学风格或者针对个体改变问题的难度等级

Cash(2011)认为差异化教学主要是由差异化环境、差异化教学内容和差异化教学过程三大方面构成的。具体包括将学习者灵活分组、运用多种手段实现教学目标、采用多样化的教学手段、利用多种媒介支持学习、提供多种表达观点的途径,以及灵活运用各种资源等。Tomlinson & Moon(2013)据此总结了差异化教学理论的三大核心,即关注学习者差异、构建多样化教学策略和实现个体发展的教学目标。这不仅从学习者、教师以及教学目标三个方面保证了教师对学习者差异足够的关注,还提出了差异化教学理论对教师的要求。

差异化教学理论强调关注学习者差异。差异化教学是一个基于学习者具体学习情况，观照个体差异，面向全体学习者的教学过程（彭慧，2016b）。教师应对学习者的各种差异，例如每个学习者的背景、状态等认真调查、分析和判断（姜智、华国栋，2004）。曾继耘(2010)认为差异教学的精髓是在了解学习者现有主体素质的基础上，诊断学习者现存的问题，从而采取有针对性的教学措施，同时还强调构建多样化教学策略。教师应该根据学习者差异适时对教学进行调整，设计最适合学习者的教学内容及课堂活动。姜智、华国栋(2004)认为教学活动应具有多元性和复杂性，差异化教学的目标是为了个体未来更好地生存与发展。曾继耘(2009)认为差异化教学突出人的感性存在，强调个体存在的独特性和差异性，将促进个体的差异发展作为教育的应有追求。

1.4.1.2 差异化教学理论实施策略

在理论研究比较成熟的情况下，国内外不少学者将差异化教学理论在实际运用中获得的经验进行总结。经过梳理，总结出了七大实施策略。

第一个实施策略是教师应拥有差异化教学理念。教师应将学习者的差异当作资源，展开灵活的、动态的、有差异的教学活动（牛楠楠，2009）。梁晓芳、孙丹丹(2009)提出教师要尽可能地寻找机会去了解学习者，对学习者的成果进行观察和评估。Lazear(1992)认为了解学习者学习方式的差异可以让教师看到学习者的进步。

第二个实施策略是树立差异化教学的目标。Tomlinson(2008)认为差异化教学具有五大目标：(1)明确的植根于内容标准的学习目标；(2)了解学习者，帮助学习者培养成功的责任心(Tomlinson & Imbeau,2010)；(3)在整个学习周期中警惕地监控学习者与内容目标的接近程度；(4)教师由原来知识的保持者和传授者变成了学习者的合作伙伴和学习机会的组织者(Tomlinson,2017)；(5)教师应积极乐观地支持学习者的学习。O'Brien & Guiney(2001)认为差异化教学的主要目标是培养学习者解决问题的能力和发展学习者批判性的思维。王芳、李训文(2011)将差异化教学目标分为基础性目标、提高性目标和发展性目标。

第三个实施策略是分组教学。荷克丝(2004)提出了差异化教学中的弹性分组策略和采用弹性分组策略时常用的层递式任务。Tomlinson(2005)提出了教师应该运用多种适合学习者的教学方法，设置较为灵活的学习小组模式。Thomas(2018)在对学习者调查之后发现，分组完成差异化的任务时，学习者更加投入和坚持，相反，没有差异的活动，学习者更可能被动投入。岳超楠(2009)提出了层递式任务和分层递进教学。刘瑾(2013)认为弹性分组是教师在对学习者的优劣势、需要和个人经验充分了解的基础上，对学习者进行的动态分组。

第四个实施策略是丰富多彩的课堂组织形式。采用丰富的教学形式，辅助教学，形成优化组合，可以增强教学效果（王芳,李训文,2011）。彭慧(2016b)认为差异化教学是教学组织形式和教学方式、教学方法、教学策略以及蕴含在这些因素之中的差异化教学情怀和教育智慧的复合支撑。

第五个实施策略是多样化的教学评价。Gardner(1999)认为教育系统应该建立根据学习者差异进行个性化指导和评估的系统。Heacox(2009)认为在评分时教师应该寻找较为公平的方式,差异化教学是对困难学习者进行教学干预的基础,并提出"搭脚手架法"来帮助困难学习者。李吉(2008)同样认为评价的理念应由一元走向多元,评价方式也应该是定性和定量相结合的,如口头评价、实地评价、观察、过程作品集、多彩光谱、档案袋评价等方式。

第六个实施策略是设置相对宽松的课堂环境,从而给予学习者足够发挥个性的空间。胡鉴忠(2008)认为教师应该创设宽松和谐的课堂,鼓励学习者全员参与,把学习的主动权交给学习者,让学习者在互动中学习,可以最大限度地开发他们的潜能。朱文红(2010)也认为相对自由的时空安排,可以给学习者留出展示差异的时间。

第七个实施策略是师生及生生对话。师生及生生可以通过对话,达到差异教学的较高境界。合作者之间可以相互交流对话,相互尊重,既充满了友爱和真情,又在客观上有效地引入了竞争机制(张福生,2004)。而师生通过对话形成真正的沟通和交流,师生双方在倾听和言说中,敞开了自己的精神世界,接纳对方(黄书生,2006)。

1.4.1.3 差异化课堂活动的标准

差异化教学理论之"差异"主要来源于学习者的个体差异。本章将主要从学习者多元文化背景角度出发,探究由多元化背景带来的学习者的性格、兴趣、学习风格和文化态度的差异对课堂活动设计的影响。

第一,学习者多元文化背景是个体差异的基础。不同文化背景的学习者学习汉语的动机不同,是设计差异化汉语课堂活动的重要参考因素之一。王茜(2015)认为学习动机是第二语言学习中最有影响力的因素之一,分为内部动机和外部动机,或融合型动机和工具型动机。其经过研究得出:新西兰华裔学习者多为融合型动机,而非华裔学习者多为工具型动机,二者在学习汉语的程度和采取的策略上会有很大的不同。可见结合新西兰学习者文化背景设计差异化课堂活动的必要性。

第二,由学习者文化背景带来的性格、兴趣、学习风格和文化态度差异也是设计差异化汉语课堂活动的重要参考因素。学习者的性格特征是指表现在人对现实的态度和相应的行为方式中的比较稳定的、具有核心意义的个性心理特征(毕琴,2013),它对汉语学习具有较大的影响。性格外向的学习者活泼开朗,爱好交谈,会充分利用课堂活动进行语言实践,但是无法保证精确度;而性格内向的学习者很少言谈,却会对少有的语言输入进行细致的剖析。学习者的兴趣是指人在自然生活中对于外界事物给予的刺激经由大脑传输处理,反馈为积极的、令人愉悦的情感感受(于明娇,2019)。在汉语学习的过程中教师需要找准学习者的兴趣点,设计符合学习者兴趣的丰富多彩的汉语课堂活动,让每位学习者都能在汉语课堂活动中体会到快乐,保持和提升学习兴趣。学习风格也是差异化课堂活动设计的参考因素之一。学习风格不同，对学习信息的提取方式必然有所不同。学习风格一旦形成，便比较稳定，并具有个体差异。学习风格理论可以分为感知理论和认知理论，其中感知理论包括视觉型、听觉型以及触觉型学习风格，而认知理论包括场独立型和场依存型学习风格。学习者的文化态度是差异化教学的重要标准之一。学习者积极的文化态度可以促进学习者主动参加课堂活动，了解中国文化；较为消极的文化态度会让学习者对汉语活动不感兴趣，甚至扰乱课堂秩序。

1.4.1.4 差异化教学理论中的多元智能理论

多元智能理论（The Theory of Multiple Intelligences，以下简称"MI"）与差异化教学理论联系非常紧密。MI对个体不同智能的探索是促使教师差异化教学的动因之一，对差异化教学理论具有启示意义，也为其提供了一个独特的视角，具有重要的指导意义。本研究的差异化汉语课堂活动设计也借鉴了MI。

MI最早由美国著名教育心理学家Gardner于1983年在《Frames of Mind：The Theory of Multiple Intelligence》一书中提出。Gardner(1983)认为智能是在某种社会或文化环境的价值标准下，个体用以解决自己遇到的真正难题或生产及创造出有效产品所需要的能力。目前该理论认为个体共有八种智能，笔者参考Nolen(2003)的总结，得出MI八种智能列表（详见第六章附录一）。

除了MI提出的八种智能，还有学者认为个体还具有其他智能。Posner(2004)认为个体具有注意力智能（Attention Intelligence）。Davis et al.(2011)提出的艺术智能（Artistic Intelligence）也值得考虑。Boss(1994)分析认为道德可以成为一种智能。但是MI八大智能分类至今仍是最为经典的。

在汉语教学中，汉语教师更应充分考虑学习者具有的各种智能及其组合，从而充分发挥每位学习者的智能。Strauss(2013)[①]指出Gardner认为八种智能之间并不是此消彼长的关系，而是相互联系。Hoerr(1992)认为MI可以利用学生的优势，使其产生深刻的理解力，在新的和不同的情况下使用他们所学到的东西。近年来汉语教师志愿者的实践发现，该理论对汉语课堂活动设计具有很重要的指导意义。刘扬(2016)在其研究中总结了运用MI设计课堂活动时应该考虑的因素，例如授课教师需要具有多元智能思维，将多元智能的教学活动、教学方法和教学材料作为媒介等，并列举了一些媒介。在此基础上，根据智能的类别将学者们的活动设计梳理、分类，如表6-2所示。

---

① Strauss V. Howard Gardner："Multiple intelligences" are not "learning styles"[N/OL]. The Washington Post，2013-10-16［2020-10-12］. https://www. washingtonpost. com/news/answer-sheet/wp/2013/10/16/howard-gardner-multiple-intelligences-are-not-learning-styles/.

表 6-2　八种智能对应的汉语课堂活动

智能	汉语课堂活动
语言智能 Linguistic Intelligence	主题故事,看图说话,阅读小说,创造诗歌,班级讨论,朗读比赛,听录音,编对话,读卡片,编故事演讲,朗诵,跟读,传话
逻辑-数学智能 Logical-Mathematical Intelligence	公式,语法规则,排列组合句子,音节组合方式,产生语流音变的情形,音节与意义的对应关系,汉字的造字理据,家族成员调查,写出正确号码,推测词义,词语辨析,词语分类,看图猜词,询问价格,说明路线,找不同,猜谜语,缩写
音乐智能 Musical Intelligence	发音器官示意图、发音舌位图的展示,欣赏动画、电影和各类小视频,汉语作品展示,京剧脸谱绘制,想象游戏卡片,汉语方位词,辨认颜色,画手指画
身体-动觉智能 Bodily-Kinesthetic Intelligence	欣赏乐器表演,唱歌比赛,填歌词,韵律操,猜声音,配音秀,学习诗词
空间智能 Spatial Intelligence	肢体动作模仿,课堂肢体语言,听声音做动作,剪刀石头布,我演你猜,抢卡片,剪纸,舞蹈
人际智能 Interpersonal Intelligence	互相在背后写字,角色扮演,"世界杯"游戏,"环球旅行"游戏,集体学习,小组学习,社区参与,社交集合,结对子,打招呼,找朋友
自我认知智能 Intrapersonal Intelligence	用图画和文字表达个人情感,成绩自省表,互评写作,自我评价,随堂习题,自我介绍,写日记
博物学家智能 Naturalist Intelligence	校园内外实物观察,户外教学

1.4.1.5　小结

综上可以发现,差异化教学理论从最初的提出到今天在教育界的各种运用,其理论得到了不断的发展和补充,并逐渐深入,对教学产生了很大的影响。随着实践的印证,差异化教学理论在汉语教学中得到了很好的运用和发展。充分考虑学习者差异的汉语课堂才能保证每位学习者得到最大程度的发展,其中学习者多元文化背景及其带来的个体差异是差异化课堂活动设计的重要标准,学习者的多元智能发展也是设计差异化课堂活动的考虑因素。因此差异化教学理论对学习者汉语水平的提高起到了非常积极的作用。

1.4.2 课堂活动设计理论研究现状

在汉语教学中，课堂活动是一个非常重要的环节。一方面，它能有效地增加汉语课堂的趣味性，提高学习者学习汉语的兴趣和积极性，另一方面，它可以帮助学习者巩固课上所学内容。成功的汉语课堂活动对汉语教学有事半功倍的作用。在目前的汉语教学中，宏观的课堂活动设计研究有很多，但是并不适用于所有的汉语课堂，因此汉语课堂活动设计的研究还不能止步，需要继续前行。

目前国内外有关汉语课堂活动设计的研究很多。从1968年至今，中国知网以"汉语课堂活动"为关键词的相关论文有650篇。这些论文主要分为三类：第一类是对汉语课堂活动设计的宏观研究，共367篇；第二类是基于某一理论的汉语课堂活动研究，例如多元智能理论、学习动机理论等，共150篇；第三类是国别化的汉语课堂活动研究，例如对尼泊尔、韩国等国的课堂活动设计研究，共133篇。

1.4.2.1 课堂活动的概念

学者们对汉语课堂活动概念的研究很多，角度不同，观点各异。经过梳理，将其分为两类。

第一类是学者们对汉语课堂活动概念宏观的定义。部分学者认为汉语课堂活动是教师培养学习者学习和运用能力的活动。它包括教师语言、学习者行为和师生的互动等（孙德坤，1992）。汉语课堂活动也是教师为学习者提供适当的教学情境，让学习者凭自己的能力参与阅读、讨论等活动去学习知识的方法（张希希，2001）。王旭玲（2016）认为汉语课堂活动是指根据特定的教学目标，为学习者营造真实的情境，提升学习者语言运用能力而开展的活动。

第二类是学者们从广义和狭义角度对汉语课堂活动的定义。大部分学者认为广义的课堂活动是指课堂中基于学习目标的教师所有的教学行为和学习者所有的学习行为（王舒，2015）；狭义的课堂活动是指为达到教学目标，由教师设计并在课堂上实施、师生共同参与、有特定内容和形式的实践活动（俎敬敬，2017）。综上可见广义的课堂活动是指课堂中基于学习目标的所有活动，而狭义的课堂活动则多指教师针对某一具体问题设计的活动。

广义的课堂活动概念过于宽泛。课堂活动应以教学目标为基础，因为课堂活动和其他教学环节差别很大，更需要学习者自身积极主动参加活动从而巩固所学知识，汉语教师的作用则是对活动进行策划、组织以及有效监控。因此本章将汉语课堂活动定义为汉语课堂中以教学目标为基础的给学习者更多机会发挥主观能动性来巩固所学汉语知识的教学环节。

1.4.2.2 课堂活动设计相关理论

1.交际法理论

交际法又称"交际语言教学法",是以语言功能和意念项目为纲,培养在特定的社会语境中运用语言进行交际的能力的教学法,起源于20世纪70年代的西欧国家,以英国为中心。它的出现受到了20世纪60年代兴起的社会语言学的影响,社会语言学促使语言学的研究重点由语言的形式转向语义、语言的使用和语言的社会功能,突出运用语言来进行社会交往的能力,包括传递信息、交流思想和表达感情的能力。刘珣(2000)归纳出了在课堂活动方面交际法主张的六大特点。一是明确提出第二语言教学目标是培养创造性地运用语言进行交际的能力;二是以功能和意念为纲,根据学习者的实际需要制定课堂活动,选取真实自然的语言材料;三是教学过程交际化,交际是学习的目的,更是学习的手段;四是以语言交际的主要形式——话语为教学的基本单位,语音、词汇、语法主要通过话语情景进行综合教学,单项技能训练与综合技能训练相结合,以综合训练为主;五是按话题螺旋式安排语言材料,循序渐进地组织教学;六是根据学以致用的基本原则,有针对性地根据不同学习者制定专用语言的教学活动,例如法律汉语、科技汉语、金融汉语等,突出不同交际领域中所使用的汉语的不同特点。

2.任务型教学法理论

任务型教学法理论产生于20世纪80年代。Prabhu(1987)认为学习者集中注意力在任务上时,会更加有效地学习。他将任务分为四类:以规则为中心的任务、以形式为中心的任务、以目标为中心的任务和以意义为中心的任务。Nunan(1991)总结了任务型教学法的特点,例如以真实语言材料为中心、注重学习者对学习过程的关注、强调学习者自身经历以及课内外结合等。美国教育家杜威以实用主义为教育理论基础而提出了"学习者中心,从做中学"的教学模式。他主张教育的中心应从教师和教科书转到学习者身上,教学应引导学习者在各种活动中学习。

3.全身反应法理论

James Asher的全身反应法(Total Physical Response,TPR),于20世纪60年代在美国产生。Asher(1977)认为学习外语应当与婴儿学习语言相似,先用动作表示,在有能力说的时候,自然就能表达出来。于馨雅(2014)总结了全身反应法的四条教学理念:一是听力理解是第一位的;二是需要学习者通过身体动作反应来提高对语言的理解力;三是主张以词语、句子作为教学的基本单位;四是强调教学的内容和意义,不重视语言形式。

1.4.2.3 课堂活动设计原则

在已有研究中,很多学者对汉语课堂活动设计原则进行了研究。经过梳理,大致将其总结为七大原则。

第一是交际性原则。交际性原则是汉语课堂活动设计最为重要的原则,应以培养学习者实际交际能力为目标。闵丽(2012)认为课堂活动应兼顾到两人活动、小组活动以及全体活动等形式,使学习者与学习者之间、教师与学习者之间都能够实现良好沟通。

第二是趣味性原则。汉语教学中长时间的知识讲解比较枯燥,需要有趣新颖的活动来调节。王舒(2015)提出多采用课堂活动不但能够吸引学习者的注意力,培养学习者的学习兴趣,而且能够改善课堂沉闷的气氛,调动学习者的积极性,使学习者的学习效率达到一个质的飞跃。

第三是实用性原则。张博楠(2018)强调教师既要在活动教学中精心地设计活动又要让活动和目标知识有效地结合起来。

第四是多样性原则。汉语教师需要根据学习者的兴趣点和个性,设计丰富多彩、形式多样的课堂活动。付晨颖(2018)认为课堂活动多样性既可以体现在针对不同言语技能或语言要素而进行专门性的训练活动中,也可以体现在活动本身形式的多样性和丰富性上。

第五是有效性原则。有效的课堂活动可以帮助教师顺利达成教学目标,也可以帮助学习者有效掌握所学汉语知识。王旭玲(2016)提出教师应该通过有效的课堂活动,将语言形式转化为语言功能,使得学习者在有限的课堂时间里运用所学习的语言知识进行交际性的操练,进而提高学习者运用语言的能力。

第六是以学习者为中心原则。教师需要充分考虑学习者的个体因素及班级整体因素,从而设计出适合学习者的活动,并且在活动中应该以学习者为主,秉承"学习者为主、教师指导"的理念。陈曲(2014)认为教师的主导作用体现在课前准备、讲解规则和示范练习、时间分配以及维护课堂纪律方面。

第七是可操作性原则。邹德贞(2012)认为教师设计的活动及规则应该简单易懂,从而保证活动的可操作性,确保学习者的参与度。有时由于缺乏全面考虑,看似精彩的课堂活动经不起实践的考验,最后教学效果很不好,特别是活动规则的介绍,在教师看来非常简单,但是实际上让学习者理解规则却困难重重,因此可操作性原则也是不可忽视的重要原则。

1.4.2.4 课堂活动分类

汉语课堂活动的种类和形式较多,学者们众说纷纭。多数学者结合自身实践经验及学习者的特点,对课堂活动进行分类,目前没有统一的课堂活动分类标准。

杨阳(2013)将课堂活动从表现形式上分为两类:内隐型课堂活动和外显型课堂活动。邹德贞(2012)基于语言要素,将汉语课堂活动分为语音、词汇、句型、汉字以及文化活动。张博楠(2018)将教学活动分为操作型、体验型、探究型和交往型四种类型。章晓琪(2015)将课堂活动分为儿歌教学、观看视频、手工制作、游戏竞赛等四类。

1.4.2.5 课堂活动的重要性

在汉语教学中,"精讲多练"一直是汉语教师及志愿者们遵循的教学原则,也是教师设计和开展课堂活动的重要依据之一。汉语课堂活动可以促进学习者发挥主观能动性,融合接受性教学和发现性教学(范彩霞,2011);也可以通过各类活动调动学习者的积极性,保持学习者的学习兴趣,改变学习者对汉语的消极态度,调节课堂气氛,创设愉快的课堂环境,从而顺利实现教学目标(张丽平,2013)。笔者赞同以上学者的观点。除此之外,根据学习者多元文化背景,设计差异化课堂活动能够提高汉语教学的公平性,促进教学目标的完成,展示汉语教师志愿者开放包容、平等尊重的文化态度。

1.4.2.6 小结

目前有关汉语课堂活动的研究比较丰富,涉及课堂活动的分类、设计原则等多个方面。有关课堂活动的理论研究逐渐深入,并得到了学者们理论和实践的验证。这些研究成果为新西兰汉语课堂活动设计提供了重要参考。但是新西兰汉语课堂活动设计具有自身的特征,例如学习者多元的文化背景,因此有关这一方面的研究有所欠缺。

1.4.3 新西兰汉语教学研究现状

目前国内有关新西兰汉语教学情况的研究不多,从1989年至今,中国知网收录了80篇相关研究论文。其中有关汉语课堂活动设计的论文共8篇。多数学者从教学的角度进行研究,共75篇,还有少数研究者对学习者进行了研究,只有5篇。在北京师范大学学术成果库中,从2011年至2018年,共有11篇论文从语言要素、教学法、课堂活动设计、课后作业和案例五个层面对新西兰汉语教学进行了研究。

1.4.3.1 新西兰汉语教学相关研究的分类

有关新西兰汉语教学的研究可以分为两大类九小类。具体分类如下。

第一大类是对汉语教学的研究,可以分为五小类。第一类是对汉语语言要素,特别是对词汇和汉字在新西兰汉语教学中的研究。白婉莹(2018)研究了新西兰在线平台汉语词汇教学的优势,例如资源充足、教师备课压力小等,并通过教学实践验证了学习者运用在线平台确实可以提高词汇量和交际能力;刘倩(2018)运用行动研究法论证了游戏法是适合新西兰儿童学习汉语词汇的有效方法。此外,高冰(2015)从汉字字形结构、形声字特点和汉文化内涵三个方面研究了最适合新西兰初级阶段汉字教学的方法。第二类是有关教学法的研究,主要研究了TPR、任务型教学法和游戏教学法。其中比较具有代表性的是吕卓阳(2018)研究了TPR教学法在新西兰中小学汉语教学中的优势,并提出了结合班级具体特点运用该方法等教学建议;王鹿鸣(2018)研究了游戏教学法在新西兰小学课堂中的适用性和有效性,并提出了重视动作类游戏、发挥网络平台优势等策略。第三类是有关教学模式的研究,主要研究了主题式教学模式、轮流主导教学模式以及一主一辅教学模式。吴思雨(2019)对主题式教学模式的研究非常典型,提出了主题式教学模式在新西兰初级汉语教学实践中的价值与不足,以期在后续教学中进一步完善;方婷婷(2018)以新西兰女子学校秋藤中学为例,设计主题式汉语教学,并提出了"2+1"

教学模式、跨学科设计等建议。第四类是关于教师语言的研究,主要分为两类,一类是反馈语言,一类是手语的运用。田雪蓉(2019)根据自身教学经验,通过调查提出中国手语教学对汉语教学有积极作用,手语是增强儿童对外汉语课堂教学效果的有效工具。最后一类是对新西兰各地区具体学校汉语教学情况的研究,例如张静文(2018)对惠灵顿 TE ARO 小学孔子课堂的研究,高蒙蒙(2018)调查了新西兰哈特地区的汉语教学情况。

第二大类是对学习者的研究,可以分为四小类。第一类是对学习者学习行为的调查。欧亚婷(2018)对新西兰毛利学习者的汉语课堂学习内隐性和外显性学习行为进行分析,在此基础上总结毛利学习者汉语课堂学习行为的特点和影响因素。第二类是对学习者学习动机的分析。比较具有代表性的是王茜(2015)的研究,其认为华裔学习者以融合型动机为主,非华裔学习者以工具型动机为主。第三类是对学习者学习策略的分析。谢婷(2018)从整体和局部两个维度对新西兰中小学学习者的汉语学习策略进行分析,提出了相关的教学思考和建议。最后一类是个别学习者案例分析。郑蔚(2016)研究了新西兰罗托鲁瓦男子高中的个别学习者,比较分析了汉语教学中的成功和失败之处,并提出建议。

1.4.3.2 新西兰汉语课堂活动设计相关研究

中国知网有关新西兰汉语课堂活动设计的研究论文共 10 篇。多为硕士学位论文,涉及活动设计的原则、重要性、活动类型以及一些具体文化活动的实践操作。可分为三类。

第一类是对新西兰汉语教学文化活动设计的研究,共有 4 篇论文。主要研究新西兰汉语教学文化活动的教学方法、原则等。一是涉及中国节日文化。陈童童(2017)认为在新西兰小学阶段举办节日文化活动应遵循知识性原则、目的性原则、趣味性原则等。二是涉及任务型教学法在文化教学中的运用。周梦云(2018)探究了如何在课堂上运用任务型教学法和手语教学法设计汉语教学文化活动。三是涉及文化内容选择的问题。刘圣钊(2018)分析了新西兰中小学汉语课堂文化教学内容选择的科学性原则,并总结了相关的跨文化交际问题。

第二类是对新西兰汉语教学课堂活动设计的整体研究,共有 3 篇论文。主要是汉语课堂活动设计的原则和方法。宋娇(2014)较早地研究了新西兰小学汉语课堂活动设计原则,提出课堂活动的设计需遵循目的性、参与性、针对性、可行性和有效组织性等五个原则。章晓琪(2015)发现汉语课堂活动内容随着学习者年级、教学内容等的变化而变化,课堂管理方式的选择也因课堂存在问题的差异性而有所改变。赵扬(2018)设计了师生互动、生生互动等汉语课堂活动,发现学习者最喜欢有互动环节的汉语课堂活动。

第三类是对一些具体课堂活动在新西兰汉语课堂上运用的研究,共有 3 篇论文。一是儿歌活动的运用。胡茜(2017)发现唱儿歌是一种很有效的教学辅助手段,儿歌旋律优美,朗朗上口,歌词简单易学并具有很强的交际性。二是韵律活动的运用。朱怡(2014)

发现韵律活动是一种动感的教学活动,充满趣味性,对提高学习者汉语学习兴趣、帮助管理课堂有很大的促进作用。三是游戏活动的运用。彭峥(2017)认为学习者在游戏过程中会对输入的语言知识进行筛选、内化、改组和重构,并将其运用到活动和交际中。

1.4.3.3 小结

综上所述,有关新西兰汉语教学的研究相对分散,其中从教学角度出发的研究较多,但研究主题并不集中,从学习者角度进行的研究相对较少。在为数不多的对学习者的研究中,结合新西兰汉语学习者多元文化背景来设计差异化课堂活动的研究非常匮乏,但是新西兰汉语学习者的多元文化背景是影响其汉语学习的关键因素,不容忽视。

1.4.4 总结

差异化教学理论和课堂活动设计相关理论的研究比较丰富,为本研究打下了很好的理论基础;有关新西兰汉语教学的研究相对较少,研究主题分散,并且缺乏从学习者多元文化背景角度出发设计差异化课堂活动的研究。因此本研究将在结合新西兰汉语学习者的多元文化背景的基础上探索设计差异化课堂活动的相关内容,并提出建议。

第二节 多元文化背景下差异化汉语课堂活动的教学设计分析

2.1 可行性分析

在新西兰的汉语教学中,结合学习者多元文化背景设计差异化的汉语课堂活动是可行的。这种可行性主要来源于两大方面,即新西兰客观的条件支持和汉语学习的实际需求。前者包括新西兰具有多元文化背景的现实条件和奥克兰孔子学院及助教项目的支持。后者是指 MC 汉语教学的实际需求。

2.1.1 新西兰客观条件一:多元的文化背景

2.1.1.1 新西兰文化氛围简介

新西兰位于太平洋西南部,历史悠久,文化多元,首都是惠灵顿,最大的城市是奥克兰。雪晴(2012)[①]研究并整理了新西兰近现代的时代断面,她认为从 18 世纪欧洲人进驻新西兰,到 19 世纪毛利人割让主权给英国,再到 21 世纪新西兰扩大贸易往来和敞开国门并增加难民数量,新西兰的土著毛利文化和英国文化为主流文化,其他文化逐渐得以发展。

2.1.1.2 新西兰多元文化的组成

由于历史原因,新西兰文化主要由欧洲文化和毛利文化构成。达尔特(1999)认为新

---

① 雪晴.新西兰的文化面目[N].中华读书报,2012-09-26(20).

西兰的典型特征是这两种文化并存,而且这种特征已经根深蒂固,新西兰人为此而感到自豪。目前这两种文化相互依存,相互渗透,但是由于殖民影响,毛利文化一度受到压制,毛利人受教育程度普遍不高。李晓微(2013)认为家庭条件较差导致了毛利学习者无法接受良好教育。此外很多学校以英国文化为标杆评判毛利学习者的行为也给毛利学习者接受教育带来不小的阻碍。因此新西兰政府努力改善毛利人受教育的条件,新西兰各级教育机构及学校招收毛利学习者的人数显著提高,取得学位证书的毛利学习者人数增加,毛利文化得到了较好的保护(高燕,2010)。

除了欧洲文化和毛利文化外,太平洋文化、亚洲文化和难民文化也是构成新西兰多元文化背景的重要因素。

太平洋文化是新西兰多元文化的重要组成部分。由于新西兰与汤加、斐济、托克劳以及萨摩亚等岛屿国家隔海相望,因此很多岛国人民长期定居新西兰并带来了岛国文化,让新西兰逐渐成为一个独特的多民族社会。新西兰官方将这些人民统称为"Pacific People",并十分尊重岛国文化。例如新西兰每年都会举办针对太平洋文化遗产的庆祝活动——波利尼西亚文化节(Pasifika Festival)。Graeme(1996)认为在这一节日中,年轻人以最有效的方式体验新西兰太平洋文化,提高文化宽容度。

亚洲文化相对太平洋文化来说,在新西兰文化中出现的时间较晚,但是对新西兰文化的影响却很大。直至今日,新西兰亚洲人比例攀升,在街头可以看到很多亚洲文化的元素,例如在春节期间,红灯笼挂满皇后街的街头;在印度排灯节期间,很多房屋张灯结彩。亚洲文化传入新西兰主要是由于淘金浪潮,很多亚洲人通过航海进入新西兰淘金,最终却没能回到祖国,定居新西兰,从而逐渐将亚洲文化在当地发扬光大。在笔者身边有很多亚洲同事,他们身上体现出来的亚洲文化特质整体呈现相似的特征,例如家庭观念强、尊重长辈、性格内敛、勤奋聪明等。但是也有差异,由于长时间生活在新西兰,并且大部分亚裔是祖辈时期就已经移民新西兰,所以这些亚裔身上更多的是受到新西兰文化的影响,例如母语为英语、时间观念非常强、非常节俭等。

除以上文化外,难民文化也别具特色。新西兰是一个对难民接受程度较高的国家,2018年新西兰总理宣布每年接收难民人数将上升到1500人。一份有关奥克兰难民的数据显示,自20世纪80年代以来,奥克兰一直是来自非洲、亚洲等多个地区难民的家园,其中来自柬埔寨、越南、老挝、伊拉克、伊朗等国家的难民较多。长年累月,相关文化也生根发芽,逐渐融合。例如非洲的部落文化等,给新西兰文化增加了更多的文化色彩。再如在新西兰著名的波利尼西亚文化节中,除太平洋文化外,难民文化也大放异彩。新西兰也有不少难民汉语学习者,笔者深刻地体会到了难民文化的独特之处。

新西兰文化多元是客观存在的。各文化在这里生根发芽,营造了丰富多彩的文化氛围。不同文化背景的人,在思维模式和行为方式等各方面都存在或多或少的差异。汉语课堂是新西兰整体的缩影。不同文化背景的学习者,有着自己的"文化圈",个体差异非常明显。因此新西兰多元的文化背景是设计差异化汉语课堂活动的客观条件之一。

2.1.2 新西兰客观条件二：孔子学院及助教项目的支持

2.1.2.1 新西兰孔子学院介绍

新西兰共有三所孔子学院：奥克兰孔子学院、坎特伯雷大学孔子学院和惠灵顿维多利亚大学孔子学院。三所孔子学院分别成立于2007年、2009年和2010年。在三所孔子学院的共同努力下，新西兰汉语学习者越来越多。下面将主要介绍奥克兰孔子学院。

奥克兰孔子学院成立于2007年2月，是新西兰第一所由孔子学院总部、复旦大学和奥克兰大学共同创办的汉语学习研究所，也是国家汉办（语合中心）示范孔院之一。该孔子学院由新西兰和中国两国的孔子学院顾问委员会领导，致力于通过各种项目促进两国之间的了解。

奥克兰孔子学院主要项目包括孔子课堂、汉语助教、汉语教师培训、校长访华团、赴华留学奖学金与夏令营、汉语考试、汉语桥演讲比赛、汉语写作比赛等。还开设各类汉语培训和文化课程，组织丰富多彩的文化活动，提供中国教育、文化、经济及社会等信息咨询服务。

其创办宗旨是延续和发扬中新两国长期以来友好、尊重和合作的传统，为促进中新关系发展提供新的平台，使新西兰人民更有效地了解中国语言和文化。可以说奥克兰孔子学院是中新两国之间文化交流的重要纽带，促进两国在教育和文化方面的进一步合作，为中新关系的发展不断做出贡献。

2.1.2.2 奥克兰孔子学院汉语助教项目介绍

奥克兰孔子学院汉语助教项目初始于2007年，并于2008年经新西兰和中国教育部同意正式启动。其具体流程为孔子学院挑选合格的学校，为即将入学的MLA提供一个培训计划，奥克兰孔子学院负责监督该项目，确保主办学校和MLA的运作符合预期要求。MLA在新西兰各学校内负责或辅助当地教师进行汉语教学，从而提高自身汉语教学水平、英语交流能力以及跨文化交际能力。开天(2015)研究了奥克兰孔子学院的汉语助教项目，认为汉语助教项目总体上对新西兰汉语教学和中国文化传播起到积极的作用，但也存在问题，包括汉语助教任期太短、国家汉办（语合中心）的培训与汉语助教实际工作情况不完全对应、学校对汉语助教的角色认识不足以及学校在发展汉语教学过程中对汉语助教形成依赖性等。

整体来看，该项目成功地促进了新西兰汉语教学的发展，提高了新西兰学校汉语教学的质量，也从各方面提升了MLA的能力，取得了好评。自2009年2名MLA首次进入奥克兰学校后，MLA人数逐年增长。与此同时，更多汉语教师志愿者将遇到同样的问题，即新西兰多元文化背景对汉语课堂活动的影响。因此奥克兰孔子学院及其汉语助教项目是设计差异化汉语课堂活动的客观条件之二。

2.1.3 汉语学习的实际需求：以 MC 的汉语教学情况为例

通过调查，了解到大部分新西兰汉语教师志愿者任教的中小学具有多元文化背景。多元文化背景是设计课堂活动的重要参考因素，不应忽略。这也是对汉语课堂活动差异化的实际需求。下面以笔者任教的学校 MC 为例，简单介绍 MC 对设计差异化汉语课堂活动的实际需求。

2.1.3.1 MC 简介

任教的主校是 Mangere College，位于新西兰奥克兰玛努考区，是一所公立高中，设有九年级至十三年级，共五个年级。相比新西兰其他中小学，该校最大的特色是文化背景非常多元。学习者和教职工族裔多样，多数是欧裔和太平洋裔，还有部分华裔、印度裔等。基于这些情况，该校非常尊重太平洋文化及其人民，将构建太平洋文化学习者社区作为学校的重点工作。

2.1.3.2 MC 汉语课程简介

MC 每年的汉语课程由奥克兰孔子学院和 MC 校方共同组织。MLA 帮助当地指导教师进行汉语教学。一周至少九节课，还有课后辅导班和汉语俱乐部。学习者由九年级、十年级和十一年级共三个年级组成。其中九年级大部分学习者汉语零基础，十年级和十一年级学习者有一到两年的汉语学习经历。该校汉语学习者人数不是很多，大致有 60 人，下面就三个年级的汉语教学情况进行简单介绍。

九年级的汉语班 25 人，年龄段为 13 岁到 14 岁，每周三节课，每节课时长一小时。学习者文化背景各异，主要以萨摩亚文化背景为主，还包括诸如亚洲文化和难民文化等，较为多元。在教学工作方面，笔者和一位印度裔教师合作，笔者作为主讲教师，负责多数教学工作，该教师作为课堂教师，帮助准备教学资源和管理课堂纪律。

十年级的汉语班 27 人，年龄段为 14 岁到 15 岁，每周三节课，每节课时长一小时。学习者文化背景差异相对九年级较小，主要以萨摩亚文化为主。该年级的教学中笔者作为助教，帮助 MC 副校长 Deb Ward 进行汉语教学。由于十年级汉语班学习者个性鲜明，个体差异显著，因此遇到的问题较多，但是 Deb Ward 具有丰富的教学经验，注重对不同学习者进行差异化教学，并且效果明显，对本研究具有启发意义。

十一年级共 4 个学习者，年龄均为 15 岁，每周四节课，每节课时长一小时。他们分别具有越南、萨摩亚和毛利文化背景。笔者主要负责帮助他们完成 Te Kura（汉语网课）的学习。此外，还在每周二和每周四下午开设了课后班，时长一小时，辅导他们完成 Te Kura 的作业。

综上所述，MC 汉语学习者的文化背景多元，个体差异明显，统一的课堂活动并不适用于该校的汉语教学。因此设计差异化汉语课堂活动是 MC 汉语教学的实际需求。该课堂活动设计方法在 MC 具有一定的可行性。

2.2 差异化汉语课堂活动在新西兰汉语教学中的设计应用

2.2.1 新西兰差异化汉语课堂活动的概念

在本研究中,新西兰汉语课堂活动的差异化标准源自学习者的文化背景及由其带来的个体差异。汉语教师志愿者据此设计针对性更强、学习者参与度更高的汉语课堂活动,从而帮助学习者巩固所学知识。新西兰差异化汉语课堂活动的特点是文化属性强、差异明显和针对性强。因此新西兰差异化汉语课堂活动可以定义为:"新西兰汉语教师志愿者在结合学习者文化背景的基础上,通过了解其个体差异而设计的差异明显、针对性强的汉语课堂活动。"

2.2.2 新西兰差异化汉语课堂活动的分类

根据新西兰汉语学习者的文化背景,将新西兰差异化汉语课堂活动分为五大类,并设计符合不同文化背景学习者的课堂活动。

第一类是针对新西兰欧裔的课堂活动。资料显示,新西兰欧裔整体特征是个人意识强烈,喜欢做冒险刺激的活动。因此可以为欧裔汉语学习者多设计需要独立完成的活动,并加大难度,增强竞争性。例如为 MC 九年级欧裔学习者设计了难度较高的汉语游戏,如匹配甲骨文和汉字、词语数独等。教学效果较好。

第二类是针对新西兰毛利裔的课堂活动。新西兰毛利裔整体特征是非常团结,但是比较懒散。因此可以为毛利裔学习者多设计需团队合作完成的活动,并且尽量降低活动的要求,以促进他们参与活动为目标。例如为 MC 九年级毛利裔学习者设计了练习题活动,如小组合作完成一份练习题等。学习者很乐于参与其中。

第三类是针对新西兰太平洋裔的课堂活动。新西兰太平洋裔整体特征是能歌善舞,但不喜欢竞争。因此可以为太平洋裔学习者多设计和歌舞有关的活动,并且降低活动的竞争性,不以获胜为主要目标。例如为 MC 九年级太平洋裔学习者设计了学汉语歌曲的活动。很多学习者表示愿意在下一年度的波利尼西亚文化节中表演汉语歌曲和舞蹈。

第四类是针对新西兰亚裔的课堂活动。新西兰亚裔整体特征是内向腼腆,敏锐细致。因此可以为亚裔学习者多设计手工制作类活动,不强制要求亚裔学习者在全班面前开口说话,可以以小组为单位进行口语练习。例如为 MC 九年级亚裔学习者设计了海报制作活动,设计不同主题的板块。学习者发挥想象力,设计了非常美观的海报。

第五类是针对新西兰难民裔①的课堂活动。新西兰难民裔整体特征是聪颖内敛,但与班级融合度不高。因此可以为难民裔学习者多设计阅读类活动,与亚裔学习者类似,不强制要求其在全班面前说汉语。通过小组合作方式,培养其说汉语的信心。例如为MC九年级难民裔学习者设计了阅读中文故事的活动。同时,通过交互式教学法(Reciprocal Teaching,RT)②,增强了各难民裔学习者的合作能力。

2.2.3 新西兰差异化汉语课堂活动的内容选择

2.2.3.1 学习者差异层面

新西兰汉语学习者的差异主要体现在两方面:一是文化背景,二是由文化背景带来的个体差异。

第一,文化背景是设计差异化汉语课堂活动的主要标准。新西兰汉语学习者多元的文化背景是客观存在的事实,对汉语课堂的影响比较明显,例如分组时阻碍较大、学习者特征分化明显等,是设计汉语教学特别是设计课堂活动不能忽视的因素。新西兰汉语学习者的文化背景主要分为三大类:第一类是新西兰本土文化,例如毛利文化;第二类是早期移民文化,例如新西兰欧洲文化和太平洋文化;第三类是后期移民文化,例如亚洲文化和难民文化。每一类文化都具有自身的思维模式和行为习惯特点,例如毛利文化的热情奔放、欧洲文化的自由独立以及太平洋文化的能歌善舞。可以说,每一类文化的学习者都有优点,也有该文化背景带来的局限性。因此汉语教师志愿者在设计课堂活动时,这些问题都应该有所考虑。平衡各文化背景学习者的优势和不足,最大限度保证学习者汉语水平的提升。

第二,由文化背景带来的个体差异也是差异化汉语课堂活动的重要标准。新西兰汉语学习者在多元文化背景下,比较明显的个体差异表现在性格、爱好和学习风格方面。三者关系比较紧密,例如新西兰欧裔性格外向,多喜欢课外活动,学习风格多偏向视觉型和听觉型,太平洋裔的学习者非常活泼,多喜欢唱歌跳舞,学习风格和欧裔类似,亚裔和难民裔的学习者则相反,他们性格内向,多喜欢写作阅读等活动,课上不爱发言,学习风格多为逻辑型和操作型。统一的课堂活动无法满足学习者的个体需求。根据学习者个体差异进行分组,从而尽可能保证每类学习者都能得到有针对性的知识巩固和练习。因此汉语教师志愿者可以从个体差异角度出发了解学习者,设计针对性更强的汉语课堂活动。

2.2.3.2 汉语课堂活动差异层面

汉语课堂活动类型很多,不同类型的课堂活动适用情况不同。部分适用于学习者

---

① 本章为便于表述,将具有难民背景的学习者称为"难民裔",即这些学习者或其家庭成员曾因难民身份移居到新西兰。

② RT由美国教育心理学家Brown和Palincsar提出,目的在于改善学习者的阅读理解和自我监控技能。

自我探索，部分则倾向于合作学习。在考虑新西兰汉语学习者基本情况的基础上，对比了不同类型课堂活动在活动目标、活动流程、活动规则解释、活动效果以及后续收尾工作等方面的差异，最终参考张博楠（2018）对活动的分类，即操作型、体验型、探究型和交往型活动，将差异化汉语课堂活动主要分为这四类，并将其作为整个学年课堂活动的主线。这四类活动和新西兰汉语学习者多元文化背景的实际需求比较契合。

第一类是操作型课堂活动，主要形式是手工，例如剪纸、制作家庭树以及海报等。这一类活动主要针对新西兰亚裔学习者。

第二类是体验型课堂活动，主要形式是歌舞，例如学习汉语歌曲、体验中国武术等。这一类活动主要针对新西兰太平洋裔学习者。

第三类是探究型课堂活动，主要形式是解谜，例如让学习者完成汉字数独、完成Kahoot任务等。这一类活动主要针对新西兰欧裔学习者。

第四类是交往型课堂活动，主要形式是合作，例如让学习者小组共同完成练习题或者共同完成阅读汉语故事的任务。这一类活动主要针对新西兰毛利裔和难民裔学习者。

2.2.4 新西兰差异化汉语课堂活动的整体实施过程

按照时间段可以将新西兰差异化汉语课堂活动的实施过程分为三个阶段：课前准备阶段、课中进行阶段和课后收尾阶段。

2.2.4.1 课前准备阶段

1. 了解学习者的文化背景

了解学习者文化背景的方法很多，可以分为非正式调查和正式调查。非正式调查指通过调查以外的其他方式了解学习者的文化背景。比较有效的非正式调查有两种方式。一种是以聊天的方式了解学习者文化背景，既可以充分利用课前或课间时间，又可以减少教师工作量；另一种方式是在学习国家或者自我介绍时注意对学习者文化背景的记录。但是后者存在一定风险，学习者有时会随意举例，信息不真实。在这样的情况下，正式调查非常必要。正式调查可以分为问卷调查、面对面访谈以及查询学习者档案。正式调查需要得到学校、家长和学习者的同意才可进行，特别是查询学习者档案，需要校方积极配合。

2. 了解学习者的个体差异

除了文化背景之外，还需要调查学习者的个体差异。汉语教师及志愿者对学习者个体差异的感受与学习者自身的感受是不完全相同的。有时汉语教师及志愿者认为学习者属于视觉型学习风格，但是学习者却不认同。因此需要对学习者进行调查，得到较为精确的个体差异信息。首先可以根据学习者的文化背景对其进行分组，之后进行调查。问卷调查和面对面访谈都必不可少，尤其是面对面访谈，可以得到很多问卷调查覆盖不到的信息。调查内容主要集中在学习者的受教育经历、性格、爱好、汉语水平以及其学习汉语的原因、喜欢的汉语课堂活动等,从而清楚地了解学习者的个体差异以及其对汉语课堂活动的需求。

3. 设计差异化活动

在前两个步骤结束后,可以开始设计差异化汉语课堂活动。以学习者多元文化背景为主要考虑因素,个体差异为次要考虑因素。一方面是选择最适合学习者文化背景的活动,这一方面较为宏观。例如结合学习者文化背景的整体特征,为太平洋裔的学习者选择较为活泼的活动,为难民裔学习者选择较为安静的活动。另一方面根据学习者个体差异确定具体活动类型。例如为太平洋裔学习者选择歌曲体验型的活动,为亚裔学习者选择海报制作的操作型活动。整个活动过程具体包括活动前材料的准备、活动过程中规则解释、具体进行步骤、监督方法、后续收尾工作以及突发事件应急处理等内容。

4. 最终确定

在做好一切准备之后,应进行最终确定环节。这一环节具体包括三个步骤。第一步是再次对设计好的活动进行检查和思考,防止疏漏,争取做到考虑全面,降低各方面阻碍出现的可能性。第二步是预测步骤,活动正式进行前小规模询问学习者对活动设计的看法,从而及时改进活动设计。预测步骤并不是同一节课进行的,多数情况下可以提前进行,从而为活动设计打下基础。第三步,一切就绪时应请当地汉语教师对活动设计提出建议,从新西兰汉语教学的角度确定该活动的可行性并检查一些语言教学中的常见问题,例如文化禁忌问题等,从而保障活动可以顺利展开。

2.2.4.2 课中进行阶段

1. 规则讲解

在汉语课堂中进行差异化活动对汉语教师志愿者来说是不小的挑战。它要求所有活动基本可以同时进行。只有这样才能保证学习者的参与度,也能确保汉语课堂秩序的稳定。因此对规则的讲解方法提出了较高的要求。在多次尝试之后发现采用以下两种方法讲解规则比较有效。第一种方法是教师提前做好每一个小组的规则卡,活动开始前发给小组,小组成员自行探讨活动规则,如有问题,可以向教师提出;第二种方法是教师发给每一个小组一个号牌,之后在PPT上讲解某一小组的活动规则,最后显示数字并随机提问相应小组成员活动规则。这两种方法各有利弊:第一种方法节省时间,但是部分小组有时即使不明白规则也不提问,导致活动没有按照预想的进行;第二种方法可以成功吸引全班的注意,但是需要较多的时间。

2. 学习者角色认定

规则解释完毕之后,教师需要对每一个小组的成员进行角色认定,从而确保每一个学习者都参与活动。角色认定的方式是教师发放组内角色登记表。每一个小组需要根据任务确定组员角色,包括组长、发言人、记录人等角色,每位组员根据角色要求完成自己对应角色的任务。角色确定后小组将登记表还给教师,以便教师记录活动中每个学习者任务的完成情况。由于学习者总是希望完成自己擅长的任务,所以在最初的尝试中发现,同一角色总是由同一个学习者多次扮演。这样不利于培养学习者的多种技能。因此教师可以规定角色需要定期变化,每两周进行一次轮换。定期变换角色,可以让每个学习者都从不同角度提升汉语水平。

3. 强调活动目标

完成以上两步之后,教师需要再次强调差异化活动目标。学习者常因要进行活动而变得比较兴奋,容易忽略小组活动目标,这不利于巩固所学汉语知识。教师需要在活动开始之前再次强调每一个小组的活动目标,并和学习者进行确认。在多次尝试后发现以下两种方式比较有效。第一种是教师依次强调每一个小组的活动目标后,随机点名询问学习者。第二种是指 A 问 B 模式。教师直接提问学习者 A:"你所在的小组活动目标是什么?"在学习者 A 回答之后,向 B 提问:"A 同学的活动目标是什么?你所在的小组活动目标是什么?"两种方式效果差不多,都可以适度让学习者产生紧张感,提升学习者对活动的重视程度,使其明确活动目标。

4. 记录活动过程

在活动过程中,教师可以以观察者和间接参与者的身份记录学习者的活动进程。作为观察者,教师需要完成一份任务考量表,该表包括每个学习者的姓名、具体课时、活动任务和目标等信息。教师通过观察和询问,记录每个学习者的活动参与情况,并打分。例如学习者 A 设计了海报题目,学习者 B 摘抄了汉语故事中的生词等。每节课都进行记录,并进行分数汇总,给出反馈,帮助学习者知道自己在活动中的参与度和完成情况,以便适时改进和提高。学习者可以在学期末得到一份完整的活动记录表。这对学习者了解自身学习情况帮助较大。作为间接参与者,教师仍然以把控活动进程为目的,通过间接参与活动,及时集中学习者的注意力,例如帮助学习者解决一些小问题、给海报小组写书法等,将学习者的注意力拉回活动本身,让学习者感受到教师也是活动的一部分。

2.2.4.3 课后收尾阶段

1. 清算分数

活动结束,教师需要清算学习者的分数。评分主要分为四个部分:第一部分是根据承担的角色给分,例如队长可以得到 20 分,记录员可以得到 15 分等;第二部分是参与活动是否积极,例如积极可以得到 20 分,相对积极可以得到 15 分,不积极只有 10 分等;第三部分是在活动过程中的发言次数,例如发言 5 次可以得到 20 分,之后依次递减为 15 分、10 分等;第四部分是相关角色任务完成情况,例如完成任务可以得到 20 分,大部分完成可以得到 15 分等。综合以上四个部分的分数,结合 NAME[①] 评分标准,学习者可

---

① NAME 是新西兰学校常见的评分标准。N 是 Non-Achieved,A 是 Achieved,M 是 Merit,E 是 Excellent。

以得到最后的成绩。

2. 给出反馈

除了分数外，教师还需要针对学习者在活动中的表现，给出相关建议。但是每节课给每个学习者提出建议，操作难度较高，时间上也不允许。在多次尝试后，运用了轮流给学习者提建议的方法，共分为三步。第一步是说明。教师向学习者表示每个人都会得到教师的建议，从而避免学习者产生教师偏爱某人的错误想法。第二步是教师给出建议。教师可以告诉学习者，得到建议的学习者意味着表现很好，还有一定的改进空间，下次活动一定会更好，没有得到建议意味着学习者表现很好，没有需要特别改进的地方。最后一步是教师每个月将建议汇总成表，发给学习者。

3. 了解学习者的看法

每次活动结束后，教师可以和学习者交流其对活动的看法，从而了解学习者对活动的感受。交流的内容具体可以分为四个方面。第一个方面是学习者对活动的整体感受，例如有趣、充实等；第二个方面是学习者认为的活动成功之处，例如某一环节非常生动、结构完整等；第三个方面是学习者认为活动存在的不理想之处，例如某一环节的进行过程不畅、任务难度太高等；第四个方面是学习者认为针对某一主题内容可以进行的活动，这有助于教师更加了解新西兰本土课堂活动的内容，进而争取结合新西兰本土课堂活动设计差异化课堂活动，提高学习者的接受度。

4. 记录活动日志

活动日志对教师来说必不可少。教师可以通过记录每次活动的情况，来了解自身设计的差异化课堂活动的优势和不足，从而扬长避短。记录内容可以根据活动实际进行情况调整，例如可以记录每个小组的活动进行情况、对比预期和实际的活动进行情况、梳理活动的优势和不足以及记录遇到的超出预期范围的各类问题。活动日志可以作为未来活动设计的参考依据，帮助教师不断提高活动设计能力。

2.3 重要性分析

汉语教学不仅是语言教学，也是文化交流的重要途径，二者联系紧密，不可分离。因此在汉语教学中充分考虑学习者的文化背景很有必要。新西兰具备文化多元的客观条件，大部分学校的学生拥有毛利文化、太平洋文化以及亚洲文化背景等，为新西兰汉语教师志愿者提供了一种较为新颖的活动设计思路，也可以更好地结合当地文化进行汉语教学，提高学习者对中国文化的接受度。结合在MC的教学实践，笔者认为设计差异化课堂活动有以下四点重要性。

2.3.1 保证各族裔学习者的汉语学习公平性

设计差异化的汉语课堂活动可以保证来自不同文化的学习者的汉语学习公平性，

使得每个学习者的汉语水平在活动中都有所提高。在新西兰的文化格局中,各文化的地位并不完全平等。在汉语课堂中,拥有主流文化的学习者更加自信,而来自其他文化的学习者很容易自卑或者其亮点被掩盖。因此汉语教师志愿者在了解学习者文化背景和个体差异的基础上,设计符合各文化的差异化活动,让每个学习者都能在活动中有所收获,有所提高,感受汉语课教学公平性的同时,增强学习汉语的自信心,从而使每个学习者在汉语活动中取得进步。

2.3.2 丰富汉语教学形式

差异化的汉语课堂活动可以丰富汉语教学形式。差异化的汉语课堂活动可以很好地解决新西兰汉语课堂形式单一、学习者不感兴趣等问题。闵丽(2012)认为只有通过丰富的课堂教学活动,学习者才能真正掌握听、说、读、写的基本技能,最终实现熟练应用并交际的目的。在新西兰汉语课堂中,学习者文化背景多元,兴趣点必然差异很大。统一形式的汉语课堂活动多数情况下不能满足学习者的需求。差异化课堂活动要求汉语教师志愿者了解各文化背景下学习者的兴趣和专长等个体差异,从而设计不同的活动形式来丰富汉语课堂教学形式。

2.3.3 促进教学目标的完成

差异化的汉语课堂活动可以促进教学目标的完成。汉语教学的目标可以分为课时目标、学期目标以及最终的教学目标。笔者认为结合学习者文化背景设计差异化的课堂活动可以有效地完成这三类教学目标。

课时目标是帮助学习者掌握某一课时的汉语知识。不同文化背景的学习者对同一主题内容掌握节奏不同,运用差异化课堂活动可以帮助学习者巩固所学知识,以最适合他们的方式,实现巩固效果最大化。学期目标是帮助学习者在整个学期取得一定的进步。统一形式的课堂活动能够帮助学习者在某一学期取得一定的进步,但是进步较小。差异化课堂活动由于符合学习者的特点,因此能够帮助学习者找到符合他们的最大进步空间。汉语教学的终极目标是提高学习者的汉语交际能力(刘珣,2000)。差异化的课堂活动为每一个学习者提供了在小组内的发言机会。结合学习者文化背景设计课堂活动有利于让学习者向来自同一文化圈的学习者敞开心扉、乐于开口。再加上与汉语教师志愿者的对话,学习者在差异化的课堂活动中有效地提高了汉语交际能力。

2.3.4 展示汉语教师志愿者的文化态度

差异化的汉语课堂活动可以展示汉语教师志愿者开放包容、平等尊重的文化态度,促进中新文化交流。新西兰文化背景多元,各文化在新西兰和平共处,互相尊重包容。新西兰政府也秉持兼容并蓄的文化态度,支持和保护当地各色文化,所以常常会举办各类语言文化周等活动,例如每年九月的新西兰中文周活动,极大地促进了各文化在新西兰的发展。汉语教师志愿者不仅是语言教师,也是文化交流的使者。面对新西兰多元文化,汉语教师志愿者更应该展示中国文化中开放包容的文化态度,对新西兰当地各色文化采取平等对待、尊重爱护的态度。只有这样才能加大学校对汉语课程的支持力度。因此在汉语课堂中,根据不同文化设计课堂活动可以充分体现文化平等,让学习者感受到汉语教师志愿者对他们文化的肯定和尊重。

2.4 总结

综上所述,在新西兰汉语教学中根据学习者多元文化背景设计差异化汉语课堂活动具有可行性。新西兰的多元文化氛围和奥克兰孔子学院及其助教项目是客观条件,给新西兰汉语教师志愿者设计差异化汉语课堂活动提供了考虑因素。各学校例如 MC 的汉语教学情况是实际需求,这给新西兰汉语教师志愿者设计差异化课堂活动提供了实践基础。新西兰差异化汉语课堂活动是指新西兰汉语教师志愿者在结合学习者文化背景的基础上,通过了解其个体差异而设计的差异明显、针对性强的汉语课堂活动。可以从学习者差异和课堂活动差异两个层面选择活动内容,并从课前准备、课中进行和课后收尾三个阶段完成活动过程。新西兰多元文化背景下设计差异化汉语课堂活动对于汉语教学非常重要。它可以有效提升教学公平性,还可以丰富教学形式,保证教学目标的完成,最终体现汉语教师志愿者的文化态度,促进中新文化交流。

第三节 新西兰差异化汉语课堂活动调查结果分析

3.1 调查简介

在针对新西兰差异化汉语课堂活动设计的调查中,从师生两方面获取数据。调查对象包括 MC 九年级汉语班、十年级汉语班及 2019 年任教于新西兰的汉语教师志愿者。在教学中,笔者担任 MC 九年级汉语班主讲老师,负责该班全部教学工作,对学习者了解较深,并且本选题主要来源于该班的汉语教学,笔者全程参与差异化汉语课堂活动的设计和实验过程,可以说研究针对性较强,所以选择 MC 九年级汉语班作为主要研究对象。此外,由于在九年级汉语班设计差异化汉语课堂活动的想法来源于对十年级汉语班的课堂观摩,并希望了解新西兰多元文化背景下设计差异化汉语课堂活动的相关情况,因此将 MC 十年级 27 位学习者和 2019 年 150 位新西兰汉语教师志愿者作为次要研究对象。其中有关汉语教师志愿者的问卷共回收 87 份,包括 75 份有效问卷。

此次调查可分为三个部分。第一部分是对 MC 十年级汉语班学习者的课堂观摩,是向当地汉语教师学习差异化教学的源头;第二部分是对 MC 九年级汉语班学习者的问卷调查和访谈,是结合学习者文化背景设计差异化汉语课堂活动的教学效果的调查及分析;最后是对 2019 年新西兰汉语教师志愿者的问卷调查,是对新西兰汉语教学中设计差异化课堂活动价值的验证。

3.2 针对 MC 十年级汉语班的观摩结果分析

笔者担任 MC 十年级汉语班的助教工作。每周辅助当地指导教师上三节汉语课。上课的同时,笔者也仔细观察了当地教师在汉语课上使用的教学方法,收获很多。其中差异化教学方法引发了笔者的思考,也给本研究提供了一定的思路。下面将展示当地教师的差异化汉语课堂,并对其优势和局限进行分析总结。

3.2.1 课堂观摩展示

观摩信息:

观摩时间:2019 年 7 月 22 日上午 9:55—10:50

观摩地点:新西兰 MC S7 教室

观摩内容:包含姓名、国家、年龄、属相、生日、爱好以及家庭的自我介绍

课程信息:

课程类型:复习课

教学目标:通过本节课的学习,学习者充分巩固和掌握自我介绍。

学习者:MC 十年级已经学习过一年汉语的 27 位汉语学习者,来自不同族裔。

教师情况:当地汉语教师 Deb Ward 和汉语助教(笔者)

教学方法:差异化教学法

教学目标完成情况:

整体情况:多数学习者进一步巩固并掌握了自我介绍的内容。

小组完成情况:

第一小组:五位学习者提交了自我介绍初稿,并包括了所有要求的内容,一位学习者提交了部分自我介绍(缺少对家庭的介绍),一位学习者没有完成自我介绍初稿。

第二小组:七位学习者全部提交了自我介绍二稿。

第三小组:四位学习者成功向笔者口头展示了自我介绍,一位学习者展示一半,一位学习者未准备好。

第四小组:七位学习者均提交了学习成果,其中三位学习者取得了较好的成绩,三位学习者完成了 80% 的任务,一位学习者完成了 60% 的任务。

教学步骤:

1.组织教学(5 分钟)

(1)刚开始上课,很多学习者还比较兴奋,没有进入上课的状态。

(2)Deb 以"哒,哒,哒哒哒"的节奏拍手三次,学习者跟随拍手,并很快安静下来。

(3)Deb 一边介绍本节课需要完成的任务,一边在白板上写下了"Learning Task",

即每个人都需要进一步完成自我介绍,并且需要在下课之前得到教师的对号(Tick)。

(4)写完之后 Deb 再次提问学习者本节课的学习任务,确保学习者清楚地知道学习任务。

2. 复习巩固(15 分钟)

(1)Deb 以随机抽查的形式询问了学习者有关自我介绍的内容,不管学习者回答正确与否,均予以肯定并鼓励他们。

(2)Deb 将白板分为七块,每块分别请不同学习者写出有关句子或者生词,学习者可以查阅笔记完成此任务,其余学习者要在笔记本上完成该任务。

(3)Deb 对学习者所写内容进行检查,并对错误进行修正。

(4)笔者领读,学习者跟读。

(5)Deb 给学习者留出五分钟的时间,补充遗漏的自我介绍内容,并准备自己的自我介绍。

3. 分组(5 分钟)

Deb 根据学习者本节课之前任务的完成情况,将 27 位学习者分成了四组,每组大致 7 人。

4. 任务环节(25 分钟)

第一小组任务:七位学习者需要根据教师要求将自我介绍初稿写出来,并给教师审阅。

第二小组任务:七位学习者需要在初稿的基础之上进行改进,并给教师审阅。

第三小组任务:六位学习者需要记忆自我介绍内容,并向教师进行口头汇报。

第四小组任务:七位学习者需要通过 Language Nut 学习自我介绍内容,并最后提交学习成果。[①]

5. 总结环节(5 分钟)

Deb 对学习者的学习情况进行检查和总结,并对本节课学习者的表现进行评价。

3.2.2 课堂观摩结果分析

3.2.2.1 十年级汉语课堂优势分析

观摩课堂采用的差异化教学方法,对学习者分组,整体上促进了大部分学习者的汉语学习。这样的汉语教学具有以下四点优势。

首先,该教学方法充分以学习者为中心。从教师角度来看,教师的角色由教学主体变成了教学的组织者和监督者,将大部分时间留给了学习者,让他们在不同的任务中,充分地发挥主观能动性,也在充足的时间内完成既定目标;从学习者角度来看,教师根

---

① MC 十年级汉语班整体汉语水平为初等偏上,但是个体汉语水平差异较大。在四个小组中,第一小组汉语水平最低,第二小组汉语水平高于第一小组,低于第三小组,第四小组汉语水平最高,因此四个小组的任务存在差异。

据学习者的学习情况进行分组,充分地体现了教师对学习者的关注和了解,也能有效地帮助学习者明确自身汉语水平及当前任务,从而更好地完成学习目标。因此学习者的汉语水平得到了较大的提升。

其次,该教学方法促进学习者完成教学目标。每个小组完成任务的人数多于未完成任务的人数。整体来看,89%的学习者完成了任务。因此差异化的教学让学习者对自己的课堂目标更加清晰,并且在同一个小组内,可以受到其他学习者的鼓励,正面促进了自身任务的完成。

再次,该教学方法也有利于学习者提高汉语水平。在十年级汉语班中,学习者的水平差异明显,从他们完成任务的进度便可以看出。例如对于自我介绍的练习,只有少数学习者可以做到口语练习,大部分的学习者在相同时间内只能写出自我介绍文本,汉语水平参差不齐,如果进行相同的课堂活动,难免会出现高水平学习者难以更进一步、低水平学习者难以跟上节奏以及中等水平学习者原地踏步的现象。根据学习者的汉语水平差异进行分组,设计不同目标的活动,对于每个水平的学习者来说,都有提高的机会,因此班级整体汉语水平会得以提高。

最后,该教学方法也体现了教师对于学习者个体差异的尊重。学习者的汉语水平难免有所不同,特别是对于低水平的学习者,教师更应该在无形之中对其进行特别关注。差异化的课堂活动很好地体现了教师对每个水平学习者的关注和了解,也是教师尊重学习者个体差异的一种表现,能够提高学习者对教师的接受度,从而构建更加和谐的师生关系。

3.2.2.2 十年级汉语课堂教学的挑战

通过观摩十年级汉语课堂,看到差异化教学的优势的同时,也体会到了其中的挑战。

首先,差异化汉语教学对教师各方面的能力要求很高。(1)每个环节都需要耗费教师大量的时间和精力,从备课到上课,最后到活动开展,环环相扣,远不止分组那么简单,每一个小组都需要设计具体的目标、过程以及后续对课堂教学的反思等;(2)对教师组织能力有很大的考验,各小组的活动同步进行,需要教师组织有序,对于 Deb 这样比较有经验的教师来说,难度较小,但是对于新手教师来说是一个较大的考验。

其次,在差异化汉语教学中,教师无法对每位学习者进行有效监督,只能从整体上进行把控,对其完成任务的过程不能准确地把控。因此部分学习者虽然会完成任务,但是过程非常粗糙,敷衍了事,教师掌握的学习者的学习情况和学习者实际汉语水平之间脱节,这对提高学习者汉语水平来说非常不利。

最后,差异化汉语教学对教师课堂管理能力要求较高。对于差异化的课堂活动,教师需要关注不同小组的进展情况,因此更加无法集中全部注意力来管理课堂。所以上述十年级汉语课的后半阶段,部分学习者开始分心,并且做自己的事情。还有一位学习者开始在教室里走动,引起了一阵骚动,Deb 必须停止其他工作,来管理课堂秩序。这对新手教师来说具有一定的挑战性。

3.3 针对MC九年级汉语班的调查结果分析

为了得到全面的调查结果，对MC九年级汉语班25位汉语学习者进行了问卷调查和面对面访谈。访谈内容和问卷调查有相似的部分，例如对学习者文化背景和个体差异的调查，不同的部分是增加了对学习者汉语学习情况和其对汉语课堂活动喜好的调查。二者相似的部分不再赘述。

3.3.1 问卷调查结果

为了真实地了解MC九年级汉语班学习者的情况，对其进行了问卷调查，问卷包括三个部分：对学习者文化背景的调查、对学习者个体差异的调查以及对学习者对课堂活动看法的调查。共进行了三次问卷调查：一次测试调查、一次整体调查和一次分组调查。

3.3.1.1 学习者文化背景调查

调查结果显示，MC九年级汉语班的学习者文化背景多元。部分学习者具有单一的文化背景，部分学习者是混血，具有多重文化背景，因此部分数据之和将大于25。其中欧洲文化背景4人，太平洋文化背景6人，亚洲文化背景5人，毛利文化背景5人，难民文化背景5人。

3.3.1.2 学习者个体差异调查

1. 学习者学习风格调查

在九年级汉语班中，明显感受到了文化背景对学习者学习风格的影响。例如欧裔学习者学习风格偏向视觉型，亚裔学习者学习风格偏向操作型，太平洋裔学习者偏向听觉型等。调查结果显示，25位学习者中，68%是听觉型，40%是视觉型，32%是逻辑型，24%是操作型。

整体来看，欧裔学习者更喜欢视觉型活动，毛利裔和太平洋裔的学习者更喜欢听觉型和视觉型活动，亚裔学习者更喜欢操作型和逻辑型活动，难民裔学习者更喜欢视觉型和逻辑型活动。访谈结果也印证了上述情况，欧裔和毛利裔的学习者擅长阅读，太平洋裔的学习者擅长写作和口语，亚裔学习者擅长写作，难民裔学习者擅长写作。

2. 学习者爱好和专长调查

调查结果显示，学习者的爱好和喜欢的活动类型比较契合。欧裔和毛利裔喜欢阅读，太平洋裔喜欢听音乐、唱歌、跳舞和运动，亚裔喜欢阅读、看电视和看电影等，难民裔喜欢阅读和睡觉。对学习者的专长也进行了调查。数据显示，48%的学习者比较擅长手工和运动，40%的学习者擅长绘画和学习，36%的学习者擅长唱歌跳舞。兴趣是最好的老师，专长也可以增强学习者学习汉语的信心，因此在设计差异化的课堂活动时，将这些因素作为重要参考因素。

3.学习者对汉语课堂活动需求调查

调查结果显示,九年级学习者对汉语课堂活动的需求和上述调查结果是比较契合的。数据显示,烹饪出现6次,看电影出现8次,户外运动出现3次,汉语游戏出现3次,唱歌跳舞出现3次,绘画出现3次,"西蒙说"出现3次。可见学习者对视觉型活动,例如看电影和绘画,需求最高;其次是操作型活动,例如烹饪、户外运动等;最后是听觉型和逻辑型活动,例如唱歌、汉语游戏等。

3.3.1.3 课堂活动问卷调查内容及结果

根据九年级汉语班学习者的文化背景将课堂活动差异化,共分为五个小组。其中以太平洋文化背景为主的小组进行歌曲学习活动,以欧洲文化背景为主的小组通过语言游戏巩固知识,难民文化背景小组进行汉语故事的学习,亚洲文化背景小组以制作海报为主,毛利文化背景小组以做练习题为主。就不同活动进行情况以及学习者对活动的感受进行了调查。

1.太平洋文化小组调查

太平洋文化小组由来自萨摩亚、托克劳和汤加的6位学习者组成。对于歌曲形式的汉语活动,有3位学习者表示一般喜欢,2位学习者表示很喜欢,还有1位表示特别喜欢。

对于喜欢的歌曲类型,所有学习者都喜欢欢快的和振奋人心的歌曲,50%的学习者喜欢伤感的歌曲,还有33%的学习者喜欢安静、想念、甜蜜或孤独的歌曲。因此,在为该小组选择汉语歌曲时,以积极向上的歌曲类型为主;其次会选择或甜蜜或想念的歌曲;对于比较伤感的歌曲,不利于活跃课堂气氛,选择较少。此外笔者也会考虑文化因素。数据显示,6位学习者都喜欢中国现代流行歌曲,例如说唱风格的歌曲;83%的学习者喜欢包含中国文化的歌曲,例如新年歌和季节歌等;还有17%的学习者喜欢安静柔和的歌曲。这与学习者的年龄较小有关,他们对歌曲中的中国文化有时不能理解得很透彻,反而对流行音乐更感兴趣,这更符合该年龄段学习者的认知特点。

对于通过歌曲活动学汉语的看法,83%的学习者认为可以学会很多生词和句型,也可以增加汉语课堂的趣味性;17%的学习者认为可以提高自身对汉语学习的兴趣。83%的学习者认为在学习歌曲之后,可以大致哼唱出来;17%的学习者觉得可以记住一些生词但是无法全部哼唱出来。多数学习者认为可以通过歌曲学到3到5个新词语,17%的学习者认为可以学到5到7个新词语,17%的学习者认为可以基本记住所有生词。6位学习者表示在将来依旧愿意通过此形式学习汉语;83%的学习者还想通过制作海报学汉语,50%还想参与语言游戏活动,67%还倾向于通过练习册和汉语故事的形式学习汉语。由此可见,歌曲活动取得了较好的教学效果。

但是根据学习者们的感受,通过歌曲活动学习汉语也存在一些局限。4位学习者认为有时歌词太难掌握,难以跟随;2位学习者认为组内部分成员对汉语歌曲不感兴趣,从而影响了整个小组的兴致;还有人认为有些歌曲比较无聊。这就对歌曲选择提出了要求,尽量满足小组成员的需求,例如选择歌词较为简单的、活泼的流行歌曲,从而做到最大限度地符合学习者的认知特点。

2.欧洲文化小组调查

欧洲文化小组由具有英格兰和威尔士文化背景的4位学习者组成。对于语言游戏活动,3位学习者表示很喜欢,1位学习者表示一般喜欢。对于语言游戏,50%的学习者表示特别喜欢,25%的学习者表示很喜欢,25%的学习者认为一般喜欢。对于语言游戏对汉语学习的帮助,75%的学习者认为可以帮助自己复习巩固所学词汇和句型,并提升了对汉语学习的兴趣,25%的学习者认为这些语言游戏对汉语学习帮助一般。

就学习者如何解决活动过程中遇到的问题进行了调查。50%的学习者表示会查阅笔记,25%的学习者表示会通过询问同学解决,25%的学习者会询问教师。这些方法都可以解决问题,特别是查阅笔记,在查阅笔记的过程中,会复习其他很多内容。因此当该小组部分学习者询问教师问题时,教师多数情况会引导其翻阅笔记,自行解决。就学习结果而言,50%的学习者表示可以学到1到3个新词语,25%的学习者表示可以学到5到7个新词语,25%的学习者表示可以基本学会全部词语。

对于语言游戏的形式,学习者均表示更喜欢合作式游戏,相比单独完成语言游戏,他们更喜欢4个成员一起完成一个大型语言游戏。这一点和预期不同,原本设计的游戏多为单独游戏,目的是提高每个学习者的汉语水平,但是忽略了团队合作学习的作用以及学习者的实际需求,这一点应该在后续活动设计中改进。

为该小组设计了5种类型的语言游戏,包括"完成它""汉字数独""匹配甲骨文和汉字""造句子"和"这是什么"。学习者对它们的反馈并不相同,其中对"完成它"最喜欢,其次是"汉字数独"和"这是什么",最后是"匹配甲骨文和汉字"和"造句子"。其中学习者最喜欢"完成它",是因为这款游戏相对比较简单,容易完成,能让他们获得成就感。他们不太喜欢"匹配甲骨文和汉字"和"造句子",是因为比较难,一方面他们对甲骨文没有概念,另一方面对句子结构的掌握还没有那么牢固。

在该小组中,3位学习者表示愿意在将来继续做汉语游戏活动,1位学习者表示不愿意。除了汉语游戏,他们还比较喜欢汉语故事、练习册形式的活动以及制作海报和歌曲活动。通过一学年的教学发现,MC的学习者中,男生明显没有女生活泼,比较安静,对海报和歌曲可能并不是很感兴趣。

语言游戏形式的活动最大的局限是难度比较高。2位学习者表示有些游戏自己无法完成,例如"匹配甲骨文和汉字"活动,1位学习者认为语言游戏比较无聊,还有1位学习者认为语言游戏对自己的汉语学习实用性不大。根据学习者的建议,今后可以设计一些难度相对较低的活动,并且根据学生的情况可以逐渐将难度提高,从而提升学习者的成就感,增强其自信心。

3. 难民文化小组调查

难民文化小组由来自南苏丹、阿富汗和伊朗的 5 位学习者组成。对于阅读汉语故事活动，该小组成员意见比较分散，其中 2 位学习者表示很喜欢，1 位学习者表示特别喜欢，1 位学习者表示一般喜欢，还有 1 位学习者表示不喜欢。对于所选的汉语故事，1 位学习者表示特别喜欢，2 位学习者表示很喜欢，2 位学习者表示一般喜欢。学习者整体认为通过故事学习汉语是比较有帮助的，60% 的学习者认为故事学习对汉语学习具有一般性帮助，40% 的学习者认为故事学习对汉语学习帮助很大，有利于复习词语、句型并能提高对汉语的兴趣。对于故事学习情况，40% 的学习者会查阅笔记，40% 的学习者会询问同学，20% 的学习者会询问教师。

在故事学习小组采用非常经典的交互式教学法。其过程是"预测（Predict）—阐明（Clarify）—提问（Question）—总结（Summarize）"。每一环节由 1 位组员负责，最后由组长向教师进行总结。在学习结果方面，60% 的学习者表示在阅读故事之后，无法将故事复述出来，40% 的学习者表示可以复述。40% 的学习者表示可以学到 5 到 7 个新词，40% 的学习者表示可以学到 3 到 5 个新词，20% 的学习者表示基本可以全部学会。此外 5 位学习者均表示除了目标词语外，也会主动学习故事中的其他词语，这是非常积极的效果。汉语故事阅读对九年级学习者来说难度较高，即便选择最简单的故事，依旧会有很多生词，因此学习词语是核心目标，复述故事是更高阶段的目标。

学习者更喜欢包含文化寓意的故事。十二生肖的故事最受欢迎，60% 的学习者表示喜欢；对于成语故事，例如狐假虎威、掩耳盗铃、叶公好龙等，喜欢程度较低，有 20% 的学习者喜欢。由于学习者年龄较小以及文化差异，对汉语成语故事并不能透彻理解，在阅读过程中也出现了较多的问题，例如"为什么要盗铃"等。

在差异化的课堂活动中，故事组学习者表示依旧最愿意参加阅读故事活动，之后依次是制作海报、听音乐、完成语言游戏和练习册。80% 的学习者表示将来愿意继续参加故事小组，20% 的学习者表示不愿意参加。学习者们认为故事形式的汉语活动存在一些局限，3 位学习者对部分汉语故事不感兴趣，认为部分故事比较奇怪，1 位学习者认为缺少发音的环节，很多生词不知道如何发音，还有 1 位学习者认为无法理解一些生词的意思。根据学习者们的反馈，今后可以对小组进行故事兴趣调查之后再选择故事，并且可以增加带领小组朗读的环节，从而帮助学习者正音。

4. 亚洲文化小组调查

亚洲文化小组由来自缅甸和印度的 5 位学习者组成。对于制作汉语海报，整体来说学习者的反馈较为积极。40% 的学习者表示特别喜欢，60% 的学习者表示一般喜欢。对于制作汉语海报对汉语学习的影响，60% 的学习者表示帮助很大，有利于复习词语和句型，40% 的学习者表示对提升汉语学习兴趣的作用非常大。在做海报的过程中，60% 的学习者表示可以复习很多以前学习过的词语和句型，20% 的学习者认为可以自学到很多新词语,还有20%的学习者表示和朋友一起制作海报可以共同复习,并加深记忆。整体来看,学习者们对海报制作活动评价较好。在诸多活动中,1位学习者表示希望参加语言游戏组,其余学习者表示依旧愿意参加海报制作活动。

在设计海报制作的活动时,出于联系中新文化的需要,要求学习者设计中新文化对比板块,从而在了解自身文化的基础上加深对中国文化的理解并巩固对所学汉语词汇、句型的记忆。60%的学习者表示对这种文化对比的方式一般喜欢;20%的学习者表示比较喜欢,因为可以选择喜欢的国家名字作为海报标题;20%的学习者表示特别喜欢,因为可以拉近自身文化和中国文化之间的距离。对于文化对比板块,60%的学习者认为可以学习到中新文化的异同,20%的学习者认为可以更好地了解中国文化,还有20%的学习者认为可以提高汉语学习能力。此外还专门要求学习者设计语言对比板块,例如"谢谢"在普通话和缅甸语中的不同发音及写法等。对此学习者们的反馈不一,其中40%的学习者表示一般喜欢,20%的学习者表示特别喜欢,20%的学习者表示比较喜欢,20%的学习者表示不喜欢。总体来说,学习者对语言对比板块接受度较高。

在活动进行过程中,要求小组预先设定不同角色。选择1位学习者作为组长,对活动进行简单的组织。在海报小组,特别需要组长对海报设计进行宏观把控。据调查,60%的学习者表示愿意做组长,40%的学习者表示不愿意做组长。通过观察,愿意做组长的是来自缅甸的3位学习者,这与亚洲文化背景比较吻合,学习者追求思维的逻辑性和对任务的组织性。数据显示,5位学习者都表示设计海报时,整个小组合作进行,共同讨论如何设计并共同设计。

对于海报制作活动的局限,1位学习者认为有时设计海报比较无聊,2位学习者认为需要运用大量的时间制作海报,而汉语课所给的时间有限,1位学习者认为无法做到组内所有成员共同参与,还有1位学习者认为不能在海报上添加自己想添加的内容。根据学习者的建议,首先,可以适当改变海报制作的要求,例如由原来的限定内容变成给予学习者更多的自由,让他们选择和课堂所学汉语知识相关的汉语话题;其次,为了保证每位学习者的参与,可以将海报裁开,分成不同板块,所有组员同步设计;最后,可以适当增加海报小组的活动时间。

5.毛利文化小组调查

毛利文化小组由具有毛利文化背景的5位学习者组成。该小组较为特殊,是九年级汉语班中出现问题比较多的小组。在设计差异化活动之前,曾为该小组尝试了多种活动形式,效果及反馈都不是很好,特别容易出现课堂秩序混乱,甚至干扰笔者顺利进行教学的问题。经过观察,发现该小组毛利学习者不喜欢具有一定挑战性的活动,例如语言游戏、歌曲学习等,但是对练习题式的活动评价相对较高,起码不会排斥。数据显示,虽然5位学习者认为做练习题对他们的汉语学习帮助一般,但是60%的学习者表示一般喜欢,40%的学习者表示很喜欢。因此通过和该小组成员讨论,笔者为其选择了做练习题的活动。

对于练习题的形式,数据显示,80%的学习者喜欢形式多样的练习题,例如具有不同板块,包括写作、阅读以及汉字书写等;20%的学习者喜欢单一形式的练习题,例如只有翻译或者只有写作的形式。对于不同类型的练习题,学习者的反应不同,多数学习者喜欢翻译,而阅读、写作和匹配类练习题的受欢迎程度则较为接近。对于练习题的完成形式,80%的学习者倾向于单独完成各自的试卷,20%的学习者喜欢合作完成试卷。设计的练习题难度不高,活动时间控制在15到20分钟,并选择了学习者单独完成练习题的形式,从而争取提高每位学习者的汉语能力。

对于练习题的学习效果,60%的学习者表示可以学到5到7个新词语,20%的学习者表示可以学到3到5个新词语,还有20%的学习者表示可以学到7到10个新词语。在学习过程中遇到困难时,40%的学习者会查阅笔记解决,40%的学习者会通过询问组员解决,还有20%的学习者会询问教师。由于该小组活动形式的特殊性,比较缺乏和教师的交流,因此笔者多数情况下会和学习者共同解决问题,从而增加了解该小组的机会。

在多种课堂活动中,该小组80%的学习者表示愿意继续参加练习题小组活动,20%的学习者表示想要参加语言游戏组,还有20%的学习者表示喜欢汉语故事组。但是学习者们也指出了练习题活动的不足,其中1位学习者认为通过完成练习题不利于学习新的汉语词语和句型,2位学习者认为练习题难度较高,1位学习者认为难度太低,还有1位学习者认为有时会比较无聊。针对学习者的建议,除了巩固旧词之外还可以增加一些新的词语和简单的句型,进行小范围拓展,满足学习者的需求;并且可以在一份练习题中设置难度等级不同的题目,从而最大限度给予所有学习者提高汉语水平的机会。

3.3.2 访谈结果

除了对九年级汉语班进行问卷调查之外,为了更好地了解学习者对汉语课堂活动的感受及看法,还对其进行了面对面访谈。访谈共分为5个部分,分别是学习者文化背景、个体差异、汉语学习情况、对汉语课堂活动的感受以及对课堂活动的建议。

3.3.2.1 对学习者文化背景的访谈

针对学习者的文化背景,设置了以下2个问题。在问卷调查的基础上,通过问题一进一步确认学习者的文化背景;通过问题二了解学习者在接受新西兰的教育之前,是否接受过其他国家的教育,并对其产生的影响进行分析。

问题一:你的文化背景是什么?

调查结果基本和问卷调查结果一致。不再赘述。

问题二:在新西兰上学之前,你是否在其他国家上过学?

调查结果显示,68%的学习者在接受新西兰的教育前,在自己的国家接受过教育,32%的学习者未接受过。学习者是否在自己文化背景的环境中接受过教育,差异较大,受到的影响也较大。接受过其他国家教育的学习者比较容易形成具有该文化背景的思维模式和行为习惯,在新西兰接受教育时会保留部分曾经形成的学习习惯;而没有接受过其他国家教育的学习者更容易接受新西兰式的教育。两者在汉语课中差异较为明显。

3.3.2.2 对学习者个体差异的访谈

针对学习者个体差异的访谈,相较于问卷调查,除了爱好之外,增加了对学习者性格、专长的访谈内容。爱好方面不再赘述。

问题一:你的性格特征是什么?

调查结果显示,九年级汉语班中,大部分学习者性格比较外向活泼,少部分学习者性格安静内敛。调查结果与九年级汉语班文化背景情况相符。汉语班以太平洋文化为主,还有少部分亚洲文化。

问题二:在语言学习中,听、说、读、写四个方面你最擅长哪一方面?

在针对该问题进行访谈时,要求每位学习者说出擅长的两个方面。希望通过小组访谈的方式,调查按照文化背景设计并分组的活动,是否与学习者擅长的语言技能匹配。调查结果显示,整体是一致的。欧裔学习者擅长阅读和写作,太平洋裔学习者喜欢口语和听力,毛利裔学习者喜欢阅读,亚裔学习者喜欢写作,难民裔学习者喜欢阅读。整体来看,在九年级汉语班设计的差异化汉语课堂活动是较为适合学习者的。

3.3.2.3 对学习者学习汉语情况的访谈

MC部分学习者在初中和小学时便学习过汉语,具有一定的汉语基础。因此除了对学习者文化背景以及个体差异的访谈外,也对学习者学习汉语的情况进行了访谈,具体分为以下两个问题。

问题一:你为什么学习汉语?

九年级汉语班学习者学习汉语有各种原因。针对大部分对中国和汉语感兴趣的学习者,保持他们对汉语的兴趣非常重要,因此需要更加有针对性地设计活动,吸引每位学习者的注意力;针对部分想要学习另外一门语言的学习者,让他们认可对汉语学习的选择非常重要,需要教师提高汉语教学质量;而针对想要继续学习汉语的学习者,新颖有趣的教学方法才能让他们继续保持对汉语的兴趣;针对有中国血统的学习者,让他们更好地了解中国及中国文化是非常重要的。综上,差异化的汉语课堂活动对于学习者来说非常重要。

问题二:你认为你的汉语水平怎么样?

通过一个阶段的汉语教学发现,部分学习者的汉语水平比较高,部分相对比较低。希望将学习者对自身汉语水平的了解程度和笔者对他们汉语水平的界定进行对比。访谈后发现,72%的学习者认为自身汉语水平为初等,28%的学习者认为是中等。这与笔者对学习者们的了解情况基本一致,只有1位学习者,笔者认为是初等水平,但是她认为自己是中等水平。基于此情况,在设计差异化的汉语课堂活动时,难度不宜过高,应设计符合初等汉语水平学习者的活动,并针对个别学习者适当提升难度,这样才能使汉语课堂更加公平。

3.3.2.4 学习者对汉语课堂活动感受的访谈

了解学习者对汉语课堂活动的感受非常重要,有利于及时调整活动内容和形式,从而有效地改进活动设计。因此设计了以下3个问题。

问题一:你喜欢什么类型的课堂活动?

访谈结果显示,学习者喜欢的课堂活动类型比较集中,大致分为六个类型,有手工活动、制作海报活动、歌曲学习活动、中国故事活动、全班游戏活动及文化活动。这些活动类型与教师设计的差异化汉语课堂活动类型比较相似。不过结合学习者的特点对部分活动类型进行了调整,从而更加适合九年级汉语班的学习者。

问题二:你喜欢哪些已经进行过的汉语活动?(见表6-3)

表6-3 学习者喜欢的汉语活动

族裔	喜欢的汉语活动		
欧裔	西蒙说	寻找 X-Man	猜谜
太平洋裔	西蒙说	拍词	书法
毛利裔	书法	寻找 X-Man	做饺子
亚裔	制作海报	涂色	做游戏
难民裔	拍词	做练习题	做饺子

问题三:你不喜欢哪些已经进行过的汉语活动?(见表6-4)

表6-4 学习者不喜欢的汉语活动

族裔	不喜欢的汉语活动		
欧裔	学汉语故事	书法	涂色
太平洋裔	制作海报	剪纸	学汉语故事
毛利裔	学汉语故事	制作海报	白板写拼音
亚裔	学汉语歌曲	踢毽子	水果词卡游戏
难民裔	学汉语故事	白板写拼音	语言游戏

通过问题二、问题三了解到,不同文化背景的学习者对进行过的活动喜好不同。欧裔、太平洋裔和毛利裔好动,亚裔和难民裔比较内向。前者普遍喜欢活泼的活动,不喜欢安静的活动;后者普遍喜欢安静的活动,不喜欢太过活泼的活动。学习者对不同的活动感受不同,更加需要结合学习者的文化背景设计差异化的课堂活动来满足不同学习者

的需求。

问题四：你认为你所在的汉语小组是否有利于你的汉语学习？

数据显示，80%的学习者对差异化的分组持肯定态度，并且认为对自身汉语学习具有积极意义，20%的学习者认为所在小组对自己汉语学习帮助不大。整体来看，设计的差异化汉语课堂活动得到了大部分学习者的肯定，取得了较好的教学效果，可以在今后的教学中继续使用并逐步改进。

3.3.2.5 对学习者关于汉语课堂活动建议的访谈

36%的学习者建议设计烹饪活动，14%的学习者建议继续进行海报制作活动，16%的学习者建议增加看汉语电影的活动，16%的学习者建议增加学习中国文化的活动（例如画熊猫活动），8%的学习者建议玩中国传统游戏，5%的学习者建议户外活动，3%的学习者建议增加涂色活动，2%的学习者建议阅读汉语故事。学习者们的建议对于今后的教学改进和延续差异化课堂活动非常重要。

3.4 针对新西兰其他汉语教师志愿者的调查结果分析

除了对学习者的调查，本研究对其他新西兰汉语教师志愿者的调查旨在了解他们对多元文化背景下差异化课堂活动的看法。此次调查回收问卷87份，经筛选，得到有效问卷75份。

3.4.1 汉语教师志愿者的教学对象的文化背景

通过对汉语教师志愿者的教学对象文化背景的调查，可以发现，新西兰欧裔占多数，其次是亚裔、毛利裔、萨摩亚裔、斐济裔和汤加裔，其他族裔包括少部分印度裔，还有1位志愿者任教于新西兰国际学校，学习者文化背景是南非、巴西、西班牙、美国等。可见新西兰各学校汉语学习者的文化背景非常多元，可以说基本没有汉语教师志愿者任教于具有单一文化背景的学校。因此多元文化背景对汉语学习特别是课堂活动设计方面的影响是客观存在的，不应忽视。

3.4.2 汉语教师志愿者对学习者个体差异的了解情况

调查结果显示，66%的汉语教师志愿者认为学习者的学习风格差异最大，62%的志愿者认为性格特征存在差异，58%的志愿者认为兴趣爱好明显不同，58%的志愿者认为对中国文化的态度存在差异，54%的志愿者认为汉语水平参差不齐，48%的志愿者认为学习速度不同。可见由于学习者文化背景不同带来的个体差异明显，可以设想其对汉语课堂活动会有或多或少的影响。数据显示，80%的汉语教师志愿者认为学习者文化背景对课堂活动影响较大，54%的志愿者认为对内容讲解部分影响较大，50%的志愿者认为对备课环节影响大，28%的志愿者认为对练习巩固环节存在影响，26%的志愿者认为对新课导入存在影响。由此可见多数汉语教师志愿者认为多元文化背景对汉语课堂活动设计的影响最大。同样说明了在设计汉语课堂活动时,考虑学习者的文化背景因素很重要。

3.4.3 汉语教师志愿者对学习者文化背景的关注时间及原因

通过调查汉语教师志愿者开始关注学习者多元文化背景的时间发现,新西兰学校一学年从2月至12月,共分为四个学期,平均每学期9到11周不等,志愿者们对学习者文化背景的关注时间也不尽相同。58%的志愿者表示在第一学期便开始关注学习者的多元文化背景,32%的志愿者表示从第二学期开始关注,10%的志愿者表示从第三学期开始关注,无人从第四学期开始关注。可见多数志愿者是从教学初期便感受到了学习者丰富的文化背景,并给予关注。志愿者对学习者的文化背景了解越早,越容易从该角度出发设计活动,充分利用学习者文化背景差异这一资源,丰富课堂活动形式,也让课堂活动更具有针对性。

对于关注原因,64%的志愿者表示任教过程中由于学习者文化差异显著,教学效果不尽相同,从而引发了思考。60%的志愿者表示新西兰浓浓的多元文化氛围引发了自身对学习者文化背景对汉语学习影响的思考。54%的志愿者表示在任教前便有了对学习者文化背景了解的想法。38%的志愿者是由于对学习者的文化背景非常好奇。在了解学习者文化背景的过程中,80%的志愿者表示通过课堂观察了解;68%的志愿者表示通过询问当地指导教师进行了解;66%的志愿者表示通过学习者了解;28%的志愿者表示通过学校学习者信息资料库了解。笔者在了解学习者文化背景时,首先通过课堂观察发现学习者对汉语学习及活动参与情况差异明显,从而引发思考;之后通过和学习者聊天了解到他们来自不同的国家;但是为了得到准确的信息,又询问了当地指导教师,并通过她从学习者信息资料库中得到了学习者较为准确的文化背景信息。

3.4.4 汉语教师志愿者对设计差异化汉语课堂活动的看法

本研究还了解了汉语教师志愿者对设计差异化汉语课堂活动的看法。92%的志愿者表示在课堂活动中,不同文化背景学习者的表现有所差异;44%的志愿者认为有差异并且非常明显;48%的志愿者认为有差异但是不太明显;8%的志愿者认为基本没有差异。可见大多数汉语教师志愿者意识到并赞同学习者不同的文化背景会对课堂活动产生一定的影响,并依此对课堂活动设计进行调整。94%的汉语教师志愿者认为有必要针对学习者文化背景的差异设计活动。

在设计差异化的课堂活动时,汉语教师志愿者的看法可以集中在五个方面。第一,大部分人认为应该在了解学习者的基础之上再设计课堂活动,例如不同文化背景学习者的性格、学习特点以及对汉语的掌握程度等情况;第二,多数人认为了解学习者的相关文化非常重要,从而通过区分学习者不同的文化背景,有针对性地进行文化交流活动,例如可以进行中新文化对比或者新西兰多元文化之间的对比,也可以就一个话题进行文化探讨,从而为课堂活动增加文化元素;第三,部分人认为可以通过分组的形式设计差异化的活动,分组标准既可以是文化相同的学习者一组,也可以是文化不同的学习者一组,根据学习者具体情况划分,从而完成不同的活动任务;第四,少数人还提到了差异化课堂活动应该具有差异化的评价机制,根据学习者个体差异设定不同难度的活动任务以及评价标准,从而让每个学习者都可以在提高自身汉语水平的基础上获得成就感;第五,少数汉语教师志愿者提出了较为关键的一点,即文化禁忌问题,在根据学习者文化背景选择活动内容时,应避免出现文化禁忌问题,以免引发文化误解。

通过调查发现,汉语教师志愿者认为12类课堂活动比较成功(见表6-5)。部分活动和笔者的差异化课堂活动非常类似,例如汉语故事学习、海报制作等。可见在考虑学习者不同文化背景的情况下,汉语教师志愿者对活动设计的意见相对统一。

表6-5 比较成功的汉语课堂活动

类别	汉语课堂活动举例
第一类 游戏类	Bingo、你比画我猜、汉字英雄、西蒙说
第二类 中国文化活动类	国画、十二生肖、书法、吹墨梅
第三类 画图涂色类	毛利图腾、京剧脸谱
第四类 动作类	跳舞、汉字功夫操、手势学汉语
第五类 情景表演类	点餐、角色扮演
第六类 自由讨论类	文化问题讨论
第七类 手工类	红包、海报制作、包饺子
第八类 网络汉语软件学习类	Kahoot
第九类 调查采访活动类	通过采访获取同学的个人信息
第十类 汉语故事学习类	学习成语故事
第十一类 歌曲比赛类	学习流行歌曲
第十二类 头脑风暴类	围绕不同主题展开思考,如水果等

除了较为成功的活动外,本研究也调查了效果相对不是很理想的活动,具体包括7类(见表6-6)。其中的部分活动笔者也尝试过,但是效果不是很好。例如踢毽子游戏,由于学习者多数非常活泼,一旦进行课外活动,出现问题的概率特别高;再如饮食文化对比,由于学习者文化背景不同,有时学习者对中国饮食不感兴趣,有时会出现学习者排斥甚至嘲笑中国饮食文化的现象。

表 6-6　效果不理想的汉语课堂活动

类别	汉语课堂活动举例
第一类 读写类	汉字听写、汉字设计
第二类 游戏类	拍苍蝇
第三类 课外活动类	踢毽子
第四类 文化活动类	食物对比
第五类 手工类	汉服制作、剪纸
第六类 歌曲类	节奏缓慢的歌曲
第七类 电影类	看电影说/写感想

3.4.5　汉语教师志愿者的建议调查

根据学习者文化背景设计差异化的课堂活动,志愿者们认为既有优势也有挑战。

对于优势,86%的志愿者认为可以更加有效地提升学习者的积极性;78%的志愿者认为可以充分考虑每个学习者的差异,整体提高学习者的汉语水平;74%的志愿者从文化角度考虑,认为可以建立学习者自身文化和中国文化的联系,有利于传播中国文化。

对于挑战,76%的志愿者认为对课堂活动设计能力提出了很高的要求;66%的志愿者认为需要花费大量的时间和精力;58%的志愿者认为对管理课堂秩序提出了更大的挑战;36%的志愿者认为可能无法真正帮助学习者巩固和掌握汉语知识;4%的志愿者认为无法做到对每个学习者的充分了解。通过一学年的活动设计,笔者也体会到了部分弊端,特别是在课堂秩序管理方面,遇到了不小的挑战。稍有不慎,课堂会陷入混乱。

汉语教师志愿者提出了有关建议。部分人建议根据学习者文化背景设计活动要秉承求同存异、求实创新的文化理念和态度。要求教师持开放包容的文化态度,设计活动时充分考虑学习者的文化因素;也要求教师积极引导学习者尊重各类文化,消除种族歧视。也有人建议在设计活动之前,应该充分了解学习者的文化和当地文化,找准学习者的兴趣点,并结合中国文化,设计让当地学习者具有代入感的活动。还有人提出在设计活动后,应该仔细观察并及时询问学习者的建议,根据学习者的反馈及时调整活动内容和形式。这些建议对本研究具有很重要的参考价值。

3.5　反馈总结

3.5.1　学习者反馈

整体来看,具有多元文化背景的学习者们对差异化汉语课堂活动的反馈比较积极。调查结果显示,学习者们对汉语课堂活动的打分是平均分 7.92 分(满分 10 分),对不同活动的打分平均分均高于 2.5 分（满分 5 分）。可见对差异化课堂活动的好评居多，具有积极意义。具体包括以下四个方面的反馈。

一是九年级汉语班学习者认为自己的文化背景对汉语学习具有积极意义。因此教师在教学中可以将其作为一种教学资源，合理运用，从而促进中新文化交流。

二是九年级汉语班学习者个体差异非常明显，例如教育背景、爱好、学习风格、性格以及擅长的事情等。因此在汉语课堂中，不同文化背景的学习者表现不同，设计差异化的教学内容和形式是学习者的客观需求。

三是在差异化课堂活动中，80%的学习者认为其所在小组的活动对学习汉语有帮助，并表示愿意继续参加该活动。

四是学习者对差异化课堂活动提出了自己的建议，可以根据其建议设计新的课堂活动，并保留一些效果很好的活动。

3.5.2　汉语教师志愿者反馈

通过对新西兰其他汉语教师志愿者的调查发现，94%的志愿者认为在设计课堂活动时有必要考虑学习者的文化背景。可见大多数人对根据学习者文化背景设计差异化的课堂活动持肯定态度。具体包括以下三个方面的反馈。

一是汉语教师志愿者遇到的学习者具有不同的文化背景，其中以毛利裔、欧裔、亚裔和太平洋裔为主，还有部分其他族裔。学习者的个体差异也非常明显，对汉语课堂活动环节影响较大。

二是多数汉语教师志愿者在前两个学期开始关注学习者的文化背景，关注原因多是在任教过程中学习者文化差异显著，教学效果不尽相同，从而引发志愿者的思考。

三是汉语教师志愿者认为差异化的汉语课堂活动有利于提高学习者的积极性，并且可以提升汉语课堂的公平性，保证每位学习者的汉语水平有所提高，但是对志愿者自身的要求非常高，需要花费大量的时间和精力准备不同的活动。

3.6　学习成绩结果分析

MC 九年级汉语班学习者的学习成绩由两部分组成，第一部分是期中展示成绩，第二部分是期末测试成绩。评分标准依旧以新西兰 NAME 为主。

3.6.1　期中展示成绩分析

期中展示要求学习者从每一学期所学话题中自行选择一个话题，围绕该话题单独向教师进行展示，时长 3—5 分钟。期中展示的评分标准主要从五个方面考虑，依次是话题难度、内容完整性、表达流利度、展示方式和时间把控。每一个方面都会以 NAME 为标准进行打分，从而帮助学习者了解下一次展示需要改进的方面，学习者最后得到期中展示的综合评分。综合评分除了考虑五个方面的得分外，还会综合多方面因素，例如学习者的汉语水平、上一次展示得分等,采用多元评价机制。

在 2019 学年中,MC 九年级汉语班期中展示成绩见表 6-7。横向来看,为了不打击学习者的积极性并鼓励努力完成期中展示的学习者,较多学习者获得了 M 或者 E 的成绩。纵向来看,N 和 A 逐学期递减,M 稍有反复,E 逐学期递增。这一结果反映了学习者对展示环节不再焦虑,对开口说汉语更有自信。这与差异化的汉语课堂活动息息相关。差异化的汉语课堂活动为学习者安排了最适合他们学习汉语的小组。在小组合作过程中,学习者彼此增进了解,放松戒备,更加愿意开口交流,一旦有了开口说汉语的体验和自信,学习者除了在小组内敢于开口,也更乐于与班级中其他学习者和教师交流,从而成绩越来越好。

表 6-7　MC 九年级汉语班期中展示综合成绩

学期	成绩			
	N	A	M	E
第一学期	3	6	8	8
第二学期	1	7	5	12
第三学期	2	5	6	12
第四学期	0	3	7	15

3.6.2　期末测试成绩分析

期末测试共分为四个部分,听力、阅读、写作和汉字。评分标准也采用了 NAME 方式。教师都会给出每个部分相应的成绩,最后给出一个期末测试综合成绩。期末卷面成绩对学习者其他方面的考虑因素较少,但是期末综合成绩会采用多元评价机制,考虑学习者多方面的因素,例如学习者获得 2 个 E 和 2 个 M,并且整个学期表现良好,那么综合成绩为 E 等。一般情况下,期末综合评分相对高于学习者实际水平,从而让学习者获得汉语学习成就感。

在 2019 学年中,MC 九年级汉语班期末测试各部分成绩见表 6-8。在四个部分的测试中,听力和汉字是相对较难的部分,因此 N 和 A 较多,而阅读和写作部分 M 和 E 较多。此外,纵向对比四个部分四个学期学习者的成绩变化发现,获得 E 的学习者数量整体趋势增多。这一结果肯定了差异化汉语课堂活动的存在价值。差异化的汉语课堂活动在综合学习者文化背景及其带来的个体差异的基础上,设计了符合不同学习者多元智能的活动,更加具有针对性,让学习者可以充分发挥自身的优势,从而提高汉语成绩。

表 6-8　MC 九年级汉语班期末测试综合成绩

项目		成绩			
		N	A	M	E
听力	第一学期	9	3	5	8
	第二学期	8	2	7	8
	第三学期	6	4	4	11
	第四学期	7	1	3	14
阅读	第一学期	3	5	6	11
	第二学期	1	7	6	11
	第三学期	0	6	8	11
	第四学期	0	4	4	17
写作	第一学期	2	6	5	12
	第二学期	1	8	3	13
	第三学期	1	8	6	10
	第四学期	1	9	4	11
汉字	第一学期	8	8	3	6
	第二学期	5	6	3	11
	第三学期	7	9	5	4
	第四学期	5	10	2	8

MC 九年级汉语班 2019 学年学习成绩是对差异化的汉语课堂活动很大的肯定。多数学习者在差异化的汉语课堂活动中提高了成绩，说明了差异化的汉语课堂活动对学习者汉语水平的提高具有积极意义。不可否认，部分数据结果和整体趋势不完全相同，但是从新的角度尝试设计汉语课堂活动难免存在各类问题。只要整体趋势良好，符合设计者的预想，就值得汉语教师志愿者进行尝试。

3.7　总结

此次调查有四个方面的作用。首先，清晰地了解了新西兰汉语学习者具有多元文化背景这一客观现实，印证了设计差异化汉语课堂活动的必要性；其次，了解了学习者对各类汉语课堂活动的感受，例如喜好程度等，有助于进行总结；再次，还了解了新西兰其他汉语教师志愿者结合学习者文化背景，设计差异化汉语课堂活动的情况，肯定了该设计方法存在的价值；最后，得到了来自学习者和其他汉语教师志愿者对差异化汉语课堂活动设计的看法和建议,为后续差异化汉语课堂活动的设计原则、利弊分析等奠定了基础。

第四节　新西兰多元文化背景下差异化课堂活动的设计原则及利弊分析

4.1　设计原则

目前有研究者针对新西兰课堂活动设计提出了目的性、参与性、针对性、可行性、知识性、趣味性、有效组织性、体验性等原则(宋娇,2014;陈童童,2017)。还有研究者针对新西兰汉语课堂韵律活动设计提出了动态性、趣味性、紧凑性和融合性原则(朱怡,2014)。赵扬(2018)认为新西兰汉语课堂活动设计原则有三点:一是要符合新西兰不同年龄段学习者的需求;二是可操作性;三是互动方式要符合学习者年龄,并且要有活动产出。由此可见,针对新西兰汉语课堂活动设计原则的研究不多。本章通过对学习者和汉语教师志愿者的调查,结合设计差异化汉语课堂活动的感受,将新西兰多元文化背景下差异化汉语课堂活动的设计原则总结为五条,即分组合作原则、学习者主体原则、重视文化因素原则、系统时效原则和开放拓展原则。

在已有研究的基础之上,结合实际汉语教学情况,本研究提出分组合作原则和学习者主体原则。差异化教学理论强调通过分组的方式体现差异,因此本研究也将分组合作作为新西兰差异化汉语课堂活动的设计原则之一。虽然参考了差异化教学理论中的分组学习,但是本研究与其分组标准并不相同。差异化教学理论中,多数研究者认为可以根据学习者认知风格、兴趣特长、情感因素或者多元智能分类(郭慧晶,2012;牛薇薇,2018),并按照组内异质、组间同质的原则进行分组(朱文红,2010)。而本研究主要依据学习者的文化背景进行组间异质分组,这种方式有助于促进跨文化理解和交流,同时也能够提高学习者的参与度和学习效果。设计差异化的汉语课堂活动需要提高针对性,以学习者为主体,设计符合学习者特征的课堂活动。但是与已有研究不完全相同的是,本研究的学习者主体原则一方面是指教师在设计差异化的汉语课堂活动时考虑学习者的文化背景及其个体差异,另一方面是指充分尊重学习者在汉语学习过程中的主体角色,以学习者为中心。

此外,在新西兰多元文化背景下设计差异化的汉语课堂活动还需要遵循重视文化因素、系统时效以及开放拓展三条原则。首先,新西兰汉语学习者的多元文化背景及其带来的个体差异对汉语课堂活动产生了不可忽视的影响。汉语教师志愿者在设计活动时存在难以找到平衡点、兼顾所有学习者的问题,因此设计差异化的汉语课堂活动时,应重视学习者的多元文化背景。其次,短期内无法看到结合学习者文化背景设计差异化汉语课堂活动的教学效果,需要在形成系统后观察到学习者的受益情况,因此差异化的汉语课堂活动需要经过一定的时间来验证其有效性。最后,结合学习者文化背景设计差异化的汉语课堂活动需要汉语教师志愿者培养自身开放包容的文化态度,积极主动学习新西兰多元文化,这样才能拓展活动设计的思路。

4.1.1 分组合作原则

在新西兰汉语教学中使用差异化教学方法,并不意味着汉语教师志愿者能每节课为每位学习者定制活动。由于时间和教师精力有限,这一点基本不可能实现。更可行的方式是分组,通过分组来最大限度地保证每位学习者的各项技能能够得到锻炼。这里的分组合作原则是指在新西兰汉语教学中,汉语教师志愿者以分组的方式对学习者进行差异化教学。

分组的标准多种多样,不尽相同。但是本研究结合学习者多元文化背景设计差异化的汉语课堂活动,因此学习者的文化背景是比较合理的分组标准。笔者曾经质疑按照文化背景分组的方式,担心会强化学习者的文化小圈,不利于之后的汉语教学。因此也曾尝试安排不同文化背景的学习者坐在一起。但是发现课堂秩序问题、课堂问题行为等增多,难以管理,教学效果并不好。后来了解到,新西兰虽然是多元文化的国家,但是由于文化种类多,各文化之间的融合度并不高。在校园中,学习者更愿意和来自同一文化背景的同学在一起学习玩耍。顺应这种主流趋势可以帮助教学顺利开展。

新西兰汉语学习者的族裔很多,因此在汉语课堂中无法做到对具体族裔进行分组,较好的方式是按照大的文化圈进行分组。新西兰大的文化圈主要有欧洲文化、毛利文化、太平洋文化、亚洲文化和难民文化五类。汉语教师志愿者可以将萨摩亚裔、纽埃裔、汤加裔等族裔归为太平洋裔,将华裔、印度裔、缅甸裔等归为亚裔等。大文化圈的学习者之间是具有一定的共同特征的,但也存在细微差异。因此这样分组可以减少对学习者文化抱团的担忧。

4.1.2 学习者主体原则

在新西兰汉语教学中,设计汉语课堂活动的差异化标准主要受学习者的文化背景及由其带来的个体差异的影响。因此汉语教师志愿者在设计差异化课堂活动时应遵守学习者主体原则。学习者主体原则是指新西兰汉语教师志愿者在设计差异化的课堂活动时充分尊重学习者在各环节的主体角色,以学习者为中心,在充分了解学习者的基础上设计活动。

在设计差异化汉语课堂活动的过程中,汉语教师志愿者需要充分尊重学习者的主体地位,这主要体现在以下三个方面。第一个方面是充分了解学习者的文化背景。汉语教师志愿者应通过各种途径,例如和学习者面谈、询问当地教师等,全面了解学习者的文化背景,对学习者的思维模式和行为方式有更加深刻的了解,从而在设计课堂活动时,能够结合学习者的文化背景和中国文化,为之后设计更有针对性的课堂活动打好基础,提高学习者对课堂活动的接受度和参与度。第二个方面是对学习者的个体差异有所了解。了解汉语学习者在学习风格、兴趣爱好、学习速度等方面的差异对于课堂活动的设计也很重要。学习者不会轻易接受和自己个体差异较大的教学风格。只有找准差异点,才能更有针对性地设计符合不同学习者的活动,否则会适得其反,给汉语课堂教学带来阻碍。第三个方面是在差异化的课堂活动中,汉语教师志愿者应给予学习者充足的自我发挥空间,鼓励学习者发挥主观能动性和创造力。汉语教师志愿者在有效监督的基础上减少对活动过程的干预,让学习者较为独立地完成活动,让学习者在完成任务的过程中发现自己的优势和不足,从而提高每一个学习者的学习能力。张希希(2001)指出,教学目标应是培养具有主体性的人,而人的主体性是在活动中生成的。这就要求汉语教师在课堂活动中,从主导者转变为组织者和旁观者,遵循以学习者为主体的原则。

4.1.3 重视文化因素原则

重视文化因素原则是指在新西兰汉语教学中,汉语教师志愿者提高自身感知各文化因素的能力,在设计差异化课堂活动时加强对学习者多元文化背景的重视,并将其作为设计活动的重要参考因素。

新西兰学习者的多元文化背景在汉语课堂中得到了较明显的体现。很多新西兰汉语教师志愿者在任教期间遇到了难以兼顾所有学习者的问题,这个问题长时间难以解决。主要原因是忽视了学习者的文化背景及其带来的个体差异对汉语学习的影响。新西兰汉语学习者的多元文化背景对汉语教师志愿者来说既是一种考验,也是一种资源。如果可以对学习者多元文化背景进行合理并充分的运用,将差异视为资源,可以取得意想不到的教学效果。因此新西兰汉语学习者的多元文化背景为汉语教师志愿者提供了设计差异化课堂活动的新视角。

汉语教师志愿者在结合新西兰学习者文化背景设计差异化的汉语课堂活动时可以从两方面加强对学习者文化因素的重视。一方面是明确尊重学习者文化背景的态度。教师应在设计活动时充分考虑新西兰各类文化背景,让来自不同文化背景的学习者均能感受到教师对其文化的重视,同时也能降低学习者的戒备感,促进其融入活动中。另一方面是通过文化对比提高学习者对活动的参与度。设计差异化活动时,教师可以对比新西兰各文化和中国文化的异同。对于相同的文化,例如某些游戏或者风俗习惯,可以结合在一起,从而拉近学习者与中国文化的距离;同时可以积极对比不同的部分,例如设计文化对比海报等,从而强调中国文化的独特魅力,加深学习者的印象,全面促进学习者对中国文化的理解。

4.1.4 系统周期原则

在新西兰汉语教学中,结合学习者文化背景设计差异化课堂活动的教学效果并不会在短期内凸显出来。这一活动设计方法需要经过一段时间形成系统,才能看出学习者的受益情况。因此差异化的课堂活动需要遵循系统时效原则。系统时效原则是指新西兰汉语教师志愿者在设计差异化的课堂活动时,需要在一定时间内形成其差异化课堂活动系统,之后才能验证其教学效果。

新西兰中小学一个学年共分为 4 个学期,每个学期 10 到 11 周。根据对汉语教师志愿者的调查和笔者的感受,第二学期是开始设计差异化课堂活动的最佳时期。在任教初期,汉语教师志愿者需要和学习者磨合,特别是在第一学期初期,对学习者的文化背景感知并不明显,也做不到精确确认,因此第一学期可以收集学习者的文化背景信息,充分了解学习者;第二学期可以开始进行差异化汉语课堂活动,并收集这一学期的教学成果,总结利弊;在第三学期,在改进第二学期不足的基础上,继续设计差异化的课堂活动;教学效果在第四学期最为明显,经过两个学期的实践,差异化汉语课堂活动已经形成了一定的系统,教师可以感受到差异化课堂活动的优势和不足,也能看到学习者取得的进步,从而不断提高差异化课堂活动的设计水平。

4.1.5 开放拓展原则

在其他四条原则的基础之上,新西兰多元文化背景下的差异化课堂活动设计还应该遵循开放拓展原则。开放拓展原则是指汉语教师志愿者对新西兰多元文化可以持有更加开放包容的文化态度,从而拓展根据学习者文化背景设计差异化课堂活动的思路。

汉语教师志愿者遵守开放拓展原则可以从以下三个角度入手。首先,可以进行课堂观摩。汉语教师志愿者通过观摩当地教师的课堂,一方面可以了解当地教学风格和常用的课堂活动,为设计汉语课堂活动提供借鉴,另一方面可以观察不同文化背景学习者的课堂表现,深入了解学习者。其次,可以充分利用在员工休息室的时间,和当地教师多交流。既可以向当地经验丰富的教师学习设计适合新西兰汉语学习者的课堂活动,还可以拉近和当地教师的距离,构建良好的同事关系,为课堂观摩等打好基础。最后,可以多参加新西兰任教学校的各类文化活动。文化活动可以展现新西兰的各文化风土人情,也能让汉语教师志愿者感受各类文化的特征,增强对学习者各种行为的理解能力。以上三个角度可以帮助汉语教师志愿者培养自身开放包容的文化态度,拓展文化视野,有助于现有差异化课堂活动的创新。

4.1.6 注意事项

在设计差异化的课堂活动时,除了需要遵循以上五条原则外,结合教学经历,在设计活动的前、中、后三个阶段还有一些注意事项。

在根据学习者文化背景设计差异化的课堂活动前,教师应该充分了解学习者的文化背景以及具体的文化差异,特别是文化禁忌。这对新手教师提出了较高的要求。在设计相关活动时应该做到心中有数,具体到细节,并多次检查。任何不确定的信息都需要和当地教师进行确认,以确定不存在误解,从而避免因文化差异带来的系列问题。例如,在太平洋文化中,"6"是一个不吉利的数字,因此避免将太平洋文化背景的学习者安排为第六组。此外,由于在同一节课同时进行不同的活动,教师应该设置清晰明确的任务。在解释任务要求时,由于无法同时解释,部分小组会出现吵闹的现象,所以可以提前给每组准备好任务卡,发放之后再进行任务解释。这样既给予小组充足的时间了解任务,也避免课堂秩序混乱。

在课堂活动分组进行时,教师应该严密把控活动全程。赵若含(2016)提出,课堂活动的目的并不是让学习者在课堂上单纯地放松或进行带有娱乐性质的游戏,而是通过更加轻松、自由的学习环境来掌握汉语知识,提高交际能力。因此教师应该对每一小组的任务执行情况做到心中有数,并及时提醒学习者集中注意力,在无形之中敦促学习者及时完成活动任务。在进行不同的活动时,准备一份任务考察表,对小组成员的完成情况进行记录,并在每节课结束后进行分数结算,从而保证对每节课每位学习者的学习情况有所了解。此外,除了监督学习者的学习情况,还应该观察学习者对活动的反应。活动中以学习者为主体,每个活动都应该根据学习者的实际反馈及时改进,从而取得最好的教学效果,同时提高教师设计差异化课堂活动的能力。最后,在多元文化背景下设计差异化的课堂活动对新手教师来说挑战较大。新手教师对新西兰的多元文化背景无法做到面面俱到,难免会出现问题,因此应积极和当地教师协同教学。王婧(2016)认为教师应该相互沟通,集思广益,预测活动中可能出现的问题,并积极思考解决办法,互相学习,弥补不足。协同教学一方面可以降低活动进行的难度,另一方面也可以加深教师对中国文化的了解。

课后汉语教师应该给予学习者及时的反馈。根据活动过程中的观察和记录,教师应针对不同学习者给出建议,例如任务量多少、完成情况是否合格以及需要改进的地方等。这样可以让每个学习者都清晰地感受到自己的进步和不足,从而逐步改进,最大限度地帮助每个学习者参与活动并提升交际能力。此外,课后教师还应该及时调整小组成员的设置,既可以对小组成员进行微调,也可以设定不同的角色,例如定期更换组内角色,如组长、发言人等。但是需要注意的是,教师应主动和小组成员进行沟通,在充分考虑小组成员意见的基础上,再进行改变,以避免引发抵触情绪等问题。最后,教师应进行整体反思,对活动设计进行总结。差异化的活动要求同一时间进行多项活动,所以教师应具有清晰的思路,例如对活动本身的情况、学习者活动完成情况以及过程中遇到的问题等,做到有条不紊、逻辑合理的分析和处理,从而保证对差异化的课堂活动进行宏观掌控。

4.2 多元文化背景下差异化课堂活动的利弊

通过结合自身教学经历及调查发现，根据学习者多元文化背景设计差异化的课堂活动既有优势，也存在局限。

4.2.1 优势

从学习者的角度出发，差异化的课堂活动更具有针对性，确保每位学习者都可以参加比较适合自己的活动，从而提高汉语水平和交际能力，保证汉语学习的公平性。差异化的课堂活动有利于学习者潜能的开发，扬长补短，在最适合自己的活动中发挥优势智能，增强自身的自信心。

从汉语教师志愿者的角度出发，首先，差异化的汉语课堂活动有利于提高教师自身的活动设计和组织能力，从而积累丰富的教学经验；其次，有利于提高教师管理课堂和处理突发事件的能力，从而积累较多的管理经验；最后，结合学习者的文化背景，有利于教师开拓自己的文化视野，展示汉语教师志愿者开放包容、平等尊重的文化态度，促进中新文化交流的同时，促进孔子学院志愿者项目的发展。

从汉语课堂的角度出发，结合学习者文化背景设计差异化的课堂活动，有利于丰富汉语活动形式，使汉语课堂活动更具趣味性、实用性和有效性，引起并保持学习者的学习兴趣；分组进行差异化课堂活动，将大型活动分解为小组活动，提升了课堂活动的质量，有利于保障活动的顺利进行。

4.2.2 挑战

对于学习者来说，多元文化背景下的差异化课堂活动可能无法与每位学习者完美契合。虽然教师争取做到最大限度地帮助每位学习者提升汉语水平，但是也只能以分组的形式，并以文化背景为依据，分析学习者的个体差异，从而较为宏观地帮助学习者找到最适合的课堂活动。此外，在差异化的课堂活动中，部分自制力较低的学习者无法集中全部注意力。因此，同样的活动对于不同的学习者来说，教学效果和目标完成情况并不相同。

对于汉语教师志愿者来说，设计差异化的汉语课堂活动会遇到较多的问题，面临很大考验。首先，汉语教师志愿者无法在短时间内充分了解所有的学习者，只能从宏观上把握学习者的特征。其次，将学习者的多元文化背景作为课堂活动差异化的依据，对汉语教师志愿者的文化素养要求很高。并且作为新手教师，志愿者对任教国家的文化不可能在短时间内透彻了解，因此有时不能准确地按文化背景分组。最后，汉语教师志愿者若稍有不慎会触碰文化禁忌以及引发部分文化冲突，这对其处理突发事件的能力构成了较大的挑战。

对于汉语课堂来说，差异化的课堂活动对课堂秩序提出了挑战。结合实践经历，在同步进行多项活动时,课堂秩序或多或少会出现混乱现象。即使认真完成任务的小组,也会因为讨论问题等显得比较吵闹,因此良好的课堂秩序难以保障。其次,差异化的课堂活动有时无法平衡教学内容和活动时间的比例。时间较短的活动可能导致新课学习时间太长,学习者容易感到疲惫;时间较长的活动可能导致新课学习时间太短,学习者无法真正掌握所学内容。因此,教学内容和活动时间之间的比例是一个值得探究的问题。

4.3 总结

综上所述,在新西兰汉语教学中结合学习者文化背景设计差异化的汉语课堂活动主要有分组合作、学习者主体、重视文化因素、系统时效和开放拓展五条原则。在此基础上,汉语教师志愿者在设计差异化的汉语课堂活动时需要注意文化禁忌、加强对学习者的监督以及及时反思等问题。多元文化背景下设计差异化的汉语课堂活动有利于提高活动的针对性,保障每一位学习者的汉语水平得到最大限度的提升,还可以促进教师提高活动设计能力和课堂管理能力。但是差异化的汉语课堂活动也存在一些不足,例如无法精准地与学习者的特征契合,并且对新手汉语教师志愿者提出了较高的要求。因此多元文化背景下设计差异化的汉语课堂活动有利有弊,需要扬长避短,不断改进。

第五节 MC 九年级汉语班课堂活动案例展示

5.1 MC 九年级汉语班课堂活动简介

MC 九年级汉语班的差异化课堂活动主要依据学习者的文化背景进行分组,共分为五个小组:欧洲文化小组、毛利文化小组、太平洋文化小组、亚洲文化小组和难民文化小组。活动模式是在同一个主题下,为这五个小组分配不同的课堂活动任务,并要求其在规定时间内完成,以获得该节课的活动成绩。MC 九年级汉语班每周共三节汉语课,一般情况下前两节课活动时间较少,第三节课以差异化汉语课堂活动为主。因此在 2019 年整个学年中,MC 九年级汉语班课堂活动频率是每周一次,共进行了 31 次课堂活动,其中包括 6 次全班课堂活动和 25 次差异化课堂活动。

MC 九年级汉语班在 2019 学年的活动情况具体如下:在第一学期的 11 周中,由于任教初期对学习者缺乏了解,并且需要互相磨合,因此前四周基本没有进行课堂活动,之后共进行了 6 次课堂活动,在最后一周进行考试。在第二学期的 11 周中,基于第一学期对学习者文化背景及个体差异的了解,开始尝试设计差异化的课堂活动,共进行了 12 次课堂活动。这些活动中,既有效果非常好的,也存在效果不理想的。因此在了解了学习者的看法后,做出了相应的调整。在第三学期的 10 周中,差异化的汉语课堂活动基本形成了系统,进行得比较顺利,共进行了 10 次课堂活动。在最后一个学期的 8 周中,由于正值学年末,学校以考试为主,因此共进行了 3 次课堂活动。2019 学年的课堂活动围绕表 6-9 中的主题展开。

表 6-9 MC 九年级汉语班 2019 学年课堂活动主题

第一学期	第二学期	第三学期	第四学期
名字	数字	身体部位及形容词	世界著名城市
国家	时间的表达方法	季节相关形容词	中国著名城市
年龄	我的家人	情绪相关形容词	中国著名景点
生日	喜欢/不喜欢做的事情	学习工具及部分量词	
属相	喜欢/不喜欢吃的水果	学校地点名称	
自我介绍	喜欢/不喜欢吃的蔬菜	部分方位词	
	喜欢/不喜欢的动物	部分关联词	
	喜欢/不喜欢的颜色	中国饮食文化介绍	
	喜欢/不喜欢的运动	端午节介绍	
	喜欢/不喜欢的季节	中秋节介绍	
	喜欢/不喜欢的书/电影/明星……		
	买卖水果		

5.2 MC 九年级汉语班课堂活动案例展示及分析

在 MC 九年级汉语班开展的汉语课堂活动中,根据学习者文化背景设计的差异化课堂活动虽获得了学习者的一致好评,但部分活动学习者认为还可以继续改进。通过问卷调查,学习者对参与过的课堂活动进行评分。经过梳理及分析,在满分 10 分的情况下,平均分为 0—5 分的课堂活动视为无效,8—10 分的课堂活动视为有效。下面从四个学期中选取四个无效及四个有效课堂活动案例进行展示及分析。

5.2.1 无效活动展示及原因分析

选择以下四个活动作为无效活动的原因有三。一是学习者的反馈不佳。在满分 10 分的情况下,部分课堂活动获得的平均分低于 5 分,并且学习者的反馈结果整体一致,表明这些活动效果不佳。二是活动目标并未实现。活动结束后,笔者会记录学习者任务完成情况或者抽查部分学习者。在以下四个活动中,笔者发现多数学习者没有完成任务或者小组合作完成了任务,但是抽查时发现学习者并未巩固所学知识,没有真正达到预期的活动目标。三是活动实施过程相对混乱。通过对活动过程的观察发现,部分学习者在活动过程中敷衍了事,脱离课堂,干扰其他学习者,阻碍了活动的顺利开展。出现这类现象的主要原因是在设计课堂活动时并未兼顾所有学习者,部分学习者对活动的参与度不高,降低了活动有效性。

5.2.1.1 无效活动展示

第一学期无效活动(以下简称 T1NA)

活动对象:MC 九年级汉语班,班容 25 人。

学习者评分:3.9 分

活动内容:自我介绍(姓名、国家、年龄、属相和生日)

活动目标:让学习者更加熟练地掌握对姓名、国家、年龄、属相和生日方面的自我介绍内容。

活动时间:15 分钟

活动地点:MC S7 教室

活动教具:人物信息卡、人物信息记录表。

活动步骤:

1. 教师给每位学习者发放一张人物身份信息卡(1 分钟)。
2. 每位学习者在十分钟之内采访至少四位学习者(10 分钟)。
3. 采访时间结束后向教师至少汇报两位学习者的信息(2 分钟)。
4. 教师记录学习者的任务完成情况(2 分钟)。

第二学期无效活动(以下简称 T2NA)、第三学期无效活动(以下简称 T3NA)、第四学期无效活动(以下简称 T4NA),详见第六章附录二。

5.2.1.2 无效活动原因分析

无效活动的原因可以从学习者和汉语教师志愿者两个方面进行分析。

这四个无效活动的共同问题是缺乏对学习者充分的了解。首先,缺乏对学习者文化背景因素的重视。在 T1NA 和 T2NA 中,基本未涉及学习者的文化背景,在 T3NA 和 T4NA 中,学习者的分组标准是文化背景,但是对学习者的文化背景没有深入考虑。其次,缺乏对学习者个体差异的考虑。(1)缺乏对学习者汉语水平的考虑,例如 T1NA,难度较高,学习者需要采访五个方面的信息,再如 T4NA,一方面学习者要查阅关于中国城市的资料,另一方面还需要在有限的时间内进行展示,对于零基础的学习者来说挑战较大。(2)缺乏对学习者性格的考虑。例如 T1NA 和 T2NA 需要学习者之间较多的对话,但是 MC 九年级汉语班大部分学习者在课堂中,特别是在教师面前非常腼腆,不愿意和其他学习者主动交流,也不愿意分享信息,因此学习初期对于采访形式的课堂活动比较排斥。(3)缺乏对学习者兴趣的考虑。调查结果显示,学习者对中国文化方面内容比较感兴趣,并且倾向于教师讲解的方式,因此出现了对 T4NA 评价不高的现象。学习者们从未来过中国,中新两国距离遥远,学习者对中国城市不了解,在活动中也没有代入感,如果可以增加对新西兰城市的介绍,效果会比较好。

在这四个无效活动中,教师参与度较低,都只是给出最后的点评,缺乏与学习者互动的过程。一方面无法深入了解学习者的任务完成情况,另一方面活动全程以学习者为主体,学习者容易分心,从而导致课堂秩序混乱。教师没有做到对活动全程进行有效把控和监督。例如T1NA和T2NA,采访过程中部分学习者会趁机开小差,扰乱课堂秩序,有效的把控和监督是非常必要的。此外,在部分活动中,教师的工作量过大,因此难以保证工作质量,无法兼顾每位学习者。例如T1NA,每位学习者需要向教师介绍两位人物的信息,25位学习者,工作量着实很大,时间又有限制,因此整体活动效果不是很好。教师在部分活动中没有进行有效分组,也是活动无效的原因之一。一方面,不分组对新手教师的课堂管理能力要求较高,另一方面,统一节奏的活动并不适用于每位学习者,也不利于他们团队精神的培养。最后,这四个活动部分环节的时间安排略有问题,时间设置太过紧张,一方面学习者压力过大,另一方面教师也无法在充足的时间内了解学习者的活动完成情况,例如T3NA和T4NA的展示环节。

5.2.2 有效活动展示及原因分析

选择以下四个活动作为有效活动的原因有三。一是学习者的反馈较好。在满分10分的情况下,部分课堂活动获得的平均分高于6分,并且学习者对活动给出了较高的评价,可见活动进行得较为成功。二是基本实现活动目标并进行了差异化的课堂活动,兼顾了所有学习者。通过检查发现,多数学习者能够通过活动巩固所学内容,少数学习者在教师的提示下也可以顺利通过检验。在以下活动中,很多学习者向教师反映自己真正地体验了汉语学习的苦与乐,并顺利地完成了适合自己的任务,成就感较高,收获很大,这也是将这些活动确定为有效活动的重要考量因素。三是活动实施过程顺利有序。以下差异化的汉语课堂活动基本保证了学习者的参与度,并且活动节奏相对紧凑,每个学习者都有自己的任务,因此基本没有出现学习者脱离课堂、干扰同学的问题行为。学习者沉浸在课堂活动中,顺利地完成了活动任务。综上,选择以下四个活动作为有效活动进行展示。

5.2.2.1 有效活动展示

第一学期有效活动(以下简称T1A)

活动对象:MC九年级汉语班,班容25人。

学习者评分:6.5分

活动内容:国家(你来自哪里?我来自+国家)

活动目标:让学习者掌握介绍自己国家的句型。

活动时间:20分钟

活动地点:MC S7 教室

活动教具:地图卡

活动步骤:

1. 教师给每位学习者发放地图卡(1 分钟)。

2. 学习者在地图中找到自己的国家,并标红(2 分钟)。

3. 学习者在 5 分钟内询问其他同学,相同国家的学习者划为一组并选出组长,单独一个人的学习者单独为一组(7 分钟)。

4. 各组组长到前边标出小组国家,并使用句型"我来自＋国家"介绍,选一个小组询问"你来自哪里?",下一小组组长作答(5 分钟)。

5. 教师进行总结,并针对每组的表现给出评价(5 分钟)。

第二学期有效活动(以下简称 T2A)、第三学期有效活动(以下简称 T3A)、第四学期有效活动(以下简称 T4A),详见第六章附录三。

5.2.2.2　有效活动原因分析

有效活动的原因同样可以从学习者和汉语教师志愿者两个方面进行分析。

对于学习者来说,首先,这四个活动充分考虑了学习者的文化背景,增强了学习者的文化归属感。在拉近学习者与汉语之间距离的同时,让学习者感受到了教师对其自身文化的尊重和包容,从而提高了学习者对汉语课堂活动的接受度。例如,在 T1A 中,学习者非常愿意在地图上标注自己的国家并进行介绍;在 T2A 中,学习者们可以选择自己国家的水果进行买卖,非常亲切。其次,这四个活动充分考虑了学习者由多元文化背景带来的个体差异,例如学习者的性格、爱好以及学习风格等。例如,这四个活动均没有强制性的展示要求,符合 MC 九年级汉语班多数学习者不喜欢在班级展示的特点。最后,学习者在这四个活动中均得到了较好的交流机会。交流方式由原来的班级交流转换成组内交流,降低了学习者的焦虑感。

对于汉语教师志愿者来说,首先,教师课前的充分准备促进了活动的有效进行。例如,在 T3A 和 T4A 中,教师必须为每个小组提前准备,才能保证各活动同步开始和进行,否则课堂会陷入混乱。在 T2A 中,教师对活动过程要有清晰的了解,才能让活动运行起来,因此提前准备非常重要。其次,教师充分地参与活动,也是活动有效的原因之一。教师在活动中参与度很高,并且是在无形之中的参与,既做到了对学习者活动过程的监督,也是活动的组织者和参与者,同时提高了自身把控活动的能力。最后,活动有始有终,活动环节完整。教师均对学习者在活动中的表现进行了反馈,对优点进行奖励,对不足进行总结,让学习者们清晰地知道自己该如何调整学习方向。此外,教师的评价机制较为多元,既有个体评价,也有小组评价。这样的评价方式不仅不会打击学习者的学习劲头,而且可以增强学习者团队合作的意识。

5.3 总结

在对四个学期有效及无效活动案例进行分析后发现，有效的差异化汉语课堂活动应具备四点特征。第一点是课前教师要有充分的准备。在设计不同小组的活动时，要确保条理清晰、流程可操作。也要重视学习者的文化背景及个体差异，对可能出现的问题进行预测，从而保障差异化课堂活动的顺利、同步开展。第二点是活动前的分组。新西兰差异化的课堂活动根据学习者的多元文化背景对学习者进行分组。课堂活动内容的选择最好和学习者的文化背景息息相关，这样可以拉近学习者与汉语和中国文化的距离。第三点是差异化的课堂活动更要求教师对学习者活动进行严格的把控和监督，促进全员参与，从而对学习者的参与情况有清晰的了解，并且教师也需提高自身参与度。第四点是活动结束后教师应对活动情况和学习者的表现做出反馈，帮助他们有针对性地提高汉语水平。以上四点特征对于设计新西兰差异化的汉语课堂活动意义重大，特别是根据学习者文化背景分组以及选择活动内容，是保证活动成功的关键因素。

第六节　结语

6.1 本研究小结

本研究基于新西兰曼格雷高中的汉语教学实践展开。在 MC 任教初期发现，MC 九年级汉语班学习者对汉语课堂活动反应不一，并且这种现象多次出现。多次尝试调整汉语课堂活动后，活动效果依旧不佳。直到观摩了 MC 指导教师的差异化汉语教学后，笔者深受启发，认为结合 MC 九年级汉语学习者的文化背景将汉语课堂活动差异化值得尝试。通过查阅与差异化教学方法相关的研究文献，了解了差异化教学的方法、原则以及实施过程，之后在深入了解学习者文化背景的基础上仔细观察并记录九年级汉语班不同文化背景学习者的课堂表现，梳理异同，并据此对学习者进行分组，开始尝试设计差异化的汉语课堂活动。在这一过程中，通过问卷调查和访谈了解学习者对差异化汉语课堂活动的看法和建议，不断进行调整改进，此外还调查了新西兰其他汉语教师志愿者的看法。总结得出了在新西兰多元文化背景下差异化汉语课堂活动设计的相关内容。首先，本研究将新西兰差异化汉语课堂活动定义为"新西兰汉语教师志愿者在结合学习者文化背景的基础上，通过了解其个体差异而设计的差异明显、针对性强的汉语课堂活动"。其次，新西兰汉语学习者的文化背景有新西兰欧裔、毛利裔、太平洋裔、亚裔和难民裔，因此差异化的课堂活动可分为五组，并从学习者和课堂活动两个层面选择内容，其具体流程由课前准备、课中进行和课后收尾三个阶段构成。最后，设计差异化汉语课堂活动有分组合作、学习者主体、重视文化因素、系统时效和开放拓展五条原则及文化禁忌等注意事项。本研究认为，新西兰汉语学习者具有多元文化背景对汉语教学特别是课堂活动设计会产生较大的影响，不应忽视。合理地利用学习者的文化背景差异，设计差异化的汉语课堂活动，有助于提高汉语教学的公平性，丰富汉语课堂的教学形式，促进教学目标的完成，最后还能展示汉语教师志愿者的文化态度，促进中新文化交流。

6.2 与已有研究的比较

本研究和已有研究的不同可以从理论基础和实践研究两个方面进行比较。从理论基础来看，本研究将新西兰汉语学习者的多元文化背景作为差异化教学的主要标准，将因文化背景差异带来的个体差异作为差异化教学的次要标准，从而将差异化教学理论运用在汉语课堂活动的设计中。在已有研究中，多数研究者的差异化标准是教学环节的差异化，例如教学内容、教学过程和教学成果等（Bovee，2013），还有部分学者认为差异化的标准应以学习者的个体差异为主，例如性别、年龄、爱好、学习风格等（毕琴，2013；于明娇，2019）。在对新西兰汉语学习者的研究中发现，多元文化背景是新西兰汉语学习者非常突出的特征，是最适合新西兰汉语课堂活动差异化的标准。从实践研究来看，本研究主要针对新西兰具有多元文化背景的汉语学习者的课堂活动设计。在已有研究中，针对新西兰汉语课堂活动方面的研究少之又少。主要可分为三类，第一类是对新西兰汉语教学文化活动设计的研究。既包括对节日文化活动设计原则的研究（陈童童，2017），也有关于运用任务型教学法设计文化活动过程方面的研究（周梦云，2018），还有对文化教学内容选择原则的讨论（刘圣钊，2018）。第二类是对新西兰汉语教学课堂活动设计的整体研究，研究者提出了汉语课堂活动设计的目的性、参与性、针对性、可行性等原则（宋娇，2014），也发现了课堂活动应随学习者特征有所变化（章晓琪，2015），并且学习者最喜欢互动性比较强的汉语课堂活动（赵扬，2018）。第三类是对一些具体课堂活动在新西兰汉语课堂上运用的研究，例如儿歌对于汉语课堂活动来说是一种有效的辅助手段（胡茜，2017），相关的韵律活动也能够有效地激发学习者的学习劲头（朱怡，2014），游戏对于汉语知识的内化和重构具有重要意义（彭峥，2017）。可见根据新西兰学习者多元文化背景设计差异化汉语课堂活动的研究是很好的补充。

本研究的创新点在于将差异化教学理论运用到新西兰汉语课堂活动设计中，并且以新西兰汉语学习者的多元文化背景作为设计差异化汉语课堂活动的主要标准。本研究的主要成果是在新西兰多元文化背景下差异化汉语课堂活动的分类、内容选择、实施过程以及设计原则等内容。

6.3 本研究的局限

本研究也存在一定的局限。首先,由于客观条件限制,对其他汉语教师志愿者的教学对象并没有开展调查,因此只了解了其他汉语教师志愿者的看法,缺乏对其教学对象对差异化汉语课堂活动看法的了解,如果补充这方面的材料,会让研究结论更具普遍性和说服力。其次,本研究是基于差异化教学理论和课堂活动设计理论进行的,和新西兰汉语教学相关的研究联系较少,有些问题还未得到解决,例如新西兰汉语教师志愿者如何通过更好的方式了解学习者的文化背景及相关文化,如何平衡新西兰差异化汉语课堂活动和教学内容的时间比例问题,如何解决新西兰差异化汉语课堂活动中出现的课堂管理问题。

新西兰的汉语教学发展势头良好,但在汉语课堂活动设计方面的研究却相对匮乏。本研究从新西兰汉语学习者的角度出发,尤其是考虑到他们的文化背景,探讨汉语课堂活动的设计。这样的研究对于新西兰汉语教学界来说是非常必要的,它为教学实践提供了宝贵的资源。期待有更多的研究者投身于这一领域。在今后的教学工作中,笔者将继续探索差异化汉语课堂活动设计的方法,总结相关经验,为汉语教学的发展贡献力量。

(石玥 吴成年)

参考文献

著作

杜威. 民主主义与教育[M]. 王承绪,译. 人民教育出版社,1990.

荷克丝. 差异教学:帮助每个学生获得成功[M]. 杨希洁,译. 中国轻工业出版社,2004.

刘珣. 对外汉语教育学引论[M]. 北京语言文化大学出版社,2000.

Asher J J. Learning another language through actions[M]. Sky Oaks Productions,1977.

Cash R M. Advancing differentiation: thinking and learning for the 21st century[M]. Free Spirit Publishing,2011.

Davis K, Christodoulou J, Seider S, et al. The theory of multiple intelligences[M]// Sternberg R J, Kaufman S B(eds.). Cambridge handbook of intelligence. Cambridge University Press, 2011.

Gardner H. Frames of mind: the theory of multiple intelligence[M]. Basic Books,1983.

Gardner H. Intelligence reframed: multiple intelligence for the 21st century [M]. Basic Books,1999.

Graeme L. Pacific New Zealand[M]. David Ling Publishing,1996.

Heacox D. Making differentiation a habit: how to ensure success in academically diverse classrooms[M]. Free Spirit Publishing,2009.

Lazear D G. Teaching for multiple intelligences[M]. Phi Delta Kappa,1992.

O'Brien T, Guiney D. Differentiation in teaching and learning: principles and practice[M]. Bloomsbury Publishing, 2001.

Prabhu N S. Second language pedagogy[M]. Oxford University Press, 1987.

Strickland C. Tools for high-quality differentiated instruction: an ASCD action tool[M]. ASCD, 2007.

Tomlinson C A. How to differentiate instruction in academically diverse classrooms[M]. 3rd ed. ASCD, 2017.

Tomlinson C A, Imbeau M B. Leading and managing a differentiated classroom[M]. ASCD, 2010.

Tomlinson C A, McTighe J. Integrating differentiated instruction and understanding by design: connecting content and kids[M]. ASCD, 2006.

Tomlinson C A, Moon T R. Assessment and student success in a differentiated classroom[M]. ASCD, 2013.

期刊论文与论文集论文

毕琴. 基于学习者个体差异的二语习得与外语教学研究[J]. 海外英语, 2013(18).

达尔特. 新西兰:两种不同文化汇合的地方[J]. 科技潮, 1999(2).

胡鉴忠. 浅议学生的个性差异和差异教学[J]. 读与写(教育教学刊), 2008(2).

姜智, 华国栋. "差异教学"实质刍议[J]. 中国教育学刊, 2004(4).

李吉. 差异教学:一种有效的课堂教学策略[J]. 基础教育参考 2008(10).

梁晓芳, 孙丹丹. 试析差异教学的实施策略[J]. 科教文汇, 2009(2).

刘瑾. 浅议差异化教学[J]. 长春教育学院学报, 2013(18).

刘圣钊. 汉语国际教育课堂中的文化教学探析:以新西兰奥克兰地区为例[J]. 大众文艺, 2018(15).

牛楠楠. 试论差异教学的教学原则[J]. 临沧师范高等专科学校学报, 2009(3).

彭慧. 差异教学的支撑元素[J]. 现代教育, 2016(5)a.

彭慧. 差异教学的过程意蕴[J]. 教学与管理, 2016(31)b.

孙德坤. 关于开展课堂教学活动研究的一些设想[J]. 世界汉语教学, 1992(2).

田雪蓉. 中国手语与对外汉语教学关系初探:以新西兰小学对外汉语课堂为例[J]. 现代交际, 2019(5).

王芳, 李训文. 试论差异教学的实施环节[J]. 文教资料, 2011(22).

杨文惠. 论对外汉语教学中差异共享的教学策略[J]. 牡丹江师范学院学报(哲社版), 2008(6).

岳超楠. 差异教学的实施策略[J]. 浙江海洋学院学报(人文科学版), 2009(1).

曾继耘. 差异教学研究的路径与范畴[J]. 教育导刊, 2009(10).

曾继耘. 差异课堂教与学的行为分析[J]. 教育理论与实践, 2010(9).

张福生. 差异教学及其实施途径[J]. 沈阳师范大学学报(社会科学版), 2004(5).

张希希. 对活动教学理论若干问题的探讨[J]. 西南师范大学学报(人文社会科学版), 2001(3).

朱文红. 丰富充实 曲折有致:谈谈写作中的插叙[J]. 教育教学论坛, 2010(7).

Boss J A. The autonomy of moral intelligence[J]. Educational theory,1994,44(4).

Hoerr T R. How our school applied multiple intelligences theory[J]. Educational leadership,1992,50(2).

Nolen J L. Multiple intelligences in the classroom[J]. Education,2003,124(1).

Nunan D. Communicative tasks and the language curriculum[J]. TESOL quarterly,1991,25(2).

Posner M I. Neural systems and individual differences[J]. Teachers college record,2004,106(1).

Thomas S. Impact of differentiation on student engagement[C]// Illinois Wesleyan University. 29th Annual JWP Conference,2018.

Tomlinson C A. Reconcilable differences? Standards-based teaching and differentiation[J]. Educational leadership,2000,58(1).

Tomlinson C A. Traveling the road to differentiation in staff development[J]. Journal of staff development,2005,26(4).

Tomlinson C A. The Goals of differentiation[J]. Educational leadership,2008,66(3).

硕士学位论文

白婉莹.基于在线平台的新西兰中小学汉语词汇教学研究[D].北京师范大学,2018.

陈曲.课堂活动在对外汉语教学中的应用研究[D].陕西师范大学,2014.

陈童童.新西兰小学阶段文化活动的设计与实践:以奥克兰市四所小学为例[D].西安外国语大学,2017.

范彩霞.对外汉语教学中的课堂活动[D].黑龙江大学,2011.

方婷婷.新西兰秋藤中学初级汉语主题式教学设计与实施研究[D].北京师范大学,2018.

付晨颖.菲律宾汉语课堂活动研究:以義德中学为例[D].兰州大学,2018.

高冰.新西兰初级阶段汉字教学方法探析[D].华中科技大学,2015.

高蒙蒙.对新西兰哈特地区汉语教学调查研究:以 Ss Peter and Paul 和 St Joseph's 两所小学为例[D].厦门大学,2018.

高燕.新西兰毛利人教育政策的历史发展研究与启示[D].西北师范大学,2010.

郭慧晶.差异教学在对外汉语教学中的应用研究:以韩国忠南大学孔子学院 STEP 班为例[D].山东大学,2012.

胡茜.儿歌在新西兰小学汉语教学中的应用[D].华东师范大学,2017.

黄书生.差异教学的内涵、价值及其基本策略研究[D].杭州师范学院,2006.

开天.新西兰汉语助教项目的功效与价值:基于奥克兰地区部分学校的调查研究[D].上海交通大学,2015.

李晓微.21世纪新西兰毛利人教育政策内容分析[D].西北师范大学,2013.

刘倩.新西兰儿童汉语词汇教学行动研究[D].上海外国语大学,2018.

刘扬.基于多元智能理论的少儿对外汉语课堂活动设计:以新西兰 Queenstown Primary School 汉语教学为例[D].华中科技大学,2016.

吕卓阳.TPR 教学法在新西兰中小学汉语教学中的应用研究:以新西兰卡哈鲁阿学校为例[D].

吉林大学,2018.

闵丽.《体验汉语》(初中第一册)课堂活动设计:以泰国沙缴府素帕为小学 2011—2012 学年对外汉语教学为例[D].郑州大学,2012.

牛薇薇.差异教学在非目的语环境下的运用研究[D].安阳师范学院,2018.

欧亚婷.新西兰毛利学生汉语课堂学习行为分析:以 Kawerau 地区为例[D].厦门大学,2018.

彭峥.游戏教学法在新西兰中小学汉语教学中的应用研究:以但尼丁四所中小学为例[D].华中科技大学,2017.

宋娇.针对新西兰小学的汉语课堂活动设计及其实践研究[D].上海交通大学,2014.

王婧.时事中国语社《中国语Ⅰ》课堂活动设计:以韩国大邱信明高中为例[D].广东外语外贸大学,2016.

王鹿鸣.游戏教学法在新西兰小学汉语课堂中的应用研究[D].北京师范大学,2018.

王茜.不同背景学习者学习汉语的动机分析:以新西兰中学生为例[D].上海交通大学,2015.

王舒.课堂活动在初级综合汉语教学中的应用:以《香蕉多少钱一斤》为例[D].渤海大学,2015.

王旭玲.论对外汉语课堂活动的有效性[D].苏州大学,2016.

吴思雨.主题式教学模式在初级汉语教学中的应用研究:以新西兰北岸三所学校为例[D].上海外国语大学,2019.

谢婷.新西兰中小学生汉语学习策略研究[D].中央民族大学,2018.

杨阳.斯里兰卡初级汉语课堂活动设计的初探[D].重庆师范大学,2013.

于明娇.以兴趣为导向的泰国汉语教学案例分析:以蒙塔朗中学为例[D].西安石油大学,2019.

于馨雅.匈牙利儿童汉语教学中的课堂活动研究[D].北京外国语大学,2014.

张博楠.活动教学法在中级对外汉语阅读课的应用研究:以蒙古国立大学孔子学院阅读课堂教学为例[D].渤海大学,2018.

张静文.新西兰惠灵顿 TE ARO 小学孔子课堂汉语教学情况研究[D].厦门大学,2018.

张丽平.《博雅汉语》(高级飞翔篇Ⅰ)课堂活动设计[D].广西大学,2013.

章晓琪.新西兰小学汉语课堂活动与管理设计:以新西兰南岛小学为例[D].华中科技大学,2015.

赵若含.对外汉语初级口语课交际性课堂活动设计:以《你会包饺子吗?》为例[D].渤海大学,2016.

赵扬.基于互动教学理念的新西兰小学汉语课堂活动设计与教学实践[D].北京师范大学,2018.

郑蔚.新西兰中学汉语课个别教学案例研究[D].北京师范大学,2016.

周梦云.新西兰但尼丁中小学汉语教学及文化活动分析[D].华中科技大学,2018.

朱怡.韵律活动运用于新西兰儿童汉语课堂的教学设计[D].上海交通大学,2014.

邹德贞.泰国小学汉语教学课堂活动探讨[D].中央民族大学,2012.

俎敬敬.对蒙留学生初级汉字教学课堂活动研究[D].东北师范大学,2017.

Bovee L M. Classroom differentiation: implementing Howard Gardner's theory of multiple intelligences in the LD classroom[D]. Texas State University,2013.

（以下附录内容请扫描封底二维码获取）
附录一 MI 的八种智能表
附录二 第二、三、四学期无效活动举例
附录三 第二、三、四学期有效活动举例

第七章　新西兰中小学汉语教学本土化、现代化与教学设计探析

第一节　新西兰中小学汉语课堂活动设计本土化探析

【摘要】新西兰中小学汉语教学的环境与汉语教师志愿者较熟悉的国内环境相差很大,设计适合当地背景的教学活动至关重要。本节基于新西兰中小学的教学实践和相关调查研究,从三个方面探讨新西兰课堂活动设计的本土化问题:新西兰中小学汉语课堂活动设计的教学环境特点,课堂活动设计本土化面临的挑战,推进汉语课堂活动设计本土化的相应对策。

随着中国的崛起,汉语学习在新西兰的需求与日俱增,汉语教学在新西兰也快速发展。2019年,新西兰三所孔子学院共接收了157名国际汉语教师,其中留任汉语教师志愿者为15位,公派汉语教师15位,剩下127位皆为新增汉语教师志愿者,他们大多是没有海外汉语教学经验的在读硕士研究生。在这支年轻的队伍中,83%的教师负责中小学的汉语教学工作,需独立授课。由于缺乏本土教学经验,汉语教师志愿者往往要在设计汉语课堂活动上花费大量的时间和精力,"摸着石头过河"的状态甚至可能持续到新西兰学校第三学期(新西兰学校一年共四学期)。如何推进课堂活动设计本土化是新西兰汉语教师志愿者在实践中最关心的问题。

目前,在中国知网以"汉语课堂活动设计"和"本土化"为关键词进行交叉搜索还未出现相关文献。以新西兰为国别的课堂活动设计研究也较少,主要是往届汉语教师志愿者的硕士学位论文。宋娇(2014)针对课堂活动主题设计进行了前期分析,并提出设计原则。陈德君(2017)将任务型教学法、主题式教学法和游戏教学法相结合,提出设计动静结合、小组与个人并存的汉语课堂活动。针对不同的教学对象,张静文(2018)根据学生的汉语水平和年级设计汉语课堂活动。郑丹丹(2015)致力于研究新西兰华裔与非华裔学生混合班级的汉语课堂活动设计。针对不同的教学模式,张露(2018)和吴思雨(2019)分析了协作教学和主题式教学模式下的汉语课堂活动设计。另外,彭峥(2017)、朱怡(2014)、陈童童(2017)分别对游戏活动、韵律活动、文化活动三个具体的课堂活动类别展开分析。

课堂活动是语言教学的一个重要环节,课堂活动的开展是为了更好地服务于教学

（宋娇，2014）。如果能帮助汉语教师志愿者提升本土课堂活动设计的能力，可以更好地促进汉语在新西兰的推广。本节结合笔者的教学实践和相关调查，探讨新西兰中小学汉语课堂活动设计本土化面对的挑战及相应对策。

1.1 新西兰汉语课堂活动设计的教学环境特点

在研究汉语课堂活动设计本土化之前，对新西兰中小学的教学对象、教学模式和教学目标等教学环境特点进行简要的分析。

1.1.1 教学对象

新西兰是一个由移民形成的多民族国家，居民以欧洲后裔和毛利人为主，还有近年来移民到新西兰的亚洲人和岛国人。尽管不同地区人种分布各有偏重，但在各所中小学校园里都可以看到不同文化背景的学生。国内的汉语教学工作者在设计课堂活动时，首先考虑的是课堂活动是否符合教学内容的需要，是否能够达到相应的教学目标。而在新西兰，由于没有指定的汉语教学内容，且学生文化背景各异，如何因材施教才是汉语教师志愿者在设计课堂活动时需要着重考虑的问题。在这种背景下，新西兰的汉语课往往没有严格的教材和内容要求。孔子学院派出的汉语教师大多一人负责多个学校的教学工作，且以综合课为主。教师们根据不同特点的学生需求，参考孔子学院制定的教学大纲，和指导教师共同商定教学计划。

1.1.2 教学模式

大部分汉语教师志愿者在新西兰中小学任教是没有自己的中文教室的。据调查[①]，81%的汉语教师志愿者采用"走班"的授课形式，在固定时间到各个班级进行授课。每个班级都有一位 Room Teacher，相当于中国的班主任。Room Teacher 在固定的教室进行教学和办公，负责班级学生的阅读、写作、数学等全科教学（特殊课程除外）和管理工作。由于汉语教师志愿者不具备新西兰教学委员会颁发的教师资格证书，所以独立授课时需要一位本地教师在旁协助。本地教师通常就是每个班级的 Room Teacher。所以，新西兰中小学的汉语课普遍采用协作教学的模式：汉语教师主讲，Room Teacher 维持班级秩序，处理突发事件。两位教师相互配合，协作教学。

1.1.3 教学目标

新西兰教育致力于培养有自信、易沟通、积极参与的终身学习者。这和我国的培养理念有一定差别，所以需要非本土的汉语教师快速转变教学观念，边教汉语边学习本土教学方法。首先，课堂反馈要对学生多肯定、少否定。新西兰的学生是在鼓励式的环境下长大的，中式的批评容易打击学生的自信心。其次，引导学生在实践中学习。好的汉

---

① 本节对 2019 年新西兰汉语教师志愿者进行问卷调查，接受问卷调查人数为 56 人，回收有效调查问卷 50 份。

语教师会创造条件让学生开口,帮助他们运用汉语进行交流,同时引导学生自己去探索汉语知识,形成自主学习的习惯。最后也是最重要的,培养学生的汉语学习兴趣。新西兰提倡快乐教学,让孩子们在游戏中发现学习的乐趣,从而激发其学习动力,日后即便无人督促,孩子们也能自学不辍。李宇明(2018)指出,由于少年儿童凭兴趣习得语言,"易于学得地道,易于建立语感,易于产生语言感情,甚至产生语言认同;这种语言感情、语言认同,常可发展为文化兴趣、文化好感,甚至产生跨文化认同"。

1.2 新西兰汉语课堂活动设计本土化面临的挑战

1.2.1 本土教学对象带来的挑战

新西兰的教学以学生为中心。教师不受教材的束缚,根据教学大纲和学生特点自主设计课堂活动。这给了汉语教师志愿者很大的自由,但同时也对其教学能力提出了更高的要求,特别是对于教学经验不足的新手汉语教师志愿者而言,压力较大。因为受不同历史文化的影响,新西兰中小学生在汉语水平、民族文化、性格上都有着较大的差异。教师在尊重学生的个体差异和当地文化差异的情况下,如何设计有效的汉语课堂活动是亟待解决的问题之一。

1.2.1.1 汉语水平差异

汉语水平差异更多体现在华裔学生与非华裔学生混合的班级。这样的班级在新西兰中小学并不少见,尤其是私立学校。学生汉语水平上的巨大差异造成学习的不公平。华裔学生的汉语水平远高于非华裔学生,语言上的优越感使华裔学生喜欢在汉语课上表现自己或是觉得太简单而轻视汉语课。而非华裔学生在这样的环境下很容易受挫,丧失学习自信心。所以,设计能让华裔和非华裔学生同时参与的课堂活动并不容易。

1.2.1.2 民族文化差异

新西兰政府鼓励多元文化自由发展、相互融合。在不同的历史与文化背景的影响下,不同民族的学生也是各有特点,大体上可以概括为:欧裔学生开朗活泼、积极主动,然而有时过于张扬;亚裔学生踏实努力,但也安静内敛,不爱表现;毛利学生和太平洋岛裔学生淳朴粗犷,相对懒散,擅长歌舞与绘画,对于外来文化接受程度较高。面对这种多元并存的文化环境,汉语教师需要更多的时间来了解自己的学生以及其背后的文化,课堂活动的设计更是难以照顾到每一个学生。

1.2.1.3 个性差异

多元化的社会背景也使得新西兰的中小学生具备很强的个性。新西兰的教育体制也注重学生的个性发展,鼓励学生在活动中发现并培养自己的特长。发扬个性是值得鼓励的,但是过于强调个性却为汉语教学带来困扰。在新西兰课堂经常遇到这样的情况,无论做什么活动总会有个别学生不配合。这些学生会以自己不擅长该项活动为由而拒绝参与。甚至有学生会说自己不擅长学习语言、不擅长学习汉语，拒绝参与汉语课堂活动，阻碍汉语教学的进行。

1.2.2 本土教学模式带来的挑战

新西兰"走班"式的汉语授课形式和协作教学的模式为开展汉语课堂活动带来很多不可控因素，这是汉语教师在设计课堂活动时需要接受的挑战。

1.2.2.1 不同班级的硬件设施和教学风格

"走班"授课的教学方式有很多不确定因素。首先，每个班的硬件设施都不相同，这就要求教师有多套课堂活动方案。例如，有的班级投影仪投影效果不好，教师须设计不依赖幻灯片的课堂活动；有的班级课桌分散，教师则要准备分组活动保证学生的参与度；有的班级之间是相通的，教师则需要控制活动音量以免影响其他班级授课。其次，除了硬件设施以外，受 Room Teacher 授课习惯的影响，每个班级的学习风格也不尽相同。有的班级学生习惯于坐在座位上学习，有的班级学生习惯围坐在地毯上学习；有的班级学生喜欢游戏活动，有的班级学生喜欢歌舞活动；有的班级学生倾向于室内学习，有的班级学生偏爱户外活动；等等。如果汉语教师不顾学生的习惯强行要求学生按照教师自己的方式上课，很可能会引起学生的抵触心理。

1.2.2.2 Room Teacher 的态度

汉语教师志愿者与本土教师协作教学是一种较为理想的教学模式。这种模式可以有效应对汉语教师志愿者经验不足的问题，保证课堂活动顺利进行。然而，并不是所有 Room Teacher 都会配合汉语教学。这取决于 Room Teacher 对待汉语课的态度。真实的新西兰汉语课堂主要有以下三种情况。第一，汉语教师与 Room Teacher 分工合作。汉语教师主讲，Room Teacher 部分参与或不参与课堂活动，主要负责维持班级秩序和处理突发事件。第二，汉语教师与 Room Teacher 平行授课。汉语教师带领大部分学生上汉语课，Room Teacher 为小部分或个别学生讲授其他课程，并管理整个班级纪律。第三，汉语教师独自授课。Room Teacher 在汉语课上做自己的工作，将课堂完全交给汉语教师。

第一种情况最为常见，Room Teacher 较为支持汉语课。学生课堂活动的参与度高，学习效果好，特别是 Room Teacher 和学生共同参与汉语课堂活动的时候。第二种情况下学生积极性不高且容易分心。第三种情况较少，但是存在。Room Teacher 不重视汉语课，学生也会随之呈现出散漫的态度，不配合不参与，甚至影响课堂秩序。所以，即便汉语教师可以设计出符合不同班级情况的课堂活动，却很难改变 Room Teacher 的态度所带来的影响。

1.2.3 本土教学目标带来的挑战

中国学生最大的学习动机便是取得优良的成绩。但在新西兰，教育的目的并不是帮助学生取得好的考试成绩。一方面，汉语课不在新西兰中小学必修的课程体系内，不算学分，也没有统一的考评要求。另一方面，新西兰人更关注个人兴趣与特长的发掘。

汉语成绩不好只能说明该生不适合学习汉语,不仅起不到激励作用,可能还会产生反作用。所以结合新西兰的教育理念,当地中小学汉语课的教学目标可以设为:帮助学生发掘汉语学习兴趣,并将汉语发展为一项特长,培养学生终身学习的习惯。

然而,受中国教育背景的影响,汉语教师志愿者总是期望学生可以掌握更多的语言或文化知识,尤其是在赴任的初期,汉语教师往往布置的学习任务多、设计的活动难度大,导致学生逐渐丧失汉语学习的兴趣。另外,由于不了解学生的兴趣点,教师设计的课堂活动也达不到预期效果。教师精心设计的课堂活动,学生的参与度可能并不高;教师认为效果一般的课堂活动,反而也许受学生欢迎。如何围绕新西兰中小学的汉语教学目标设计课堂活动需要汉语教师在实践中去探索。

1.3 新西兰汉语课堂活动设计本土化的对策

1.3.1 观摩本土化教学视频

新手教师要提高教学技能,仅靠知识的传授是远远不够的,如果有机会观摩优秀的、有经验的教师的课堂教学,必将有助于新手教师的快速成长(黄晓兰、宋继华 2010)。本土化教学视频可以为汉语教师志愿者呈现真实的海外汉语课堂。在赴任前,帮助志愿者提前了解本土课堂活动类型,做好充分的准备。在赴任后,为志愿者提供课堂活动设计的借鉴,有助于他们更好地组织教学。笔者认为可以利用国家汉办(语合中心)和当地孔子学院的力量,大力开展国际汉语教师本土化培训工作,将教学视频观摩有效地融入培训中:首先进行部分理论的学习;然后选定主题让志愿者自主设计课堂活动,并准备试讲;之后再观看本土教学视频,注意应让志愿者先自行设计再观看视频,防止刻意模仿形成思维定式;最后结合视频案例对比自己的试讲进行反思和总结。如此多轮反复,不仅可以帮助志愿者将理论知识和本土化教学方式融入实践中,还有利于志愿者在本土化教学的基础上形成自己的教学风格。

由华中师范大学文学院研发的"云上中文"建立了"国际汉语课堂教学视频案例库",并按照学生水平、国别分类收集了 160 个视频资源,目前还没有新西兰的教学视频。我们可以利用类似平台不断丰富并补充课堂活动设计案例,将其运用于汉语教师的培训中,帮助汉语教师志愿者快速学习如何针对本土教学对象、教学模式、教学目标等设计汉语课堂活动。

1.3.2 本土化协作教学

Room Teacher 在新西兰中小学课堂扮演着极其重要的角色。他们几乎时刻陪在学生身旁,对学生有很大的影响,Room Teacher 的态度甚至可以决定整个班级学生的学习态度。所以我们在提升教学能力的同时,也不能忽略 Room Teacher 的作用。

一方面,Room Teacher 不只是汉语课的辅助教师,更是班级的重要一分子。可以尝试积极邀请 Room Teacher 参与汉语课堂活动。学生还在学习成长的过程中，会有意无意地模仿 Room Teacher 的行为与态度。如果 Room Teacher 能参与汉语课堂活动，学生自然会效仿，课堂管理问题也会随之减少。另一方面，增强与 Room Teacher 的沟通与交流。Room Teacher 都是有着丰富的全科教学经验和管理经验的本土教师，遇到问题向其请教是学习当地教学方法的最简便有效的途径。举办大型汉语活动时也可尝试与 Room Teacher 商量合作，如果他们感兴趣通常也会提供建议与帮助。

1.3.3 借鉴本土化课堂活动

为更好地开展本土汉语课堂活动，汉语教师志愿者应先学习当地的课堂活动方式。首先，大部分新西兰中小学通常会给刚赴任的汉语教师一周至一个月的课堂观摩时间。汉语教师志愿者可充分利用这段时间，观察当地的课堂活动形式并记录中小学生喜爱的活动。其次，选取合适的活动结合教学需要进行修改。例如，Simon Says[①]是一个非常受新西兰学生喜爱的课堂游戏，笔者将其改为"老师说"，用于汉语词汇复习兼课前热身，既为当地学生所接受又能辅助汉语学习。培养学习兴趣在某种程度上比教授汉语知识更重要。所以建议将适量的教学内容融入丰富有趣的课堂活动之中。例如，通过练习中文版的"兔子舞"掌握"前、后、左、右"四个方位词。学习内容虽少，但是效果好，学生也感兴趣。此外，汉语教师还可以设计表演活动展示学生的学习成果。新西兰学校经常在礼堂举行集会，除文艺晚会、毕业典礼等大型活动外，更多的是学生定期的汇报表演和各类文化周的庆祝活动。Room Teacher 会提前组织学生排练与主题相关的表演活动，这也是学生学习成果的一部分。校领导和学生家长都十分重视。汉语教师志愿者也可以利用这种活动形式，例如中文周就是一个很好的机会。志愿者将平时教过的中文歌曲、舞蹈、故事、武术等组织起来，在中文周举办一场汇报演出，让家长和校领导都看到孩子们汉语学习的成果，感受中华文化魅力。

综上所述，汉语国际教育的本土化问题越来越受到重视。其中，课堂活动设计本土化是汉语教师志愿者在实践中耗费很大精力的部分，但是相关研究涉及甚少，内容分散，有待更多专业人士进一步研究。笔者结合具体的海外实践经历和相关调查研究，分析新西兰汉语课堂活动设计的教学环境，针对汉语课堂活动设计本土化存在的主要挑战，尝试提出相应的解决方案，有一定的适用性。本节研究为汉语教师志愿者在新西兰中小学汉语课堂活动设计本土化方面提供借鉴，为推动汉语更好地"走出去"贡献一份微薄力量。

（乔冠颖 吴成年）

[①] 新西兰常见的课堂游戏之一。全体学生起立。当教师说"Simon Says……"，学生要重复"Simon Says"后面的词汇；如果教师没有说"Simon Says"，不论教师说什么，学生都不能重复。出错的学生要坐下。

第二节　新西兰汉语教师志愿者处理课堂问题行为应对策略研究
——以 Mangere College 为例

【摘要】随着新西兰汉语教学的发展,课堂问题行为逐渐出现并产生了消极影响,探索有效的应对策略非常重要。新西兰汉语课堂问题行为可分为六类,每类问题行为的应对策略如下:①抵触反抗型:了解学习者的感受,运用"不迷失策略"制定师生可以接受的规则;②退缩放弃型:培养学习者的安全感、成就感和归属感;③烦躁不安型:做情绪的引导者和情绪管理的示范人;④文化态度型:设置专题讨论课和文化对比课,适当满足学习者的猎奇心理;⑤厌学厌师型:培养学习者的学习动力,并改变学习者对教师的刻板印象;⑥脱离课堂型:通过测试了解学习者的汉语水平,并设置有难度梯度的课堂任务。

2.1　绪论

随着中国各领域的迅速发展,国际地位稳步提升,世界各国开始逐渐重视汉语学习,并积极与中国合作,创办孔子学院。新西兰汉语教学在以奥克兰孔子学院为代表的3所孔子学院的共同努力下,取得了非常好的教学成果。但是随着新西兰汉语教学的发展,问题逐渐暴露出来。其中,汉语课堂问题行为非常突出,亟待解决。

笔者于2019年2月至12月任教于奥克兰孔子学院。在主校 Mangere College(以下简称"MC")任教期间遇到了很多汉语课堂问题行为,其中部分课堂问题行为得到了较好的解决,但作为新手汉语教师志愿者,笔者在处理较为棘手的课堂问题行为时依旧存在困难,这给汉语教学带来了较大的阻碍。这一现象引发了笔者对新西兰汉语课堂问题行为应对策略的思考,并针对新西兰汉语教师志愿者进行相关调查。

2.2　研究现状

国内针对课堂问题行为的研究中,期刊论文不多,以硕士、博士学位论文为主。整体来看,国内研究模式均始于问题剖析,止于对策总结,对外汉语课堂问题行为的研究模式与之类似。虽然有关汉语课堂问题行为的研究时间较晚,但研究文献数量已达到一定规模,中国知网上可查阅到101篇相关论文,其中1篇期刊论文,1篇博士学位论文,1篇会议论文,其余98篇为硕士学位论文,研究者多为在世界各国任教的汉语教师志愿者。经过梳理,笔者发现已有研究可分为两类。

第一类是宏观研究，不涉及具体国家，目前有 6 篇论文。其中较为典型的是王明月（2014），该文探讨了多维度课堂问题行为分析模式。第二类是针对不同国家汉语课堂问题行为的研究，此类研究多采用案例展示法，研究模式为"案例展示—原因分析—对策总结—建议总结"，涉及菲律宾、奥地利等 21 个国家，例如冯昀堃（2017）对蒙古国的课堂问题行为进行了研究。

目前有关新西兰汉语教学问题行为的研究比较少。只有欧亚婷（2018）研究了新西兰毛利学生在汉语课堂中的内隐性和外显性学习行为。该文虽未直接研究汉语课堂问题行为，但全面总结了毛利学习者的汉语课堂表现，对本节具有一定的参考意义。本节将以新西兰汉语教师志愿者为研究对象，结合笔者在 MC 教学过程中遇到的汉语课堂问题行为，对课堂问题行为进行分类，并分析对汉语教师志愿者的调查结果，总结应对策略。

2.3　汉语课堂问题行为的界定及分类

美国教育心理学家林格伦（1983）最早提出了"课堂问题行为"的概念，即"课堂问题行为"是指任何一种干扰班级发挥有效作用的引起麻烦的行为。陈时见（1998）认为"课堂问题行为"是教师和学生在课堂中发生的违反课堂规程、妨碍及干扰课堂活动的正常进行，或影响教学效率的行为。在有关汉语教学的研究中，张弛（2017）将其定义为在课堂环境中发生的违反课堂基本规则、经常表现出来、扰乱课堂秩序、阻碍正常教学活动开展的需要进行干预的行为。综上所述，汉语课堂问题行为是扰乱汉语课堂正常进行的行为。以上定义较宏观，未给出判断课堂问题行为的具体标准。

在已有研究中，彭丽（2008）认为判断课堂问题行为需考虑频率、维度、强度、时间、态势、刺激源和离差七大因素。本节参考了其研究中的时间和离差两个因素，提出了两个判断标准。第一个标准是时间因素。它是指某行为出现的次数及持续时间。问题行为出现次数多、持续时间长，需要多次管理，处理难度较高。第二个标准是一致程度。它是指某行为与普通行为相比特征的一致程度。在汉语课堂上学习者的各类行为具有普遍性，教师干涉后，这些行为会得到较好的控制。但若采用统一管理的方式来处理问题行为，往往效果不佳，教师需要花费较多时间单独解决。除了以上两个标准之外，结合 MC 的教学实践，笔者对判断汉语课堂问题行为的标准进行了补充，又提出三个标准。第一个标准是隐含诱因，即某行为发生背后的原因。课堂问题行为背后往往隐含着特殊的诱因，诱因各异，规律性不强，汉语教师志愿者无法在短时间内找到良好的应对策略。第二个标准是波及范围，即某行为以学习者为中心产生的影响范围。真正的问题行为会呈现辐射状的波及范围，以该学习者为中心，对小组成员、其他同学及教师产生不同程度的影响。第三个标准是控制难度，即某行为的可控性、控制难度和效果。对于学习者自身来说，要控制问题行为需要较强的自我控制力；对于汉语教师志愿者来说，通常情况下对问题行为需要多次控制,才能确保问题行为不再反弹。

综上所述,根据五大判断标准,本节将汉语课堂问题行为定义为"在汉语课堂中基于一定诱因而经常出现的会对他人产生消极影响并难以控制的特殊课堂行为"。

目前有关汉语课堂问题行为分类的研究较多。李伟南(2017)将其分为抗拒性、扰乱性、散漫性、对抗性、退缩性和依赖性六类。张弛(2017)根据汉语课堂问题行为的引发因素(学生、教师、具体环境和文化背景差异),将其分为四类。王莉莉(2018)将汉语课堂问题行为分为扰乱秩序性、抗拒性、对抗性、惹人注意性、退缩性和涣散性六类。杨晓婷(2018)将其分为扰乱型、隐蔽型、轻度矛盾冲突型和违反作息制度型四类。可以看出研究者们根据自身遇到的汉语课堂问题行为进行分类,没有绝对统一的标准,但对本节的研究具有参考意义。在笔者的汉语教学中,也遇到了抗拒型和退缩型课堂问题行为,借鉴已有研究,笔者将其概括为抵触反抗型和退缩放弃型两类。除此之外,结合在MC汉语教学中遇到的问题,本节补充了烦躁不安型、文化态度型、厌师厌学型和脱离课堂型四类。

综上所述,本节将汉语课堂问题行为分为六类:①抵触反抗型问题行为,是指在汉语课堂中,学习者对汉语教师志愿者发出的指令、安排的任务非常排斥甚至进行无理反驳的行为;②退缩放弃型问题行为,是指在汉语课堂中,学习者由于长时间缺乏安全感、自信心等主动放弃参与课堂的行为;③烦躁不安型问题行为,是指在汉语课堂中,学习者难以正确管理自身情绪,烦躁不安的行为;④文化态度型问题行为,是指在汉语课堂中,学习者由于文化偏见及刻板印象产生的对汉语和中国文化非常抵触甚至进行言论攻击的行为;⑤厌学厌师型问题行为,是指在汉语课堂中,学习者很明显的讨厌学习或教师的行为;⑥脱离课堂型问题行为,是指在汉语课堂中,学习者认为自身汉语水平远超于班级整体汉语水平,不愿跟随整体汉语学习进度的行为。

2.4 对新西兰汉语教师志愿者处理课堂问题行为的调查结果分析

2020年2月11日通过问卷对任教于新西兰的汉语教师志愿者进行了调查,共回收86份问卷,经过筛选,本节对其中的50份有效问卷进行分析得到了以下结果。

2.4.1 被试者情况

50份有效问卷的被试者均为新西兰汉语教师志愿者,他们分布于新西兰的各个城市或同一城市不同区域,具有一定的代表性。

2.4.2 六类汉语课堂问题行为出现的概率及解决结果

就以上六类课堂问题行为在汉语教师志愿者中做了调查。结果显示,抵触反抗型和退缩放弃型占比最高,均达70%,其后依次是脱离课堂型(54%)、文化态度型(50%)、厌学厌师型(42%)和烦躁不安型(38%);问题解决率由高到低依次是文化态度型(84%)、抵触反抗型(74.4%)、厌学厌师型(71.4%)、烦躁不安型(68.4%)、退缩放弃型

(65.8%)和脱离课堂型(59.3%)。

2.4.3 六类汉语课堂问题行为应对策略调查结果

首先,没有汉语教师志愿者表示遇到汉语课堂问题行为不知如何解决,这是非常理想健康的问题处理状态,体现各位新西兰汉语教师志愿者在面对学习者的课堂问题行为时,会以积极的心态面对,主动寻找处理办法,值得肯定。

其次,调查显示,面对不同类型的课堂问题行为,汉语教师志愿者们的应对策略存在差异。例如,在面对抵触反抗型课堂问题行为时,65.40%的汉语教师志愿者会调整汉语课堂形式;57.70%会简单处理后暂时跳过,课后解决;42.30%会立即解决,课上解答学习者的质疑。在面对退缩放弃型课堂问题行为时,95.70%的汉语教师志愿者会通过简单任务培养学习者的成就感;78.20%会建立良好的师生关系,给予学习者安全感;65.20%会帮助学习者建立汉语课堂归属感。在面对烦躁不安型课堂问题行为时,84.60%的汉语教师志愿者会及时疏导学习者情绪;61.50%会在课内外主动了解学习者的性格特征,做到心中有数;38.50%会做情绪管理的示范人。在面对文化态度型课堂问题行为时,76.20%的汉语教师志愿者会设置文化专题讨论课;71.40%会适当讲述中国文化中的奇闻逸事,满足学习者的猎奇心理;61.90%会设置文化对比课。在面对厌学厌师型课堂问题行为时,86.70%的汉语教师志愿者会丰富汉语课堂的形式和活动,让学习者感受学习的乐趣;80%会设置奖惩制度,增强学习者的学习动力;66.70%会主动敞开心扉。在面对脱离课堂型课堂问题行为时,87.50%的汉语教师志愿者会设置具有难度梯度的任务;43.80%会定期进行班级汉语水平测试;37.50%对个别学习者进行水平测试,用事实说话,让其信服。

2.5 新西兰汉语课堂问题行为案例展示及解决策略

2.5.1 抵触反抗型

■ 案例展示

在汉语课上,Zhijiaya(女,14岁,毛利人)起初非常配合地完成各类汉语课堂任务。但是 Zhijiaya 逐渐开始不配合笔者,经常不耐烦,有时会大声喊"这很不合理!""我不做!"。对任务也非常抵触,全程非常冷漠,很少参与小组任务和个人任务。在笔者提醒她时,她总以各种理由拒绝,甚至指责笔者粗鲁。笔者逐渐发现与 Zhijiaya 同一小组的学习者越来越懈怠,态度敷衍,学习状态直线下滑。

出现以上问题的原因有三。一是逐渐碰壁,热情减弱。随着时间的推进,学习者逐渐体会到了汉语学习存在一定的难度,和最初想象中的轻松学习状态存在较大差异,开始减少对汉语的热情。二是青春叛逆,以自我为中心。学习者正处于青春期,青少年自我中心主义让他们对权威,例如父母、教师等充满批判精神,并出现热衷于自我的状态。

三是教师回避,留下隐患。教师在处理课堂问题行为和保障课堂顺利进行之中选择了后者,因此没有在问题出现时,合理应对,彻底解决。

为解决此类问题,教师可以采用以下策略。首先,了解学习者的感受。教师可以通过问卷调查、访谈或者聊天等形式,及时了解学习者对汉语课堂的感受,根据学习者对汉语课难易程度和趣味性等的反馈及时做出调整。其次,运用"不迷失策略"。在面对较为叛逆的学习者时,教师可以顺应学习者的叛逆期,顺鳞而下,为学习者提供多种选择,或者制定双方可以接受的规则。最后,积极解决问题。如果问题行为多次出现并对其他学习者产生消极影响时,教师绝不能视而不见,应积极解决,这不仅可以解决问题行为,也暗示了教师不会对学习者不合理的要求妥协。

2.5.2　退缩放弃型

■ **案例展示**

在汉语课上,Monday(女,14岁,南苏丹裔)在笔者提问时,总会立马低头,不敢看着笔者,有时笔者点名提问她,她也低着头不愿回答。在讲台上玩游戏或做练习时,Monday会抬头看着笔者,眼神既有渴望,也有些许胆怯,笔者眼神示意她,她只是摇摇头。在展示环节中,Monday从不和小组成员交流。在期末展示考试中,Monday表示自己愿意放弃成绩,让笔者很为难。

出现以上问题的原因有三。一是防御悲观,缺乏自信。防御性悲观主义者会告诉自己在任务中可能失败,但是他们会由于预估失败可能性而更加努力,此类学习者知道自己可以完成任务,只是缺乏自信心。二是缺乏信任,安全危机。马斯洛认为在满足自我实现需求前,个体总会先满足较低级的需求,此类学习者由于缺乏足够的安全感,总是首先通过退缩来满足自己的安全需求。三是缺乏归属,对比不足。新西兰部分学习者具有难民身份背景,因此缺乏归属感,也不会通过对比来激发并提高自己的动力,长此以往,丧失了提高自我的动力。

为解决此类问题,教师可以采用以下策略。首先,给予学习者充足的安全感。教师可以课后主动找学习者聊天或者表示关怀,从而建立师生之间彼此信赖的桥梁,让学习者对教师产生足够的安全感。其次,应逐渐培养学习者的成就感。教师可以给不愿意在课堂中练习的学习者一些只向教师或家人展示自我的机会,例如用汉语和家长或兄弟姐妹说"晚安"等,让他们得到家人的肯定,逐步培养他们的成就感。最后,需要建立学习者的归属感。教师可以促进学习者之间的融合,可以多创造一些此类型学习者和其他学习者接触的机会,例如轮流介绍自己的文化习俗等,打开双方的心扉。

2.5.3　烦躁不安型

■ **案例展示**

在汉语课上,Karry(女,15岁,萨摩亚裔)暴躁易怒,难以管控自己的情绪。有一次当地教师催促她开始学习,她非常生气,摔门而出,打到了门边的学习者。Karry 反对课堂指令或任务时,会搬起桌子乱跑或砸地,发出巨大噪声。有时 Karry 也会突然攻击组内其他成员,严重时会引发课堂事故,指导教师和笔者不得不停下教学来进行处理,影响了其他学习者的学习。

出现以上问题的原因有二。一是难控情绪,暴躁易怒。学习者自控能力比较低,在管理自身情绪方面存在困难,并且由于青春期情绪化严重,学习者容易被他人所影响,一点就燃。二是缺乏沟通,用行动表达诉求。学习者缺乏和他人进行正确有效沟通的意识,希望通过具体行动引起他人注意。

为解决此类问题,教师可以采用以下策略。首先,应做到心中有数,预测问题。教师应通过课堂观察、询问指导教师或者和学习者聊天的方式,了解所有学习者的性格特征,对此类学习者多加关注,准备应对策略。其次,要做学习者情绪的引导者。教师可以尽力消除引发学习者情绪爆发的因素,例如减少指令性刺激等,教师应发挥镇静剂的作用,表达对该类学习者的支持,例如"我相信你能做到!"最后,教师需要做管理自身情绪的示范人。例如面对吵闹的课堂,教师温和处理的效果远好于暴躁大吼,教师应停下课堂,手势示意,再表达想法。

2.5.4 文化态度型

■ **案例展示**

在汉语课上,Vela(男,14 岁,纽埃裔)最初对中国文化特别感兴趣,但逐渐有所变化。有一次 Vela 向全班展示中国女孩吃活章鱼的视频,并说"你们看,中国人都活吃各种动物,特别残忍",瞬间学习者们都开始搜索相关视频,不断询问笔者问题。之后笔者发现部分学习者改变了对中国文化的态度,会在课堂上搜索并讨论中国文化的各种奇闻逸事。

出现以上问题的原因有三。一是缺乏了解,刻板印象。外媒是学习者除了汉语教师以外了解中国文化的主要渠道,但其中存在很多对中国文化不实的报道。祖晓梅(2015)认为大众传媒强化了人们对于其他文化的刻板印象,因此学习者很容易以偏概全。二是判断不清,盲目定义。由于新西兰学习者年龄较小,未形成客观的判断能力,会把所有中国人的行为都作为中国文化看待,盲目对中国文化下定义。三是奇闻逸事,文化猎奇。学习者对中国文化越好奇,越容易带着猎奇的心理去了解中国文化,更容易将个别文化现象过度解读。

为解决此类问题,教师可以采用以下策略。首先,设置专题文化讨论课。朱勇(2015)认为教师可以在专题文化讨论课中培养学习者的"第三视角",以局外人的身份看待自身文化,以局内人的身份进入中国文化框架,设身处地地理解中国文化。其次,设置文化对比课。教师可以通过文化对比的方法提高学习者的文化包容度,例如通过让学习者查阅资料了解各国饮食习惯及存在的问题,减少学习者对中国饮食习惯的偏见。最后,适当满足学习者的猎奇心理。教师可以经过筛选,适当给学习者讲述一些中国文化中的奇闻逸事,合理引导学习者的猎奇心理,满足其好奇心。

2.5.5　厌学厌师型

■ **案例展示**

在汉语课上,Raylanny(女,15 岁,纽埃裔)和 Showen(女,15 岁,汤加裔)是好朋友,总是在最后一排聊天,她们表示非常讨厌学习,认为学习没有用,学汉语更是没用。Fila(女,15 岁,汤加裔)很少理会笔者,在课堂内外,她总是直直地看着笔者不说话。课后通过聊天,笔者发现 Fila 很讨厌老师,认为所有老师都会将自己定义为差生。

出现以上问题的原因有二。一是缺乏动力,敷衍学习。学习者自身缺乏学习的动力,选择汉语课可能也只是出于获得学分或者学校强制他们选择的,他们并不是真正喜欢汉语,因此敷衍了事。二是互相影响,更加厌学。学习者之间,特别是关系较好的同伴影响着彼此的学习态度,从而形成恶性循环,加深厌学情绪。

为解决此类问题,教师可以采用以下策略。第一,教师可以帮助学习者增强学习动力。从较为具体的近期目标出发,设置奖惩制度,刺激学习者形成学习动力,还可以从积极学习者入手,将学习者之间的消极影响转变为积极影响。第二,需要建立良好的师生关系。教师可以了解学习者对教师的期待,例如公平客观、热情幽默等,从根本上转变学习者对教师的刻板印象。

2.5.6　脱离课堂型

■ **案例展示**

在汉语课上,Maryanna(女,15 岁,毛利人)对所学内容总是非常不屑,并不愿意完成任务,经常说"根本没有挑战",她逐渐开始自学汉语知识,有时她问笔者"你是同性恋吗?"等,惹得全班大笑。之后笔者在所学内容的基础上给她安排了难度较高的任务,刚开始 Maryanna 非常积极,但逐渐开始抱怨新内容太难。笔者对她的汉语水平进行检测后,发现 Maryanna 并未彻底掌握基础知识。

出现以上问题的原因有三。一是了解不清,无法分辨。学习者由于初学汉语,对自身汉语水平了解不清楚,无法分辨了解层面和掌握层面,因此总会有"吃不饱"的感觉。二是盲目自信,脱离课堂。该年龄段的学习者有时会盲目自信,通过质疑教师显示特立独行,想要脱离课堂自行学习,但是事实上自学无法形成系统。三是缺乏了解,放任自由。教师对学习者的实际汉语水平了解不够,只通过学习者的表现给予解决办法,放任学习者自行脱离课堂,从而导致学习者与课堂的脱节。

为解决此类问题,教师可以采用以下策略。首先,定期进行汉语水平检测。教师在汉语教学进行过程中,定期进行班级汉语水平检测。其次,对于此类学习者,可以单独进行水平考查。教师需要用事实说话,让其信服。可以提前和学习者约定,通过考查才可以自行学习或为其安排难度较高的学习内容;若通不过考查,则必须跟着教师共同学习,并配合完成各种课堂任务。最后,设置具有难度梯度的任务。教师可以讲授相同难度的汉语知识,但是在练习或者任务环节,可以为不同汉语水平的学习者设置具有难度梯度的任务。这样既可以给予学习者充足的成就感,也可以解决学习者水平不一的问题。

2.6 总结

本节主要以 MC 为例,研究了新西兰汉语课堂问题行为,对其进行分类,并结合自身汉语教学经历,总结出了六类汉语课堂问题行为及汉语教师的应对策略,结论见表7-1。

表 7-1　六类汉语课堂问题行为及应对策略

课堂问题行为类型	应对策略
抵触反抗型	了解学习者的感受,运用"不迷失策略"积极解决问题
退缩放弃型	培养学习者的安全感、成就感和归属感
烦躁不安型	做情绪的引导者和管理情绪的示范人
文化态度型	设置专题讨论课和文化对比课,适当满足学习者的猎奇心理
厌学厌师型	培养学习者的学习动力,并逐步改变学习者对教师的刻板印象
脱离课堂型	组织班级水平测试和单独测试,并设置有难度梯度的任务

在已有研究中,对汉语课堂问题行为的研究较多,涉及很多国家,但是针对新西兰汉语课堂问题行为的研究比较匮乏。目前只有欧亚婷(2018)研究了新西兰毛利学生在汉语课堂中的内隐性和外显性学习行为,但是研究对象范围较小,研究的核心内容并不是汉语课堂问题行为。本研究对新西兰汉语课堂问题行为的类别及其对策进行集中探讨,并为今后任教于新西兰的汉语教师及志愿者应对常见的汉语课堂问题行为提供参照与思路。

(石玥)

第三节　新西兰奥克兰市网络汉语教学应用程序使用情况研究

【摘要】 人工智能时代汉语教学界开始在世界范围内使用网络应用程序（App），本节将在前人研究基础上结合奥克兰使用者的反馈对汉语学习App进行对比总结，调查发现汉语学习者最喜欢Language Nut和Kahoot，汉语教师志愿者最喜欢Quizlet。汉语学习App丰富了奥克兰的汉语教学，但其局限性不容忽视，教师应扬长避短，进一步提高新西兰汉语教学质量。

3.1　背景简介

随着人工智能技术的发展，汉语教学将传统教学模式和日新月异的科技元素结合起来，很多秉承"互联网＋教育"理念的公司研发出了网络汉语教学应用程序（以下"应用程序"简称为"App"），并在世界范围内推广。笔者作为汉语教师志愿者，自2019年2月至12月任教于新西兰奥克兰曼格雷高中，发现当地教师会借助App进行汉语教学，例如Edpuzzle、Quizlet等，但有利有弊，这引发了笔者对奥克兰汉语教学App运用情况的思考，并对此进行了系列调查，希望通过对奥克兰运用App进行汉语教学的情况的调查分析，为提升新西兰汉语教学质量贡献自己的一份力量。

3.2　研究现状

目前汉语学习App是学界新兴的研究话题，很多学者对其进行了界定。王雅（2017）认为汉语学习App是一种辅助学生学习汉语的自学软件，其在时间和空间上都为教育者和学习者拓宽了新的角度和视野。刘洋（2018）认为汉语学习App是一种借助新媒体技术构建网络虚拟平台，融合多种元素，能实现互动、互学、共享的在线汉语辅助教学软件。武乃珺（2018）将汉语学习App定义为运行于智能移动终端的，有助于学习者学习汉语的应用程序。综上所述，汉语学习App是一种借助在线学习形式，辅助师生完成教与学任务，融合多种元素，可运行于智能移动终端的应用程序。

目前只有廉成（2018）对新西兰汉语教学App的使用情况进行了研究，分析了网络教学工具的应用方法及其优势和不足，例如节省教学时间等优势和缺少实境互动等不足，最后提出了正确处理传统教学与网络工具教学的关系等建议。廉成的研究较为全面地总结了新西兰汉语教学App的使用现状，但是没有结合使用者的反馈对汉语教学App进行对比总结。本节将在已有研究的基础上，以2019年任教于奥克兰的34位汉语教师志愿者和曼格雷高中10年级汉语班为研究对象，对奥克兰汉语教学中使用的App进行对比分析，并总结其优势和不足。

3.3 调查结果分析

笔者于 2019 年 11 月 28 日通过问卷对曼格雷高中十年级汉语班的 27 位学习者以及 2019 年任教于奥克兰的 34 位汉语教师志愿者进行了调查,得到了以下数据。

3.3.1 汉语 App 在奥克兰的整体运用情况

首先,数据显示,使用 App 学汉语在奥克兰较为普及,但学习者的需求率稍高于实际使用率。90.9% 的学习者表示喜欢通过 App 学习汉语,特别是对于 App 中的汉语话题,63.6% 的学习者表示非常喜欢,其余学习者表示喜欢练习活动。学习者使用 App 学汉语的需求较高,74.5% 的学习者想要每周使用 2 次 App。但实际上,在笔者的教学中,学习者的需求率稍高于实际使用率,每周 10 节汉语课中笔者只能保证最多使用 2 次 App。其他汉语教师志愿者的情况和笔者类似,数据显示,64.8% 的汉语教师志愿者平均每周有 15 节汉语课,但只使用 1 次 App,可见供需之间存在一定的差距,App 每周的使用率并不高。究其原因,客观来看,奥克兰汉语教学确实存在课时较少、缺乏使用 App 学汉语的时间、部分 App 局限性明显等问题,也存在学习者自控力较低、汉语教师志愿者及当地教师坚持传统汉语教学模式等主观原因,下文将具体阐述。

3.3.2 使用 App 学汉语在奥克兰的优势及局限

3.3.2.1 优势

对于使用 App 学汉语,87.5% 的学习者和 75.5% 的汉语教师志愿者给出好评,他们一致认为使用 App 学汉语有很多优点。陈斐等(2018)认为,这种新型的学习方式可以让国外的汉语学习者充分利用琐碎的时间来掌握一个相对完整的汉语知识组块。汉语教师志愿者们的感受和学习者比较相近,76.5% 的志愿者认为 App 中汉语资源丰富,学习者可以选择学习自己喜欢的汉语话题;70.6% 的志愿者认为学习者可以自由选择学习时间和地点;64.7% 的志愿者认为 App 设计比较人性化,学习者可以自主调节学习进度;47.1% 的志愿者认为 App 中练习全面,学习者可以全方位提高汉语水平。陈珂忆、杨迪(2016)指出,学习者通过学习活动,听觉、视觉感官受到最有效的刺激信号,从而提高学习效率,达到学习目的。

综上所述,奥克兰使用 App 学习汉语具有五个优势:一是 App 中提供了丰富的汉语资源;二是学习者可以灵活选择学习内容、时间和地点;三是学习者可以自由调节学习进度;四是 App 中的练习非常全面,且有很多汉语游戏;五是学习者可以从听、说、读、写四个方面提升汉语水平。

3.3.2.2 局限

新兴事物总是利弊相随,使用 App 学习汉语也不例外。在调查中,笔者发现对于这一问题,汉语教师志愿者和学习者们的角度略有不同。从学习者的角度来看,36.4% 的学习者认为最大的问题是 App 不利于自身对所学内容的记忆,27.3%的学习者认为自己只能选择 App 提供的内容,18.2%的学习者认为熟练操作 App 需要较长的时间,9.1%的学习者认为任务太多,9.1%的学习者认为自己无法集中注意力学习。从汉语教师志愿者的角度来看,除了部分 App 的功能和设计较为单一外,73.5%的汉语教师志愿者则认为最大的弊端是学习者自控力低,容易分散注意力;61.8%的志愿者认为 App 学习缺乏互动模式,不利于学习者的口语练习;47.1%的志愿者认为自己对 App 不熟悉,操作有困难;35.3%的志愿者认为 App 中的内容安排缺乏科学性。

综上所述,奥克兰使用 App 学习汉语具有一些局限性:一是不利于学习者记忆所学内容,学习者容易分散注意力;二是供学习者选择的学习内容有限;三是 App 缺乏互动过程,不利于提高学习者的交际能力;四是师生熟悉 App 的操作过程需要一定的时间。

3.4 对奥克兰常用汉语 App 的分析

3.4.1 常用汉语 App 简介

在教学中,笔者运用到了以下 7 款汉语 App。调查显示,汉语教师志愿者使用 Quizlet 最多,之后依次是 Education Perfect、Kahoot、Language Nut、Edpuzzle、Tinycards 和 Te Kura,见表 7-2。

表 7-2 奥克兰常用汉语 App 简介

App 名称	类型
Quizlet	词卡学习
Education Perfect	综合型
Kahoot	游戏学习
Language Nut	综合型
Edpuzzle	视频学习
Tinycards	词卡学习
Te Kura	综合型

由表 7-2 可见,以上 7 款汉语 App 可以分为综合型 App 和单一型 App。综合型 App 的创建宗旨大多是帮助汉语教师志愿者和学习者练习掌握所学全部内容,例如 Language Nut 包含了听、说、读、写四个方面的练习。而单一型 App 则侧重某一方面的学习,例如 Edpuzzle 的创办宗旨是对视觉学习者运用视频进行有效追踪,其创办者认为超过 65%的学习者是视觉学习者,而 95%的学习者会定期观看 YouTube,因此视频是一种强大的资源。

3.4.2 学习者和汉语教师志愿者对汉语 App 的反馈

通过对曼格雷高中十年级学习者的调查发现,诸多汉语 App 中,他们更加青睐 Kahoot 和 Language Nut。而汉语教师志愿者认为 Quizlet 教学效果最好。笔者认为,学习者主要从趣味性角度出发,选择了能够保持汉语学习兴趣的 App;汉语教师志愿者则从教学角度出发,选择了对教学最有帮助的 App。这一调查结果是本节调查的价值之一,它提示汉语教师志愿者在了解学习者实际需求的基础上,选择更适合学习者的汉语 App,进而有效提高学习者的汉语水平。

此外,调查显示,汉语教师志愿者会根据学习者的学习阶段选择不同的汉语 App。Quizlet 和 Language Nut 在小学阶段使用人数最多,Tinycards 在小学和高中阶段使用人数最多,Education Perfect 在高中阶段使用人数最多,Edpuzzle 在小学和高中阶段使用人数最多,Te Kura 在高中阶段使用人数最多,Kahoot 在小学阶段使用人数最多。这也为汉语教师志愿者根据学习者学习阶段选择 App 提供了一定的参考。

3.4.3 汉语 App 的优势及局限

3.4.3.1 优势

在使用这 7 款汉语 App 时,笔者切身体会到了它们的优势,见表 7-3。除此之外,还有两点优势非常突出:一是在 Kahoot 中,运用 PIN 码进入游戏后屏幕显示的排行榜会激发学习者的热情,无形之中将学习者全部的注意力集中在了问题本身,一举两得;二是在 Te Kura 中,学习者提交作业后,会有专业在线汉语教师及时给予反馈,从而帮助学习者改正错误。

表 7-3　奥克兰汉语 App 的优势

	Language Nut	Education Perfect	Te Kura	Edpuzzle	Tinycards	Kahoot	Quizlet
趣味性强				√	√	√	√
操作简单			√	√	√	√	√
资源丰富	√	√	√				
免费使用				√	√	√	√
及时反馈	√	√	√			√	

3.4.3.2 局限

这 7 款汉语 App 除了优势之外,也存在局限,见表 7-4,值得注意的有两点。一是部分 App 的系统会出现错误。例如 Edpuzzle 有时无法输入声调和汉字,大大降低了学习者对声调和汉字的敏感性。再如 Education Perfect 的系统自动识别存在一定的问题,有时学习者输入的内容完全正确,但系统却无法识别或判断错误,因此 81.3% 的学习者对 App 的准确性产生过质疑。二是操作过于复杂。以最复杂的 Te Kura 为例,学习者需要将作业提交到 Dropbox,但是 Te Kura 有多个 Dropbox,学习者很容易混淆,导致提交失败,影响在线汉语教师审阅及反馈。此外,笔者认为由于汉语教师志愿者缺乏新西兰教师资格权限,在需要回收学习者任务完成信息时,建立 App 和学习者邮箱或者谷歌教室之间的联系有一定的难度。

造成这些局限主要有两个方面的原因。首先,在奥克兰汉语教学中使用的 App 缺乏中国专业汉语教师的参与设计,在设计理念、教学观念方面存在差异,App 不能全面考虑学习者的实际需求,例如 Chromebook 并不能直接输入拼音,但是部分 App 系统强制要求输入带有声调的拼音。其次,由于新西兰汉语学习者普遍年龄较小,自我约束能力不高,部分学习者会在学汉语时听音乐,部分学习者干脆放弃学习,直接玩游戏、看电影等,这是使用 App 学汉语最容易出现的问题。

表 7-4 奥克兰汉语 App 的局限

	Language Nut	Education Perfect	Te Kura	Edpuzzle	Tinycards	Kahoot	Quizlet
教学安排不科学	√	√	√				
内容单一					√	√	√
系统判断错误	√	√	√				
操作复杂	√	√	√				

3.5 奥克兰汉语 App 的使用建议

通过上述分析,可以发现使用 App 学习汉语有利有弊,这就要求使用者扬长避短,合理运用。宋继华(2004)提出,需要探索和研究数字化对外汉语教学自身的规律。笔者非常赞同,探索使用 App 学汉语的教学规律才是解决如何融合传统教学模式和 App 学汉语模式的核心问题,因此对此提出了以下五点建议,希望对未来奥克兰的汉语教师志愿者有所帮助。

3.5.1 根据学习者学习阶段合理选择汉语 App

学习者的认知特点、学习能力以及兴趣爱好在不同阶段差异较大,因此选择适用的汉语 App 非常必要。建议小学阶段和初中阶段使用 Quizlet、Language Nut、Kahoot 和 Education Perfect,高中阶段使用 Quizlet、Education Perfect、Edpuzzle。

3.5.2 根据课型使用不同类型的汉语 App

如果课型单一,则可以使用单一型汉语 App,例如 Quizlet、Kahoot、Tinycards 和

Edpuzzle，词汇课可以单独使用 Tinycards；而想要提高多方面技能，可以使用 Education Perfect 和 Language Nut 等综合型汉语 App；如果课型是单一型和综合型的结合，那么可以多种 App 同时使用。

3.5.3 给使用者预留充足的时间学会使用方法

使用 App 学汉语要求汉语教师志愿者和学习者对汉语 App 进行充分的了解和适应，掌握其操作流程，发现其系统错误，并规避，为后续使用 App 学汉语打好基础。笔者建议，至少预留两节课去学习和熟悉 App。

3.5.4 加强对学习者的监督力度

新西兰学习者年龄较小，自我监控能力不足，因此在使用 App 学汉语时，汉语教师志愿者要加大课上监督力度，根据所学内容增加师生互动，例如询问生词或句子的意思等，尽可能帮助学习者集中注意力，也可以提高课后监督力度，及时检查学习者在 App 中的学习情况，给出反馈。

3.5.5 合理结合传统教学模式

目前人工智能在汉语教学中的运用处于发展期，能够代替较为简单的教学任务，但正如唐青、魏敏（2019）提到的，高层次教学内容则是目前的智能机器所无法企及的。因此不可操之过急，建议在保留传统教学模式优势的基础上，认识到使用 App 学汉语的优势和局限，扬长避短，充分结合两者，才能进一步提高汉语教学质量。

3.6 总结

截至目前，使用 App 学习汉语在奥克兰已经形成了一定规模，而奥克兰汉语教学在新西兰汉语教学中发展比较成熟，取得了很多令人瞩目的成就，引领着新西兰汉语教学发展的趋势。根据奥克兰汉语 App 使用情况的研究，可以在未来的新西兰汉语教学中进一步提升 App 实际使用效率与质量。一方面新西兰汉语教学形式非常灵活，学习者可以运用 Chromebook 或者 iPad 等在 App 中学习汉语，提升兴趣，查漏补缺。另一方面越来越多的汉语 App 出现在大众视野，既有中国专业汉语教师研发的 App，例如中文帮、Hello Chinese 等；也有部分语言学习的 App 增设了汉语学习板块，例如 Education Perfect 等。这些 App 为奥克兰学习者提供了充足的汉语学习资源，也为奥克兰汉语教师志愿者提供了很多尝试和选择的机会，丰富了汉语教学形式，让学习者在不受时空限制的前提下，全面提高汉语水平。但使用 App 的局限性不容忽视，例如学习者易分散注意力、App 学习缺乏互动等。汉语教师志愿者应加强对学习者的监督力度，结合不同类型 App，逐渐熟悉使用方法，在结合传统教学模式的同时合理运用汉语 App，提升其使用价值，以提高新西兰汉语教学质量。本节的调查研究立足于新西兰的汉语教学，也为世界其他国家汉语教学合理使用 App 提供一定的参照，期待在"互联网＋教育"的基础上共同促进"互联网+汉语教学"在世界范围内的发展。

(石玥 吴成年)

参考文献

著作

林格伦.课堂教育心理学[M].章志光,张世富,肖毓秀,等,译.云南人民出版社,1983.

朱勇.国际汉语教学案例与分析[M].修订本.高等教育出版社,2015.

祖晓梅.跨文化交际[M].外语教学与研究出版社,2015.

期刊论文与论文集论文

陈斐,乔慧敏,任世杰.浅析移动 App 应用于对外汉语教学的优势[J].现代交际,2018(7).

陈珂忆,杨迪.现代教育技术在对外汉语教学中的应用分析:试从认知语言学角度谈 APP 在对外汉语教学中的利与弊[C]//中文教学现代化学会.第十届中文教学现代化国际研讨会论文集.清华大学出版社,2016.

陈时见.课堂问题行为的管理策略[J].基础教育研究,1998(6).

黄晓兰,宋继华.基于课堂教学视频案例的对外汉语教师培训模式[J].现代教育技术,2010(5).

李宇明.海外汉语学习者低龄化的思考[J].世界汉语教学,2018(3).

宋继华.论数字化对外汉语教学资源建设的学科特性[C]//张普,谢天蔚,徐娟.数字化对外汉语教学理论与方法研究.清华大学出版社,2004.

唐青,魏敏.人工智能时代对外汉语教学发展趋势探究[J].武汉冶金管理干部学院学报,2019(1).

硕士学位论文

陈德君.新西兰 Whanganui 市小学汉语教学调查与设计[D].厦门大学,2017.

陈童童.新西兰小学阶段文化活动的设计与实践:以奥克兰市四所小学为例[D].西安外国语大学,2017.

冯昀矍.蒙古育才学校中高年级学生汉语课堂问题行为调查研究[D].江西师范大学,2017.

李伟南.印度尼西亚哈山努丁大学孔子学院中学汉语课堂问题行为及对策研究[D].哈尔滨师范大学,2017.

廉成.新西兰汉语教学中网络工具的应用:以新西兰基督城男子中学为例[D].华中科技大学,2018.

刘洋.APP 汉语辅助教学软件在课外自主学习中的应用研究[D].辽宁师范大学,2018.

欧亚婷.新西兰毛利学生汉语课堂学习行为分析:以 Kawerau 地区为例[D].厦门大学,2018.

彭丽.对外汉语课堂问题行为考察[D].北京语言大学,2008.

彭峥.游戏教学法在新西兰中小学汉语教学中的应用研究:以但尼丁四所中小学为例[D].华中科技大学,2017.

宋娇.针对新西兰小学的汉语课堂活动设计及其实践研究[D].上海交通大学,2014.

王莉莉.蒙古国中学汉语课堂学生问题行为调查及对策研究[D].新疆大学,2018.
王明月.基于汉语国际教育的多维度课堂问题行为分析模式研究[D].武汉大学,2014.
王雅.面向留学生汉语词汇学习的手机软件研究与优化建议[D].西安外国语大学,2017.
吴思雨.主题式教学模式在初级汉语教学中的应用研究:以新西兰北岸三所学校为例[D].上海外国语大学,2019.
武乃珺.手机 APP 在国际汉语教学中的开发与利用[D].吉林华桥外国语学院,2018.
杨晓婷.志愿者教师课堂问题行为管理分析与建议:基于意大利那不勒斯旅游学校孔子课堂的汉语教学[D].上海外国语大学,2018.
张弛.海外少儿汉语课堂学生问题行为研究:以匈中双语学校为例[D].北京外国语大学,2017.
张静文.新西兰惠灵顿 TE ARO 小学孔子课堂汉语教学情况研究[D].厦门大学,2018.
张露.新西兰 WEGC 女校汉语课堂协作教学实践报告[D].厦门大学,2018.
郑丹丹.新西兰混合课堂的汉语教学分析及教学设计研究[D].上海交通大学,2015.
朱怡.韵律活动运用于新西兰儿童汉语课堂的教学设计[D].上海交通大学,2014.

第八章 新西兰中小学汉语自编教材与教学设计研究

第一节 新西兰小学 1—2 年级汉语自编教材设计研究

【摘要】在学习和借鉴海外汉语教材《轻松学中文(少儿版)》的基础上,根据学校的汉语课程大纲和学生特点,遵循科学、趣味、实用和创新原则,对 1—2 年级的汉语教材进行了编写,为 1—2 年级学生设计了符合其学习特点的教材。

近年来,国内出版的供海外使用的汉语教材层出不穷,教材编写的指导思想和理论依据各不相同,教材的质量也参差不齐。教材水平能在很大程度上决定教与学的效果。选择教材成为各国学校的难题(盛冠男,2019)。由于不同国家和学校对于儿童汉语课堂的教学目标和要求不一,国别化的教材少之又少,因此在海外从事汉语教学的汉语教师志愿者选择自编教材。

笔者是 2019 年新西兰奥克兰孔子学院(孔子课堂)的汉语教师志愿者,于奥克兰一所私立学校 ACG 斯艾伦学校小学部担任汉语教师。在笔者任职期间,学校提供了汉语教材《轻松学中文(少儿版)》,该书的定位对象为小学 1—4 年级的非华裔学生。从总体上来看,该书符合刘珣先生对汉语教材提出的评价原则:针对性、实用性、科学性、趣味性和创新性(刘珣,1994)。但是从教学对象、ACG 斯艾伦小学汉语课程大纲及教学实践的情况来看,该教材存在诸多不足之处。因此,在教学实践过程中,分析了《轻松学中文(少儿版)》教材的优缺点,在此基础上,借鉴该教材的可取之处,结合学校的教学大纲、学生的特点等进行了教材的改编和自编,从教学实践和教学效果来看,改编过的教材更能符合学校汉语课堂的教学目标和学生的学习特点。本节将根据刘珣先生的评价原则对《轻松学中文(少儿版)》进行分析,并在此基础上,展示笔者实践中的部分改编教材大纲和资源。

1.1 ACG 斯艾伦小学 1—2 年级汉语课程目标

ACG 斯艾伦学校设有中文部,中文部有两位本土教师和一位汉语教师志愿者,中文部对小学至高中的汉语课程都有明确的教学大纲,大纲上的总体课程目标是严格固定的,但是教学内容可以在遵循课程目标的基础上进行改动。小学 1—2 年级汉语课程教学目标如下。

在情感、态度和价值观方面,学校汉语课程的重点是:在听力上,学生能够理解、享受所学的汉语内容,并对汉语感兴趣。在口语上,学生所说的汉语要为母语使用者所理解。在阅读上,学生能够理解和欣赏汉语语言和文化。

在知识与技能方面,学校汉语课程的重点是:在听力上,学生能够了解并适当回应简单的问候、告别、感谢等,能够识别所学的语言细节并解释含义。在口语上,学生可以自信且相当流利地说汉语,发音和语调越来越准确;适当地使用简单的语言,并自信地交谈,能够唱一些中国经典儿童歌曲。在阅读上,学生能够识别数字和问候语。在书写上,学生可以用拼音和一些汉字写数字。

1.2 对教材《轻松学中文(少儿版)》的评价及其对改编教材的启示

本节将根据刘珣先生提出的教材评价原则,结合教学实践经验来具体评价并分析《轻松学中文(少儿版)》(以下简称为《轻少版》)的教材内容。总结该教材的优势和不足,提出一些关于改编教材的想法,使自编教材更具科学性和可操作性。

1.2.1 《轻少版》教材评价

1.2.1.1 教材的科学性

《轻少版》的科学性体现在注重知识的复现和复练上,严格遵循语言习得的"可理解性输入"原则选取语料,遵从语素教学理念并融合多种教学法。《轻少版》在练习中非常注重这一点,后一课的练习往往会出现前一课的知识内容,让学生能够在练习中再一次回顾知识,有助于加深学生的记忆。这一点是我们在自编教材时值得借鉴和学习的。在新西兰小学,学生除了每周一节的汉语课之外,几乎没有机会学习和接触汉语,因此知识的复现是我们在教材编写过程中所要重点考虑的,语言知识要环环相扣,不宜在前后课堂的汉语教学上有太大的跳跃。

教材的科学性除了这些,还应当符合汉语的语用规则,不能为了教学的方便而简化一些必须知晓的汉语知识。例如,在《轻少版》的第一册教材中,有一单元的主要内容是打招呼用语"你好""您好,老师""再见"等,其中"你好"和"您好"同时出现在课文中,在教学过程中,教师会结合教学词汇向学生讲解中国人尊重长辈的文化传统,有利于学生在简单的问候语学习中了解中国的文化传统。一些其他的海外少儿汉语教材为了简化学生的认知负担,在打招呼教学中只出现"你好",忽略"您好",这不符合我们的语用习惯,因为在中国,与老师和长辈打招呼,我们仍然会严格注意使用"您好"以示尊重。

此外,ACG斯艾伦小学的课程目标在于为学生提供态度、技能和知识的全面学习,教给学生自豪、尊重、正直和富有同情心的价值观。学生必须学习到对彼此的尊重和对教师的尊重。因此,在教材的自编过程中,我们不应只看到语言本身,还应当考虑到语言文化,以及语言学习给学生带来的价值观。

1.2.1.2 教材的针对性

马亚敏、李欣颖(2014)提出教材的针对性原则体现为针对学生的年龄、文化背景、生活环境、学习习惯、兴趣爱好等设计教学内容及插画。在教学过程和学生的学习过程中发现,《轻少版》的课后练习和配套练习具有趣味性,题型多样、难易适中。题型有连线搭配题、问答题、涂色题、找规律题。这些练习大多以图画的形式出现,并且能够结合课程进度,符合学生的认知水平和汉语水平。曾在小学课堂上做过调查,约有90%的学生表示比较喜欢该教材的作业练习。在课堂观察中发现,有趣的任务练习更能引起学生的兴趣,学生会保持较高的积极性来完成作业。

1.2.1.3 教材的实用性

第二语言教材的主要目标是培养学习者的语言技能和语言能力。《轻少版》编者注重培养学生听、说、读、写的语言技能,以流利地使用汉语进行交际为目的。《轻少版》所编写的课文句子与日常生活密切相关,实用性强,可运用于日常生活的交际中。例如第一册课本中所学的"谢谢你""不客气""对不起""没关系""这是谁?""这是我妈妈"等交际用语,学生能够在课堂上和日常生活中使用。

在汉字方面,该教材的实用性也很明显。从第一课开始,该教材就开始出现笔画的知识和练习。在汉字的练习中,注重突出部件的练习,让学生感知到汉字的结构特点和书写规律,能够帮助学习者理解识记(马莉,2018)。因此在教材编写中,在汉字方面,应循序渐进地安排习得内容,从笔画、笔顺着手。

1.2.1.4 教材的创新性

《轻少版》注重教材形式和教学内容的创新。该教材注重汉语与其他学科教学的融合,如数学、音乐、美术等,摒弃单纯的语言教学。例如在学习数字话题时,教材中会设置汉字数字形式的加减法,增加了学生学习的挑战性,帮助学生进行发散思维的学习。在一些话题的学习中,《轻少版》还创作了一些对应的歌曲,歌曲教学能够吸引低龄学生。这样多学科的结合,不仅全方位地锻炼学生的能力,还满足低龄儿童的好奇心和求知欲,让汉语学习不再是无聊枯燥的语言学习。但是,《轻少版》教材选取的儿歌存在一些缺点:该教材自编了一些歌曲,但部分歌曲韵律节奏不是很强,无论是教师还是学生学起来都较难。我们在教学中的歌曲选择应着眼于本土,就新西兰而言,当地的汉语教师发掘并改编了一些本土孩子广为传唱的经典歌曲。因此在歌曲选用方面,以本地的歌曲资源为主,寻找更适合1—2年级学生学习的歌曲。

1.2.2 《轻少版》教材对1—2年级教材编写设计的启示

根据对《轻少版》教材的评价,笔者对1—2年级教材编写设计的要点进行一个总结:

(1)教材编写应该具备科学性,符合汉语语用规则,知识点的安排要循序渐进,尊重1—2年级学生的学习特点,重视知识点的复现和练习,并且要重视语言知识背后所蕴含的文化内容。此外,改编的教材中可设有对应的情感价值学习目标,让语言学习变得更加有意义。

（2）本节教材编写针对的是1—2年级学生，考虑到他们零基础的汉语水平和学玩结合的学习特点，在借鉴《轻少版》插画版教材风格的基础上，在每个单元前，都为学生准备简洁、清晰、具有趣味性的任务清单，供学生了解所学习的主要内容，引起学生的学习兴趣，每个单元之后的课后练习也是如此。

（3）突出教材的实用性，教材所选取的内容应为日常生活交际所常用的内容，与日常生活紧密相关，在词汇和句子的选择上应以简单、实用为主要原则。

（4）注重教材的创新，将语言学习与其他学科结合，教材内容要有助于学生发散性思维的学习，与歌曲、数学、画画、逻辑等内容相融合，不要把教材仅仅作为提供语言知识的书本。

1.3 教材改编的大纲及配套资源

根据以上教材编写要点，并结合ACG斯艾伦学校1—2年级的汉语课程大纲，笔者进行了教材编写。在编写过程中，以语言知识为基础，加入了歌曲教学和具有针对性、趣味性的任务清单，还给学生制作了教材配套词卡，供学生课后复习。配套练习方面，不局限于书面的练习方式，挑选了本土的网络学习平台，在网络平台上建立与课程相关的学习卡片和课程练习，供学生学习和复习，并将相关的学习资料和课程内容上传至学校的公共学习平台上，供家长和学生课后使用。此外，《轻少版》教材选取的插画不具中国特色，在设计课本的时候，挑选了具有中国特色的大熊猫作为自编教材的主人公。

1.4 结语

面对国别化教材缺乏的问题，自编教材是汉语教师志愿者的选择之一。在自编教材的过程中，可以借鉴一些较为经典的教材，扬长避短，并结合国家、地区或学校的课程大纲要求和学生的汉语水平、年龄段、学习风格等特点，进行教材改编。

（苏萍）

第二节　新西兰小学3—4年级汉语自编教材设计研究

【摘要】 大多数新西兰小学没有专门的汉语教材，如何设计适合当地学生的汉语教材是推动新西兰汉语教学发展的重要因素之一。本节立足于新西兰小学3—4年级的汉语教材自编实践，从以下四方面展开论述：第一，介绍汉语教材设计的背景；第二，按照时间顺序对教材大纲进行梳理；第三，展示与分析语言课、文化课、复习课、文化体验课四种不同课型的自编教材；第四，总结新西兰汉语教材编写的启示。

2.1 引言

大多数新西兰小学的汉语课堂是没有专门的汉语教材的,汉语课的教学内容基本都是汉语教师根据自己的意愿和学生的兴趣自主选择的。韩曦(2009)通过对新西兰中小学教材和教学参考资料的调研,指出新西兰教材编写存在的两个问题:一是没有系统性,二是缺乏针对性。周霞艳(2010)对新西兰中学汉语教材编写的针对性和实用性进行了研究。

笔者所在的罗伯森路小学同样没有专门的汉语教材,每一节课都需要汉语教师自编教材。所以如何科学合理地编写适合当地学生的汉语教材是一个亟须解决的问题。本节以笔者2019年在新西兰罗伯森路小学实践过程中自编的汉语教材为例,探讨如何编写适合新西兰3—4年级小学生的汉语教材,致力于为新西兰的汉语教学事业贡献微薄力量。

2.2 教材设计背景

罗伯森路小学位于奥克兰西南部的一个郊区,是新西兰较有民族特色的一所学校。该校没有指定的汉语教材,于是笔者根据奥克兰孔子学院的教学大纲、新西兰小学的教学特点和罗伯森路小学3—4年级学生的情况,按照话题编写教材。每个学期一个大的话题,在大话题下设置不同的主题,每个主题通常需要1—3课时来完成。同时,根据教学内容和文化活动需要编排相应主题的文化教学内容,穿插在主题式的语言教学中。

新西兰各中小学校每学年分为4个学期,共40周,不同学校每个学期的上课周数有些许差别。罗伯森路小学第一学期11周(汉语教师志愿者正式上课9周),第二学期10周,第三学期10周,第四学期9周。笔者所教授的3—4年级每周一节汉语课,每节课45分钟。由于3—4年级学生需要准备时间,每节课有效上课时间通常为40分钟。

2.3 教材设计大纲

2.3.1 第一学期教材大纲

第一学期的话题是"自我介绍",教学目标是帮助学生使用简单的汉语打招呼、问候、自我介绍以及询问他人基本信息。上课第二周正值中国的元宵节,于是在教材中穿插了一节中国元宵节的文化课。(第一学期教材大纲详见第八章附录一)

2.3.2 第二学期教材大纲

第二学期的话题是"家庭介绍"。通过第一学期的学习,学生已基本掌握了运用汉语进行自我介绍的技能。本学期要求学生能够介绍自己的家庭成员,包括家庭成员的名称、人数、年龄,并灵活地使用句式"我爱……""这/那是……"。在文化教学上,本学期开展书法专题的文化活动,收集学生的优秀书法作品来参加"第十届新西兰中文书法比赛"。书法专题的文化活动下又分为三个主题:汉字、书法、绘画。希望学生在这个专题中初步了解中国汉字的特点,并且学会使用毛笔进行简单的书写和绘画。书法文化体验课程结束后,汉语教师和每个班级的 Room Teacher 共同筛选出优秀的书法作品。(第二学期教材大纲详见第八章附录二)

2.3.3 第三学期教材大纲

第三学期主要围绕话题"饮食"展开。该话题旨在帮助学生掌握饮食的名称,学习中国与新西兰美食的区别,了解饮食背后的文化与习俗。"饮食"是新西兰学生较为感兴趣的话题,所以安排 6 个课时进行讲解。因为学生已经上了两个学期的汉语课,有了一定的汉语知识储备。除了词汇和文化,本学期教材融入了更多的句式,并加入适量语法知识。另外,第三学期会开展中文周[①]活动,该活动在罗伯森路小学备受重视。在饮食这个大的话题下,将"做饺子"编进了本学期的文化活动中,并向学校申请调整时间安排,第七周面向三年级学生开展,第八周面向四年级学生开展,一节课 90 分钟。(第三学期教材大纲详见第八章附录三)

2.3.4 第四学期教材大纲

新西兰小学的本土教师在最后一学期通常不会安排较多的课程,主要以复习巩固、学年测评和准备学年典礼[②]为主。再加上 3—4 年级的小学生在最后一学期难免浮躁,也不适于学习更多新的知识。所以,第四学期的教材涉及较少的语言知识和文化内容,只有两个小的主题"运动"和"季节"。罗伯森路小学师生经常在礼堂举办集会,除文艺晚会、毕业典礼等大型活动外,更多的是学生定期的汇报表演和各类文化周的庆祝活动。Room Teacher 会提前组织学生排练与主题相关的表演活动,这也是学生学习成果的一部分。校领导和学生家长都十分重视。这给了笔者很大的启发,笔者决定利用这种形式展示学生的学习成果,将平时教过的中文歌曲、舞蹈、太极拳等组织起来,在学期末进行了一场汇报演出,让家长和校领导都看到孩子们汉语学习的成果,感受中华文化魅力。(第四学期教材大纲详见第八章附录四)

2.4 自编教材展示及分析

教材大纲是按时间顺序进行梳理的。而就具体的教材编排而言,按照汉语课程类型进行了分类,分为语言课、文化课、复习课和文化体验课,其中语言课所占比例最大,其次是复习课、文化课和文化体验课。不同类型的课程教材内容也有不同的侧重(见表 8-1)。

---

① 新西兰政府鼓励境内不同文化的相互交融,所以建立了不同的文化周,如萨摩亚周、汤加周、印度周、中文周等。
② 罗伯森路小学每学年的最后一周会分年级进行学年典礼,典礼内容包括为各专业和领域有突出表现的学生颁奖、不同民族学生的才艺展示,相应年级的学生、教师和学校领导都需参加,大部分学生家长也会出席。

表 8-1　新西兰小学 3—4 年级汉语自编教材分类

课程类型	课时	教材板块
语言课	每学期 3—6 节	学习目标、词汇、生词操练、课文、会话练习、作业
文化课	每学期 1 节	学习目标、词汇、文化介绍、文化活动、作业
复习课	每学期 1—2 节	复习内容、复习活动
文化体验课	两学期 1 次	学习目标、词汇、文化介绍、活动说明、作业

2.4.1　语言课教材

语言课教材包括学习目标、词汇、生词操练、课文、会话练习、作业几个部分。这里笔者以"食物"话题下的第 2 课"水果"主题的教材为例展开论述。

学习目标分为知识目标和技能目标。知识目标是掌握 8 种水果的汉语名称。技能目标则要求学生通过本次课的学习能够表述自己喜欢和不喜欢的水果并能够询问他人对于水果的喜好。

词汇是学习语言的基础,也是语言课的重要组成部分。根据学生的情况和教学大纲,每节语言课教材会为学生提供 6—8 个汉语生词,并要求学生熟练掌握。

生词操练是词汇学习的一个辅助活动。本节课笔者设计了"水果蹲"的游戏帮助学生记忆和使用生词。教材中详细呈现了该游戏的游戏规则和指令框架,便于低年级学生理解。

课文通常是将本节课需要掌握的句式整合成一段对话,该对话以拼音、汉字、英语翻译三种形式同时呈现。对于罗伯森路小学 3—4 年级零基础的学生而言,汉字认读难度较大,而利用汉语拼音识记更为有效。即便如此,教材中应涉及汉字。汉字的出现也许对学生识记汉语的作用不明显,但是可以潜移默化地帮助学习者建立汉字意识,有利于长期的汉语学习。所以,本教材中的课文内容和词汇都是以拼音、汉字、英语翻译三种形式共同呈现的。

会话练习不仅是对整节课词语和句式学习的巩固,更是对学生汉语交际技能的训练。学生以小组为单位,根据本节课的内容设计一段对话并进行展示,将学到的语言知识灵活应用于生活场景中。

作业要求学生提前思考如何形容水果的颜色,为下节课"颜色+水果"的学习进行预热。

2.4.2　文化课教材

罗伯森路小学是一所多民族、多文化融合的学校,十分注重不同民族文化的传承。其开设汉语课的初衷也是为了学校文化的丰富性,帮助本校学生了解更多不同的文化。笔者设计了专门的文化课,每个学期 1—2 节,内容主要围绕中国的传统节日和传统习俗。文化课教材包括学习目标、词汇、文化介绍、文化活动、作业几个部分。这里以第一学期的"元宵节"主题文化课教材为例展开分析。

本节课学生的学习目标是了解中国传统节日元宵节,并且学会制作简易灯笼。

文化课中列出的词汇是辅助学生理解中华文化内涵的,包括"元宵节、灯笼、(吃)元宵/汤圆、团圆",学生了解其含义即可。

文化介绍对于文化课而言较为重要。教材中文字讲解辅之以图片来帮助低年级学生更好地理解,教师在讲解时最好再结合相关视频。要求学生了解的重点词汇在文中用拼音标注并以蓝色显示,学生在阅读过程中如若遗忘需回看词汇表,从而加深对词汇的理解。

介绍了相关文化后一定要结合文化活动。在新西兰的汉语课堂中,文化课的互动性相对而言要低于语言课,过长的文化讲解很容易导致新西兰的小学生失去学习兴趣。所以文化活动是文化课的必备环节。本次文化活动是制作灯笼,教材通过文字和图片详细介绍了制作简易灯笼的步骤,直观方便。

作业为查找中国元宵/汤圆的口味和做法,下节课做报告。新西兰学生对中国美食充满好奇,教师在讲到元宵/汤圆的时候,即便他们从未吃过也会觉得十分美味。所以,作业从学生最感兴趣的部分进行拓展。

2.4.3 复习课教材

新西兰的教育十分重视学生学习的实用性。罗伯森路小学的校长也提到过,"汉语课不要求学生学多少,更重要的是学生可以用多少(The Chinese course is not so much about how much students are required to learn as how much knowledge they can use)"。而且,语言学习本身就需要及时的巩固。所以,笔者在每学期末都会安排1—2个课时对整个学期的内容进行复习,并编写了专门的复习课教材,包括复习内容和复习活动两大块。这里以第二学期的期末复习教材为例。

第一个板块是复习内容。教材上罗列了5个问题,这5个问题是围绕第一、二学期学习的知识提出的。学生首先根据问题进行自测,看自己遗忘和缺失的知识是什么,然后需要教师带领学生进行系统的复习,最后学生再来回答教材上的5个问题。

第二个板块是复习活动。本次复习活动选用了当地学生喜爱的Board Game,设计成复习汉语的桌面游戏,学生需要结合运气和知识储备来赢得游戏。游戏规则虽然复杂,但是学生对该游戏较为熟悉,可以快速理解。本次复习课重点复习内容是第二学期学习的"家庭""端午节"和"汉字",其次是第一学期学习的"数字""元宵节"和"自我介绍"。Board Game 中的问题是根据这些主题和复习的重要程度设计的。

2.4.4 文化体验课教材

文化体验课两个学期组织一次,旨在帮助学生体验语言背后的文化,从而加深理解,提高学习兴趣。文化体验课的教材设计分为学习目标、词汇、文化介绍、活动说明、作业等部分。笔者在罗伯森路小学的汉语教材中设计了两场文化体验活动:一是"书法文化体验活动",二是"运动"主题下的"传统运动会"。这里以"传统运动会"部分的教材为例展开说明。

学习之前,学生需简单了解本节课的学习目标,做到心中有数,不至于在之后的活动中忘记教学活动的目的。"传统运动会"用于"运动"主题的文化部分教学,帮助学生了解并体验中国传统民间运动项目。

词汇在文化体验中不做过多的要求,学生了解"踢毽子、投壶、抖空竹"这三个关键词即可。

文化介绍是必不可少的。踢毽子、投壶和抖空竹对于中国人来讲是熟悉的运动项目,但是对于新西兰的师生来说却是十分陌生的,甚至闻所未闻。鉴于学生年龄较小,教材上的文化介绍不宜过于复杂。

活动说明是主要内容。汉语教师若只是讲解,学生并不能真正体会到中国传统运动的乐趣,需要学生亲身实践,这也是设计文化体验活动的意义所在。所以教材中详细说明了活动的形式:先到不同的体验区去学习和体验三项运动,然后根据规则尝试挑战不同的运动项目,挑战成功者可获得奖励。

本次课的作业要求学生回家给家长介绍一项中国传统运动。一方面帮助学生巩固知识,另一方面也能够让家长了解一些中国文化。

2.5 教材编写的启示

本节通过对新西兰罗伯森路小学3—4年级学生自编汉语教材的分析,总结出以下三点对于新西兰汉语教材编写的启示:

第一,推广汉语与中国文化的同时,尊重当地的语言与文化。汉语推广是两国文化的交流,而不是单一的文化输入。在编写教材时一定要考虑当地人的语言习惯,例如在编写"运动"部分时,词汇中最好加上"打橄榄球",中国人谈到运动项目很少会联想到橄榄球,但是橄榄球在新西兰属于国民运动,深受新西兰人民的欢迎。编写文化课部分时,编者应注意与新西兰文化进行对比教学,这样不仅便于学生理解,也能让当地师生感受到汉语教师对其文化的尊重,有利于建立中国教师与新西兰师生之间的文化信任。

第二,教材语言以简单的英语为主,适当结合汉语拼音和汉字。一方面,新西兰3—4年级的汉语学习者通常都是零基础水平,教材语言应以简单的英语为主,特别是涉及文化部分。虽然教学对象大多数是英语母语者,但是这个年龄段的小学生所学习的英语单词也较为有限,所以应以简单的英语为主要的教材语言。另一方面,教材中词汇部分和课文部分采用"汉语拼音—汉字—英语翻译"三者结合的方式呈现。新西兰3—4年级学生识记汉语知识以汉语拼音为主,所以重点内容应结合汉语拼音,辅之以英语翻译可以帮助学生理解,而汉字能够帮助学生从零基础开始建立汉字意识,为长期学习汉语打下基础。

第三,汉语教材分课型,不同课型的教材侧重不同。所在学校的汉语课分为语言课、文化课、复习课、文化体验课,四种课型对应的教材也有所不同。语言课以语言的识记与运用为主,重点在词汇和句式的掌握。文化课和文化体验课以学习文化知识为主,重点在文化的介绍与体验。其中,文化体验课更重体验。复习课是对一个时间段内语言和文化知识的巩固与复习。根据不同课型的不同侧重点,教材内容也要相应地做出调整。

2.6 结语

缺少专门的汉语教材是如今新西兰汉语教学的问题之一。本节以新西兰罗伯森路小学自编教材的实践为依托,梳理了四个学期的汉语教材大纲,并对语言课、文化课、复习课、文化体验课四种不同课型的自编教材设计进行展示与分析,探讨如何编写适合新西兰3—4年级小学生的汉语教材。最后,从文化内容、教材语言、课型分类三个方面总结了本研究对于新西兰汉语教材编写的启示,旨在为新西兰的汉语教学事业贡献微薄力量。

(乔冠颖 吴成年)

第三节　新西兰小学5—6年级汉语自编教材设计研究

【摘要】本节立足于新西兰小学5—6年级的汉语教学实践,探讨新西兰小学5—6年级本土汉语教材编写的问题,并提出几点建议。第一,以主题式任务教学法为纲制定教学点化的汉语教材而非出版统一的新西兰小学汉语教材。第二,以主题式任务教学法为纲优化教材的学习顺序、难度和结构,帮助学生建立便于串联记忆的知识系统。第三,教学活动设计要具有跨学科的多样性,注重学生参与感、获得感和自我效能感的建立。这种自编汉语教材具有很强的教学针对性与实用性,能灵活机动地满足海外具体教学环境的需求。

3.1 新西兰小学汉语教材现状

我们对部分小学汉语助教的教材使用情况进行了调查,发现约90%的新西兰小学的汉语教学是没有专门的汉语教材的,汉语课的教学内容基本都是汉语助教根据自己的意愿和学生的兴趣自主选择的,由此也出现了许多问题。这凸显了规范新西兰小学自编汉语教材的必要性、合理性和重要性。

3.2 现存汉语教材现状

目前,国内外出版的汉语教材也有很多,但是这些教材在新西兰的小学汉语教学中仍然出现了"水土不服"的现象,笔者认为出版完全适合新西兰小学汉语教学教材的想法是不切实际的,不如转而培养汉语助教自编教材的能力,规范其自编教材的水平,再让其根据自身教学点的具体情况进行调整,只有这样才能做到对症下药,满足新西兰小学汉语教学地区差异的需求。

3.3 新西兰小学汉语自编教材设计理念与构想

3.3.1 以主题式任务教学法为纲的教学点化教材

结构上以主题式任务教学法为纲进行编写,以一个个有趣的活动任务代替中式教学的机械练习;内容上突出实用性和交际性。

3.3.2 优化教材的学习顺序、难度和结构

各学期语言点之间在学习顺序上应具有难度渐进的内在联系,并尽可能地在话题上构成系统,帮助学生建立知识体系,增强记忆。

例如,每节课可以学习一个对话或句型并配上5—8个和该课内容相关的替换生词,帮助学生匹配自己的信息进行交际练习。每学期的教学内容可以为该学期学习的重点句型组成的短文(对话)。例如自我介绍主题类的小短文:

你好,我叫_____。我_____岁。我的生日是_____月_____日。我喜欢_____,我不喜欢_____。很高兴认识大家,谢谢。

3.3.3 教学活动设计要具有跨学科的多样性

活动设计打破语言课的界限,融合美术、音乐、体育、数学等多种学科的特点。具体来讲,可围绕汉语主题设计唱歌、跳舞、手工、绘画、运动、游戏等多种形式,寓教于乐,注重学生综合素质的全面发展。在保证必要学习时间的基础上,增加学生成果展示环节,增强学生学习主动性,注重学生参与感、获得感和自我效能感的建立。

3.4 新西兰小学汉语自编教材设计参考

由表8-2可知,该自编教材主要由封面、目录、正文、附录四个部分组成。表8-2只是简单列举了第一学期的教学内容,仅作结构上的参考,真正的教材设计可由教师根据自身教学点的实际情况制定。该自编教材主要以主题为线索,通过不同的课堂任务进行操练,帮助学习者逐步建构反映主客观世界及社会交际需求的知识体系,以达到跨文化交际目的。

表 8-2　新西兰小学汉语自编教材(课本)设计

封面				
空白页				
目录				
	主题	话题	内容	板块结构
正文	自我介绍	话题1 打招呼	第1课 你好,我叫____	一、学习目标与学习内容 二、语言点展示 三、练习活动(任务1、2……N) 四、每日一句 五、文化拓展阅读
		话题2 国家	第2课 我来自____	
		话题3 数字	第3课 认识1—100	
		话题4 年龄	第4课 我____岁了	
		话题5 家庭成员	第5课 我家有几口人	
		话题6 爱好	第6课 我喜欢,我不喜欢	
			第7课 学期回顾与复习	
			第8课 学期展示	
			第9课 学期测试	
附录				

3.4.1　封面和目录

汉语自编教材的封面设计最好具有典型的中国色彩,可以选取一些典型中国元素,例如中国国旗、中国汉字、中国地图、熊猫、长城、中国功夫。封面和目录之间的空白页主要是供学生写上自己的姓名(如果可能的话,可以写上学生的中文名字)、班级、汉语教师名字、所属小组等个人信息,帮助学生建立汉语学科意识。目录部分主要是帮助学生了解该门课程的教学大纲和进度,以及帮助学生快速找到需要查找的内容。

3.4.2 正文设计

3.4.2.1 整体设计构思

在教学周期上,以新西兰的教学安排为标准,即全年为四个学期,每 8—10 周为一个学期,每周一课时,每课时 30—60 分钟。

在教学设计上,汉语教师需要严格按照新西兰的汉语教学大纲要求,并根据自身教学点的具体情况和指导教师的意见做出相应的选择和调整。每学期(一般为 8—10 周)设定一个大的教学主题,每周学习该主题下的一个子话题,每个子话题下的每节课学习生词(建议数量不超过 8 个)及相关对话。每学期复习的时候把该学期学习的重点句子和对话串联为一个小文章,学生可对该文章的具体内容根据自身情况进行替换,继而对本学期所学知识进行一个系统的总结回顾,最后让学生进行背诵展示,加强其记忆并计入该学期学习成果考核。

在编排方式上,同一学期所选的子话题之间应在同一教学主题下具有紧密的关联度,并根据学生的水平优化处理学习内容的先后顺序,做到循序渐进,例如:先学习数字,再学习年龄就可以降低学习难度。不同学期之间可采用螺旋上升的编排方式(如国内小学到中学数学教材的编排方式),后面学期的话题可与前面学期的话题内容交叉或者在难度上加深,帮助学生减少遗忘,温故而知新。

3.4.2.2 学习目标与学习内容

该部分内容的安排主要借鉴了新西兰本土汉语教师的教学习惯,即以学习者为中心,在每节课的开始就帮助学生明确每节课的学习内容和学习目标,让学生知道自己要学什么。

3.4.2.3 语言点展示

语言点的展示主要包括生词、句型或简单对话的结构展示和范例以及相关语法规则的解释说明。关于每节课的生词,考虑到学生的年龄和汉语水平,笔者建议数量上最好不超过 8 个;部分生词的意思采用传统的英文翻译,部分生词特别是意义之间有内部联系的,如家庭成员,可采用全家福图片标注的方式展示生词的含义,建立汉语和意义的直接联系,即将生词表形象系统化。

3.4.2.4 练习活动

练习活动主要是帮助学生在有意义且有趣的场景中对所学生词或语法点进行操练。首先,在活动的训练目的上,应该从听、说、读、写四方面展开设计,注重字音、字义、字形之间的联系;其次,在分组形式上,个人与小组(双人组和多人组)的方式都需要兼顾;再次,活动设计可运用中国课堂活动设计或者对新西兰课堂活动进行改编,且活动形式需要多样化,调动多方感官,通过观看、讨论、动手制作、表演、游戏等形式来学习知识;此外,在活动数量和难度方面,遵循"n+1"和"i+1"原则,教师需要根据课时长短和学生水平灵活控制活动的数量和难度,要做到循序渐进;最后也是最重要的,要贯彻"教师主导,学生主体"的原则,避免教师的"一言堂"现象,把课堂还给学生。

3.4.2.5 每日一句

该部分主要是帮助学生每次课积累一个使用频率较高的汉语小短句。在句子长度上,建议每个短句最好不要超过10个字,后期可由单句逐渐向对话过渡;在句子类型上,可由课堂用语逐步向日常交际用语过渡,例如:"我想去上厕所""我到了""不好意思""好久不见"等。

3.4.2.6 文化拓展阅读

基于新西兰孩子的阅读习惯,可选取中国神话、成语、寓言故事,中国著名的自然和文化遗产,中国从古至今各领域的伟大成就,现当代中国社会生活发展风貌等内容,对其进行筛选和改编后翻译为英文,供学生阅读使用,拓展对中国的了解。在阅读内容的选择上应注意以下几点:1.优秀古代传统文化和现代相结合并适当突出现代文化;2.主流文化和少数民族文化相结合;3.知识性文化与体验性文化相结合;4.尽可能涉猎社会生活的各方面,如衣食住行、建筑、科技、教育等,帮助学生在宏观上建立一个对中国的印象。

3.4.2.7 学期展示

该部分的设计也是参考了新西兰的教学习惯,注重对学生全方位能力的培养和实践体验。每学期末全校不同年级、班级和各种兴趣团体会进行汇报表演,来向家长、教师和其他学生展示自己本学期的学习成果。汉语教师也可以让学生选择自己感兴趣的文化点进行不同形式(手工作品展示、唱歌、跳舞、话剧表演、PPT展示、中华才艺展示、演讲等)的小组展示,然后选取优秀的节目推荐到学校表演日进行表演,让全校学生一起来感受汉语学习的魅力。

3.4.2.8 学期测试

学期测试主要分为笔试和口试两个大的方面进行。

笔试:从听、说、读、写四个方面综合考查学生对本学期学习内容的掌握情况,教师需严格控制考试的难度,灵活把握考试题型,以考促学。例如在题型上,教师可设置听力选择题、阅读选择题、填空题、生词的拼音与意义连线题等。

口试:可通过演讲或对话的方式考查学生的汉语输出能力以及检测对所学内容的掌握程度。例如,可以把第一学期学生学习的所有重点句型编成一段自我介绍,让学生填上自己的个人信息,进行背诵展示,从而考查学生对学习内容的掌握情况。

3.4.2.9 学期奖励

参考新西兰本土教师在期末进行奖励的教学习惯,汉语教师也可在每学期末给学生进行教学奖励,增强其学习的动机。具体的奖励方式主要分为口头奖励和物质奖励两种。口头奖励除了平时赞赏学生的良好表现之外,还包括每学期末根据学生的考试成绩给予表扬及颁发奖状、评选"汉语之星"等活动;物质奖励主要是每学期末带领全班学生体验中华美食或者观看中国电影等活动。

3.4.3 附录

表 8-3 教材附录

附录一	拼音表(建议按照新西兰的发音,对中英差异部分进行重点标注,减少学生的记忆负担)
附录二	知识点汇总(对该学年所学的生词、句子、语法点进行汇总)
附录三	每日一句汇总
附录四	世界地图
附录五	中国地图
附录六	中国概况的简单介绍
附录七	名胜古迹、风景人文等照片集锦
附录八	"汉语桥""夏令营与冬令营""中文周"往期集锦
附录九	HSK 和 YCT 考试介绍
附录十	教具材料

3.5 结语

新西兰小学自编汉语教材的编写需要从学生、教师、任教国的国情等多方面进行综合考虑,想要编写一本适合教学点的自编教材绝非易事。但是可以肯定的是,针对我国已有教材在适应性方面的短板以及新西兰小学汉语教师在教学设计上的随意性弊端,规范自编教材可谓是一条折中的做法,既适应了新西兰小学汉语教材的国别化甚至是"教学点化",又提高了汉语教师自主教学设计的系统性和科学性。而且同一教学点的后任汉语教师还可资源共享,不断对自编教材进行调整优化。总的来讲,新西兰小学自编教材是解决新西兰小学教材问题的一条值得考虑的出路。

(常好珂)

第四节　新西兰初中 7—8 年级汉语自编教材设计研究

【摘要】 如何有针对性地设计适合当地学生的汉语教材是新西兰汉语教学发展过程中亟须解决的问题之一。本节立足于新西兰道格拉斯·巴德爵士中学 7—8 年级的汉语教材自编实践，从以下三方面展开论述：第一，介绍汉语教材设计的背景；第二，分析汉语教材不同环节（词汇、课文、课堂活动、练习题）的设计；第三，总结新西兰汉语教材编写的几点启示，包括考虑当地情况、针对学生的不同年级、中外合作编写汉语教材等。

4.1　引言

近年来，孔子学院总部正大力开发适用于各国的汉语教材。陆俭明（2013）也赞同，"鉴于事实上存在汉字文化圈和非汉字文化圈的区别，鉴于汉语跟国外各个语言的差异性，汉语教材'国别化'这一理念可取。再说，这也符合'因材施教'的教学总原则。"据了解，孔子学院向新西兰推广的教材可以说是丰富多样。但是这些教材在真实的新西兰汉语课堂中的使用率并不高，周霞艳（2010）通过调查总结出以下原因：内容不贴近新西兰生活，缺乏趣味性；难易程度不适合；课文进度设计不符合新西兰汉语教学实情。因此，在国别划分的基础上，我们很有必要根据学生年级、学生特点、国情等因素设计本土汉语教材。

本节以道格拉斯·巴德爵士中学（Sir Douglas Bader Intermediate School）自编汉语教材的实践经验为依托，探讨如何编写适合新西兰 7—8 年级中学生的汉语教材。本节旨在丰富新西兰中学教材编写的研究，也期望推动道格拉斯·巴德爵士中学汉语自编教材的早日完善。

4.2　教材设计背景

道格拉斯·巴德爵士中学位于奥克兰曼格雷地区，是新西兰的一所初级中学，只有七、八两个年级。学生平均年龄在 11—13 岁之间，正处在从儿童向青少年过渡的成长阶段。在认知能力方面，他们已具备较为敏锐的观察力、概括能力及逻辑思维能力。这种认知能力上的发展变化能够帮助他们更好地理解和掌握全新的语言知识。

该校于 2018 年首次开设汉语课，没有固定的汉语教材，基本上是指导教师和汉语教师志愿者根据教学大纲和学生特点自行设计课堂内容。在一些语言课程的开展中，汉语教师志愿者会根据课堂内容编写教材，并将相应的教材内容打印出来发给学生。笔者根据前任和自己有限的教材编写经验，分析新西兰初中 7—8 年级汉语自编教材设计的环节,发现教材编写的问题并尝试给出建议。

4.3 教材环节设计

4.3.1 生词环节设计

词汇是语言学习的基础,也是汉语教材的重要组成部分。每节语言课要求学生掌握6—8个汉语生词的认读,学会其中一个汉语生词的书写即可。不同于新西兰小学生,七、八年级的学生对于汉字的学习有了一定理解水平,尤其是八年级的学生已经学习了一年的汉语,所以,我们尝试在教材中融入适量的汉字。词汇部分以汉字和汉语拼音为主,一个标黑的词语后面有四个重复的浅色词语,方便学生进行临摹,练习汉字书写。词汇部分通常没有英语翻译,而是以图片的形式展示给学生。到了七、八年级,教师希望学生可以摆脱对英文翻译的依赖,逐渐形成对汉语词汇的直接记忆,有利于学生长期的汉语学习。

4.3.2 课文环节设计

新西兰语言教学较为重视语言的实用性,也就是学生学习该语言后的应用能力。因此汉语教师志愿者编写的课文多以对话的形式呈现,保证学生在学习后可以进行相应的对话练习,进而未来能够和汉语母语者进行顺畅的交流。课文部分的教学目标主要是相关句式的学习、篇章的阅读和对话的操练。这里以"买东西"主题的教材课文为例,分析教师如何使用。第一,教师讲解与主题相关的句式,例如问句"买什么?""买几斤?""多少钱一斤?"。第二,学生掌握了词汇和基本句式后自行阅读课文。第三,学生通过复述课文进行会话练习,以小组为单位。教师针对学生会话中出现的问题进行进一步的讲解。第四,教师引导学生根据所学内容进行交际练习。教师尽量为学生营造真实的场景,例如将人民币和真实的水果作为教具。学生的任务是在规定时间内设计相应的对话并进行展示。第五,教师点评学生的情景展示,对学生突出的问题进行纠正。

4.3.3 课堂活动环节设计

课堂活动是新西兰汉语课堂不可或缺的环节之一。新西兰学生普遍活泼好动,即便到了七、八年级,学生依旧喜欢新颖有趣的课堂活动,不喜欢教师一味地讲授。但不是所有活动都适合七、八年级的学生。这个年龄段的学习者相对腼腆,特别是八年级的学生。唱歌、跳舞类的课堂活动在实施的过程中有一定的难度,可能出现学生不愿意配合的情况。针对该年龄段的学生,一些有难度的游戏活动,如 Board Game、Guess Who,还有手工活动,如剪纸、海报制作,会更为适合。这类课堂活动在教材中体现为活动步骤的介绍,教师同时进行示范。也许是因为课堂活动的机动性较强,很多汉语教材中是没有这一环节的设计的。然而,课堂活动在教材中的呈现有一定的意义。新西兰是一个低权力距离国家,师生之间距离感不强,教师不是绝对的权威。大多数情况下,学生不会一板一眼地听教师的话,每节课总有部分学生在教师讲解示范后依旧不知道自己要做什么。这时教材的作用就凸显出来,教材上明确的活动步骤可以帮助学生理解,从而减少不必要的课堂时间浪费,提高学生的学习效率,同时在一定程度上避免出现课堂管理问题。

4.3.4 练习题环节设计

道格拉斯·巴德爵士中学 7—8 年级的自编汉语教材,每节课的最后都设有练习题,用于课堂巩固、作业布置、课前回顾、小测试等。这一部分可以有效帮助学生及时地进行复习与巩固,同时也给教师一个反馈,让教师看到每一个学生的学习情况,从而有针对性地进行汉语教学。

4.4 7—8 年级自编教材的启示

本节通过对新西兰道格拉斯·巴德爵士中学 7—8 年级学生自编汉语教材的讨论,总结出以下三点新西兰汉语教材编写的启示:

第一,考虑当地国情。于海阔(2020)指出,国别化汉语教材应重视国情。我们所习惯的传统的教材及教材策略可能会与一些学生的文化习俗、生活方式、经济发展情况相冲突。例如,"买东西"主题的课文中"苹果多少钱一斤"。据了解,新西兰人很少使用这类句式。大多数新西兰人会到超市购买水果,很多水果都是称好放在袋子里的,不同于中国的一一称重。所以,该内容符合中国人的生活习惯,但与新西兰生活相差甚远,可能会引起学生的困惑。

第二,针对不同年级的学生设计不同的汉语教材。目前,越来越多的研究者意识到国别化汉语教材的重要性,但是汉语教材还应考虑不同年级的问题。不同年龄段的学生适用的教学目标、教学内容、教学活动、教学方法都不可能完全相同。笔者教授新西兰 3—8 年级 6 个年级的学生,可以明显感受到小学生与中学生学习风格的差别。7—8 年级的学生认知能力和理解能力都要优于小学生,但是积极性和参与性会明显弱于低年级学生。所以,汉语教师需要针对不同年级学生的特点设计相应的教材。

第三,尝试中外合作编写汉语教材。邓氏香(2004)指出,中外(汉语教师)合作(编写)是提高对外汉语教材针对性的必由之路。新西兰汉语教材的针对性和实用性不够强,而各个学校的汉语教师设计的自编教材的科学性和体系性较弱。这是因为新西兰汉语教师中绝大多数缺乏相应的研究基础,而国内学者缺乏有针对性的实践经验。所以,中外合作编写汉语教材也许是我们未来汉语教材编写的新路径。

4.5 结语

虽然新西兰有很多汉语教材,但在实际教学中多数汉语教师也只是把它们作为参考,然后根据当地学校的情况设计不同的教学内容。缺少专门的汉语教材是如今新西兰汉语教学的问题之一。本节以新西兰道格拉斯·巴德爵士中学7—8年级自编教材的实践为依托,从词汇、课文、课堂活动、练习题四个环节的设计简要分析如何编写适合中学生的汉语教材。同时,根据实践经历,用于海外汉语教学的教材应考虑当地国情,针对不同年级学生的特点,尝试中外合作编写汉语教材。本节还存在很多问题,但是希望可以为新西兰汉语教材编写研究做出一些补充。

(陈盼盼)

第五节 新西兰高中汉语自编教材设计研究

【摘要】随着中国综合国力的提升,世界各国开始重视汉语的学习,新西兰的汉语教学发展良好,取得了瞩目的成就。但是在新西兰汉语教学中没有固定的汉语教材,这对于新手汉语教师或者汉语教师志愿者来说是一个挑战,因此将汉语教学内容汇总,形成自编教材非常必要。本节将结合在新西兰奥克兰曼格雷高中的教学经历,提出形散神不散、多元文化、获得最快效果、内容难度波动以及设计内容备选等高中教材设计理念和构想,并汇总曼格雷高中九年级的教学内容,进行分析。

5.1 背景简介

截至2018年,新西兰共有6.5万人学习汉语,学习汉语的人数近年来呈现出了翻倍增长的趋势,并且越来越多的汉语学习者开始检测自身汉语水平,2019年奥克兰共有267名汉语学习者参加了汉语水平考试(HSK),未来会有更多的汉语学习者参与进来。新西兰政府对汉语学习也非常重视,将其列入了新西兰NCEA考试中。

在新西兰的汉语教学中,教材一直是一个争议较大的话题。新西兰当地学校各科目并不使用固定的教材,他们的教育理念是灵活教学,教师可以参考多本教材和多种资料,但是并不局限于一本教材。在当地教师看来,一本教材无法适应多样的学生群体。汉语教学适应当地教学要求,并未设置固定教材。这样的现实情况有利有弊。积极的一面是汉语教师及志愿者可以更加灵活地选择教学内容,调整教学内容顺序等;略显消极的一面是大部分汉语教师志愿者作为新手教师,在有教材的情况下尚且无法做到合理选择教学内容,在毫无教材的情况下,选择适合新西兰中小学的汉语教学内容难度更大。将已进行过的汉语教学内容整理成资源,供新西兰汉语教师及志愿者参考,是极具意义的。

2019年2月至12月笔者任教于新西兰奥克兰曼格雷高中,担任九年级汉语班的主讲教师,整个学年四个学期负责九年级汉语班的教学工作,其中也包括教学内容的选择,因此积累了一定经验。同时,笔者也对2019学年曼格雷高中九年级汉语班的教学内容进行了汇总,形成了一本针对新西兰高中汉语学习者的自编教材。因此在本节中笔者将在前人研究的基础上,总结自编新西兰高中汉语教材时的理念和构想,并展示2019学年笔者在曼格雷高中选用的汉语教学内容,以期对未来任教于新西兰各高中的汉语教师及志愿者选择教学内容有所帮助。

5.2 研究现状

目前学者们对新西兰汉语教材的研究不多,仅有的研究角度也很分散。王玉晓(2019)研究了将《三字经》作为主要教学内容运用在新西兰汉语教学中的效果,她将《三字经》改编成简单易懂的小故事,讲给学生,获得了很好的教学效果。赵亚可(2017)分析了澳大利亚和新西兰两国使用的汉语教材,提出《你好》是两国使用频繁的汉语教材。胡玉芳(2014)探讨了新西兰NCEA考试制度下汉语教材的编写问题,提出应该将"话题、交际任务、文化"相结合作为总指导原则,编写出具有针对性、趣味性、灵活性和开放性的适合当地汉语教学需要的汉语教材。权艺仙(2009)调查了《你好》《基础汉语听说读写》《中文听说读写》《新实用汉语课本》在新西兰的使用情况,从结构、生词、课文和注释四个方面进行了考察。

综上所述,对新西兰汉语教材的研究角度相对分散,针对新西兰高中汉语学习者的教材研究更是少之又少,因此本节将在前人研究的基础上,补充主要适用于新西兰高中汉语学习者的自编教材,并分享编写适用于新西兰高中汉语学习者教材的设计理念和构想,展示教材整体框架,并选择个别典型教材内容进行细致分析。

5.3 新西兰高中自编教材设计理念和构想

教材内容的选择是汉语教学顺利进行的非常关键的环节。编写教材需要考虑很多因素,例如内容的实用性、趣味性和科学性等(刘珣,2000)。除了这些教材编写的普遍原则外,结合为曼格雷高中设计的教材,笔者认为,编写新西兰高中汉语教材还需要考虑以下五点设计理念。

5.3.1 形散神不散的理念

据笔者对其他新西兰汉语教师志愿者的调查,大部分汉语教师志愿者会根据主题来选择教学内容,例如爱好、时间、地点及国家等,自编教材同样是按照主题划分教学内容的。但是一直遵循的一条原则是形散神不散,选择的教学内容看似毫无关联,但是都是围绕核心主题的。在笔者所汇总的教学内容里,看似没有关联的话题其实都围绕着一个主题,即自我介绍。对于九年级的汉语学习者来说,整个2019学年他们所学的汉语知识,都是围绕自我介绍这个主题的,每个话题都可以对自我介绍进行补充,直至自我介绍相对完备。因此自我介绍是所编高中教材的"神",其他各个独立话题,例如国家、爱好、颜色等话题则是看似关联不大的"形",看似"形"散,实则"神"不散,共同构成了一个相对完整的教材系统。

5.3.2 多元文化的理念

新西兰是一个具有多元文化背景的国家,除了英语文化外,还有太平洋文化、亚洲文化以及非洲文化等。多元的文化背景在汉语课堂中也有所体现。在曼格雷高中九年级汉语班中,多元文化氛围非常浓厚,因此在自编教材中,这方面也有所体现。例如在学习国家时,选取的国名都是和学习者非常贴近的,例如萨摩亚、汤加、斐济等,可以让学习者感受到教师对他们文化的尊重,从而拉近教师和学习者之间的距离。

5.3.3 获得最快效果的理念

低龄汉语学习者总是非常希望在短时间内提高汉语水平,从而可以向家人和朋友展示,获得一定的成就感。为了满足学习者的需求,汉语教师及志愿者在编教材时对这方面应该有所考虑。在选择教学内容时,笔者也主要考虑了在一个学年内能够让学习者用汉语进行自我介绍的需求,从而一方面在学年末让学习者进行展示,看到自己的进步,肯定自己学汉语的能力,也坚定十年级继续学习汉语的决心,另一方面为十年级参加 NCEA 汉语考试做好准备。

5.3.4 内容难度波动的理念

内容难度波动理念主要是为了帮助新西兰高中汉语学习者提升信心,因此教师在选择话题时应有张有弛,松紧结合。对于教材难度逐渐上升的说法,笔者并不完全赞同。通过对曼格雷高中九年级汉语班的课堂问题行为的调查发现,很多学习者逐渐出现退缩放弃型问题行为,很大程度上源于汉语教学内容难度逐渐加大,学生的信心开始受到挑战。学生的成就感长时间得不到满足,会对学汉语产生畏惧的心理,从而产生消极影响。在选择教学内容时,应该遵循难度波动理念。在学生感受到学习内容难度后,挑选相对简单的内容缓解压力,帮助学生获得成就感,之后逐渐提升难度,刺激学生产生挑战难度较高内容的欲望。张弛有度,才能帮助学生快乐学习汉语。

5.3.5 设计内容备选的理念

笔者在曼格雷九年级汉语班最大的感受是学生的汉语水平和学习能力差异很大。在这种情况下,完全统一的教学内容可能会出现高水平学生"吃不饱",低水平学生"消化不良"的现象。因此在设计教学内容时,除了为中等水平学生准备节奏统一的教学内容外,还应该在每一块内容后设置内容备选区。内容备选区中的难度教师要做到心中有数,有所区别,但是学习者并不知情,也就是低水平的学习者可以学习到低于中等水平的内容,从而增强自信心,而高水平的学生则可以多学一些难度较高的内容,满足他们的求知欲望。

综上所述,为九年级汉语班准备教学内容时遵循了以上五种理念,即形散神不散、多元文化、获得最快效果、内容难度波动以及设计内容备选。结合这五种设计理念,在曼格雷高中九年级汉语班进行了比较顺利的汉语教学,这一成功的教学实践也是对所选教学内容的肯定。

5.4 新西兰高中教材话题展示

新西兰一个学年分为四个学期,每学期大概十周,每学期大概可以进行七到八个话题。下面按学期展示在曼格雷高中九年级汉语班的教学内容,并挑选其中比较有代表性的进行细致分析。

5.4.1 第一学期

第一学期的语言课话题主要以自我介绍为主,内容相对简单,具体涉及如何打招呼,以及介绍姓名、国家、年龄和生日等,可以让学习者通过十周左右的学习,完成简单的自我介绍,从而看到自己学习汉语的进步,肯定学习汉语的能力,获得成就感。

同时,本学期的文化课主要介绍了春节和元宵节,因为新西兰每年二月开始新的学年,正好和中国春节的时间点很接近,是介绍春节相关文化内容的好时机,并且在简单学习打招呼的话题之后学习文化知识,可以让学习者对汉语及中国文化更加感兴趣,这样的设计符合新西兰汉语教学的实际情况,是一个比较好的汉语学习的开端。

此外,本学期的文化活动是体验使用筷子的乐趣,新西兰高中汉语学习者总是对中国饮食很感兴趣,并且新西兰当地由于日本节文化比较流行,学习者们对筷子是有一定了解的,但是真正接触过筷子的学习者不多。因此可以在学期末举行一次体验使用筷子的活动,笔者设计了用筷子传递乒乓球比赛、夹花生米比赛等活动。学生们的兴趣高涨,现场欢声笑语,连校长都被吸引了过来,文化活动取得了非常好的效果。学生们不仅学到了中国筷子的文化知识,还亲身体验到了筷子的使用方法。

表 8-4 第一学期话题设计

话题	具体内容
话题1:打招呼	你好/你们好 很高兴认识你/你们 我叫…… 你叫什么名字? 老师好 同学们好 老师再见 同学们再见
话题2:文化——春节	节日起源—民间习俗—文化寓意—体验春节

续表

话题	具体内容
话题3:国家	新西兰 中国 汤加 萨摩亚 斐济 纽埃 苏丹 菲律宾 新加坡 美国 韩国 日本 我来自……
话题4:数字	一 二 三 四 五 六 七 八 九 十 十十一/二/三……九 二十
话题5:文化——元宵节	节日起源—民间习俗—文化寓意—体验元宵节
话题6:年龄	我今年……岁/我明年……岁
话题7:生日	年 月 日 我的生日是……年……月……日
话题8:属相	鼠—牛—虎—兔—龙—蛇—马—羊—猴—鸡—狗—猪 我属……

5.4.2 第二学期

第二学期的主要学习目标是在第一学期简单的自我介绍基础上,对自我介绍的内容进行补充。在语言课方面,首先,选择了学校名称的话题,这一话题符合学生的实际需求,学生可以使用汉语介绍自己的学校。这一话题的学习效果很好,虽然句子相对较长,但是学生们对句子的记忆非常深刻。其次,补充了有关爱好的话题,这些话题的主要教学目标除了让学习者学习语言点外,还能促进学习者之间的交流。学习者可以通过询问来了解班级同学的爱好,与此同时,也能促进形成融洽的班级氛围。最后是对亲属称谓的学习。在学习亲属称谓的同时,引入数量词,让学生对汉语数量词形成初步的认识。

在文化课方面,根据时间点,选择了对清明节和端午节进行介绍。其中在介绍清明节时,除了讲述节日起源、文化寓意等,主要通过让学习者自行收集资料的方式来对比新西兰的复活节和中国的清明节,加深学习者对清明节的印象。在介绍端午节时,除了基础的文化知识外,教师带领学生一起编织了端午节彩线、制作了香包,其中香包中使用了新西兰当地的香料,从而很好地把新西兰当地文化和端午节习俗结合在一起。

本学期的文化活动是包饺子。饺子历来是汉语学习者最感兴趣的话题之一,对新西兰汉语学习者来说也不例外。在得到当地指导教师的允许后,带领学习者们一起包了饺子。在包饺子的过程中,教师也介绍了饺子团聚的寓意,让学习者们不仅吃饺子,也了解饺子在中国人心中的重要意义,促进他们对中国文化的理解。

表 8-5　第二学期话题设计

话题	具体内容
话题 1：学校名称	我是曼格雷高中九年级的学生
话题 2：水果	苹果 香蕉 梨 西瓜 柠檬 桃子 橙子 奇异果 葡萄 我喜欢吃……
话题 3：文化——清明节	节日起源—民间习俗—文化寓意—对比新西兰复活节和中国清明节
话题 4：爱好	爱好：学习 看书 运动 做饭 旅游 唱歌 跳舞 跑步 上网 打篮球 踢足球 看电影 看电视 你喜欢做什么？我喜欢……
话题 5：食物	米饭 面条 面包 饺子 包子 汤圆 水 茶 咖啡 牛奶 可乐 我喜欢吃/喝……
话题 6：文化——端午节	节日起源—民间习俗—文化寓意—体验端午节
话题 7：亲属称谓	妈妈 爸爸 哥哥 姐姐 弟弟 妹妹 爷爷 奶奶 姥姥 姥爷 叔叔 阿姨 你家有几个人？我家有＋num＋个人 你有几个＋member's name？我有＋num＋个＋member's name

5.4.3　第三学期

第三学期的语言课主要学习了季节、颜色和身体部位等话题。除了对自我介绍进行补充外，本学期还学习了一些简单的形容词，例如"长""短"等，从而可以对身体部位进行简单的描述，例如"我的头发很长""我很高"等。其中设计了卡通人物卡，让学习者根据卡通人物进行描述，培养学习者的口语能力。

本学期的文化课主要是对七夕节和中秋节的介绍。其中，将中国的七夕节和西方的情人节进行对比，寻找二者的相似点，区分不同点，从而让学习者体会中西方对爱情的不同态度和观念，让学习者更加了解中国人的思维模式和行为习惯。对于中秋节，首先介绍了中秋节的来源和寓意；其次挑选了有关中秋节的故事，例如嫦娥奔月、吴刚斫桂等，引起学习者的兴趣；之后和学习者一起制作中秋节海报，让学习者把学到的中秋节知识以及他们自行查阅的中秋节小故事呈现在海报上，并进行展示；最后一起体验中秋节吃月饼的习俗，由于条件限制，未能一起制作月饼，但是教师和学生各自买了月饼，并介绍自己挑选月饼的理由，一起品尝，组织了茶话会。

本学期的文化活动以中国书法为主题。组织此次文化活动的主要目的是让学习者更加深刻地了解中国汉字的魅力,主要途径是体验毛笔书写。教师向学习者介绍了中国书法的发展演变过程,其中最吸引学习者的是汉字的各种字体。在此基础上,带领学习者一起体验了在红方纸上书写"福"字的各种字体,学习者们乐在其中。活动结束后,师生在教室里共同设计了书法墙,把"福"字挂在了上面,非常美观。

表8-6 第三学期话题设计

话题	具体内容
话题1:季节	季节:春天 夏天 秋天 冬天 我喜欢……
话题2:颜色	颜色:红色 绿色 橙色 黄色 蓝色 粉色 紫色 黑色 棕色 白色 我喜欢……
话题3:文化——七夕节	节日起源—民间习俗—文化寓意—对比西方情人节和中国七夕节
话题4:身体部位	头发 眼睛 耳朵 鼻子 脸 嘴巴 手 胳膊 腿 脚 这是……
话题5:运动	打:篮球 橄榄球 羽毛球 网球 乒乓球 踢:足球
话题6:文化——中秋节	节日起源—民间习俗—文化寓意—体验中秋节
话题7:简单的形容词	高 矮 老 年轻 高兴 长 短

5.4.4 第四学期

新西兰学校的第四学期以复习为主,因此为了适应这样的教学情况,笔者为第四学期选择了相对轻松的语言话题,主要学习地点,包括学校地点、中国城市和景点名称。其中,学校地点部分会再次涉及量词,这为下一学年学习量词做好铺垫。学习城市和景点名称是为了让学习者对中国城市形成宏观的印象,了解一些中国城市,为他们参加中国营活动做好准备。

与前三个学期不同的是,本学期的文化课较多,一方面是为了弥补前三个学期文化课较少的缺憾,另一方面是以模块的形式,从衣食住行等方面促进学生对中国文化的了解。因此,笔者选择了服饰、饮食、建筑和交通四个文化专题。每个专题的模式比较相似,不仅介绍古代文化,也涉及现代文化,从而让学习者了解历史沿革和现代中国文化风貌,形成整体的文化观念。此外,还进行中新文化对比,让学习者来介绍新西兰的衣食住行,从而对比两个国家文化的异同,让学习者充分感受到教师对他们国家文化的尊重,并主动形成对中国文化的尊重态度。

第四学期恰逢新西兰中文周,因此笔者选择了吹墨梅作为本学期的文化活动。吹墨梅活动主要是为了让学习者初步感受中国画,体会用墨汁作画的乐趣。首先,介绍了梅花在中国所代表的坚强有毅力的寓意;之后,播放了吹墨梅的视频,让学习者了解吹墨梅的方法;最后强调注意事项,例如墨汁不可以弄在桌子上或者地毯上,随后学生们开始创作。在创作之后,以评选的方式选出最佳作品,予以奖励。此次活动开展得非常顺利,获得了曼格雷高中校长的肯定,具有一定的意义。

表 8-7 第四学期话题设计

话题	具体内容
话题1:学校地点	学校 教室 图书馆 实验室 音乐室 操场 办公室 电脑室 艺术室 体育馆 学校里有……个……
话题2:文化——服饰	中国古代各朝代服饰—中国现代服饰—中新服饰对比
话题3:城市名称	北京 上海 天津 重庆 西安 杭州 成都 桂林 苏州 将来我想去……
话题4:文化——饮食	中国古代饮食习惯—中国现代饮食习惯—中新饮食习惯对比
话题5:景点名称	长城 故宫 颐和园 兵马俑 天坛 天安门广场 鸟巢 水立方 五台山 将来我想去……
话题6:文化——建筑	中国古代建筑风格—中国现代建筑风格—新西兰建筑风格
话题7:文化——交通	中国古代交通方式—中国现代交通方式—新西兰交通方式

5.5 结语

近年来新西兰汉语教学发展良好,新西兰政府对汉语非常重视,将汉语列为 NCEA 考试的重点内容,大力推动了汉语在新西兰的发展。由于新西兰政府的这一举措,越来越多的新西兰高中生开始学习汉语,因此编写适合新西兰高中生的教材作为新西兰汉语教师及志愿者选择教学内容的参考依据是非常必要的。本节基于新西兰奥克兰曼格雷高中汉语教学内容的汇总,遵循形散神不散、多元文化、获得最快效果、内容难度波动以及设计内容备选等设计理念,形成了一本针对新西兰高中零基础汉语学习者的自编教材,以期对未来任教于新西兰各高中的汉语教师及志愿者选择教学内容有所帮助。

(石玥)

参考文献

著作

刘珣.对外汉语教育学引论[M].北京语言文化大学出版社,2000.

期刊论文与论文集论文

邓氏香.对中国国内编写对外汉语教材的建议[J].云南师范大学学报,2004(2).

韩曦.新西兰中小学需要什么样的教材？[J].世界汉语教学学会通讯,2009(试刊).

刘珣.新一代对外汉语教材的展望:再谈汉语教材的编写原则[J].世界汉语教学,1994(1).

陆俭明.汉语国际传播中的几个问题[J].华文教学与研究,2013(3).

马亚敏,李欣颖.国际化视野下的中小学汉语教材:谈《轻松学中文（青少年版）》编创理念[J].世界汉语教学学会通讯,2014(1).

于海阔.汉语国际教育中教材研发的多元化与国别化[J].中国大学教学,2020(9).

赵亚可.从澳新两国教育看中国图书对外推广[J].山西青年,2017(9).

硕士学位论文

胡玉芳.新西兰NCEA考试制度下汉语教材编写问题探讨[D].厦门大学,2014.

马莉.《轻松学汉语（少儿版）》与《快乐汉语》初级综合教材对比研究[D].新疆大学,2018.

权艺仙.从新西兰所使用的四套汉语教材的考察看海外汉语教材的编写[D].北京语言大学,2009.

盛冠男.基于对比的海外少儿汉语教材研究:以《轻松学中文》和《快乐汉语》为例[D].沈阳师范大学,2019.

王玉晓.新西兰汉语教学中《三字经》辅助教材设计[D].厦门大学,2019.

周霞艳.新西兰中学汉语教学研究[D].上海交通大学,2010.

（以下附录内容请扫描封底二维码获取）
附录一 新西兰小学3—4年级汉语自编教材大纲(第一学期)
附录二 新西兰小学3—4年级汉语自编教材大纲(第二学期)
附录三 新西兰小学3—4年级汉语自编教材大纲(第三学期)
附录四 新西兰小学3—4年级汉语自编教材大纲(第四学期)

第九章　新西兰中小学文化教学设计研究

第一节　国际汉语文化教学的现代性原则

【摘要】在汉语教学中，文化内容的选择十分重要，博大精深的传统文化和开放创新的现代文化都有助于世界人民全面了解中国文化，培养他们学习汉语的兴趣，两者缺一不可。目前相比中国传统文化，现代文化在汉语教学中所占比重不大，并且存在学习者与文化脱节的现象。基于这样的教学现状，本节将中国现代文化作为研究对象，深入探讨汉语文化教学的现代性原则，并进一步研究选择现代文化的方法以及平衡传统文化和现代文化比例的问题。

1.1　国际汉语文化教学现状

在汉语教学过程中，中国文化是不断提升学习者对汉语的兴趣和学习动力的重要因素，它给语言学习增加了不少趣味。中国文化传播也取得了很大的成就，例如孔子学院总部推出的"文艺巡演"项目以及遍布世界的"汉语桥"比赛，成功地促进了学习者对中国文化的了解和学习。孔子学院还成立了民间剪纸艺术表演团，举办了中国传统书画展等，彰显了丰富多彩的中国文化，激发了更多学习者的兴趣。随着文化教学的不断发展，学者们提出了很多新观点，例如殷佩蓓（2019）针对对外汉语课堂中语言和文化的比例问题提出了在拼音教学中融入绕口令、在汉字教学中融入造字法、在语句教学中融入成语和俗语、在篇章教学中融入社会习俗等方法。司燕红（2019）分析了对外汉语教学电视节目的特点并明确了电视节目对促进汉语学习及中国文化传播的作用等。

1.2　国际汉语文化教学的现代性原则

在新西兰奥克兰大学孔子学院担任志愿者期间，笔者向学习者提出一个问题："当你听到'中国文化'时首先出现在脑海中的是什么？"调查结果显示，除了"祖先、历史、节日、功夫"等词，"支付宝、外卖、烹饪、高铁、红色"等词也出现在了高频词中，这代表着学习者的兴趣并不仅限于中国传统文化，他们同样渴望了解中国现代文化，大部分学习者认为学习现代文化可以让自己全面地了解中国和中国人的精神风貌。

与此同时,在中国"一带一路"倡议的号召下,越来越多的国家和人民渴望了解中国这个科技与文化迅速发展的东方大国,因此相关国家的汉语学习需求日益增长,学习者数量迅速增加。这些学习者中,不仅有汉语专业的学生,还有社会各界为加强与中国合作的人士,他们对中国文化同样兴趣满满。了解是合作的前提,他们希望了解中国传统文化进而领会中国文化底蕴,更希望了解中国独具特色的现代文化,从而顺利开展与中国的多方合作。因此,现代文化对于汉语学习者而言至关重要。

此外,通过与学习者面谈了解到,学习者在汉语课堂中学习到的文化和他们在中国亲眼见到的文化并不完全相同,他们无法在现代社会中找到很多传统文化习俗的痕迹,没有体验感。程玲(2010)曾提出,对于一种文化是否理解、接受,在某种意义上,就是看是否在一定情景之下自由运用这一文化的行为模式。显然单纯学习传统文化无法与学习者当下的所见所闻紧密联系,所以目前学习者无法透彻理解中国文化,这一现象引发了笔者对文化教学现代性原则的思考。

很多学者提到了对外汉语文化教学现代性原则。朱瑞平(2006)提出了"历史文化是现时文化的渊源,现时文化是历史文化在今天的投影";他和张春燕(2016)共同提出"在选择传播的内容时,必须充分考虑到内容的现代性,所选内容必须具有现代意义和价值";张恒军等(2018)提出了"中华传统文化固然重要,然而我们不能总是在过去文化繁荣的美梦中沉醉。我们应当关注中国的现在和未来";景高娃(2017)提到了"具体如何把中华优秀的传统文化与当今中国乃至世界结合起来……还需要进一步深入研究"。

学者们的研究为本节提供了很多思路,多数提出了对外汉语文化教学应囊括古今,但是基本没有探讨中国现代文化的定义、适合用于对外汉语文化教学的现代文化以及如何平衡传统文化和现代文化的问题,因此对外汉语文化教学的现代性原则是本节重点探讨的问题。

1.3　中国现代文化的定义

什么样的文化才是中国现代文化?可以从时间和内容两个角度定义。

首先对比传统文化,时间维度是二者之间最大的区别,中华传统文化是指中华民族及其祖先在中国地域内所创造的、为中华民族世世代代所继承发展的、具有鲜明民族特色的、历史悠久、内涵博大精深、传统优良的文化。相比传统文化,"中国现代文化"指现代中国人民创造的开放创新的优秀文化。现代中国社会文化氛围具有开放包容、海纳百川的特色,融入了很多新鲜的元素。例如,中国饮食文化随着媒体的推崇呈现蓬勃发展之势,并逐渐体现在词语之中,程程(2018)提出在新媒体环境下,新词汇的传播变得异常神速,而这些新词汇又往往与食物有关。现代中国各领域文化之间是相互包容的,也是创新的,例如中国现代支付模式发生了变化,早已从原来的现金支付转化为了使用支付宝、财付通等网络应用进行支付,很多外国友人来到中国都惊叹于独具特色的中国支付宝让中国人实现了一部手机走天下的梦想。在调查中了解到,对于现代中国文化,学习者最想了解的是中国人的价值观,具体而言就是现代中国人的行为模式和思想模式,包括道德观念、精神风貌、审美标准以及生活理念四个方面。因此,"中国现代文化"是现代中国人民创造的开放创新的为大众普遍接受的优秀文化。

1.4 国际汉语文化教学选择现代文化的方法

在国际汉语文化教学中,如何选择文化内容的问题一直存在。朱瑞平、张春燕(2016)曾提到"在汉语国际教育大背景下,如何选择恰当的文化内容来进行海外传播,既关系到学习者或受众的需求能否得到很好满足,也关系到传播者的目的能否达成,以及传播效果到底如何等问题"。因此有针对性地、正确地选择学习者感兴趣的中国现代文化是十分必要的。

首先,汉语教师及志愿者应该有筛选现代文化内容的意识,现代文化同传统文化一样,存在精华文化和糟粕文化。例如社会主义核心价值观是现代文化的精华,短短二十四个字很好地向世界人民展示了现代中国人对价值观的选择和判断,传递着和平的信息,广受欢迎。因此在文化教学中,汉语教师及志愿者可以将社会主义核心价值观融入现代文化中,让学习者更好地了解现代中国人的思想和行为标准。汉语教师及志愿者还应该有敏锐的眼光辨别现代文化糟粕。

同时,汉语教师及志愿者应该积极进行文化对比,对比中国传统文化和现代文化。"学习者能否很好地理解中国传统文化"的调查结果表明,大部分学习者(80.77%)只能理解少部分传统文化。通过讲解传统文化在现代中国的不同呈现方式,可以很好地促进学习者理解传统文化,与此同时增加他们对现代文化的了解。例如对于春节发红包的习俗,多数学习者理解到的只是长辈会给晚辈钱,却不能理解红包送祝福带好运的含义。如果教师可以讲解现代中国人春节网络集五福抢红包的活动,并解释五福是哪五福,一方面促进学生理解红包的文化含义,另一方面间接帮助学生了解社会主义核心价值观,将传统文化和现代文化有机结合,不失为一种文化教学的好方法。

教师还可以对比中国现代文化和任教国现代文化之间的异同。调查显示,65.38%的学习者认为"中国文化与自己的文化差异很大",教师可以适当地在差异中寻找相同之处,从而帮助学习者建立联系,更好地理解现代中国文化。以中国陶瓷文化为例,中国古代以景德镇为首的陶瓷文化享誉世界,深受世界各国的喜爱,陶瓷技艺发展到现代,依旧取得很大的成就。黄小倩(2018)提出"同传统陶瓷艺术相比,中国现代陶瓷艺术不仅仅是对传统陶瓷艺术的一种视觉图示的改变,更是现代人丰富的情感对泥与火的注入"。在教学过程中了解到,斐济也是盛产陶瓷的国度,斐济现代风格的陶瓷以及制作艺术也富有魅力。因此在介绍陶瓷文化时笔者介绍了中国现代陶瓷技艺,学生非常开心地介绍了斐济陶瓷的来源及发展。最后我们进行了两国陶瓷现代技艺的对比,陶瓷文化对比内容深深地吸引了学生的注意,引起了学生的共鸣,陶瓷文化课进行得非常顺利。

汉语教师引入现代文化产物之后,不应浅尝辄止,应进一步介绍相关文化习俗,最后深入文化观念的探讨,这样学习者才可以有完整全面的文化学习过程。以春节为例,笔者选择了现代春节中的春晚、抢五福等内容,之后介绍了春晚的时间、观众们的反应、五福抢法、五福奖励等,还进行了模拟抢五福的游戏,让学生亲身体会现代春节的活动,最后介绍了春节看春晚以及集齐五福的寓意,学生们收获满满。

1.5 国际汉语教学中传统文化和现代文化的平衡问题

在国际汉语教学中,传统文化和现代文化的平衡问题值得我们思考。经调查,学习者们对中国传统文化的了解(65.38%)远多于现代文化(34.62%),可见学习者们对中国现代文化的了解比较匮乏。因此,文化教学急需引入现代文化,平衡二者比例的问题亟待解决。

传统文化和现代文化的教学不存在冲突,完全可以将二者完美地衔接起来,形成文化历时系统,从而系统地向学生介绍,但是中国现代文化的底蕴相比五千年的传统文化还稍显不足,传统文化不可替代,现代文化不可忽视。因此,建议教师及志愿者在介绍某一文化主题的历史发展和传统文化寓意后,衔接其现代文化表现以及最新寓意,加上今昔对比,让汉语学习者形成直观的对比,加深他们对该文化主题的理解和记忆。

1.6 结语

综上所述,"现代文化"就是现代中国人民创造的开放创新的为大众普遍接受的优秀文化。汉语教师及志愿者在传播中国文化时,应该将文化教学的现代性原则贯穿在对外汉语文化教学中,注重传统文化的传承,展现传统文化的现代性表达,系统全面地介绍文化内容,囊括古今。像郭凤海(2017)所说:"在相互交织的'互动多样性'文化格局中,当代世界文化呈现出多样性地域民族文化大汇聚、从传统向现代大转型、内在精神和活力大迸发的时代特征。"希望汉语教师和志愿者们可以把握这样的文化时代特征,进而向世界各国人民展现完整丰富的中国文化风貌。

(石玥)

第二节　新西兰小学 1—2 年级文化教学设计的个案研究
——以 ACG 斯艾伦小学 1—2 年级的投壶游戏文化教学设计为例

【摘要】 在文化教学过程中,首先要考虑教学对象的年龄、汉语水平及汉语学习的目标,根据具体情况来选择文化教学内容并进行文化教学设计。在设计过程中,确定好教学目标,选择教学内容和适当的教学方法,最后进行教学评价和反思。

2.1　引言

语言与文化有着密切的关系。长久以来,对外汉语教学界一直存在着一个问题,即注重语言教学,忽略了对中华文化的教学和传播。"《国际汉语教学通用课程大纲》①中明确指出在对外汉语教学中,对于文化课的文化题材和文化任务要有足够的重视。"(张菲洋,2017)因此,文化教学是对外汉语教学必不可少的环节。

近年来已有不少人将文化与对外汉语教学相结合进行研究,文化教学研究内容丰富多彩。冯静楠(2020)以茶文化为例研究了对外汉语"产出导向法"教学设计,肖莉、李彩霞(2020)对十二生肖主题课进行了实践研究,潘佳双(2019)研究了姓名文化与对外汉语教学,李梦茜、李贝尔(2019)研究了中国传统节日饮食文化对汉语国际教育的启示,马红红、马海涛(2018)探索了对外汉语剪纸艺术的教学设计。这些研究都从具有特色的中华民族文化着手,分别探究了不同文化的教学设计与方法。但是,这些研究涉及的文化习俗都是最为常见的,有过汉语课程学习背景的海外学生可能对这些文化内容已经有所了解,甚至耳熟能详。作为汉语教师志愿者,应该大力发掘中国丰富的文化资源,给海外学生多一些不一样的体验,全方位、立体地宣传中国文化的多样性。

在海外小学汉语课堂,尤其是 1—2 年级的汉语课堂上,需要一些新颖有趣的文化教学,例如投壶这一传统的投掷游戏。虽然投壶在现代社会逐渐淡出人们的视野,但是它的文化内涵、趣味性丝毫不输剪纸等文化,而且投壶作为中国的传统游戏,也蕴含了中华民族的思维方式。笔者作为新西兰 ACG 斯艾伦学校的汉语教师志愿者,在任职期间,在 1—2 年级开展了投壶的文化教学,本节将展示投壶的教学设计方案。

2.2　投壶教学课程设计模式

目前,在小学汉语课堂开展文化活动的不在少数,但是如何进行文化教学,如何以

---

① 国家汉语国际推广领导小组办公室.国际汉语教学通用课程大纲[M].外语教学与研究出版社,2008.

简洁易懂的方式进行文化体验教学,让学生感兴趣,吸引学生,是个难题,因此文化教学的设计显得尤为重要。

教学设计的宗旨是设计一个有效的教学系统以提高学生的学习效果和教师的教学效果。目前我国的教学设计模式分为以教为主和以学为主两种模式。在ACG斯艾伦小学,1—2年级汉语课程的主要目标是使学生能够理解并交换与他们的日常生活相关的信息与文化知识。对于他们来说,汉语学习是为了理解和欣赏一种语言及文化,文化教学的重点在于体验和感受。因此在进行文化教学设计时,结合投壶课程自身的特点和学生学习特点,采用的教学设计模式是以学为主,或者说以学生的体验为主,教学内容只占极少的部分,剩余的时间让学生参与到文化的体验过程中。本节将主要从以下几个方面展示投壶的教学设计:1.分析教学对象;2.确定教学目标;3.选择教学内容;4.选择教学方法;5.进行教学评价。

2.3 投壶教学课程设计方案

2.3.1 课程简介

投壶既是一种礼仪,又是一种游戏。《礼记》《大戴礼记》都有《投壶》篇专门记述。投壶这一游戏,不仅有丰富的文化内涵,还能够给学生充分的体验机会,适合各个阶段的学生。投壶文化教学设计的内容共有五个部分:投壶的历史简介、介绍投壶游戏的玩法和规则、学生练习、学生投壶比赛、学生分享对投壶游戏的感受。

2.3.2 教学对象分析

教学对象为ACG斯艾伦学校1—2年级零基础水平的汉语学习者。针对零基础水平的汉语学习者,投壶的历史简介和玩法规则都将使用学生的母语来讲解。投壶的玩法规则简单,容易为1—2年级的学生所理解,因此投壶文化教学对于学生来说难度不大。

2.3.3 课程资源分析

课程资源主要有文字资料、信息化资源和实物。对于学习者来说,可使用的文字资料不多,而且考虑到学生年龄和汉语水平的特点,本次教学中不使用文字资料。对于教师来说,可以提前查阅相关书籍和文献资料,全面了解投壶游戏的历史文化背景。信息化资源主要是多媒体资源,本次文化教学主要选用了两段网络上的相关视频,第一段是投壶的历史介绍(英文版),第二段是热播历史剧中约5分钟的投壶比赛片段,借此向学生直观展示投壶的历史和玩法。该课程最重要的资源就是投壶的实物资源,缺少投壶,该文化课就无法进行下去。在课前准备好所需的壶和箭,数量不应太少,要保证每位学生都有体验的机会。

2.3.4 教学目标分析

投壶文化对于1—2年级学生的教学目标较为简单,主要是通过投壶文化的体验使学习者能够多了解一些中国丰富的文化,对中国文化感兴趣,理解中国文化,并且能与自己国家的相关文化进行对比,有自己的反思和感受。此外,还希望学生在了解相关文化背景知识后,能够有信心有兴趣去学习汉语。所以本课程的教学目标是:使学生了解中国投壶及其历史背景,掌握投壶的玩法和规则,完成学生之间的一场投壶比赛,比较投壶与自己国家相似游戏的异同。

2.3.5 教学内容分析

投壶本身是一项简单易学的投掷游戏,且具有趣味性,因此学习的时间不需要太长,大部分时间是给学生体验,在课程的安排上只需要一课时的时间。

在教学内容上,本节课第一个环节会通过视频向学生介绍投壶的历史和玩法。第二个环节是教师亲自演示并详细讲解投壶的玩法和规则。第三个环节是学生自行分组练习,然后进行小组投壶游戏比赛。第四个环节是颁发奖品,请学生谈谈对这个游戏的感受,或是投壶游戏与自己国家相似游戏的异同。让学生充分感受投壶游戏的文化魅力,体会其给人们生活带来的乐趣。

2.3.6 教学方法分析

本次文化教学采用的教学方法有讲授法、直观演示法、游戏法。在每个教学环节中,这几种教学方法不是独立使用的,而是相互结合的。例如在投壶历史和玩法的介绍环节中,教师不仅采用讲授法,还会通过直观演示法给学生进行演示。在学生体验投壶游戏和进行游戏比赛时,教师不仅使用游戏法,还会在学生体验过程中,给予适当的讲解和演示来帮助学生顺利地完成游戏体验。

2.3.7 教学评价

教学评价对教师和学生都有着重要的作用。刘珣(2000)指出课堂教学应当从学生的实际情况出发,按教学大纲所规定的目的任务,以基本教学原则为依据,分析教师和学生在课堂教学过程中的全部活动,特别是教师所使用的教学方法和技巧,并结合学生的习得效果做出全面的评价。教学评价和反思对课程能够起到诊断、激励和发展的功能。

本次文化教学课程在1—2年级开展得较为顺利,学生的学习兴趣高涨,参与度也非常高,课堂气氛活跃。从学生习得情况来看,所有学生都掌握了投壶的玩法和规则,所有学生都参与到了投壶的游戏比赛环节。

讲授法、演示法、游戏法这三种教学方法的运用,使课堂实现了教与学的结合,给学生充分的体验。但是从课堂的整体效果来看,还是有其不足之处,课堂管理、比赛安排等问题还需进一步改进,如果能够在教学内容的设计中加入一些语言教学,可能教学效果会更好。

2.4 结语

对外汉语教学坚持以语言教学为主,文化教学为辅,在面临不同年龄段、不同汉语水平的学生时,需要根据他们的汉语学习目标进行一些相应的调整。新西兰1—2年级的学生通常以了解汉语为学习目标,所以在文化课程的教学安排上,我们要以体验教学为主。充分关注学生的汉语水平,教师在备课和授课时用语要简化,可以考虑使用学生的母语,并注意体现直观性原则,多运用多媒体资源和动作演示,从而更好地进行文化教学。

(苏萍)

第三节　新西兰小学 3—4 年级文化教学设计的个案研究
——以罗伯森路小学 3—4 年级的元宵节文化教学设计为例

【摘要】本节以新西兰罗伯森路小学 3—4 年级的元宵节文化教学设计为例,一方面总结了文化教学的原则:针对性原则、体验性原则和趣味性原则。另一方面,从教学对象、教学目标、教学导入、教学内容、教学活动、教学方法、教学评价等文化教学环节探讨了文化教学设计问题,旨在丰富和补充新西兰的汉语文化教学。

3.1 引言

文化知识的教学在汉语国际推广中具有举足轻重的地位。刘圣钊(2018)以新西兰奥克兰地区的文化教学为例提到,传统的以语言教学为主导的汉语课堂已经向语言教学与文化教学融合转变,不同的学校增加了文化实践课和文化体验课,文化因素在汉语课堂中扮演越来越重要的角色。

但是历史悠久的中国文化丰富而复杂,如何选取和设计文化教学课程是海外汉语教师在实践中较为关心的问题之一。刘珣(2000)指出:确定文化教学的内容应体现语言的、交际的、对外的三条原则,即与语言的学习和使用紧密相关且体现汉语文化特点的、为培养跨文化语言交际能力所必需的、针对外国学习者实际需要的那部分文化。作为汉语教师,我们应该根据当地的实际情况和教学的需要,设计相应的文化课程,为学习者了解中国以及中国文化知识打开一扇窗户。唐巍(2018)针对新西兰夜校汉语学习者进行了中国茶文化教学设计。王南南(2019)基于任务型教学法探讨了中国节日文化课在缅甸汉语课堂中的教学设计问题。姚小翠(2020)基于对古诗词教学方法和教学实例的探究,总结对外汉语文化教学中古诗词教学的一般规律。

笔者在新西兰罗伯森路小学担任了为期一年的汉语教师志愿者,开设了专门的中华文化课,平均每个学期(共四学期)1—2节。在新西兰小学的汉语课堂,尤其是3—4年级的汉语课堂,开展文化课并不容易,需要有趣且合理的文化内容和文化活动。本节以3—4年级的文化课"元宵节"为例分析文化教学的设计思路,致力于为新西兰汉语文化教学的发展贡献微薄力量。

3.2 "元宵节"文化课程设计原则

罗伯森路小学是一所多民族、多文化融合的学校,十分注重不同民族文化的传承。该校开设汉语课程的初衷就是为了丰富学校文化,帮助本校学生了解更多不同民族的文化,提高学生的文化包容度。节日文化是中国传统文化的重要组成部分,汉语教师有必要对节日文化教学进行设计。参照周梦云(2018)总结的8个文化教学原则(组织性、目的性、趣味性、知识性、参与性、针对性、可行性、体验性),同时结合罗伯森路小学的教学情况,从针对性原则、体验性原则、趣味性原则三个方面展开论述。

3.2.1 针对性原则

在进行文化教学设计时需考虑学生的个体差异,不同年龄和水平的汉语学习者对汉语和汉文化的接受程度是不同的。例如笔者所教授的3—4年级学生平均年龄在7—9岁,这个年龄段的儿童普遍对节日文化有了初步的认知。他们对于"元宵节"主题的文化教学是可以接受的,但是同样的课程对于1—2年级的学生可能难度较大。因此,设计文化活动时要考虑学生的个体差异,尽量做到课程难易适中。

3.2.2 体验性原则

体验性原则是文化教学的重要特点之一。学生对一种新的文化往往有很强的好奇心和新鲜感,亲身体验可以帮助学生加深理解。在实践中,组织者要妥善安排文化活动的各个流程、时间分配、活动内容等,确保每个学生可以参与到活动中来,体验活动的乐趣,真正做到"在做中学"。

3.2.3 趣味性原则

新西兰教育提倡以学生的兴趣为出发点,中小学阶段的语言课程没有必修课,也不参加考试,学校和家长特别注重对学生身体素质的培养,培养学生的兴趣爱好。新西兰课堂提倡宽松的学习氛围,趣味性贯穿整个学习过程。汉语教师在讲解文化知识后可结合游戏、歌曲、手工等趣味性文化活动提升文化课的趣味性,同时帮助学生加深理解。

3.3 "元宵节"文化课程方案设计

3.3.1 教学对象

"元宵节"文化课的教学对象是罗伯森路小学 3—4 年级零基础水平的汉语学习者。该年龄段的学习者对于节日文化已有了初步的认知,再加上新西兰奥克兰市中心每年的元宵节都会举办元宵灯会,有一定的影响力,部分学生甚至对中国的元宵节已有一定的了解。但是由于他们都是零基础水平,元宵节中涉及的汉语词汇难度较大,要求学生了解即可。同时,节日文化的介绍对于该年龄段的新西兰学生而言相对枯燥,学生容易走神,汉语教师应控制讲解内容,结合一定的文化活动辅助学生理解。

3.3.2 教学目标

本节课的教学目标分为知识目标和活动目标。知识目标是帮助学生了解中国传统节日元宵节,理解"元宵节、灯笼、吃元宵/汤圆、团圆"等汉语词语的含义,并能够用英语向他人介绍元宵节。活动目标要求学生能够独立制作简易灯笼,在手工活动中感受中华文化的魅力。

3.3.3 教学导入

教师通过展示自己参与奥克兰元宵灯会的真实照片和分享故事导入主题——中国元宵节。新西兰奥克兰旅游、大型活动和经济发展局(ATEED)[①]从 2000 年开始,每年代表奥克兰市议会举办元宵灯会,截至 2019 年,该灯会已连续举办了 20 场。灯会现场有丰富多彩的灯笼、孔子学院组织的文化体验角、世界多国的美食、文艺表演、烟花表演等,在新西兰奥克兰市有一定的影响力,很多罗伯森路小学的学生都了解甚至去现场观看过。从学生熟悉的事件出发,通过教师自己真实的经历吸引学生的眼球,从而导入主题。

3.3.4 教学内容

教师简单讲解中国元宵节的具体日期和起源。结合图片和视频展示元宵节当天的文化活动,包括吃元宵/汤圆、看花灯、猜灯谜、放烟花等。中国有些地方还会有舞龙、舞狮、扭秧歌、踩高跷等民间表演。罗伯森路小学的学生一般对食物很感兴趣,如果时间允许,教师可以以照片的形式展示一些不同的元宵/汤圆,具体的元宵/汤圆口味和做法可以留作课后拓展让学生自行搜集整理。一节文化课为 45 分钟,建议文化介绍部分控制在 15 分钟以内,留出更多的时间进行文化活动。教师文化讲解时间过长会导致低年级学习者注意力不集中,从而丧失学习兴趣。

---

① 新西兰奥克兰旅游、大型活动和经济发展局官网 https://www.aucklandnz.com/.

3.3.5 教学活动

在学生学习了元宵节的基本知识之后,设计了"制作简易灯笼"的手工活动辅助文化教学。大部分新西兰小学生热衷于手工、绘画、游戏等活动,"制作简易灯笼"可以有效帮助学生在活动中体会中华文化,减少学生的畏难情绪,提高其汉语学习兴趣。在活动中,学生根据教材中的制作步骤(见表9-1)和教师的示范进行操作。鉴于学生的动手能力有差别,教师应注意观察,有意识地帮助动手能力差的学生,避免他们产生焦虑、不自信的情绪,同时引导动手能力较强的学生通过绘画进一步修饰自己的灯笼,保证课堂活动的有序开展。完成后,教师将学生制作的灯笼串在一起用于装饰汉语角。

表 9-1　制作灯笼的步骤(自编教材)

Step	Method
1	—Draw straight lines on the paper. —Fold the paper in half. —Cut along the line.
2	—Turn it back. —Fold it again. —Cut the first line down.
3	Put glue on the back of the red paper and paste it on another piece of colored paper.
4	Cut the rest of the paper down and put the glue on it.
5	—Fold and paste it. —Decorate the rest of the paper.
6	—Paste the long one on the top and bottom of the lantern. —Paste the handle on the top of the lantern.

3.3.6 教学拓展

新西兰的教育体制鼓励学生自主学习。在新西兰,教师与其说是知识的传授者,不如说是学生的引导者和学习伙伴。本土教师经常在课堂上给学生布置问题,要求学生利用学校资源和互联网解决问题。这种学习模式也可以运用到汉语课堂中。在"元宵节"文化课结束后,学生的作业便是自行查找中国元宵/汤圆的口味和做法,并于下节课报告展示。中华文化博大精深,汉语教师利用一节课讲清楚一个文化点是较为困难的,且是没有必要的。教师只需启发学生,激起学生的好奇心,然后引导学生自主地进行深入学习,培养其汉语自学能力。

3.3.7 教学方法

本次文化教学采用的教学方法有讲授法、直观法、任务教学法。讲授法和直观法主要用于文化讲解环节,教师通过讲解和多媒体展示介绍中国的元宵节。任务教学法则主要用于文化活动和课后拓展,学生根据任务要求完成手工制作,并在课下自行查找元宵/汤圆的口味和做法,以报告形式呈现。当然这几种教学方法不是独立使用的,而是相互结合。例如,学生在制作灯笼时,教师需要亲手制作一个,为学生提供直观的示范。讲解文化内容时也不是单方面的输出,汉语教师需要布置一些问题引发学生思考并与其互动。

3.3.8 教学评价

本次"元宵节"主题的文化课包括文化导入、文化介绍、文化活动、文化拓展四个环节。总体教学效果较好,学生反馈的作业(课后拓展)内容也较为丰富,可以看出本次文化课在一定程度上加深了罗伯森路小学3—4年级学生对中华文化的了解,有效激发了他们的汉语学习兴趣。

但是,此次文化课也存在一些不足。2019年中国元宵节的时间正值罗伯森路小学开学的第三周,由于当时对当地的文化不够熟悉,笔者没有考虑到结合新西兰的文化进行教学。汉语推广是两国文化的交流,而不是单一的文化输入。所以,汉语教师在设计传统节日类的文化教学时应结合当地的传统节日进行对比教学,这样不仅便于学生理解,也能让当地师生感受到汉语教师对其文化的尊重,有利于建立中国教师与新西兰师生之间的文化信任。

3.4 结语

节日文化是中国传统文化的重要组成部分,也是海外汉语文化教学的重要内容之一。"元宵节"文化课对于3—4年级的新西兰小学生来讲难度适中,学生在学习和掌握知识的同时,也能够了解到中国的节日风俗,提高学习和研究中国文化的兴趣。本节总结了针对性、体验性、趣味性三个文化教学原则,并从教学对象、教学目标、教学导入、教学内容、教学活动、教学方法、教学评价等文化教学环节探讨了文化教学设计问题,希望能够丰富和补充新西兰汉语文化教学的研究。

(乔冠颖)

第四节　新西兰小学 5—6 年级文化教学设计的个案研究
——以传统节日春节为例

【摘要】 本节以新西兰小学 5—6 年级的春节文化教学设计为例,考察并分析新西兰小学 5—6 年级汉语文化课的开展情况,例如学生对学习内容的接受情况和效果反馈情况等,并在此基础上提出针对 5—6 年级小学生汉语文化课的改进建议。

4.1　研究背景

新西兰小学汉语教学一般是由汉语教师志愿者独立完成的,但是汉语教师志愿者作为非本土新手教师,在教学内容以及教学方法的选择上往往缺乏经验,加之新西兰和中国在教学传统和习惯、学生学习风格和特点、两国的历史背景和文化差异等多方面的因素,所以汉语教学情况和教学效果有时并不十分理想。按照语言课的类型,我们通常把汉语课分为语言课和文化课。关于语言课的研究,例如生词教学、句子教学、对话教学等已有很多,但是关于文化课,特别是针对小学 5—6 年级文化课教学的研究还很少,所以笔者认为加强在小学汉语文化课方面的研究十分有必要,这将有助于我们了解新西兰小学 5—6 年级学生的汉语文化课的开展情况,为日后文化课的开展提供一些现实的意见和参考建议。

4.2　研究综述

目前,关于新西兰小学汉语文化课的研究很少,所以将检索范围扩大为小学汉语文化课,共搜索到 4 篇文献,下面对这 4 篇文献进行梳理。

葛婷婷(2014)以新西兰为例对海外小学中国文化教学课程设计与实践进行了研究,针对不同主题(如春节、剪纸、书法等)的文化内容,对教学目标、教学过程以及教学活动/任务进行了详细说明和展示,为文化课的设计提供了一些实际参考。陈童童(2017)对新西兰小学阶段文化活动的设计与实践进行了研究,并基于具体的文化活动案例得出小学阶段的汉语文化课教学应遵循目的性、知识性、趣味性、有效性、体验性和参与性六个原则的结论。钱锐(2018)专门对美国尤金市 McCornack 小学的汉语文化教学进行了调查分析,发现了该地区少儿汉语文化教学中存在的一些问题,并在此基础上从教材大纲、教学内容、教师和学校四个层面提出了具体的改进建议,这对新西兰的小学汉语文化课研究也具有一定的参考价值。周梦云(2018)对新西兰但尼丁中小学汉语教学及文化活动进行了探究,从任务型教学法、手语教学法和汉语教学文化课设计三个方面进行了研究,指出文化与语言密不可分的关系,认为文化活动教学与语言教学应该相辅相成。

总的来讲,从研究时间来看,以上4篇文献均为近几年的文献,这可能与近几年汉语教学事业规模的扩大有关;从文献类型来看,均为硕士学位论文,这与孔子学院和各高校的合作有很大联系,一般志愿者教师多从各高校汉语国际教育专业的硕士研究生中选拔;从研究方法来看,多为文献法、调研法、访谈法、课堂观察法等;从研究内容来看,多是以就任学校或地区为研究对象进行的汉语文化课调研,并在此基础上展示案例设计,通过问卷调查等方法进行评估,最后提出相应的改进建议和策略。

4.3 研究对象

新西兰剑桥小学5—6年级小学生,6个班级,总人数为180人左右,汉语水平为初级。

4.4 研究目标

考察并分析新西兰小学5—6年级汉语文化课的开展情况,例如学生对学习内容的接受情况和效果反馈情况等,并在此基础上提出针对5—6年级小学生汉语文化课的改进建议。

4.5 研究方法

本研究为个案研究,主要采用课堂观察法和事件取样调查法,对笔者所在的汉语文化课进行观察后分析,并在此基础上就5—6年级的汉语文化课上发现的问题提出一些建议。

4.6 传统节日教学设计案例

春节主题文化课教学设计案例

教学内容
课时一:十二生肖的故事
课时二:中国新年的起源故事
课时三:"新年快乐"书法体验

教学目标
课时一
语言目标:用"你好,我是_____,我属_____"介绍自己的生肖。
文化目标:了解中国十二生肖的故事并推算出自己的生肖以及生肖代表的性格倾向。
课时二
语言目标:学唱《新年快乐》歌曲。
文化目标:了解中国新年的起源以相关传统习俗。
课时三
语言目标:学习"新年快乐"四个汉字。

文化目标:书法体验。

教学课型与时长

文化课 45 分钟/课时

教学流程与方法

课时一

准备:将今天的日期和学习目标写在黑板上,让学生写下来。

复习:简单提问并回顾上节课学过的相关知识。

导入:由西方的十二星座引出中国十二生肖的故事。

活动一:观看十二生肖卡通故事视频并填写表格中的关键信息(每个生肖所代表的性格特征和文化含义)。视频中速播放两遍,然后提问并让学生回答所填信息,最后播放一遍视频并与学生一起核对答案。

活动二:带领学生学习十二生肖生词的发音并通过"你做我猜"游戏操练生词,帮学生建立音义形之间的联系。

活动三:通过"Hot and Cold"游戏带领学生操练十二生肖生词的发音。

活动四:通过"句子接龙"限时炸弹挑战游戏,让学生操练"你好,我是_____,我属_____",看全班能否在5分钟内完成接龙挑战。

总结:对比中国的十二生肖和西方的十二星座并让学生分享自己的学习感悟。

课时二

准备:将今天的日期和学习目标写在黑板上,让学生写下来。

复习:简单提问并回顾上节课学过的十二生肖知识。

活动一:让学生观看关于中国新年传说的视频,并在观看的同时记忆相关信息,填写在知识表中。

活动二:学唱《新年快乐》歌曲。(让学生先听一遍,然后教师分句领唱,最后让学生跟着歌曲视频反复练习)

活动三:我是小小歌唱家。(让学生自行分组演唱,有意愿的可以到讲台进行小组演唱展示,最后全班大合唱)

总结:分享感受,回顾本节课学习的关于中国新年的知识。

课时三

准备:将今天的日期和学习目标写在黑板上,让学生写下来。

复习:简单提问并回顾上节课学过的中国新年知识并齐唱《新年快乐》歌曲复习。

导入:提问"Happy New Year"用中文怎么说。

活动一:填写"新年快乐"数字—字母密码卡片。

活动二:在描红纸上练习书写"新年快乐"四个汉字。

活动三:发放书法用具,教师在黑板上用毛笔书写春联并介绍步骤、方法和注意事项。然后让学生自己制作"新年快乐"春联并进行简单的装饰,最后挑选好的作品粘贴在教室的文化教学区进行展示。

活动四:教学生折一个简单的红包,然后在里面的纸条上写上"新年快乐"以及英文的新年祝福语,然后大家彼此说"新年快乐"后不停地交换红包,等到教师说停的时候打开自己收到的红包,查看收到的新年祝福语。

总结:询问学生书法体验的感受并让学生分享自己的新年祝福语。

4.7 文化课教学效果评估

我们对三节文化课视频进行了简单的事件取样及调查统计,分别选取了学习成绩较好的学生 A、学习成绩中等的学生 B 和学习成绩稍差的学生 C 三位学生进行事件取样,每节课时长为 45 分钟,分别就三位学生在这三节文化课上各个环节的专注时长、参与度以及主动提问/回答问题次数进行统计分析,统计结果见表 9-2。

表 9-2　5—6 年级文化课教学效果评估

课时	环节	专注时长(分钟)			学生参与度			主动提问/回答问题次数		
		A	B	C	A	B	C	A	B	C
第一课时	导入(5分钟)	5	4	5	高	中	高	1	1	3
	活动(35分钟)	35	33	20	高	高	中	2	0	3
	总结(5分钟)	5	2	3	高	中	中	0	1	4
第二课时	导入(5分钟)	5	3	3	高	中	中	1	2	2
	活动(37分钟)	35	30	25	高	高	高	1	2	5
	总结(3分钟)	3	1	1	高	高	低	2	1	3
第三课时	导入(4分钟)	4	4	4	高	中	中	1	1	1
	活动(35分钟)	33	33	30	高	高	高	2	2	2
	总结(6分钟)	6	5	3	高	中	中	1	0	3
总计		131	115	93	高	中	低	11	10	26

由统计结果可以看出,在专注时长方面学生 A 专注时长最长,基本在认真听讲,学生 B 的专注时长略逊于学生 A,特别是在总结环节,学生 C 的专注时长最短,特别是在活动环节与学生 A 差距较大;在学生参与度方面,学生 A、B、C 也呈现出递减的趋势,学生 A 在文化课的各个环节都能保持较高的参与度,学生 B 一般只能在活动环节参与度较高,在教学的其他环节参与度都有所下降,学生 C 的参与度并不固定,时高时低,跟本人的精神状态和兴趣有很大的直接联系;在主动提问/回答问题的次数方面,我们意外

地发现三位学生的次数排名为C＞A＞B,学习成绩一般的学生C反而在某些环节,例如活动和总结环节比较活跃,学习成绩较好的学生A更专注于听,次数反而较低,可能还与学生A本身安静的性格特征有关。

4.8 对文化课的意见和建议

1. 文化课与语言课的联系。语言课与文化课的界限比较模糊,文化课并不是不涉及语言教学,语言是文化的载体,文化课也会涉及一些相应语言知识的学习。只是语言课与文化课的重心不同,语言课主要围绕语言点展开讲解和操练,着重于语言知识的输出。文化课更侧重于对文化的了解,语言知识起到更好了解文化的辅助作用,帮助学生拓展汉语文化知识的广度,着重于文化知识的输入。

2. 文化课与语言课的不同。不同于语言课"复习—导入—讲解—操练—总结"的流程,文化课更具开放、探究和体验的过程,需要赋予学生较大的自主权和创造空间。

3. 形式多样,将课堂还给学生,发挥学生的主观能动性,增加课堂展示的环节。但活动不宜贪多而且应注意符合学生的学习能力和水平。

4. 重体验,重内涵。由于资源、场地以及各种条件的限制,绝大多数的汉语课还是简单地停留在文化的表层,对文化核心内涵的挖掘较浅。根据马斯洛层次需要理论,我们在设计文化课时,要重视文化内涵和价值观取向,而不能只停留在表层文化。例如编手链活动,我们需要在设计中注重由表层的锻炼动手能力到培养民族审美情趣,挖掘其背后所蕴含的团结等文化价值观。

4.9 结语

本研究采用课堂观察法,以传统节日春节为例,对新西兰小学5—6年级的汉语文化课进行了事件取样分析,并对小学汉语文化课中存在的一些问题进行了分析,例如文化课和语言课在汉语教学中的界定与两者关系的处理、缺乏对文化深层内涵的挖掘等,并在此基础上对文化课的设计提出了一些建议。

(常好珂)

第五节 新西兰初中文化教学设计的个案研究
——以新西兰圣马修女子学校为例

【摘要】本节分析了在新西兰初中开展文化教学的可行性和必要性,展示了新西兰初中汉语文化教学的三个案例,为任教于新西兰初中的汉语教师志愿者开展文化教学提供参考,最后提出了对新西兰初中文化教学的建议。

5.1 文化教学的意义

文化教学是志愿者在海外传播中国文化的重要途径之一。探索适合新西兰中小学生的文化教学方式，不仅能够充实我们的汉语课堂，也能够推动学生更深入地学习中国传统文化，使学生更加立体、全面、深入地了解中国。

5.2 新西兰圣马修女子学校文化教学设计案例分析

笔者于2018年在新西兰惠灵顿怀拉拉帕地区马斯特顿中小学任教一年，在圣马修女子学校开展多次文化教学。本节将展示任教期间的三个文化教学设计案例，并进行说明和分析。

5.2.1 学生背景

圣马修女子学校包含七、八两个年级，学生年龄在11—13岁之间。心理特点方面，学生好奇心强，乐于学习新事物，对非本族文化学习兴趣高。但是这些学生注意力保持时间不长，因此文化教学要将知识点的讲解与课堂活动相结合，注重中国文化与新西兰文化的对比，持续地为学生提供新的兴趣点。80%左右的学生为汉语零基础，因此在文化教学上，注重文化的讲解和体验，适当补充汉语词汇的学习。

5.2.2 教学设计

案例一：旗袍文化教学设计

教学主题： 旗袍文化教学

教学对象： 圣马修女子初中七、八年级学生（11—13岁）

教学目标：

1. 了解旗袍的历史背景、穿着的场合、不同款式，激发学生对旗袍的兴趣。
2. 了解旗袍领子、扣子、形制的设计，以及旗袍今天在中国人生活中的地位。
3. 利用旗袍图片进行创意拍照，将旗袍之美与自然之美结合起来。

教学准备：

PPT等多媒体资源，打印好的旗袍纸片。

教学过程：

1. 引入

教师展示自己穿旗袍的照片，让学生猜测老师穿旗袍所参加的活动场合，教师简单介绍旗袍在中国人生活中的作用：可以作为出席某种正式场合的着装。

2. 介绍旗袍的历史

3. 旗袍细节展示

展示旗袍不同的扣子形制：四方扣、蝴蝶扣、琵琶扣、蜜蜂扣等。让学生根据扣子的形状猜测名字,与学生互动。让学生了解中国人在衣服设计上融合了自然美学。

展示旗袍不同的领子形制:大圆领、方领、凤仙领、元宝领等,并解释不同领子的寓意。

展示不同款式的旗袍:有无袖子、宽体或修身,以及旗袍不同的布纹(菊花、牡丹、竹子等)。问学生喜欢哪一件。让学生了解中国人将自然美学融入旗袍设计,将人的品行与自然植物相结合。

4. 旗袍在今天

旗袍在今天是中国重要的文化象征,国际时装秀也将旗袍元素融入进去,日常生活中有人也会穿旗袍。让学生了解旗袍在今天也是"活"的文化。

5. 旗袍摄影活动

将准备好的旗袍纸片发给学生,让学生把旗袍主体部分掏空,从生活环境中选取"花纹"设计旗袍。

教学反思:

本次文化教学侧重于体现旗袍文化的现代性和旗袍融合自然之美的设计,具有一定的创新性,可以充分激发学生的兴趣,使学生在认知与情感上和旗袍建立联系,让旗袍文化在学生心中"活"起来。

同时也有一些需要反思的地方。本次文化教学在旗袍形制的选取上不够严谨全面,例如在拍摄活动中,为了保证拍摄的效果,选取的旗袍形制不够标准。整个文化教学对旗袍文化的介绍还是局部的、片面的,学生并不能更深入地了解旗袍文化,而仅仅是停留在兴趣层面。这需要教师加强自身对文化本身的理解,并且思考如何步步深入地进行教学设计。

案例二:中国与新西兰教育制度及学校的对比

教学主题: 中国与新西兰教育制度及学校的对比

教学对象: 圣马修女子初中七、八年级学生(11—13 岁)

教学目标:

1. 让学生了解中国的教育制度、学校设置,中国学生的日常生活,引导学生进行对比。

2. 展示中国教育的最新变化,打破学生对于中国学校的刻板印象。

3. 让学生掌握"星期""学校"相关词汇。

教学准备: PPT 等多媒体资源

教学过程:

1. 引入

教师展示自己读过的学校,让学生根据图片猜测所处学段,掌握词语"学校"。

2.围绕学校展开介绍

展示不同的学校照片、教室照片,展示中国中小学生的课程表、作息时间表。设置不同问题引发学生互动,学生会主动与自身学校生活进行对比。

3.学习"星期"等词汇

通过上一阶段课程表的展示,引入"星期"的学习,并通过"萝卜蹲"活动练习和掌握相关词汇。

4.体验"中国学生的一天"

展示作息时间表,让学生跟着视频做广播体操和眼保健操。

5.与中国学生在线互动

由于时差问题,课堂连线中国学生有困难,于是教师先对中国学生进行了采访:你对新西兰中小学生的生活有什么想知道的事情吗?

中国学生问新西兰学生:

你们觉得中文难学吗?

你们是怎么过双休日的?平时放学了做什么?

你们老师会要求你们做很多作业吗?

你们有多少考试?

你们要背"九九乘法表"吗?

课后教师将新西兰学生的回答转达给中国学生。

教学反思:

本次文化教学选取的材料与新西兰学生生活息息相关,学生会自觉地进行对比,并且对很多不同之处非常敏感。与中国学生互动的环节,学生也表现得非常真诚。课堂气氛好,学生参与度高。除此之外,也对中国现代教育的发展动态进行展示,对打破外国学生对中国学校的刻板印象有一些作用。

本次设计也有一些不足之处,对于学校的展示流于表面,尤其在展示中国新学校新变化方面,展现得不够充分。与中国学生的连线,如果准备充分,进行现场连线,效果会更好。

案例三:中国传统音乐及乐器介绍

教学主题: 中国传统音乐及乐器介绍

教学对象: 圣马修女子初中七、八年级学生(11—13岁)

教学目标:

1.让学生了解中国主要的几件传统乐器,聆听传统乐器的声音,留下大概印象。

2.对比中国乐器和西洋乐器,发现它们的相似之处。

教学准备: PPT、音频等多媒体资源

教学过程：

1. 引入

播放《闪光少女》中民乐与西洋乐对垒的片段、民乐与西洋乐合奏的片段，引入对中国民乐的介绍。

2. 展示中国乐器

简单介绍古筝、扬琴、编钟等乐器。将扬琴与竖琴、古筝与钢琴、二胡与小提琴、琵琶与吉他进行对比。

3. 听音猜乐器

依次播放音频，让学生猜是图片上哪个乐器发出的声音。

教学反思：

本次教学设计的初衷是展示中国乐器，但是受限于教师自身的音乐修养，也因为音乐体系的复杂性，并未能将本次文化教学设计得更加完整有趣，文化教学停留在表面。

5.3 对新西兰初中文化教学的建议

基于笔者对所开展文化教学的总结和分析，针对出现的一些问题，笔者对在新西兰初中开展文化教学提出一些思考和建议，以期能对今后汉语教师志愿者们开展文化教学有所启发。

5.3.1 创新文化教学形式，拓展文化教学内容

在文化教学内容的选取上，要多选取与教学对象相关的话题，充分激发学生的学习积极性。在文化展示上，要注重文化的现代性，介绍传统文化的现代表现，展示"活"的中国文化；要选择某种文化的某个方面，进行深一步的介绍，而不是为了求全，流于形式。文化体验要更具体、更深刻、更有意思，不能为了体验而体验。

文化教学课上的活动要创新，例如旗袍文化不一定就是试穿，试穿的效果虽然好，但不是唯一的形式。了解文化背后的内核，围绕内核开展活动也是思路之一。试穿旗袍是为了展示旗袍"量体裁衣"的特点，而从自然界取景设计旗袍的摄影活动，想要展现的就是中国人在服装设计上体现的人与自然合一的思想。

5.3.2 利用多种资源，丰富文化教学的形式

课堂教学是平面的，打破课堂教学的空间限制。利用多种资源扩展教学空间。例如在文化教学案例二中，如果能跟中国学生进行现场视频连线，就能够打破课堂局限，拉近学生与中国的距离。

5.3.3 建立及时的反馈机制，及时总结反思

选取哪些文化进行教学，选择某种文化的哪些方面进行教学，都是我们要思考的问题。选取的标准不是我们主观臆测的，而是需要在实践中积累经验。并不是所有传统文

化都适合搬进课堂,需要考虑到教师自身的能力、学生的接受程度、资源的丰富程度等多种因素。教师讲好自己擅长的选题之外,还要充分利用相关资源,利用外部资源来帮自己上好文化教学课程。例如"中国传统音乐"的文化教学,对教师的要求较高,教师之间可以相互合作,邀请一位或多位擅长音乐的教师进行合作教学。

积极开展反思和交流,对不同文化项目进行评估,筛选出不同难度的文化教学项目,这对于今后的文化教学具有参考价值。

（陈盼盼）

第六节　新西兰高中文化教学设计的个案研究
——以节日文化为例

【摘要】 随着新西兰汉语教学的发展,中国传统节日文化教学凸显出越来越重要的地位,探索适合新西兰的中国传统节日文化教学方法非常必要。本节在前人研究的基础上,分析了在新西兰高中开展中国传统节日文化教学的可行性和必要性,提出关于新西兰高中中国传统节日文化教学具体内容的选择、教学方法以及相关教学活动设计等方面的建议,最后展示了新西兰高中中秋节文化教学的设计案例,希望可以为任教于新西兰高中的汉语教师志愿者提供中国传统节日文化教学的相关参考。

6.1　绪论

6.1.1　研究背景

新西兰是一个具有多元文化的国家,包括欧洲文化、毛利文化、太平洋文化以及亚洲文化等,中国文化是其重要组成部分。在新西兰,可以经常看到中国文化的元素,例如元宵节时新西兰奥克兰皇后街上挂满了灯笼,还有人多到爆满的元宵灯会,各种摊位售卖中国食物、展示中国传统才艺等,因此研究新西兰的中国文化教学情况是可行的并具有一定意义。随着中新两国友好关系的发展,越来越多的新西兰高中生开始学习汉语,并且对中国文化非常感兴趣。学习者客观存在的需求让新西兰汉语教师及志愿者开始重视中国文化教学在汉语教学中的占比情况,并且选择丰富多彩的文化内容进行教学,开拓学习者文化视野的同时促进中新两国的文化交流,让更多的新西兰民众了解到最真实的中国。中国文化中的传统节日文化受到了学习者的普遍欢迎,他们喜欢体验中国传统节日中的风俗习惯,并且渴望参加奥克兰地区华人庆祝节日的活动,从而拉近他们与中国文化的距离,因此节日文化是新西兰奥克兰汉语教学中不可忽视的重要内容。

笔者于 2019 年 2 月至 12 月在新西兰奥克兰地区进行教学实习,比较了解新西兰奥克兰汉语教学情况。与此同时,也亲身感受了新西兰高中中国文化教学的优势和不足,特别是中国传统节日文化教学,从而引发了对新西兰高中生学习中国传统节日文化的思考,得出了一定的结论,希望可以为未来任教于新西兰地区的汉语教师及志愿者提供一定的参考。

6.1.2 研究现状

6.1.2.1 汉语文化教学研究现状

目前国内有关汉语文化教学的研究非常多,在近五年的研究中,共有 1442 篇相关文献,经过梳理,将其归为三大类。

第一大类是对汉语文化教学的宏观研究,主要涉及文化教学策略、跨文化交际等方面。其中王春红(2020)提出对外汉语教师在教育外国学生时应该传播好中国传统文化,使学生们更好地掌握汉语知识,同时学习中国汉字语言中的文化内涵。黎凡(2011)研究得出在初、中、高等不同学习阶段,文化教学内容的侧重点有所不同,并总结了文化教学的实用性、去粗取精、与时俱进、规范性等原则。

第二大类是国别化的汉语文化教学研究,主要研究角度是结合一个国家的汉语教学实际情况,研究者多为汉语教师及志愿者,涉及的国家有亚洲的韩国、泰国、尼泊尔等,欧洲的乌克兰、英国等。例如,刘丽娟(2017)研究了韩国全罗南道海南郡地区小学汉语课堂中国民俗文化的融入情况和学生对中国民俗文化的兴趣点,并提出相应的教学对策。

第三大类是对具体传统文化的教学设计,涉及中国衣食住行的方方面面,例如茶文化、节日文化、中药文化等。李洪萍等(2020)研究了汉语国际教育视野下的中草药文化教学,认为从中草药文化中便可窥见博大精深的中国文化。在众多研究中,对中国传统节日文化教学的研究很丰富,对本节的研究具有很好的借鉴意义。因此经过梳理,将其大致分为三小类。第一小类是对中国传统节日文化教学的宏观研究,主要涉及中国传统节日文化教学的重要性等。其中于婷(2018)研究了对外汉语教学中中国传统节日文化的教学理念、教学过程、教学方式。第二小类是基于某类教学法的文化教学研究,主要涉及任务型教学法、情景教学法、体验法等。王南南(2019)研究了将任务型教学法运用到文化教学中的效果。第三小类是国别化的研究,涉及多个国家,其中以亚洲国家居多。比较具有代表性的是蔡靓(2018)研究了泰国博丁一中的文化教学情况,比较全面地介绍了多种节日的教学设计。

6.1.2.2 新西兰汉语教学研究现状

目前国内有关新西兰汉语教学情况的研究不多,从 1989 年至今,中国知网共 80 篇相关研究。多数研究者从教学的角度进行研究,共 75 篇,还有部分研究者对学习者进行了研究,但是比较少,只有 5 篇。

国内研究新西兰汉语教学的文献可以分为两大类七小类,第一大类是对教学的研究,第二大类是对学习者的研究。

对教学的研究可以分为四小类。第一小类是有关教学法的研究,主要研究了 TPR、TBLT 等教学法。其中较具有代表性的是吕卓阳(2018)研究了 TPR 教学法在新西兰中小学汉语教学中的优势,并提出了结合班级具体特点运用该方法等教学建议。第二小类是有关教学模式的研究,主要研究了主题式教学模式、轮流主导教学模式以及一主一辅教学模式。吴思雨(2019)对主题式教学模式的研究非常典型,提出了主题式教学模式在新西兰初级汉语教学实践中的优势与不足,以期在后续教学中进一步完善。第三小类是对教师语言的研究,主要包括反馈语言和手语的运用。田雪蓉(2019)根据自身教学经验,调查指出中国手语教学法对汉语教学有积极作用,手语是增强儿童对外汉语课堂教学效果的有效工具。第四小类是对新西兰各地区具体学校汉语教学情况的研究,例如张静文(2018)对惠灵顿 TE ARO 小学孔子课堂的研究,高蒙蒙(2018)调查了新西兰哈特地区的汉语教学情况。

对学习者的研究可以分为三小类。第一小类是对学习者学习行为的调查。欧亚婷(2018)对新西兰毛利学生的课堂汉语学习内隐性和外显性学习行为进行分析,在此基础上总结毛利学生汉语课堂学习行为的特点和影响因素。第二小类是对学习者学习动机的分析。比较具有代表性的是王茜(2015),该研究认为华裔学习者以融合型动机为主,非华裔学习者以工具型动机为主。第三小类是对学习者学习策略的分析。其中谢婷(2018)从整体和局部两个维度对新西兰中小学生的汉语学习策略进行分析,同时提出了相关的教学思考和建议。

6.1.2.3 新西兰汉语文化教学研究现状

国内有关新西兰汉语文化教学的研究很少,仅有 4 篇,主要从文化教学及相关文化活动设计角度进行研究。

刘圣钊(2018)从宏观层面以新西兰奥克兰地区为例探讨了文化教学与文化因素的包含关系及当地中小学汉语文化教学内容选取的科学性以及存在的问题。周梦云(2018)具体分析了但尼丁小学的文化活动设计情况。方菲(2014)分析了新西兰中小学中国文化导入情况,从导入原则、内容选择等角度进行了总结。杨晶(2017)对新西兰和美国两所中学的文化教学实践进行了对比分析。

6.1.2.4 新西兰中国传统节日文化教学研究现状

国内有关新西兰中国传统节日文化教学的研究非常缺乏,仅有 1 篇文献。杨晶

(2017)在对比新西兰与美国的文化教学情况时,以春节为例,展示了教学设计内容。对于新西兰圣心中学十一年级的学习者,她选择了春节文化中比较通俗易懂的文化点进行教学,例如包饺子、给红包等,取得了不错的教学效果。

6.1.3 小结

研究者们对文化教学及新西兰汉语教学的研究比较充足。但是通过对以上研究现状的分析,可以发现,对新西兰高中汉语文化教学的研究还有所缺乏,特别是对中国传统节日文化的研究,亟待补充。本节将主要研究新西兰中国传统节日文化的教学情况,总结适合新西兰的中国节日文化、具体内容选择、教学方法以及相关教学活动设计等方面的内容,从而为未来任教于新西兰奥克兰地区的汉语教师及志愿者提供一定的参考。

6.2 必要性与可行性分析

6.2.1 研究必要性分析

6.2.1.1 中国传统节日文化教学的必要性

文化教学作为汉语教学重要组成部分,一直是学界备受关注与热烈讨论的研究内容。而中国传统节日是中国传统文化的精髓所在,其自身的历史性、传承性与趣味性赋予了它在汉语二语文化教学中举足轻重的地位。采用合理方式开展传统节日文化教学,将传统节日文化教学与相关语言知识教学相结合,既有利于激发汉语学习者的汉语学习兴趣,为语言教学服务,也有利于加深汉语学习者对中国文化内涵的理解,进而促进中国传统节日文化在海外的传播与交流。因此,对于如何在海外汉语教学中开展传统节日文化教学的探究是十分有必要的。

6.2.1.2 中国传统节日文化教学在新西兰高中汉语教学中的必要性

新西兰虽然国土面积狭小,但却是一个多民族、具有多元文化的移民国家。多民族、多语言的人文环境造就了新西兰对不同民族文化的高度开放与包容。

1992年,新西兰教育部开始研发制定新西兰汉语课程大纲,旨在拓展新西兰外语学习范围并为新西兰学校汉语学习提供官方指导。2007年,新西兰教育部发布新的《新西兰国家课程》,明确指出学生在学习英语、毛利语官方语言之外,仍必须选择一门外语进行学习。2010年到2018年,新西兰中小学共计约36000人次选择汉语作为第二语言进行学习,且学习人数呈逐年上升趋势。由此可见,汉语作为第二语言的教学,在新西兰已发展到一定规模,且呈现稳中向好发展态势。

在汉语教学中,新西兰十分强调语言学习中文化部分的学习。根据《新西兰小学汉语课程大纲》与《新西兰汉语课程》,汉语语言的学习应包括交际技能、语言知识与文化知识三部分。在文化知识部分,文件明确指出学生需要了解中国的习俗与重要节庆,并能够将中国节日与本民族节日进行对比。因此,上述文件在理论指导层面确定了中国传统节日文化教学在新西兰高中汉语教学中的地位与必要性。

从现实角度出发，华裔已成为新西兰多元民族群体不可忽视的一部分。在新西兰生活和实习期间，笔者也常常在社会生活与教学工作中看到华裔身影。因此，将传统节日文化教学纳入当地汉语教学的重要内容，既有利于其他民族与华裔学生加深对中华文化的认识与了解，促进跨文化沟通交流，也有利于中华优秀文化在新西兰得到进一步认可与传播。

综上所述，探究中国传统节日文化在新西兰汉语教学中的教学状况是十分有必要的，能够为今后在新西兰乃至海外其他地区开展传统节日文化教学提供参考。

6.2.2 研究可行性分析

当前，对于在汉语国际教育中如何开展中国传统节日文化教学的研究已初步形成一定规模，并取得了丰硕的研究成果。这些成果包括传统节日文化的内容选择、教学方法、教学策略与教学模式、某种传统节日文化的教学设计等。前人丰富的研究成果为本研究提供了坚实的理论支撑与模式借鉴，故本研究在理论上具有可行性。本研究在实践上也具有可行性。笔者曾赴新西兰奥克兰曼格雷高中进行教学实习并具有组织传统节日文化教学的经历和经验。

6.3 在新西兰高中进行中国传统节日文化教学的建议

6.3.1 节日的选择

根据调查，新西兰汉语教师志愿者讲的最多的中国传统节日是中秋节。其次是春节、端午节、元宵节，剩下依次是清明节、七夕节等。可见，汉语教师志愿者都十分重视春节、元宵节、端午节、中秋节这些最具民族色彩的中国传统节日，这些教学经验值得我们借鉴。春节是中国的农历新年，是中国人最重要、最重视的传统节日，并且中国人十分重视除夕夜，在这一天，所有的家庭成员会聚集在一起其乐融融地享受丰盛的晚餐。而元宵节，在新西兰已不仅是华人的节日，也被新西兰人所熟知，奥克兰已连续举办了二十多届的元宵灯节，吸引了无数人前来共度佳节。端午节距今有 2000 多年的历史，并在 2009 年成为了首个入选世界非物质文化遗产的中国节日。中秋节有着"嫦娥奔月"等美丽的传说。农历八月十五日这一天，月亮圆圆满满，在中国文化中象征着团团圆圆。每到此时，人们品尝月饼，赏月拜月，借此表达对团圆的渴望、对故乡和亲人的思念以及对丰收幸福的祈盼。

综上，我们推荐春节、元宵节、端午节、中秋节这些传统节日来进行文化教学。之后也将以中秋节为例展示相关教学设计。

6.3.2 中国传统节日文化内容的选择

在新西兰高中的汉语教学中，选择中国传统节日的哪些内容进行文化教学也是值得深思的问题。

吕师瑶(2014)梳理得出,以全民性、趣味性和时代性为标准来选取节日内容,能使所选内容更具广泛性和代表性。全民性是指所选择的文化要素要抓主流,为一般大众所认可。由于中国传统节日文化本身多元且复杂,受地理位置、自然环境等因素的影响,各个地域、各个民族都有自己本族的文化与节日传统。以端午节为例,在以汉文化为主的地区,粽子已成为端午节最重要的一种食品,赛龙舟也是比较常见的活动,而在一些少数民族中还有其他习俗,我们应把文化教学的重点放在占据着主导地位的文化上,根据全民性来选取文化素材。此外,兴趣是语言学习的最大动力。尤其对于新西兰的高中生来说,有趣的内容更能引起他们的兴趣,激发他们学习的主动性,引发相关的讨论并促进语言交际运用。汉语教师及志愿者可选取当下热门的新闻或者趣闻等多媒体学习材料来导入或进行拓展讨论,并采用多种教学方式来激发学生的兴趣。例如在讲授传统节日中秋节时,可引用"嫦娥奔月""吴刚斫桂"等传说,再辅以动画的形式来体现节日之美感,进而活跃课堂气氛。而传统节日文化也不是一成不变的,它会随着时代的不断发展而产生新的特征,不断丰富节日内涵。以春节为例,贴春联在过去代表驱鬼辟邪,在现在代表喜庆的气氛;过去是在家吃年夜饭、放爆竹守岁,现在是去酒店吃或在家吃,看春晚;过去的拜年是指带礼品登门拜访,现在除了登门拜访还有发短信、打电话以及视频聊天等手段来拜年。通过这些新的庆祝方式、祝福方式,春节明显具有了时代的特征。学习者在学习这些与时俱进的内容时,会产生贴近生活的感觉,从而有助于目的语的学习。

6.3.3 中国传统节日文化的教学方法

通过对任教于高中的汉语教师志愿者的调查了解到,新西兰汉语教师志愿者在高中进行中国传统节日文化教学时,超过80%的志愿者会选择采用文化课、文化与语言教学相结合的课堂形式展开教学,近98%的志愿者将体验法作为中国传统节日文化教学的主要方法。此外,展示法、讲授法也是开展该类教学活动的重要方法,而参观法由于受到场地或当地社会环境等条件限制,较少被志愿者采用。由此可知,文化课、文化与语言教学相结合的课堂形式受到汉语教师志愿者的青睐,汉语教师志愿者开展相关教学活动时则主要采用体验法、展示法等教学方法。

在进行中国传统节日文化教学时,采用合理有效的教学方法,既有利于教师高效传授教学内容、组织管理课堂,也有利于学生掌握知识,提升学习兴趣,从而使教学产生事半功倍的效果。因此提出以下适合在新西兰高中汉语课堂开展中国传统节日文化教学的方法。

6.3.3.1 体验为主,讲授展示为辅

文化体验是文化教学的主要方法。一方面,丰富、有趣的体验活动可以大大激发学

生对目的语文化学习的热情,进而提升对目的语语言知识学习的动机。另一方面,体验活动的真实性与直接性可以让学生对目的语文化知识的学习不再停留于表面,而是通过亲身经历加深对该文化知识的理解,充分发挥学生的主观能动性,践行以学生为中心的教学原则。在体验活动开展中或开展前后,教师应当适时进行讲授与展示,从而对体验活动做出正确的引导与启发。因此,中国传统节日文化教学可采取"体验为主,讲授展示为辅"的教学方法。

以中秋节为例,教师可组织制作月饼、赏月吃月饼、祭月等活动,让学生体验中秋节文化。在这些体验活动的不同环节,教师应对中秋节的由来、制作月饼的方法、祭月方式、嫦娥奔月故事等中秋节文化背景知识进行讲解和展示。通过丰富的体验活动以及教师生动有趣的讲解,学生可掌握中秋节的文化习俗以及背后"祈求福佑、阖家团圆"的文化观念。当然,体验活动形式除手工制作之外,还有情景模拟、趣味游戏等。根据不同的传统节日及其文化习俗,教师可以选择与习俗文化相匹配、适合开展的体验形式。

6.3.3.2 文化对比

在进行中国传统节日文化教学时,汉语教师及志愿者可采用将中国传统节日文化与当地传统节日文化进行对比的方法,从而帮助学生了解中国传统节日,同时逐渐建立起学生对两种文化共同性与差异性的认识。在选取当地节日时,要注意挑选与教学内容相关的当地节日进行对比,并且要选择恰当的节日内容进行对比。在进行对比时,应持有客观公正的态度,不偏不倚,更要尽量避免触碰当地文化禁忌,以免引起不必要的冲突或矛盾。

例如,在对七夕节进行介绍时,汉语教师可选取中国七夕节与西方情人节进行对比。七夕节和情人节是中西方各自代表爱情的节日,它们背后均藏有凄美感人的爱情故事。因此,首先,教师可借助视频动画等多媒体方式讲解牛郎织女的爱情故事,再邀请学生讲解有关情人节起源的传说。其次,教师可将中国七夕节与西方情人节的习俗进行对比,例如七夕节具有"乞巧、吃巧食"等古代传统习俗,而情人节在节日当天有"送花、送巧克力"等习俗。值得注意的是,教师需要指明,"乞巧、吃巧食"等习俗活动在当代中国已经不再流行,受到西方文化的影响,"送花、送巧克力"等西方习俗正受到大量中国年轻人的喜爱。因此,教师在进行文化对比时,要顾及全面性、客观性与时代性,既要帮助学生对比两国节日文化的差异性,也要引导学生关注不同节日文化的共同点。由此,学生可逐渐建立跨文化意识。

6.3.3.3 循序渐进,由浅入深

同语言教学一样,文化教学也应当遵循一定顺序,由表及里、由浅入深地开展。受到年龄因素的影响,不同教学对象在知识认知能力方面存在差异,因此在对高中不同年级的教学对象开展文化教学时,要注意内容选择的范围与深度。例如,对海外高中生开展

中国传统节日文化教学时,应当将文化产品作为切入点,以介绍、体验表层且简单的文化习俗为主,从而贴合低龄汉语学习者的学习能力并激发学生对该文化知识的兴趣。随着学生年龄的增加与汉语水平的提高,汉语教师可逐渐引入较复杂的文化习俗及其背后的文化内涵、文化观念。

6.3.3.4 文化教学与语言知识相结合

刘妍(2016)指出,"语言教学离不开文化教学,语言蕴藏于文化之中,是文化的一部分"。因此,文化教学不仅不可脱离语言教学,还应当为语言教学服务。换言之,在文化教学中,既要包括体验文化、了解文化,也要掌握与该文化内容相关的语言知识与交际技能。

例如,在进行"春节"传统节日文化教学时,需将"包饺子""贴春联""红包"等与春节文化密切相关且具有日常交际性的词语纳入学习范围。在制作饺子的体验活动中,教师可将活动分为"包饺子""煮饺子""吃饺子"等步骤并将简单词汇教给学生,使得学生能够用汉语简单描述饺子制作的流程。同时,以旧带新,将新词汇与学过的句型、词汇相结合,鼓励学生表达自己的意愿或喜好。例如,学生可将新词语"饺子"与句型"我喜欢……"结合,完成句子"我喜欢牛肉饺子""我喜欢猪肉饺子"等。课后,教师也可请学生将制作饺子的流程步骤用图文形式展示,从而起到复习文化知识与语言知识的双重作用。

6.3.4 中国传统节日文化教学活动的选择与设计

与教学内容选择原则类似,选择中国传统节日文化教学活动时,应注重趣味性、体验性以及交际性。

在进行活动设计时,要充分考虑以下因素。首先,教学活动需要具有全纳性,即全体学生需要涵盖其中。教学活动不是一两个学生的代表性活动,而是全班学生的体验活动。将所有教学对象纳入其中,既可保障汉语教学的公平性,又能保证汉语教学的质量和效果。其次,设计教学活动时需要充分考虑该教学活动的可行性与可操作性,并且做好应急预案。例如,在对"包饺子——春节文化习俗体验"进行教学设计时,需要事先了解教学对象中是否存在食物过敏情况,对于低龄教学对象,需要提前询问家长或征得家长对此教学活动的同意。完成统计后,汉语教师需要与学校相关负责人及时沟通,并完成食品材料、制作工具、制作场地的准备工作。为确保当日体验活动顺利进行,汉语教师还可请其他教师、安保人员等一同参与,协助进行课堂管理或处理突发状况。

综上所述,与语言教学相比,文化教学需要通过体验丰富有趣的活动来展开,进而实现教学效果。因此,汉语教师在对中国传统节日文化进行教学活动设计与准备时需要思虑周全,尽量避免因准备不足或考虑不周而导致的教学失误。

6.4　中国传统节日文化教学设计案例

教学主题：中秋节

教学对象：新西兰零基础的高中生，班容 26 人。

教学内容：

第一课时：

1. 有关中秋节的词汇，例如"中秋节""赏月""吃月饼"等。
2. 有关中秋节的习俗及其意义，例如赏月、吃月饼、团圆等。

第二课时：

体验中秋节做月饼活动。

课时：共 2 个课时，每课时 45 分钟。

第一课时

教学目标：

1. 知识目标：要求学生掌握有关中秋节的词汇，了解中秋节的习俗。
2. 技能目标：要求学生可以用简单的汉语介绍中秋节。
3. 情感目标：希望学生可以在了解中秋节之后喜欢上这一节日，并提高学生对中国传统节日文化的兴趣。

教学重点：学生了解中秋节并可以简单描述中秋节的习俗和相关活动。

教学难点：高中生对中秋节有关词汇的学习和简单描述中秋节存在一定难度。

教具准备：PPT、双面词卡。

教学过程：

➢ 组织教学（2 分钟）

教师通过拍手吸引学生的注意力，并说"我们开始上课啦！"，学生相应拍手。

➢ 复习检查（3 分钟）

1. 教师给学生留出 1 分钟的时间，自行复习上周所学内容。
2. 教师提问，学生举手回答，答对的学生得 2 分，答错的学生得 1 分。
3. 教师简单总结上周所学内容。

➢ 新课导入（5 分钟）

1. 教师向学生提问："你们知道哪些中国的节日吗？"学生举手回答，回答的学生加 1 分，回答出中秋节的学生加 2 分。
2. Plan A：如果有学生回答出中秋节，教师进行鼓励，并展示中秋节的图片，告诉学生："今天我们来学习中国一个非常重要的节日，中秋节！"

Plan B：如果没有学生答出中秋节，教师可以提问："在新西兰，有没有思念家人、渴望团圆的节日？"学生回答，之后教师引出中国的中秋节，展示中秋节的图片，告诉学生：

"今天我们来学习中国一个非常重要的节日,中秋节!"

➢ 新课学习(20分钟)

◆ 第一部分:中秋节词汇学习(中秋节、想念)(5分钟)

1. 教师用 PPT 展示图片和词语(中秋节),朗读词语,学生跟读,个别学生朗读词语,读对加1分。

2. 教师简单介绍中秋节及其文化寓意,并学习词语(想念),朗读词语,学生跟读,个别学生朗读词语,读对加1分。

3. 活动巩固:教师用双面词卡,让学生读词并说出意思,最快的学生可以加1分。

4. 教师告诉学生:"下面我们来看看中国人在中秋节都做什么?"

◆ 第二部分:中秋节习俗学习(想念家人、看月亮、吃月饼)(15分钟)

1. 教师播放介绍中秋节习俗的视频,并要求学生自行记录,看完之后提问,答出来的学生加1分。

2. 教师用 PPT 介绍中秋节的主要活动:看月亮和吃月饼,并学习这两个词语,教师朗读词语,学生跟读,个别学生朗读词语,读对加1分。

3. 教师介绍中秋节看月亮和吃月饼的原因和寓意。

4. 教师简单介绍嫦娥奔月、玉兔捣药的故事,并播放相关动画视频。

5. 教师询问学生对中秋节的看法,并引导学生对比新西兰类似的节日,让学生简单介绍新西兰类似的节日。

➢ 活动:中秋节海报(10分钟)

1. 给每个学生一张 A4 卡纸和一些彩色蜡笔,要求学生设计一份中秋节小海报。

2. 学生设计完之后,匿名评选出做得最好的一张海报,并积3分,其余学生各积1分。

3. 师生共同把海报贴在汉语墙上,向全校进行展示。

➢ 小结及作业布置(5分钟)

1. 小结:教师对本节课所学内容进行简单总结,并对积分最多的学生给予贴纸奖励。

2. 作业布置:学生回家后向家长介绍中国的中秋节。

第二课时

教学目标:

1. 知识目标:要求学生了解中秋节吃月饼的习俗。

2. 技能目标:要求学生可以用简单的汉语介绍月饼。

3. 情感目标:希望学生可以在体验做月饼之后,对中国文化更加感兴趣。

教学重点:学生了解月饼的做法,并亲自体验做月饼的过程。

教学难点:低龄学生学习做月饼以及课堂秩序的维持存在一定难度。

教具准备:PPT、月饼视频、月饼面、月饼馅、月饼模具、烤箱、小碟子、叉子。

教学过程：

➤ 组织教学(2分钟)

教师通过拍手吸引学生的注意力,并说"我们开始上课啦!",学生相应拍手。

➤ 复习检查(3分钟)

1. 教师给学生留出1分钟的时间,自行复习昨天所学内容。

2. 教师提问,学生抢答,答对的学生得2分,答错的学生得1分。

3. 教师简单总结昨天所学内容。

➤ 新课导入(5分钟)

1. 教师向学生提问:"你们还记得中秋节要做什么吗?"学生举手回答,回答的学生加1分,回答出吃月饼的学生加2分。

2. 教师引出做月饼主题:"今天,我们来一起做月饼、吃月饼。"

➤ 新课学习(30分钟)

◆ 第一部分:月饼介绍(5分钟)

1. 教师用PPT简单介绍中国不同地区的月饼及其差异。

2. 教师重点介绍本节课要做的月饼类型。

3. 教师告诉学生:"下面我们来看看怎么做月饼。"

◆ 第二部分:月饼做法介绍(5分钟)

1. 教师播放介绍月饼做法的视频,并要求学生自行记录,看完之后请学生简单介绍月饼做法。

2. 学生简单介绍月饼做法,并谈谈自己的感受。

◆ 第三部分:做月饼(20分钟)

1. 学生排队依次来教师这里取材,每人拿一点月饼面和月饼馅。

2. 学生回到座位上,可以根据自己的想象或者按照之前的介绍捏月饼。

3. 学生捏完之后依次把捏好的生月饼给教师。

4. 教师带着学生去学校厨房,用烤箱把月饼烤好。

5. 学生依次介绍自己的月饼,教师也介绍自己的月饼。

6. 师生共同享用月饼。

➤ 小结及作业布置(5分钟)

1. 小结:教师对本节课所学内容进行简单总结,并对积分最多的学生进行奖励。

2. 作业布置:学生回家后向家长介绍月饼的做法。

6.5 结语

在新西兰这片文化多元的国土上,中国文化也绽放着耀眼的光芒。在新西兰高中的汉语教学中,中国传统节日文化同样是重要的组成部分,它在开拓学习者文化视野、促进语言学习的同时推动了中新两国的文化交流。

本节通过文献资料查找,分析了在新西兰高中开展中国传统节日文化教学的可行性和必要性,对适合新西兰高中汉语教学的中国传统节日文化,在具体内容的选择、教学方法以及相关教学活动设计等方面提出建议,最后展示了新西兰高中中秋节文化教学的设计案例,希望可以为新西兰及海外高中的中国传统节日文化教学提供科学实用的建议或参考。

中国传统节日是中国传统文化的精髓所在,其自身的特性赋予了它在汉语文化教学中举足轻重的地位。而新西兰的外语学习又十分强调文化部分的学习,中国传统节日文化教学是汉语教学中不可或缺的重要内容。笔者结合理论知识和自身教学经验,以中秋节为例有针对性地讨论了如何在新西兰高中开展中国传统节日文化教学,希望能为新西兰乃至海外汉语教师提供一些想法,同时也希望加强汉语教师对中国传统节日文化的重视。

(石玥)

参考文献

著作

刘珣.对外汉语教育学引论[M].北京语言文化大学出版社,2000.

期刊论文与论文集论文

程程.新媒体环境下中国饮食文化与汉语国际推广[J].智库时代,2018(24).

程玲.浅谈对外汉语教学中传统文化教学与现代汉语语用差异[J].文学界(理论版),2010(4).

冯静楠.以茶文化为例的对外汉语"产出导向法"教学设计探索[J].福建茶叶,2020(10).

郭凤海.世界文化发展与中国文化自信[J].西安政治学院学报,2017(3).

黄小倩.现代陶瓷艺术中的造型审美[J].陶瓷科学与艺术,2018(4).

景高娃.汉语国际教育背景下的中华文化海外传播研究综述[J].汉语国际传播研究,2017(1).

李洪萍,牛会娟,彭春容,等.汉语国际教育视野下的中草药文化[C]//四川劳动保障杂志出版有限公司.劳动保障研究会议论文集(四).2020.

李梦茜,李贝尔.中国传统节日饮食文化对汉语国际教育的启示[J].今传媒,2019(11).

刘圣钊.汉语国际教育课堂中的文化教学探析:以新西兰奥克兰地区为例[J].大众文艺,2018(15).

吕师瑶.对外汉语教学中的中国传统节日文化传播[J].海外英语,2014(14).

马红红,马海涛.对外汉语教学中剪纸艺术教学设计探析[J].佳木斯职业学院学报,2018(10).

潘佳双.姓名文化与对外汉语教学:以马来西亚为例[J].大众文艺,2019(22).

司燕红.对外汉语教学电视节目的特点与文化传播策略探讨[J].传播力研究,2019(2).

田雪蓉.中国手语与对外汉语教学关系初探:以新西兰小学对外汉语课堂为例[J].现代交际,2019(5).

王春红.对外汉语教学中的中华传统文化传播策略[C]//中国教育发展战略学会教育教学创新专业委员会.2020全国教育教学创新与发展高端论坛会议论文集(卷一).2020.

肖莉,李彩霞.疫情背景下初级汉语文化课教学实践研究:以十二生肖主题课为例[J].武汉船舶职业技术学院学报,2020(3).

姚小翠.对外汉语教学中古诗词教学方法探究[J].文学教育(上),2020(11).

殷佩蓓.论对外汉语教学中的语言教学及文化传播[J].才智,2019(7).

张菲洋.对外汉语文化体验课教学策略:以古筝体验课为例[J].智库时代,2017(13).

张恒军,曹波,孙冬惠.价值、内容和方法:中华文化海外传播共识的构建之路[J].中华文化海外传播研究,2018(1).

朱瑞平.汉语国际推广中的文化问题[J].语言文字应用,2006(S1).

朱瑞平,张春燕.汉语国际教育背景下文化传播内容选择的原则[J].云南师范大学学报(哲学社会科学版),2016(1).

硕士学位论文

蔡靓.对泰汉语教学中的中国传统节日教学设计:以曼谷博丁一中汉语专业班为例[D].云南大学,2018.

陈童童.新西兰小学阶段文化活动的设计与实践:以奥克兰市四所小学为例[D].西安外国语大学,2017.

方菲.新西兰中小学汉语课堂文化导入情况研究[D].南京师范大学,2014.

高蒙蒙.对新西兰哈特地区汉语教学调查研究:以 Ss Peter and Paul 和 St Joseph's 两所小学为例[D].厦门大学,2018.

葛婷婷.海外小学中国文化教学课程设计与实践:以新西兰小学为例[D].上海交通大学,2014.

黎凡.对外汉语教学中文化教学的内容及策略[D].华中科技大学,2011.

刘丽娟.韩国小学汉语课堂中国民俗文化教学策略研究[D].天津师范大学,2017.

刘妍.中国传统节日文化教学设计:以泰国达陆纳学校为例[D].云南大学,2016.

吕卓阳.TPR 教学法在新西兰中小学汉语教学中的应用研究:以新西兰卡哈鲁阿学校为例[D].吉林大学,2018.

欧亚婷.新西兰毛利学生汉语课堂学习行为分析:以 Kawerau 地区为例[D].厦门大学,2018.

钱锐.美国尤金市 McCornack 小学汉语文化教学调查分析[D].中央民族大学,2018.

唐巍.针对新西兰汉语学习者的茶文化教学设计:以泰普提尼理工学院夜校学生为例[D].上海外国语大学,2018.

王南南.基于任务型教学法的中国节日文化教学设计:以缅甸曼德勒云华师范学院为例[D].吉林外国语大学,2019.

王茜.不同背景学生学习汉语的动机分析:以新西兰中学生为例[D].上海交通大学,2015.

吴思雨.主题式教学模式在初级汉语教学中的应用研究:以新西兰北岸三所学校为例[D].上海外国语大学,2019.

谢婷.新西兰中小学生汉语学习策略研究[D].中央民族大学,2018.

杨晶.海外中学中国文化教学及活动的实践与设计：以新西兰、美国中学为例[D].华中师范大学,2017.

于婷.中国传统节日的对外汉语教学研究[D].曲阜师范大学,2018.

张静文.新西兰惠灵顿 TE ARO 小学孔子课堂汉语教学情况研究[D].厦门大学,2018.

周梦云.新西兰但尼丁中小学汉语教学及文化活动分析[D].华中科技大学,2018.

第十章 新西兰中小学文化活动设计研究

【摘要】 随着新西兰汉语教学的发展,越来越多的新西兰中小学在课外开展了丰富多彩的中国文化活动,以满足学习者对中国文化的多种需求。本章详细列举了新西兰小学、初中、高中不同阶段开展的文化活动案例,展示文化活动如何设计、实施、评价,为新西兰本土汉语教师与汉语教师志愿者开展课外文化活动提供参考。

第一节 新西兰小学文化活动设计的个案研究

1.1 文化活动主题之一:书法文化体验活动

1.1.1 书法文化体验活动案例展示

活动时间:每班分为两组进场,每组 10—15 人,每次 25—30 分钟。

活动对象:新西兰 Long Bay Primary School 4—6 年级学生,年龄在 9—11 岁;学生文化背景多样,多数学生为新西兰本土或欧洲裔学生,部分来自日本、韩国、菲律宾等国家。大部分学生汉语水平处于初级阶段,对于中国文化的了解多通过汉语课教师介绍,少数华裔学生虽能够用汉语进行日常交流,但从小生长在新西兰,对中国传统文化了解不深或基本不了解。

活动目标:

1. 知识目标:掌握书法的相关词汇,熟悉一定的汉字书写技巧。

2. 文化目标:了解书法发展历史、书写工具,掌握正确的书写姿势,感受汉字笔画线条、用墨方法。

3. 情感目标:克服书写汉字的畏难情绪,提高对中国书法艺术的兴趣,进而提升对中国传统文化乃至汉语课程的学习热情。

活动内容:

1. 通过书法文化展板展示书法相关知识。

2. 复习汉字,教师讲解书写内容并进行示范。

3. 教师指导学生练习,完成作品。

活动重点：了解书法文化，并能够完成书法作品。
活动资源：毛笔、墨汁、练习纸、宣纸、墨碟、毛毡、书法作品；文化知识展板；PPT；词卡；奖励小礼品。
活动过程：
1.前期准备
①确认活动时间、场地。
②与校方协调，确认到场学生及活动助手名单。
③与会场其他文化项目负责人协调时间与场地范围等。
④准备活动所需材料、资源，指导助手准备文化展板（笔者进行活动时，助手为一名日本裔的高年级学生，有过书法学习经验。一般而言，华裔、日本裔等东亚国家的学生可能具备一定的书法知识，建议教师从中挑选助手）。
2.正式活动
•第一部分：认识书法
①教师通过PPT展示书法作品并现场展示实物等，帮助学生对书法建立形象、直观的认识。
②教师与学生互动，进行书法基础知识问答，答对的学生能够获得奖励。
③助手向学生展示书法文化知识展板，围绕书法发展历史等内容向学生讲解，将汉字书写与英语等其他语言书写进行对比，展示书法艺术特点；教师进行总结。
•第二部分：走进书法世界
①教师结合PPT、现场实物等讲解书法相关词汇，并对要求掌握的"书法""笔""墨""纸""砚"等词语进行带读、跟读及点读。
②通过词卡游戏巩固词汇。
•第三部分：动手写书法
①教师现场进行书法示范（现场示范效果最佳，若条件不允许，则以视频代替；书写内容最好为学生学习过的汉字），演示书写工具的用法，着重讲解毛笔握笔姿势及用墨方法。
②在学生练习前，提醒学生书写注意事项，并与学生约定遵守会场秩序。
③为学生提供一定的汉字书写内容参考，最好为汉语课上要求掌握的汉字，教师可对部分生词进行简单讲解，学生复习；PPT放映汉字书写笔顺动图及词语的拼音，以供学生参考。
④学生伴随音乐，在练习纸上练习书写，教师与助手可对有需求的学生进行"一对一"的指导与帮助，注意维持秩序。
⑤学生在充分练习后可获得宣纸，并尝试进行书法创作，作品完成度较高的学生可获得小礼品。

⑥学生与自己的作品合影留念。
- 第四部分:谈书法
①请学生谈一谈活动感受和对书法的看法。
②教师进行简单总结。

3.后续工作
①整理会场。
②教师自我反思,调查学生、带队教师的反馈,进行活动总结。

1.1.2 书法文化体验活动的反馈与分析

书法作为中国传统文化的重要组成部分,从古至今都受到了国人的重视,近几年来,国内书法教学更是盛行,取得了丰富的文化推广成果。然而,对于海外文化传播而言,书法文化却并不容易推广,主要原因在于书法文化自身概念抽象、技巧性强等。此外,组织书法相关文化活动也存在着场地限制、人员不足、活动用具多等诸多挑战,因此并未取得良好的实践效果。对于海外汉语学习者,书法是不可错过的文化知识。书法除了具备极强的艺术性与文化内涵,还与汉字密不可分,学生若能在了解书法文化之余,同时认识到汉字结构、笔画线条的魅力,应能够对学生的汉字书写起到极佳的帮助作用。

对于笔者任教的新西兰小学学生而言,书法文化是陌生而新奇的,多数学生除了在过去的汉语课程中接触到简略的书法文化介绍以外,基本无更深入的了解。然而笔者通过多次课堂教学观察发现,多数学生对书法文化的兴趣浓厚,有强烈的探索欲望,因此选择在任教学校的中文周中开设书法文化体验活动。一次体验活动的目的并不是让学生在短时间内完成优秀的作品,或是深刻领悟到书法文化的内涵,这也是难以实现的目标。但提供体验的机会,使学生在尝试中初步认识书法文化,建立起对书法文化的兴趣,进而引导学生在未来的学习中进一步探索,这是根本目的。因此在方案中强调了互动性、趣味性以及实践性的原则,力求让学生在真正动手尝试的乐趣中感受到书法文化的魅力,达到预期的推广目的。

本次活动前期准备时间充裕,在学校的大力支持下,场地与活动材料也准备得当,为活动的顺利进行奠定了良好的基础。在活动过程中,师生问答互动激发了学生的热情,及时的奖励也激励了学生进一步探索,之后的文化展板展示环节则满足了学生学习的欲望,较为全面地展示了书法的发展历程与特点,能够观察到学生与带队教师都十分享受轻松愉快的氛围。此外,现场的作品展示及现场创作等环节,使学生能够近距离地、直观形象地感受书法的魅力,并产生了较为强烈的模仿与创作的热情,因此也更加主动积极地投入接下来的练习与作品创作环节。学生助手在这一过程中也发挥了较大的作用,在讲解环节中很好地帮助学生克服畏难情绪;在教授握笔姿势时,助手能够与笔者分工,轮流对十几名学生进行"一对一""手把手"的教学帮助,使全体学生都能够顺利进入书写环节。另外,供学生练习、创作参考的内容基本为课堂已学词汇或句子,将语言与文化知识相结合,在文化活动中复现课堂知识,实现了良好的知识学习的延续性,同时也在活动现场建立起学生较为熟悉的教学情境,鼓励学生在文化活动中继续学习。更为重要的是,学生在书写自己熟悉的、已掌握的汉字时,不必分散过多精力在笔画、笔顺上,而是能专注于汉字的结构与线条上,将注意力放在书法艺术本身,这一点对于汉语初学者而言是非常关键的。总体上,本次活动受到了学生的欢迎,也得到了学生、教师及家长的积极反馈,取得了良好的文化推广效果,同时还留下了学生珍贵的书法创作作品及影像资料,对于校园文化建设也有所助力。

当然,本次活动也存在着不足,从环节设计上看,尽管在设计时加入了互动、创作等环节,但在开展过程中,与当时场上其他项目如踢毽子、功夫等相比,书法活动仍稍显沉闷,且学生容易受其他活动噪声的影响。这虽然也与书法自身特点有关,但教师若对活动氛围有较高要求,建议也可尝试加入更为活泼的游戏设计等,调动学生的积极性,引起学生关注。此外,在具体操作过程中,也出现了许多事前未能考虑到的问题,例如学生练习速度过快,用纸不足,以及活动结束后场地卫生较难清理等问题。此外,文化活动相较于课堂在时间及秩序上的控制更具挑战性,尤其在分批次入场的活动设计中,容易出现"撞场"的情况,即上一批学生未结束创作,下一批学生已在旁等候,此时会场秩序便较难掌控,因此在活动安排时应尽量避免这一问题发生。而对于本次活动中所体现的文化深度与广度,自然仍远远不足,但在文化教学,尤其是像书法这一类需大量学习时间的文化项目中,与其在一次简单的体验活动中极力追求完善的教学效果,不如在日常教学中,争取机会举办更多的活动,创造更多的教学机会,保持文化活动的持续性,不断推进,应能取得更加深远的文化传播效果。

(夏徐淑)

1.2 文化活动主题之二:中国年历制作大赛

活动时间:给学生一周的时间进行年历制作。

活动对象:新西兰小学5—6年级学生。

活动目标:

1.通过制作年历的游戏,让学生掌握"年、月、日"等词汇。

2.通过制作年历的游戏,引发学生对中国日历、传统节日等相关文化的兴趣,提高其对中国文化的探索热情。

活动内容:基于学习的话题"日期",进行的一次具有中国特色的年历制作活动。

活动准备:

教师提前制作年历样式,供学生参考。准备A3卡纸4张、水彩笔4盒、有中国元素的贴纸4张、四只熊猫玩偶(奖品)。

活动过程：

1. 全班学生分为4组，每组4人，每组领取一张卡纸、一盒水彩笔和一张具有中国元素的贴纸。

2. 通过上网查找相关信息，小组合作绘制具有中国特色的2020年年历，要求用汉字书写年月日，标注出重要的中国传统节日，然后根据每个节日的特点，在相应月份的月历框内画出具有节日特色的图片。例如传统节日春节一般在2月，在2月的框里标注出春节，并画出饺子或者灯笼等图片。也可以用拿到的贴纸装饰自己的年历。

3. 小组上台展示，小组成员介绍制作年历的设计主题和特点，并用汉语说出月份和传统节日。以年历的精美程度和小组成员说汉语的流利度为评分标准，并通过小组互评加上教师打分的方式，评出分数最高的小组。得分最高的小组每人获得一个熊猫玩偶。

（常好珂）

1.3 文化活动主题之三：传统运动会

1.3.1 活动背景

新西兰是一个移民国家，政府鼓励不同民族之间进行文化的交流与沟通。因此，开设汉语课的新西兰小学十分重视文化的学习与体验，罗伯森路小学亦是如此。不同于文化课，文化活动多为大型的体验活动，罗伯森路小学每两个学期举办一次，旨在帮助学生体验语言背后的文化，从而加深理解，提高学习兴趣。

1.3.2 传统运动会活动案例展示

活动对象： 罗伯森路小学3—4年级汉语零基础水平的学生。

活动目标：

1. 知识目标：复习"运动"主题的语言知识，了解本课词汇的含义。

2. 技能目标：体验中国传统运动项目，学会并掌握其中一项运动。

3. 文化目标：了解中国传统运动项目"踢毽子、投壶、抖空竹"的起源与形式，体会中国的民俗文化，感受中华文化的魅力。

活动内容：

1. 词汇：踢毽子、投壶、抖空竹。

2. 文化知识：踢毽子、投壶和抖空竹都是有着悠久历史的中国传统运动项目，有利于人们身体健康。踢毽子起源于汉朝。其踢法多种多样，既可以比次数，也可以比连踢的时间，还可以比踢的花样等。投壶在战国时期较为盛行，既是一种投掷游戏，也是一种礼仪。游戏规则为把箭投掷到壶中，投中箭数最多的人获胜。抖空竹在中国已经流行了至少600年。人们双手拿两根小竹棍不断抖动使空竹旋转，并且可以做各种技巧。当空竹旋转时会发出嗡嗡声。

3. 体验活动：踢毽子、投壶、抖空竹。

活动过程：

1. 在教师讲解和示范后，划分三个体验区（踢毽子体验区、投壶体验区、抖空竹体验区），每个体验区选择两位学生负责发放和回收教具，其他学生有 20 分钟的时间到不同的体验区自行练习，教师轮流查看并纠正。

2. 剩余 10 分钟学生可申请挑战任意一项或者多项运动项目。

①踢毽子：1 分钟之内踢毽子数量最多的学生可获得奖励。

②投壶：6 次机会中投中数量最多的学生可获得奖励。

③抖空竹：抖空竹坚持时间最长的学生可获得奖励。

1.3.3 活动设计与评价

"传统运动会"属于大型文化体验活动，用于"运动"主题下的文化教学，带领学生了解并体验中国传统运动项目。踢毽子、投壶和抖空竹对于中国人来讲是熟悉的运动项目，但是对于罗伯森路小学的师生来说却是十分陌生的，甚至闻所未闻。汉语教师若只是讲解，学生并不能真正体会到其中的乐趣。于是，设计了这样一场"运动会"，让学生体验其中的乐趣与文化内涵。

1.3.4 活动反思

1. 该文化活动需要的游戏道具种类和数量都比较多，要保证班级每位学生都有机会参与体验。对于罗伯森路小学这样缺乏汉语教学资源的学校，汉语教师需要提前准备。经过与校方的协商，笔者向孔子学院还有邻近的孔子课堂租借了道具。

2. 学生活动量较大，容易情绪亢奋。如果可以的话，尽量申请在户外进行游戏，在教室里进行可能影响隔壁班级，也可能造成教室设施的损坏。

（乔冠颖）

1.4 文化活动主题之四：中文周项目文化活动

1.4.1 新西兰中文周的介绍

随着中新两国经贸和人文交流的不断深入，新西兰民间讲中文、学中文的热情也在不断升温。

新西兰中文周的举办时间一般为每年 9 月份中下旬，从 2014 年开始，新西兰中文周的举办规模日益扩大。据统计，2018 年中文周项目的举办次数达 100 多次；2019 年的中文周主题为"Travel"，全国共举办了包括"汉语超新星""中文歌唱比赛""汉语读书会"等在内的 290 多场活动；2020 年新西兰中文周的主题是"A Taste of New Zealand"，旨在鼓励更多的人用精美的食物来学习和讲述来自不同文化的故事。

奥克兰孔子学院院长姚载瑜女士在中文周的发言中表示：奥克兰孔子学院在过去十年来，得到了新西兰社会各界的支持。新西兰现在有很多学生学习中文，其中一些学生的中文水平让我们骄傲，相信未来会有更多的学生能流利地讲中文。

1.4.2　新西兰剑桥镇汉语教学情况简介

剑桥镇位于新西兰怀卡托区汉密尔顿附近，全镇中小学共计10所，其中7所学校有较为密切的合作关系，并成立Cambridge Fusion合作小组，笔者主要负责该小组下的Cambridge Primary School、Cambridge Middle School、Cambridge High School以及Goodwood四所学校的汉语教学工作。

Cambridge Primary School和Goodwood每学期大约有20个班，约600人以每周一节的汉语课或Arts Program的形式进行汉语学习；Cambridge Middle School每学期有6个班，约200人学习汉语；Cambridge High School有4个班，约100人学习汉语。

小学阶段学生的汉语水平为零起点，5—6年级的部分学生之前在3—4年级的时候选修过汉语课，所以对汉语有一定的了解，但是仅掌握了一些简单的文化知识和生词、句子，仍处于初级阶段。

中学阶段学生的汉语水平呈现较为明显的分层现象，部分在小学上过汉语课的学生掌握程度较好，小学没有接触汉语的学生，除了部分语言天赋较强的外，其余学生的汉语水平基本为零起点。

整体来讲，剑桥镇的汉语发展前景较好，学校校长较为重视学生的汉语学习，汉语教学氛围良好，这也为中文周活动的开展提供了很好的支持和保证。

1.4.3　2019年新西兰剑桥镇中文周项目活动策划

Cambridge Fusion Chinese Cultural Day 2019

Date：Wednesday 25th September

Time：12:00pm—2:30pm

Venue is booked from 10:00am to allow time for setting up.

Venue：Bridges/Cambridge Primary School hall & senior classrooms

Duke Street，Cambridge 3434

Purpose：To promote the WHY of learning Mandarin and to encourage continued learning of the language in high school and beyond.

1.4.4　中文周项目文化活动效果评估

在中文周活动结束后我们对参与的500多名学生进行了中文周活动评价调查，主要包括最受欢迎项目、整体满意度、意见和建议三个问题，其中回收有效问卷204份。结果显示，最受欢迎的前五项活动分别是吃饺子、穿汉服、《小苹果》舞蹈表演、书法体验、剪纸和折纸。关于整体满意度的调查结果显示，31%的学生表示非常满意，63%的学生表示较满意,5%的学生认为一般,1%的学生认为较差。关于意见和建议部分,由于是开放性问题,在回收的200多份调查问卷中,只有十几位学生进行了填写,主要建议可以总结为以下几条:1.准备的食物量少,没有吃到,且食物种类单一;2.不明白其中一些文化项目的背景和意义,没有体会到其中的乐趣;3.大部分活动去年就已经体验过了,今年已经没有新鲜感了;4.由于人太多,有些活动体验需要排很长的队,活动负责人员较少,无法照顾到每一个人,进展较慢且等待的时间过长等。

由此可见,此中文周项目虽然整体满意度还可以,但是在活动项目的选择、讲解、体验以及道具的数量、人员的调配等方面仍存在很大的改进空间。

1.4.5 对新西兰中文周项目的意见和建议

除了所在剑桥镇的中文周项目,笔者还对新西兰其他汉语教学点的中文周项目进行了调查。新西兰中文周项目一般都是比较传统的文化体验活动,例如茶文化体验、汉服体验、剪纸、书法、中国舞表演、中国画体验等。此外,笔者还了解到一些其他教学点比较成功的中文周活动,例如,画京剧脸谱、太极拳、武术等活动受到了学生的追捧和喜爱。

在上述中文周项目活动策划的基础上,就中文周项目提出以下几个具体的改进建议:

1.活动可设置成打卡、闯关或者积分游戏,在保障安全的前提下适当增加竞技性和挑战性,吸引学生尽可能地体验更多的活动项目。

2.建议最后设置开奖环节来留住学生。

3.可适当和孔子学院合作,特别是一些专业性和观赏性较强的文化项目,例如川剧变脸,可向孔子学院申请外援。

4.需要考虑现实原因,控制经费开支。部分内容由于场地或特殊道具的限制,可结合当地的文化对其进行合理的改编。

5.活动设计应尽可能多样化,增强其体验性和可视化程度。

6.建议向文化深层价值进行挖掘,在体验前对该项文化活动的基本信息及其背后的文化内涵进行简单的讲解,或用海报对文化活动进行简单的文字介绍,避免参与者简单地止步于文化体验,却并不明白该文化所传达的内涵。

1.4.6 小结

本节以新西兰剑桥镇的中文周项目为切入点,发现新西兰中文周从2014年开始已经连续举办了好几年,但是仍然存在着很多大大小小需要解决的问题。笔者对剑桥镇的中文周项目进行了简单的介绍,并在此基础上分析了剑桥镇中文周项目出现的一些问题,然后结合自己的思考给出了具体的改进措施和意见,以期为新西兰中文周项目的开展贡献自己的力量。

(常好珂)

第二节 新西兰初中文化活动设计的个案研究
——以新西兰塔拉德尔初中功夫扇文化体验活动为例

2.1 绪论

除了汉语教学和文化教学,文化活动的举办在国外中华文化的传播中发挥着至关重要的作用。探索适合新西兰中小学生的中华文化活动不仅能够有效地调动学生的积极性,推动学生主动探索中华文化,而且增加了学生与中华文化的接触时间,促进学生对中华文化的理解。

在国外举办的中华文化活动大致可分为体验类、表演类、讲座类、比赛类、文艺展览类等。体验类活动占据多数,这一类型的文化活动持续时间一般不长,以体验为主,对组织者自身的技能要求不高,因此参与者无法体会到更深层次的文化内涵,该类文化活动具有趣味性强、持续时间短、操作简便、易实施等特点。表演类活动观赏性比较强,能够给观众带来视觉上的冲击,其活动和宣传效果较强,对于活动表演者来说,其成就感和参与感也更高,是一种比较受欢迎的活动方式,但同时存在学习表演周期长、难度较大、表演水平参差不齐的问题。讲座类的活动注重内容的深度,是一种单方面的内容输出形式,对组织者和听众的素质要求都较高,受众群体多为有一定汉语基础、对中华文化感兴趣的汉语学习者。同时,它对演讲者的演讲水平、语言水平以及知识水平都有一定要求,否则极易枯燥乏味。比赛类的活动一般由孔子学院等较大的团体组织,旨在让参与者以此为契机,主动进行学习,有助于他们汉语水平的快速提高,例如孔子学院每年举办的"汉语桥"等活动。但此类活动对参与者的汉语水平也有一定的要求,因此在汉语发展较为薄弱的地区参与度较低。文艺展览类的活动观赏性也较强,可展览书法、剪纸、脸谱、国画、中国结等文化特色作品,使参与者在观察和体验的过程中加深对中华文化的印象。该类活动对组织者的组织能力和参展的作品数量有一定要求。

2.2 新西兰塔拉德尔初中文化活动案例分析

笔者于2018年在新西兰纳皮尔区塔拉德尔镇的中小学任教一年,任教期间,在塔拉德尔初中多次开展文化活动。本节以在新西兰中文周期间开展的功夫扇文化体验活动为例进行说明和分析,该活动兼具文化体验和表演双重性质,操作简便且呈现效果较好,受到在校师生的一致好评。

2.2.1 活动背景

塔拉德尔初中包含七、八两个年级,学生年龄在11—13岁之间。心理方面的特点是,好奇心较强,易被新事物吸引,乐于了解和学习新事物,喜欢模仿,好表现自己,喜欢竞赛类的事物,但是注意力保持时间不长,因此文化活动需新奇、有趣且难易程度适当。该校学生汉语基础薄弱,80%的学生为零起点汉语水平,极少部分学生会在课外补习汉语,其水平高于该校学生平均汉语水平。

本次功夫扇文化体验活动在新西兰中文周期间举办,在学校的支持下,笔者开设了不同的工作坊,例如书法体验、国画大熊猫体验、青花瓷盘制作体验、传统游戏体验、功夫扇体验等。为了保证活动效果,每个班的学生分成两组参与工作坊,每场参与人数为10—15人,时长45分钟左右。功夫扇体验活动结束后会邀请学生表演并录制视频发到学校脸书主页。功夫扇是一种积极的健身方式,也是对传统武术的一种传承方式,作为在国外文化传播的一个教学项目,集健身、表演性和文化性于一身,其教学具有复杂性和连贯性,其教学内容也是多种多样的。本次功夫扇工作坊的学习内容为功夫扇套路的一个小节,共8个连贯动作,包括起势和收势。

2.2.2 活动设计

表 10-1 功夫扇活动整体设计

活动主题	功夫扇体验坊
活动对象	塔拉德尔初中7—8年级学生(11—13岁)
活动目标	1.学会开扇、合扇以及不同的握扇方式,教师示范、讲解,学生模仿,并对功夫扇形成初步印象。通过学习,95%的学生能够跟随音乐完成功夫扇表演的第一小节动作。 2.能够听懂数字口令"一、二",能够在表演过程中准确说出"你好,谢谢"。 3.促进学生身心健康发展,了解中国人的锻炼方式,对中国武术文化产生兴趣。
活动准备	1.场地 2.功夫扇15把 3.音乐、音响
活动过程	1.打招呼:教师和学生用"你好"打招呼。 2.开课热身:介绍扇子相关知识(英语),例如扇顶、扇沿、扇骨等;示范握扇方法,带领学生向下开扇、向内侧开扇、向上开扇等(使用口令,"一"代表合扇,"二"代表开扇),将示范与操练相结合。 3.教师示范功夫扇整套动作。 4.动作分解学习,通过数字发出口令,包括开场致敬,结束问候。第一遍,教师讲解示范,学生模仿;第二遍,师生一起做一遍,无音乐;第三遍,配乐师生一起做;第四遍,学生随着音乐一起做,教师在旁观看,必要时进行个别指导。(每一个动作完成后都加上前一个动作一起做)

续表

活动说明	1. 在热场时间利用口令以及开合扇的响声先声夺人,激发学生的兴趣。当开合扇动作非常整齐时,场面气势磅礴,效果很好。 2. 在教学过程中注意维持学生的纪律,通过明确的指令,避免学生独自开合扇,扰乱节奏。 3. 动作设计要考虑美观和难易程度,教学动作改编自《太极功夫扇》,但操作更简单,比画起来更有气势。

2.2.3 活动评价与反思

该活动体现了趣味性、组织性、目的性等原则,功夫扇体验活动是一种群体活动,活动需要较大的场地,整个活动过程体现了组织性。同时借助扇子进行文化展示和体验,既锻炼了学生的身体,又激发了学生了解中华武术的兴趣。学生反馈功夫扇学习极为有趣,希望再次学习,这也体现了趣味性和目的性原则。

1. 学校领导和各班 Room Teacher 在旁观看时皆对功夫扇最终呈现出的表演效果表示惊叹,甚至和学生一起进行练习,并希望下一次活动能有机会继续学习。

2. 活动进展比较顺利,几乎没有出现学生不听教师指令随意开合扇的行为,教师在开展功夫扇文化体验活动的过程中不断积累经验,为后几个班级预留出更多时间进行练习和巩固,最终呈现效果越来越好。

3. 活动结束后,几乎所有学生表示非常喜欢功夫扇表演,同时表示希望有机会再次学习,他们觉得功夫扇表演起来太酷了。

由于本次活动组织者、执行者只有笔者一人,仍然存在不足之处,具体有如下几点:

1. 第一次功夫扇的教学过程中,教学指令过于烦琐复杂,双语讲解花费时间过长,导致练习时间不够,未能达到预期的表演效果。后来逐渐发现,并不需要讲太多的话,只要动作示范清楚、数字口令准确就可以,在不断地操练中学生的表现会越来越好。

2. 提前沟通并确认活动场地很有必要,由于功夫扇表演过程中要保持合适的间距,因此对于活动场地的大小有一定的要求,在本次活动期间由于临时调整时间,有两场是在一个小房间内完成整场活动的,空间非常局限,影响活动参与者的体验感。

3. 可适当准备一些具有中国风格的小礼物作为奖励,在激励学生的同时使学生加深对中国元素的理解和认识,也可以起到管控课堂的效果。

4. 教学过程中指导方式略显单一,由于时间有限,主要为团体练习,统一讲解示范,缺乏足够的个人指导或小组练习。

5. 活动结束后没有及时获取来自学生和教师的书面反馈,同时笔者也未能及时总结和复盘。新西兰每年的汉语教师志愿者基本有所变化,因此在活动的组织者和执行者不同的情况下,如果没有及时地进行书面总结和反馈,会重复走弯路。

2.3 对新西兰初中文化活动实施的建议

基于对所开展文化活动的总结和分析,针对其中出现的一些问题,对在新西兰初中开展文化活动提出一些思考和建议,以期能对今后汉语教师志愿者们开展文化活动有所启发。

2.3.1 创新文化活动形式,拓展文化活动内容

据了解,在新西兰中文周期间,各地举办的文化活动内容主要为中国书法、国画、中国结、茶艺、剪纸等,这些活动出现频率极高,且每年的重复率也极高,随着时间的推移,这种现象较容易使活动对象产生审美疲劳,削弱其参加活动的兴趣。因此建议孔子学院以及各地的志愿者教师能够立足于当地人的需求,拓宽文化活动的内容,避免总是举办相同内容、相同形式的活动,同时深入挖掘当代中国的流行文化,打破新西兰人对中国人和中华文化的固有印象。

2.3.2 加强活动宣传,拓宽宣传渠道

扩大文化活动的影响离不开多渠道的宣传,很多地区对文化活动的宣传力度不足,导致无法最大限度地发挥文化活动的作用。笔者所在地区,当地学校与当地的媒体合作较少,文化活动的主要宣传途径为学校的脸书,如果学生家长没有关注学校的脸书的话,那么文化活动的影响仅限于学校内部教师和学生。除此之外,学校发布的脸书内容只有照片以及简单的介绍,没有对活动的细节和特色的详细阐述,很难使未参与的新西兰人感同身受,从而激发他们参与的兴趣和热情。因此建议活动组织者在有余力的情况下发动多方力量,包括家长、教师甚至当地媒体,扩大文化活动的影响。

2.3.3 建立及时的反馈机制,及时总结反思

目前对文化活动的参与情况缺乏较为权威、全面的反馈收集和效果评估,对文化传播效果、活动组织效果的描述较为主观,缺乏科学性和客观性。同时,由于没有及时总结和反思,也未与下一任志愿者教师进行有效交接,往往每年举办的活动较为雷同,所犯错误也极为相似。因此,建议在每次活动举办前就设计好问卷内容,在活动结束前发给在场的师生,及时回收、记录、总结问卷结果,用数据说话更具有说服力,对下一任志愿者教师也更具有参考价值。

(陈盼盼)

第三节 新西兰高中文化活动设计的个案研究
——以吹墨梅为例

3.1 文化活动案例

活动主题：中国画的魅力

活动对象：新西兰奥克兰曼格雷高中的学生（由于活动开放，具体人数不明）。

课时：共1个课时，共计45分钟。

活动目标：

1. 知识目标：要求学生掌握有关国画和墨梅花的词汇，了解国画的特色和墨梅在中国画中的寓意。

2. 技能目标：要求学生可以用墨汁、吸管等创作墨梅图。

3. 情感目标：希望学生可以在吹墨梅之后对中国画有所了解，并提高学生对中国绘画艺术的兴趣。

活动内容：

1. 有关国画和吹墨梅的词汇，例如"中国画""墨梅花""坚强""勇敢"等。

2. 有关国画和国画大师的介绍。

3. 师生共同吹墨梅并评选优秀作品。

活动重点：学生了解梅花在中国文化中的寓意，并可以用墨汁、吸管创作墨梅图。

教具准备：墨汁、吸管、彩色颜料、毛笔、毛毡、A3纸、颜料盘，词卡，PPT。

活动过程：

➢ 活动预热（2分钟）

教师播放《一树轻寒》，学生们安静下来，准备活动开始。

➢ 活动导入（3分钟）

教师展示一些国画作品，向学生提问："你们可以看出来这是什么吗？"

Plan A：如果学生可以看出来，教师进行鼓励，并继续展示国画，告诉学生："今天我们一起来感受中国墨梅的魅力。"

Plan B：如果学生看不出来，教师可以适当提示并告诉学生："中国画的特点是神似，这是它的主要魅力，今天我们一起来感受一下。"

➢ 新课学习（40分钟）

◆ 第一部分：中国画学习（10分钟）

1. 教师播放介绍中国画的视频，并要求学生自行记录，视频播放结束后提问，对答出来的学生予以奖励。

2.教师用PPT介绍中国画的特点,并带领学生学习相关词语,教师朗读,学生跟读,再请个别学生朗读。

3.教师简单介绍中国的国画大家齐白石和徐悲鸿,并播放相关视频。

4.教师询问学生对中国画的看法,并引导学生对比新西兰绘画艺术,让学生简单介绍新西兰的绘画艺术。

◆ 第二部分:梅花相关词汇学习(墨梅花、坚强、勇敢)(15分钟)

1.教师用PPT展示梅花的图片并问学生:"你们知道这是什么花吗?"学生举手回答。

Plan A:如果有学生答出梅花,教师进行鼓励,并展示梅花的图片,告诉学生:"今天我们来了解中国一种非常特殊的花朵——梅花!"

Plan B:如果没有学生答出梅花,教师可以提问:"在新西兰,有没有一种花的花语代表着坚强和勇敢?"学生回答,之后教师引出中国的梅花,点明梅花代表坚强勇敢的寓意,并告诉学生:"今天我们来学习中国一种非常特殊的花朵——梅花!"

2.教师用PPT展示图片和词语(墨梅花),朗读词语,学生跟读,个别学生朗读词语。

3.教师简单介绍梅花及其文化寓意,并学习词语(坚强、勇敢),朗读词语,学生跟读,个别学生朗读词语。

4.活动巩固:教师用双面词卡,让学生读词语并说出意思,回答最快的学生可以加1分。

5.教师告诉学生:"下面我们来看看怎么用墨汁吹出中国画中的梅花。"

◆ 第三部分:吹墨梅活动(15分钟)

1.在活动开始前提醒学生注意事项:轻吹墨梅;保持桌面和地毯干净;吹完墨梅要注意风干;活动结束后一起收拾打扫。

2.得到学生对注意事项的充分认可后开始发放吹墨梅的工具。

3.伴随音乐和吹墨梅视频,学生自行吹墨梅。

4.吹墨梅结束后,匿名评选最好的作品并进行鼓励。

5.请学生们来谈一谈自己吹墨梅的感受和对中国画的看法。

6.打扫教室卫生,收拾工具,把学生作品晾干。

3.2 文化活动案例分析

3.2.1 成功原因

在曼格雷高中举行了多次文化活动,其中吹墨梅活动进行得非常顺利。有以下四点主要原因。

首先,活动举办时机非常合适。吹墨梅活动恰逢新西兰中文周,而新西兰政府大力倡导各学校开展中文周活动,因此此次活动得到了学校的大力支持。学校将礼堂作为此次活动的场地,里面有很多桌椅,可供很多学生参加此次活动。同时,学校提供了此次吹墨梅的所有工具,例如墨汁、毛笔和彩色颜料等,保障了活动的顺利开展。此外,此次活动也引起了校长的注意,他也积极参与其中,和孩子们一起吹墨梅,一起评奖,并肯定了此次活动的意义。

其次,此次活动是文化知识和活动的结合。在活动进行前,笔者查阅了多种吹墨梅的活动设计,大多数活动只是单纯地介绍了吹墨梅的方法,对墨梅背后的中国文化寓意和展现的中国绘画艺术并未过多地设计,这样的设计欠妥。在设计文化活动时,我们应该遵循"文化三角形"原则("文化活动、文化产物"为底边,"文化观念"为上角)[①],设计一个文化活动,应该把背后的文化内涵融入其中,提升学习者对中国文化的理解能力。因此在此次活动中,不仅有吹墨梅活动,与之比重相近的还有对中国绘画艺术和国画大师的介绍,虽然学生可能对部分内容的理解程度不深,但是可以促进学生形成对中国国画艺术的初步印象。

再次,对活动过程中可能出现的问题的预测也是本活动成功进行的原因之一。在活动进行前,笔者对每一环节可能出现的问题进行了预测,例如对吹墨梅环节的英文解释不明晰,学生们吹墨梅过于用劲儿,墨水吹到别的学生身上以及墨水弄得到处都是,难以清理等问题,针对这些预测问题都准备了相应的应对策略。例如用视频代替笔者的英文解释是一个既简单又便捷的方法,因此采用播放视频的方式解释吹墨梅的方法。此外,为了防止部分淘气的学生玩墨水,严格控制了墨水的使用量,给每个参加活动的学生滴了一滴墨水,不够再加墨水,从而有效地避免了墨水弄得到处都是的问题。

最后,了解学生的心理特征,设置评选环节也是活动成功的主要原因。新西兰学生的典型特征是喜欢竞争,喜欢感受胜利的快感,因此设置评优环节非常契合曼格雷高中汉语学习者的心理。评优环节会刺激学生积极参加吹墨梅活动,并且主动配合教师的指令,促进活动顺利开展。

3.2.2 不足之处

本活动也存在一些不足之处。首先,国画主题对于零基础的高中学习者来说难度较高,他们对于国画的理解只能停留在表面印象上,无法深入体会国画的艺术价值。其次,此次文化活动中语言知识的比重还是比较大的,会对文化活动产生一定的影响,学习者把大部分注意力放在学习词语上,忽视了对文化的理解,有些顾此失彼。最后,虽然对活动环节中的问题进行了预测,但还是不够全面,出现了一些没有预料到的问题,例如在 A3 纸上吹墨汁比较困难,部分学生还是用带着墨汁的吸管打闹,弄在了衣服上,学

---

① 陈绂.对国内对外汉语教学的反思:AP汉语与文化课及美国教学实况给我们的启发[J].语言文字应用,2006(S1).

生没有晾干吹好的墨梅图就拿了起来,墨水还是流到了地上等,这些问题也让笔者对活动过程进行了多次反思,希望有机会再次举行该活动可以有效地避免这些问题。

(石玥)

(以下附录内容请扫描封底二维码获取)
附录 修改完善的中文周项目活动策划

后　记

　　主编负责全书章节框架的设计与全书的统稿、修改。各章节人员具体写作分工如下：

导论：新时代海外中文教育的低龄化趋势与应对策略（吴成年）

第一章　新西兰初中零起点汉语兴趣班教学设计研究（陈盼盼、吴成年）

第二章　新西兰罗伯森路小学汉语课堂游戏教学法与教学设计研究（乔冠颖、吴成年）

第三章　新西兰两所小学汉语课堂歌曲教学法与教学设计研究（施一清、吴成年）

第四章　新西兰 ACG 斯艾伦（Strathallan）小学汉语课堂手势教学法与教学设计研究（苏萍、吴成年）

第五章　新西兰剑桥小学汉语课堂管理机制与教学设计研究（常好珂、吴成年）

第六章　多元文化背景下新西兰曼格雷高中九年级汉语课堂活动差异化与教学设计研究（石玥、吴成年）

第七章　新西兰中小学汉语教学本土化、现代化与教学设计探析

　第一节　新西兰中小学汉语课堂活动设计本土化探析（乔冠颖、吴成年）

　第二节　新西兰汉语教师志愿者处理课堂问题行为应对策略研究
　　　　　——以 Mangere College 为例（石玥）

　第三节　新西兰奥克兰市网络汉语教学应用程序使用情况研究（石玥、吴成年）

第八章　新西兰中小学汉语自编教材与教学设计研究

　第一节　新西兰小学 1—2 年级汉语自编教材设计研究（苏萍）

　第二节　新西兰小学 3—4 年级汉语自编教材设计研究（乔冠颖、吴成年）

　第三节　新西兰小学 5—6 年级汉语自编教材设计研究（常好珂）

　第四节　新西兰初中 7—8 年级汉语自编教材设计研究（陈盼盼）

　第五节　新西兰高中汉语自编教材设计研究（石玥）

第九章　新西兰中小学文化教学设计研究

　第一节　国际汉语文化教学的现代性原则（石玥）

　第二节　新西兰小学 1—2 年级文化教学设计的个案研究
　　　　　——以 ACG 斯艾伦小学 1—2 年级的投壶游戏文化教学设计为例（苏萍）

第三节　新西兰小学 3—4 年级文化教学设计的个案研究
　　　　——以罗伯森路小学 3—4 年级的元宵节文化教学设计为例（乔冠颖）
第四节　新西兰小学 5—6 年级文化教学设计的个案研究
　　　　——以传统节日春节为例（常好珂）
第五节　新西兰初中文化教学设计的个案研究
　　　　——以新西兰圣马修女子学校为例（陈盼盼）
第六节　新西兰高中文化教学设计的个案研究
　　　　——以节日文化为例（石玥）

第十章　新西兰中小学文化活动设计研究
　第一节　新西兰小学文化活动设计的个案研究（夏徐淑、常好珂、乔冠颖）
　第二节　新西兰初中文化活动设计的个案研究
　　　　——以新西兰塔拉德尔初中功夫扇文化体验活动为例（陈盼盼）
　第三节　新西兰高中文化活动设计的个案研究
　　　　——以吹墨梅为例（石玥）